Oldenburger Forum der Rechtswissenschaften

Schriftenreihe des Instituts für Rechtswissenschaften
der Carl von Ossietzky Universität

Herausgegeben von
Professor Dr. Dr. Volker Boehme-Neßler
Professor Dr. Christiane Brors
Professor Dr. Christine Godt
Professor Dr. Jürgen Taeger

Band 8

Sophie Tschorr

Der Kampf gegen Computerkriminalität in Europa

Normen, Institutionen und Kooperationen

Nomos

Onlineversion
Nomos eLibrary

Die Deutsche Nationalbibliothek verzeichnet diese Publikation in
der Deutschen Nationalbibliografie; detaillierte bibliografische
Daten sind im Internet über http://dnb.d-nb.de abrufbar.

Zugl.: Oldenburg, Univ., Diss., 2020

ISBN 978-3-8487-7707-5 (Print)
ISBN 978-3-7489-2100-4 (ePDF)

1. Auflage 2020
© Nomos Verlagsgesellschaft, Baden-Baden 2020. Gedruckt in Deutschland. Alle Rechte,
auch die des Nachdrucks von Auszügen, der fotomechanischen Wiedergabe und der
Übersetzung, vorbehalten. Gedruckt auf alterungsbeständigem Papier.

Inhaltsverzeichnis

Abkürzungsverzeichnis 15

Einführung 21
A. Themenskizzierung 21
B. Ziel der Untersuchung und Abgrenzung 25
C. Gang der Untersuchung 27
D. Untersuchungsmethodik 30

Kapitel 1: Begriffe und Untersuchungsgegenstand 33
A. Begriffliche Präzisierung des Untersuchungsgegenstands 33
    I. Deepweb 33
    II. Darknet 34
    III. Computerkriminalität – eine Definitionssuche 36
B. Phänomenologie 40
    I. Computerkriminalität im engeren Sinn 40
        1. Unautorisierter Zugriff 40
        2. Unautorisierte Störung 41
            a) Schadprogramme 41
                aa) Computervirus 42
                bb) Computerwurm 43
                cc) Trojanisches Pferd 44
                dd) Logische Bomben 44
            b) DoS-Attacke 45
        3. Identitätsdiebstahl 46
            a) Begriffsbestimmung 46
            b) Human based social engineering 47
            c) Informationsbeschaffung 48
                aa) Soziale Medien 48
                bb) Dumpster Diving 49
            d) Weitere Möglichkeiten 49
                aa) Computer based social engineering 50
                bb) Reverse social engineering 50

II. Computerkriminalität im weiteren Sinn ... 51
1. Digitalisierung von illegalen Märkten ... 51
   a) Kinderpornographie ... 51
   b) Menschenhandel ... 52
   c) Drogen- und Waffenhandel ... 53
2. Viktimisierung ... 55
   a) Das Internet als Kommunikationszentrum ... 55
   b) Cyberbullying ... 56
   c) Cybergrooming ... 57
   d) Cyberstalking ... 59
   e) Hass im Internet ... 60
3. Verletzung von Schutzrechten ... 60
4. Cyberlaundering ... 61
5. Terrorismus ... 62
   a) Terrorismus im Internet ... 63
      aa) Terrorismus und die sozialen Medien ... 66
      bb) Organisation und Finanzierung ... 67
   b) Cyberterrorismus ... 68
      aa) Begriff ... 68
      bb) Bedeutung der kritischen Infrastrukturen ... 70
6. Hacktivismus ... 71
   a) Begriff ... 71
   b) Abgrenzung zum Cyberterrorismus ... 72
7. (Cyber-)crime-as-a-Service ... 73

Kapitel 2: Maßnahmen des Europarats ... 75

A. Das Übereinkommen über Computerkriminalität des Europarats ... 75
I. Entstehung ... 75
II. Aufbau des Übereinkommens ... 77
III. Strafbare Handlungen ... 78
1. CIA-Delikte ... 78
   a) Rechtswidriger Zugang ... 78
   b) Rechtswidriges Abfangen ... 79
   c) Dateneingriff ... 79
   d) Systemeingriff ... 80
   e) Missbrauch von Vorrichtungen ... 81
2. Computerbezogene Straftaten ... 83
   a) Computerbezogene Fälschung ... 83
   b) Computerbezogener Betrug ... 84
3. Inhaltsbezogene Straftaten ... 84

	4. Verletzung des Urheberrechts und verwandter Schutzrechte	88
	5. Weitere Formen der Verantwortlichkeit und Sanktionen	89
IV.	Verfahrensrechtliche Bestimmungen	90
	1. Allgemeine verfahrensrechtlichen Bestimmungen	90
	2. Spezielle verfahrensrechtliche Bestimmungen	90
	a) Pflicht zur Sicherung gespeicherter Daten	90
	b) Herausgabe, Durchsuchung und Beschlagnahme gespeicherter Daten	91
	c) Erhebung von Verkehrsdaten und Inhaltsdaten	92
V.	Zuständigkeit und Gerichtsbarkeit	93
VI.	Internationale Zusammenarbeit	93
	1. Grundsatz der Auslieferung	94
	2. Gegenseitige Rechtshilfe	95
	a) Rechtshilfe bei vorläufigen Maßnahmen	95
	b) Rechtshilfe in Bezug auf Ermittlungsbefugnisse	97
VII.	Schlussbestimmungen	99
VIII.	Kritik	100
IX.	Umsetzungsprogramme	103
X.	Zusatzprotokoll gegen Rassismus und Fremdenfeindlichkeit	103
B. Übereinkommen zum Schutz des Kindes		104
I.	Kinderpornographie	105
II.	Cybergrooming	107

Kapitel 3: Maßnahmen der Europäischen Union   109

A. Europäisierung des Strafrechts		109
I.	Einführung	109
II.	Vertrag von Maastricht	110
III.	Vertrag von Amsterdam	111
	1. Rahmenbeschluss	115
	2. Computerkriminalität	116
IV.	Vertrag von Lissabon	117
	1. Grundsätzliche Änderungen	117
	2. Flexible Integration	121
	a) Dänemark	121
	b) Vereinigtes Königreich und Irland	124

3. Grundsatz der Harmonisierung 125
   a) Strafrechtsangleichung, Art. 83 Abs. 1 AEUV 125
      aa) Art. 83 Abs. 1 UAbs. 1 AEUV 125
      bb) Art. 83 Abs. 1 UAbs. 2 AEUV 126
      cc) Art. 83 Abs. 1 UAbs. 3 AEUV 128
   b) Annexkompetenz, Art. 83 Abs. 2 AEUV 129
   c) Notbremsfunktion, Art. 83 Abs. 3 AEUV 133
   d) Gesetzgebungsverfahren 134
   e) Computerkriminalität 135
      aa) Unionsrechtliches Begriffsverständnis 135
      bb) Viktimisierung im Internet 137
      cc) Rassismus und Fremdenfeindlichkeit 139
4. Grundsatz der gegenseitigen Anerkennung in Strafsachen 141
5. Grundsatz der Verfügbarkeit von Informationen 142
   a) Haager Programm 142
   b) Kommissionsentwurf 143
   c) Rahmenbeschluss 2006/960/JI 144
   d) Prümer Übereinkommen 145
V. Zwischenergebnis 147
B. Maßnahmen gegen Computerkriminalität 148
  I. Kinderpornographie und Cybergrooming 148
    1. Entwicklung 148
    2. Rahmenbeschluss 2004/68/JI 150
       a) Einführung 150
       b) Straftatbestände 152
       c) Sanktionen 154
    3. Richtlinie 2011/93/EU 154
       a) Einführung 154
       b) Cybergrooming 156
       c) Kinderpornographie 157
  II. Cyberbullying 160
    1. Art. 83 Abs. 1 UAbs. 1 AEUV 162
    2. Art. 83 Abs. 1 UAbs. 3 AEUV 165
    3. Art. 83 Abs. 2 AEUV 166
    4. Art. 83 Abs. 3 AEUV 166
  III. Fälschung und Betrug von unbaren Zahlungsmitteln 167
    1. Rahmenbeschluss 2001/413/JI 167
    2. Richtlinie (EU) 2019/713 168
  IV. Cyberlaundering 169

V. Terrorismus	172
1. Terrorismus im Internet	172
a) Rahmenbeschluss 2008/919/JI	172
b) Richtlinie (EU) 2017/541	174
aa) Terroristische Aktivitäten und terroristische Vereinigungen	174
bb) Onlineinhalte	176
cc) Verordnungsvorschlag gegen terroristische Onlineinhalte	177
(a) Sorgfaltspflicht	178
(b) Entfernungsanordnung	180
(c) Spezielle Maßnahmen	182
(d) Speicherpflicht	183
dd) Synopse zur Richtlinie 2000/31/EG	184
ee) Synopse zur Richtlinie (EU) 2017/541	187
c) Projekte	188
aa) EU-Internetforum	188
bb) EU-Projekt Clean IT	189
cc) EU-Meldestelle für Onlineinhalte	189
dd) EU-Projekt Tensor	190
2. Cyberterrorismus	191
a) Cyberterrorismus als Teil der EU-Sicherheitspolitik	192
aa) Cybersicherheit	192
bb) Richtlinie (EU) 2016/1148	194
b) Cyberterrorismus als Teil der EU-Kriminalpolitik	196
aa) Rahmenbeschluss 2002/475/JI	196
bb) Rahmenbeschluss 2005/222/JI	197
(a) Begriffe	197
(b) Rechtswidriger Zugang	198
(c) Rechtswidriger System- und Dateneingriff	199
(d) „Leichte Fälle" und Sanktionen	200
cc) Richtlinie 2013/40/EU	200
(a) Präambel	200
(b) Neuerungen	201
(c) Sanktionen	204
(d) Kooperation und Informationsaustausch	205
dd) Richtlinie (EU) 2017/541	206
C. Maßnahmen innerhalb des Verwaltungsapparats der Europäischen Union	207
I. Integration durch Institutionen	207

Inhaltsverzeichnis

II. Agenturen als Bestandteil europäischer Integration	208
III. Agenturen im Politbereich des RFSR	211
IV. Europäisches Polizeiamt (Europol)	213
1. Entstehung	213
a) Die Gruppe Trevi	213
b) Die Initiativen von Helmut Kohl und Trevi	215
c) Ad hoc-Gruppen für ein Mehr an Flexibilität	217
d) Die Europäische Drogeneinheit als Vorreiter	218
e) Übereinkommen und Ratsbeschluss	220
2. Verordnung (EU) 2016/794	222
a) Verordnungsvorschlag	222
b) Umsetzung	223
c) Aufgaben und Zuständigkeiten	224
d) Befugniserweiterung	225
3. Europols Informationssystem - TECS	227
a) Europol-Informationssystem - EIS	228
b) Indexsystem	229
c) Europäisches Analysesystem - EAS - und Analysedateien – AWF -	229
aa) Funktion	229
bb) Focal Points	230
4. Datenverarbeitung	232
a) Grundsätze	232
b) Speicher- und Löschfristen	233
c) Meldepflicht	234
d) Verantwortlichkeit	235
aa) Aufteilung	235
bb) Bewertungskodes	236
e) Aufsicht	236
5. Verarbeitung personenbezogener Daten	238
a) Zweckausrichtung	238
b) Verdächtige, Verurteilte und Gefährder	239
aa) Personenkreis	239
bb) Strategische und operative Analyse	240
c) Andere Personengruppen	241
aa) Strategische und operative Analyse	241
bb) Begleit- und Kontaktpersonen	241
cc) Schranken-Schranken	242
6. Zugriffsberechtigung	244
a) Europolbedienstete	244

	b) Behörden der Mitgliedstaaten	244
	c) Eurojust und OLAF	245
7.	Datenaustausch mit Dritten	245
	a) Drittstaaten und internationale Organisationen	245
	aa) Datenempfang	248
	bb) Datenweitergabe	248
	(a) Grundsätze	248
	(b) Angemessenheitsbeschluss	249
	b) Private Parteien und Privatpersonen	252
	aa) Datenempfang	253
	bb) Datenweitergabe an private Parteien	254
8.	Nationale Datenschutzbehörden	255
9.	Parlamentarische Kontrolle	255
10.	Ansprüche	257
	a) Auskunftspflicht	257
	b) Berichtigungs- und Löschanspruch	258
	c) Beschwerderecht	259
	d) Schadenersatzanspruch	260
11.	Justizielle Kontrolle und Rechtsschutz	260
	a) Rechtsschutz in Folge der Datenverarbeitung	262
	b) Gerichtsbarkeit in Folge operativer Ermittlungstätigkeit	263
	aa) Gemeinsame Ermittlungsgruppe	263
	bb) Kooperative Ermittlung	264
12.	Sonderpositionen	266
	a) Vereinigtes Königreich	266
	b) Dänemark	268
13.	Europäisches Zentrum zur Bekämpfung der Computerkriminalität (EC3)	268
14.	Zwischenergebnis	269
V. ENISA		271
1.	Aufgaben und Funktion	271
2.	Reformierung	272
3.	Kooperation mit Europol	274
VI. Eurojust		274
1.	Hintergrund	274
2.	Eurojust-Beschlüsse	276
3.	Verordnung (EU) 2018/1727	278
	a) Zuständigkeit	278
	b) Datenverarbeitung	280

	c) Datenübermittlung	281
	aa) Verantwortlichkeit	281
	bb) Datenaustausch mit Mitgliedstaaten	282
	d) Kooperation mit EU-Einrichtungen	283
	aa) Beziehung zu Europol	283
	bb) Beziehung zu EUStA	284
	cc) Beziehung zum EJN	284
	e) Kooperation mit Drittstaaten und internationalen Organisationen	285
	f) Kontrollnetz	287
VII.	Europäische Staatsanwaltschaft	288
1.	Hintergründe	288
2.	Verordnung (EU) 2017/1939	292
	a) Legislativverfahren	292
	b) Aufbau der EUStA-VO	294
	c) Organisationsstruktur	296
	aa) Zentrale Ebene	297
	bb) Dezentrale Ebene	299
	d) Zuständigkeit	301
	e) Datenverarbeitung	302
	aa) Fallbearbeitungssystem	302
	bb) Verarbeitung operativer personenbezogener Daten	303
	f) Kooperation mit EU-Einrichtungen	304
	aa) Beziehung zu Eurojust	304
	bb) Beziehung zu Europol	305
	g) Kooperation mit anderen Mitgliedstaaten	305
	h) Kontrollnetz	306
	aa) Justizielle Kontrolle	306
	bb) Parlamentarische Kontrolle	306
3.	Zwischenfazit	307
VIII.	Weitere Einrichtungen	308
1.	CERT-EU	308
2.	EU Hybrid Fusion Cell	308

Kapitel 4: Resümee   311

Literaturverzeichnis   319

Entscheidungsübersicht   353

Inhaltsverzeichnis

Dokumentenverzeichnis   355

Internetressourcen   365

Anlagenverzeichnis   367

Abkürzungsverzeichnis

a. A.	andere Ansicht
ABl. EG	Amtsblatt der Europäischen Gemeinschaft
ABl. EU	Amtsblatt der Europäischen Union
Abs.	Absatz
AEUV	Vertrag über die Arbeitsweise der Europäischen Union
AfP	Archiv für Presserecht (Zeitschrift)
Alt.	Alternative
Art.	Artikel
AWF	Analyse Work File
Begr.	Begründer
BGB	Bürgerliches Gesetzbuch der Bundesrepublik Deutschland
BGBl.	Bundesgesetzblatt
BKAG	Gesetz über das Bundeskriminalamt und die Zusammenarbeit des Bundes und der Länder in kriminalpolizeilichen Angelegenheiten
BR-Drs.	Bundesratsdrucksache
bspw.	beispielsweise
BT-Drs.	Bundestagsdrucksache
BVerfG	Bundesverfassungsgericht
BVerfGE	Entscheidung des Bundesverfassungsgerichts
CDPC	Council of Europe – European Committee on Crime Problems
CEPOL	Europäische Polizeiakademie
CEPS	Centre for European Policy Studies
CIA	Confidentiality, integrity and availability
CIT	Cyber Intelligence Team
CR	Computer und Recht (Zeitschrift)
CSIRT	Computer Security Incident Response Team
CT	Counter Terrorism (Analysedatei)
ders.	derselbe
dies.	dieselben/ dieselbe
DIW	Deutsches Institut für Wirtschaftsforschung

Abkürzungsverzeichnis

DNA/DNS	Desoxyribonukleinsäure
DoS/DDoS	(Distributed) Denial of Service Attacks
DÖV	Die Öffentliche Verwaltung (Zeitschrift)
DRiZ	Deutsche Richterzeitung
DSWR	Datenverarbeitung – Steuern – Wirtschaft – Recht (Zeitschrift)
DuD	Datenschutz und Datensicherheit (Zeitschrift)
DVBl.	Deutsches Verwaltungsblatt (Zeitschrift)
EAD	Europäischer Auswärtiger Dienst
EAS	Europäische Analysesystem
EASO	Europäisches Unterstützungsbüro für Asylfragen
EC3	Europäisches Zentrum gegen Cyberkriminalität
EDSB	Europäischer Datenschutzbeauftragter
EDIU	Europäische Drogeninformationsstelle
EDU	Europol-Drogeneinheit
EG	Europäische Gemeinschaft
EGMR	Europäischer Gerichtshof für Menschenrechte
EGV	Vertrag zur Gründung der Europäischen Gemeinschaft
EIS	European Information System
EJN	Europäisches Justizielles Netz
EMCDDA	Europäische Beobachtungsstelle für Drogen und Drogensucht
EMRK	Europäische Menschenrechtskonvention
engl.	englisch
ENISA	Agentur der Europäischen Union für Cybersicherheit
EU	Europäische Union
EuG	Gericht der Europäischen Union
EuGH	Europäischer Gerichtshof
EU-IRU	Internet Referral Unit der Europäischen Union
EUISS	European Union Institute for Security Studies
EuR	Zeitschrift für Europarecht
Eurojust	Einheit für justizielle Zusammenarbeit der Europäischen Union
Europol	Europäisches Polizeiamt
EuStA/ EPPO	Europäische Staatsanwaltschaft
EUV/ TEU	Vertrag über die Europäische Union

EuZW	Europäische Zeitschrift für Wirtschaftsrecht
ex.	ehemals
f./ff.	folgende
FBI	Federal Bureau of Investigation
Fn.	Fußnote
FRA	Agentur der Europäischen Union für Grundrechte
FRONTEX	Europäische Agentur für die Grenz- und Küstenwache
FS	Festschrift
GA	Goltdammer's Archiv für Strafrecht (Zeitschrift)
GASP/ CFSP	Gemeinsame Außen- und Sicherheitspolitik/ Common Foreign and Security Policy
gem.	gemäß
GG	Grundgesetz der Bundesrepublik Deutschland
GLACY	Global Action on Cybercrime
GRCh	Charta der Grundrechte der Europäischen Union
h. A.	herrschende Ansicht
HdK	Handkommentar
Hrsg.	Herausgeber
INTCEN	Intelligence and Situation Centre
i. S. d.	im Sinne des
i. S. v.	im Sinne von
IOCTA	Internt Organised Crime Threat Assessment
IP	Internet protocol
IRA	Irisch-Republikanische Armee
IRMA	Internet Referral Management Application
IT	Informationstechnik
J-CAT	Joint Cybercrime Action Taskforce
JA	Juristische Arbeitsblätter (Zeitschrift)
JI/ JHA	Justiz und Inneres/ Justice and Home Affairs
JIT	Joint Investigation Team
JURA	Juristische Ausbildung (Zeitschrift)
JuS	Juristische Schulung
jusIT	Zeitschrift für IT-Recht
JZ	Juristenzeitung
Kap.	Kapitel
KJ	Kritische Justiz (Zeitschrift)

Abkürzungsverzeichnis

KoDD	Koordinierungsdauerdienst
KOM/COM	Dokument der Europäischen Kommission
KriPoZ	Kriminalpolitische Zeitschrift
KritV	Kritische Vierteljahreszeitschrift für Gesetzgebung und Rechtswissenschaft
LAN	Local area network
lit.	*literata*
LTTE	Liberation-Tigers-of-Tamil-Eelam
m. V. a.	mit Verweis auf
MMR	Multimedia und Recht (Zeitschrift)
MRM	MenschenRechtsMagazin
MS	member states
MüKoStGB	Münchener Kommentar zum Strafgesetzbuch
NATO	North Atlantic Treaty Organization
NCIRC	North Atlantic Treaty Organization Computer Incident Response Capability
NIS	Netzwerk- und Informationssicherheit
NIS-UmsetzungsG	Gesetz zur Umsetzung der europäischen Richtlinie zur Gewährleistung einer hohen Netzwerk- und Informationssicherheit
NJW	Neue Juristische Wochenschrift
NPS	The Naval Postgraduate School
Nr.	Nummer
NStZ	Neue Zeitschrift für Strafrecht
NVwZ	Neue Zeitschrift für Verwaltungsrecht
OECD	Organisation für wirtschaftliche Zusammenarbeit und Entwicklung
OLAF	Europäisches Amt für Betrugsbekämpfung
PC	Personal Computer
PC-CY	Europarat – Expertenkomitee zur Kriminalität im Cyberspace
PHdb.	Praxishandbuch
PJZS	Polizeiliche und justizielle Zusammenarbeit in Strafsachen
PolizeiR	Polizeirecht
RAF	Rote-Armee-Fraktion
RDV	Recht der Datenverarbeitung (Zeitschrift)
RFSR	Raum der Freiheit, der Sicherheit und des Rechts

Abkürzungsverzeichnis

Rhdb.	Rechtshandbuch
Rn.	Randnummer
Rs.	Rechtssache
s./ S.	siehe/ Seite
SEV/ ETS	Sammlung der Europaratsverträge/ European Treaty Series
SIENA	Secure Information Exchange Network Application
Slg.	Sammlung
SOC	Serious Organised Crime (Analysedatei)
sog.	sogenannte
StGB	Strafgesetzbuch
StV	Der Strafverteidiger (Zeitschrift)
SWP	Stiftung Wissenschaft und Politik
T-CY	Europrat - Cybercrime Convention Committee
TECS	The Europol Computer System
TOR	The Onion Router
u. a.	unter anderem
U.S.(A).	Vereinigte Staaten von Amerika
UAbs.	Unterabsatz
UK	Vereinigtes Königreich
UNTS	United Nations Treaty Series
URL	Uniform resource locator
v.	vom
vgl.	vergleiche
VO	Verordnung
VO-E	Verordnungsentwurf
Vol.	Volume (Ausgabe)
WIPO	World Intellectual Property Organization
z. B.	zum Beispiel
ZaöRV	Zeitschrift für ausländisches öffentliches Recht und Völkerrecht
ZBJI	Zusammenarbeit in den Bereichen Justiz und Inneres
ZD	Zeitschrift für Datenschutz
ZEuS	Zeitschrift für Europarechtliche Studien
Ziff.	Ziffer
ZIS	Zeitschrift für Internationale Strafrechtsdogmatik
ZöR	Zeitschrift für öffentliches Recht

Abkürzungsverzeichnis

ZRP   Zeitschrift für Rechtspolitik
ZUM   Zeitschrift für Urheber- und Medienrecht

Einführung

A. Themenskizzierung

Die scheinbare Anonymität im Internet[1], die hierdurch sinkende „psychologische Hemmschwelle" zur Tathandlungsbegehung[2] und der leichte Zugang zum Internet[3] führen dazu, dass die gemeldeten Fälle der Delikte, die der Computerkriminalität zuzurechnen sind, lange Zeit signifikant angestiegen sind[4]. Während jeder technologische Fortschritt als wissenschaftliche Errungenschaft betrachtet wird, ist es der Fortschritt der Computertechnologie, der die verschiedenen Handlungsformen der Computerkriminalität ermöglicht und gleichzeitig zu einer hybriden Kriminalitätsform macht. Während zu Beginn die Computertechnik dazu missbraucht wurde, bereits bekannte Delikte, wie beispielsweise den Betrug und die Fälschung zu vereinfachen, folgte mit der Vernetzung von Computersystemen die Möglichkeit, unberechtigt Zugriff auf ein anderes Computersystem zu erlangen. Das Hacken als Tathandlungsform war entstanden. Die entstandene Interkonnektivität wandelte die Computerkriminalität zu einer transnationalen Kriminalitätsform, die sich in einem neuen, globalen Umfeld widerfand.[5] Später sollten gänzlich neue Handlungsformen entstehen, die vollständig automatisiert ablaufen und von der Computer- und Informationstechnik abhängig sein sollten.[6] Doch es ist nicht nur die Tatphänomenologie, sondern auch die „Tätertypologie"[7], die sich weiterent-

---

1 So *Clough*, Principles of cybercrime, S. 7 f. und schon früher *Engel*, AfP 1996, 220, 220.
2 *Gercke/Brunst*, PHdb. Internetstrafrecht, S. 1.
3 *Clough*, Principles of cybercrime, S. 6 f.
4 Mit Blick auf die Computerkriminalität im engeren Sinn: *Bundeskriminalamt*, Cybercrime-Bundeslagebild 2018, S. 6; Cybercrime-Bundeslagebild 2017, S. 7; Cybercrime-Bundeslagebild 2016, S. 6; Cybercrime-Bundeslagebild 2015, S. 13 (mit Fokus auf das Phishing), S. 17 (bietet eine Übersicht über den Anstieg von Schadprogrammvarianten); Cybercrime-Bundeslagebild 2014, S. 4; Cybercrime-Bundeslagebild 2013, S. 5 f.
5 Vgl. auch *Wall*, Cybercrime, S. 46.
6 Sog. Drei-Generation-Theorie nach *Wall*, Cybercrime, S. 44 ff. Zusammenfassend auch *Clough*, Principles of cybercrime, S. 4.
7 So *Gercke/Brunst*, PHdb. Internetstrafrecht, S. 1.

wickelt hat.⁸ Die Täter gelten als „innovativ und anpassungsfähig", die die Schwachstellen neuer Technologien oder Sicherheitsmechanismen „als Einfallstor zur Begehung von Straftaten"⁹ nutzen sowie die zunehmende Interkonnektivität missbrauchen. Zudem „agieren [mit zunehmender Tendenz] auch Tätergruppen [im Cyberspace], die der Organisierten Kriminalität zuzurechnen sind"¹⁰. Weitere Faktoren für die steigenden Fallzahlen sind das Anbieten von Schadprogrammen und die Möglichkeit, unrechtmäßige IT-Dienstleitungen im Internet nachfragen zu können. In diesem Zusammenhang wird auch von einer Kommerzialisierung¹¹ und Professionalisierung¹² gesprochen. Da Schadprogramme als ‚Tatwerkzeuge' im Internet nachgefragt werden können, bedarf es nicht mehr zwingend einer informationstechnischen Fachkenntnis für die Begehung computerbezogener Straftaten. Der Täterkreis erweitert sich somit signifikant.¹³ Es ist die Bekämpfung der Computerkriminalität, die als ein nicht endendes Katz- und Maus-Spiel zwischen dem Recht und den permanent technologischen Fortschritt umschrieben wird¹⁴.

Doch mit jeder Vernetzung von Computersystemen wird die potentielle Angriffsfläche für Cyberangriffe vergrößert. Die Computerkriminalität umfasst indes nicht nur das Hacken oder Cyberangriffe in Form von Denial-of-Service-Attacks (DDoS-Attacken). Die „klassischen" Deliktsbereiche verlagern sich zunehmend in die virtuelle Welt. Dies betrifft nicht nur den Handel mit Kinderpornographie, Drogen, Organen, Waffen und Menschen, sondern umfasst auch das Mobbing, die Hassrede, Geldwäsche und den Betrug. All diese bereits bekannten Deliktsformen haben im Internet einen neuen grenzenlosen Absatzmarkt gefunden, beziehungsweise eine neue Handlungssphäre erreicht. Aufgrund der Handlungsverlagerung in das Internet wird ein globales Publikum angesprochen und die Handlung maßgeblich vereinfacht, da die Tat via Mausklick ausgeführt werden kann. Das Spektrum an Handlungsformen im Bereich der Computerkriminalität ist somit nicht nur breit, sondern auch überaus vielfältig und flexibel. Der

---

8 Siehe *Bundeskriminalamt*, Cybercrime-Bundeslagebild 2015, S. 9. Hierzu auch *Sowa/Silberbach*, in: Rüdiger/Bayerl (Hrsg.), Digitale Polizeiarbeit, S. 109 (111).
9 So *Münch*, in: Sensburg (Hrsg.), Sicherheit in einer digitalen Welt, S. 9 (11 f.).
10 *Bundeskriminalamt*, Cybercrime-Bundeslagebild 2015, S. 9.
11 *Sowa/Silberbach*, in: Rüdiger/Bayerl (Hrsg.), Digitale Polizeiarbeit, S. 109 (111).
12 Siehe *Bundeskriminalamt*, Cybercrime-Bundeslagebild 2017, S. 24.
13 Vgl. auch *Gercke/Brunst*, PHdb. Internetstrafrecht, S. 1.
14 So *Buono*, New Journal of European Criminal Law 2012, 332, 332; auch *Clough*, Principles of cybercrime, S. 5. In einem ähnlichen Kontext: *Wall*, Cybercrime, S. 2.

Kriminalitätsbereich Computerkriminalität ist daher als dynamisch und hybridartig zu begreifen.

Der frühe Kontakt von Kindern mit den Möglichkeiten des Internets, vor allem mit den sozialen Netzwerken, birgt zudem die Gefahr, dass Kinder Opfer pädosexueller Interessen werden. Im Kontext der Computerkriminalität im weiteren Sinn sind vor allem das Cybergrooming, -dem gezielten Ansprechen von Kindern im Internet mit dem Ziel des sexuellen Missbrauchs-, und die computergenerierte, beziehungsweise virtuelle Kinderpornographie zu untersuchen.

Im Hinblick auf den Terrorismus ist es der sog. Islamische Staat, der deutlich vor Augen geführt hat, dass sich auch terroristische Gruppierungen den Vorteilen der Digitalisierung und des Internets annehmen. Die sozialen Medien werden für die Kommunikation sowie für Propaganda-, Rekrutierung- und Verherrlichungszwecke der eigenen Ideologie missbraucht. Während dies als Terrorismus im Internet zu bezeichnen ist, existiert die Bedrohung durch Cyberangriffe auf kritische Infrastrukturen, dem Cyberterrorismus. Die Interkonnektivität kritischer Infrastrukturen hat eine Bedrohung durch Cyberattacken auf jene Informationssysteme hervorgerufen, die zum Schutz der Gesellschaft abgewehrt werden müssen. Das „große Bedrohungspotential", das von groß angelegten Cyberangriffen ausgeht, steigt an, da die „moderne Informationsgesellschaft sehr stark vom Funktionieren ihrer Computersysteme abhängig ist"[15]. Jede Form der „Technisierung produziert Abhängigkeit"[16], die eine Angriffsfläche für Cyberangriffe darstellt. Cyberangriffe auf kritische Infrastrukturen und auch die gezielte Manipulation von Informationen im Internet, nehmen inzwischen maßgeblichen Einfluss auf das sicherheitspolitische Denken und Handeln staatlicher Akteure[17]. Die Bekämpfung der Computerkriminalität ist somit nicht nur als rechtswissenschaftliche Herausforderung zu betrachten, sondern sie ist ebenso maßgeblicher Bestandteil der Sicherheitspolitik in Deutschland.

Doch die Bekämpfung der Computerkriminalität hat nicht nur im nationalen kriminal- und sicherheitspolitischen Kontext an Bedeutung gewonnen.[18] Sie hat sich auch zu einem wesentlichen Bestandteil der Krimi-

---

15 *Sieber*, in: Sieber/Satzger/Heintschel-Heinegg (Hrsg.), Europäisches Strafrecht, § 24 Rn. 8.
16 *Gaycken/Karger*, MMR 2011, 3, 3.
17 BT-Drs. 19/12489; BT-Drs. 18/8631.
18 Es ist grundsätzlich unbestritten, dass der Computerkriminalität nur im Staatenverbund effizient begegnet werden kann. So bereits *Goodman/Brenner*, International Journal of Law and Information Technology 2002, 139, 139 ff.

nal- und Sicherheitspolitik der Europäischen Union entwickelt und hat mitunter die „Entgrenzung nationaler Kriminalpolitiken"[19] in Europa initiiert sowie den Politbereich des Raums der Freiheit, der Sicherheit und des Rechts (RFSR) als festen Integrationsbestandteil geprägt. Bereits vor der Vergemeinschaftung der ehemaligen dritten Säule der polizeilichen und justiziellen Zusammenarbeit in Strafsachen (PJZS), wurden erste Angleichungsmaßnahmen mit Hilfe des Rechtsinstruments des Rahmenbeschlusses erlassen. Während der Rahmenbeschluss 2001/413/JI zur Bekämpfung von Betrug und Fälschung im Zusammenhang mit unbaren Zahlungsmitteln erste sekundärrechtliche Angleichungsmaßnahmen zugunsten der Bekämpfung der Computerkriminalität enthält, folgte erst im Jahr 2005 der Rahmenbeschluss 2005/222/JI über Angriffe auf Informationssysteme, der sich umfassend der Computerkriminalität widmet. Dieser war nicht nur von kriminalpolitischer Bedeutung, sondern war von kompetenzrechtlichen Defiziten umrahmt, da der Vertrag von Amsterdam keine Angleichungskompetenz im Bereich der Computerkriminalität vorsah. Die fehlende Legitimität war bereits ein Jahr zuvor mit dem Rahmenbeschluss 2004/68/JI zur Bekämpfung der sexuellen Ausbeutung von Kindern und der Kinderpornographie in den rechtswissenschaftlichen Diskurs gerückt.

Der Reformvertrag von Lissabon führte dazu, dass der ehemalige Politbereich der polizeilichen und justiziellen Zusammenarbeit vergemeinschaftet wurde. Der Europäischen Union kommt nunmehr eine ausdrückliche Mindestangleichungskompetenz im materiell-strafrechtlichen Bereich der Computerkriminalität gemäß Art. 83 Abs. 1 AEUV zu.

Neben der Angleichung von Strafvorschriften, haben die Agenturen im Politbereich des RFSR einen bedeutenden Beitrag zum europäischen Integrationsprozess geleistet. Hierfür steht maßgeblich die Europäische Polizeibehörde (Europol) und die Einheit für justizielle Zusammenarbeit innerhalb der Europäischen Union (Eurojust), die primärrechtlich in Art. 85 und Art. 88 AEUV manifestiert sind. Innerhalb der Behörde Europol wurde im Jahr 2013 das Europäische Zentrum zur Bekämpfung der Computerkriminalität (EC3) eingerichtet, dass sich neben einer strategischen und forensischen Zuständigkeit, auch aktiv an operativen Ermittlungen der Ermittlungs- und Strafverfolgungsbehörden der Mitgliedstaaten beteiligt. Im Oktober 2017 folgte die Verordnung (EU) 2017/1939 zur Europäischen Staatsanwaltschaft (EUStA), die im Rahmen der Verstärkten Zusammenarbeit errichtet wird. Außerhalb des Politbereichs des RFSR wurde zuguns-

---

19 Vgl. *Lange*, in: *ders.*, Kriminalpolitik, S. 9 (10).

ten eines sicheren Internets per Verordnung (EU) 2019/881 die Agentur für Cybersicherheit[20] (ENISA) auf der Grundlage von Art. 114 AEUV eingerichtet. Deren Hauptaufgabe ist es, ein hohes Niveau der Netz- und Informationssicherheit zu gewährleisten.

Die Kooperationsbeziehungen zwischen den Agenturen und Einrichtungen, zu den Behörden der Mitgliedstaaten und zu Dritten, beruhen auf dem Informationsaustausch. Die Agenturen Europol und Eurojust sind als Datensammel- und Datenanalysezentren sowie als Knotenpunkt polizeilicher und justizieller Zusammenarbeit in Strafsachen zu betrachten. Wie im Kontext der Europäisierung des Strafrechts, ist es auch der signifikante Anstieg der Fallzahlen und die Variabilität der transnationalen Kriminalitätsform Computerkriminalität, die den steten Kompetenzausbau der beiden Agenturen vorangetrieben hat. Dies machen nicht zuletzt die Verordnung (EU) 2016/794 zur Neuausrichtung von Europol und die Verordnung (EU) 2018/1727 zur Aufgabenerweiterung von Eurojust deutlich.

B. Ziel der Untersuchung und Abgrenzung

Die vorliegende Dissertation widmet sich der Frage, wie effizient die europäische Kriminalpolitik im Hinblick auf die Computerkriminalität ist und welchen Herausforderungen die Europäische Union im Kampf gegen Computerkriminalität gegenübersteht. Der Untersuchungsabschnitt zu den völkerrechtlichen Vorgaben fokussiert sich auf die Maßnahmen des Europarats. Besondere Berücksichtigung findet die gemeinsame Bekämpfung der Computerkriminalität im Rahmen der Europäisierung des Strafrechts unter dem Politbereich des RFSR. Im Unterschied zu bisherigen Untersuchungen ist die Arbeit auf die Bereiche Viktimisierung im Internet, Terrorismus im Internet, Cyberterrorismus sowie Fälschung und Betrug von unbaren Zahlungsmitteln projiziert. Eine diesbezügliche unionsrechtliche Betrachtung hat bisher lediglich andeutungsweise[21], bezie-

---

20 Vormals Agentur der Europäischen Union für Netz- und Informationssicherheit.
21 Siehe *Brodowski*, in: Lange/Bötticher (Hrsg.), Cyber-Sicherheit, S. 249 (256 f.); *Sieber*, in: Sieber/Satzger/Heintschel-Heinegg (Hrsg.), Europäisches Strafrecht, § 24 Rn. 1 ff.; *Haase*, Computerkriminalität im Europäischen Strafrecht, S. 129 ff. Die Untersuchung von *Haase* projiziert sich auf das unionsrechtliche Begriffsverständnis der Computerkriminalität und dessen Einordnung im europäischen Mehrebenensystem, was einen Grundstein für weitere Überlegungen legt. *Haase* untersucht einerseits ebenso ausgewählte Rechtsangleichungsmaßnahmen, doch aufgrund des restriktiveren Verständnisses des Begriffs Computerkriminalität,

Einführung

hungsweise partiell[22] stattgefunden. Es gilt diese Forschungslücke zu schließen. Es ist daher Ziel der Dissertation, eine erste rechtswissenschaftliche Untersuchung vorzulegen, die sich diesen speziellen Ausprägungen der Computerkriminalität im weiteren Sinn widmet. Die Änderungen im materiellen Strafrecht sind nicht Bestandteil der Untersuchung, da sie das Volumen der Arbeit sprengen würden. Die Arbeit kann indes Forschungsanreiz für diesbezügliche Untersuchungen sein. Es wird untersucht, welche diesbezüglichen Maßnahmen der Europarat und die Europäische Union erlassen haben. Trotz einer kurzen historischen Betrachtung[23] steht eine Untersuchung *de lege lata* im Vordergrund, aus der sich wiederum *de lege ferenda* Vorschläge ableiten lassen.

In systematischer Hinsicht werden die einschlägigen Harmonisierungsmaßnahmen herausgefiltert, in kompetenzrechtlicher Hinsicht hinterfragt und die zentralen Vorgaben zur Änderung des materiell-rechtlichen Strafrechts untersucht. Der Untersuchungsabschnitt soll zudem den *ad hoc*-Aktionismus veranschaulichen, der sich konsequenterweise aus der Dynamik und Hybridartigkeit der Computerkriminalität für die EU-Legislative ergibt. In diesem Kontext ergibt sich eine besondere Herausforderung darin, die informationstechnischen Komponenten des umfassenden Bereichs Terrorismus zu erörtern und innerhalb des unionsrechtlichen Rahmens einzuordnen. Hierbei soll die These untersucht werden, dass die Bereiche des Terrorismus im Internet und der Cyberterrorismus sowohl in phänomenologischen als auch im rechtsdogmatischen Kontext zu trennen sind. Letzteres ist vor allem für die Kompetenzverteilung im Hinblick auf die Vergemeinschaftung der PJZS und der nach wie vor intergouvernemental-organisierten Gemeinsamen Außen- und Sicherheitspolitik der Europäischen Union von wesentlicher Bedeutung. Im Rahmen dieses Untersuchungsabschnitt kann das Politfeld der Cybersicherheit jedoch lediglich als kompe-

---

wird beispielsweise dem Bereich der Kinderpornographie nur wenig Aufmerksamkeit im unionsrechtlichen Kontext geschenkt. Zudem mangelt es seiner Untersuchung gänzlich einer Betrachtung von Unionsmaßnahmen zur Viktimisierung in virtuellen Welten oder auch zum Terrorismus im Internet.

22 Zum Cybergrooming: *Eisele*, in: Hilgendorf/Rengier (Hrsg.), FS Heinz, S. 697 (697 ff.), zur Kinderpornographie: *Baier*, ZUM 2004, 39, 39 ff.; *Geiger*, Auswirkungen europäischer Strafrechtsharmonisierung auf nationaler Ebene, S. 33 ff.; *Gercke*, CR 2012, 520, 520 ff.

23 Umfassend hierzu *Schjølberg*, The history of cybercrime, S. 16 ff.

tenzrechtliches Problem der Europäischen Union und seiner Mitgliedstaaten skizziert werden[24].

Die vorliegende Dissertation geht zudem der Frage nach, welchen Beitrag die einschlägigen Unionsagenturen und -einrichtungen im Kampf gegen Computerkriminalität leisten. Die diesbezügliche Untersuchung von Primär- und Sekundärrecht soll zudem die sukzessive und signifikante Kompetenzausweitung der Agenturen veranschaulichen. Da die Kerntätigkeit sich dennoch maßgeblich auf den Austausch von Informationen bezieht, wird die vorliegende Ausarbeitung genutzt, um datenschutz- und datensicherheitsrechtliche Aspekte zu hinterfragen. Aufmerksamkeit gilt an dieser Stelle vordergründig einem Vergleich der Rechtsschutzmöglichkeiten Betroffener nach früherem Recht und *de lege lata*.

In Anerkenntnis, dass die Europäisierung des Strafrechts als Teil des europäischen Integrationsprozesses kein Stillleben ist, kann die vorliegende Untersuchung lediglich den *status quo* abbilden. Die Dissertation berücksichtigt daher Maßnahmen, die bis zum Stichtag des 30. September 2019 verabschiedet worden sind.

C. Gang der Untersuchung

Die vorliegende Arbeit gliedert sich in fünf Teile, wobei der erste (Einleitung) und letzte Teil (Kap. 4) eine einführende, beziehungsweise resümierende Funktion innehaben.

Im ersten Kapitel werden die Begriffe Deepweb, Darknet und Computerkriminalität erläutert, die die Grundlage für die weiteren Ausführungen bilden und zugleich die Eigenheiten des Kriminalitätsbereichs verdeutlichen. Sodann folgt eine nähere kriminologische Betrachtung der Computerkriminalität im engeren und im weiteren Sinn. Letzteres ist im Hinblick auf die unbestimmte Weite des Begriffs Computerkriminalität aus Art. 83 Abs. 1 UAbs. 2 AEUV und vor allem hinsichtlich der, vom Bundesverfassungsgericht (BVerfG) kritisierten Unbestimmtheit der Mindestangleichungskompetenz in Art. 83 Abs. 1 AEUV zu untersuchen[25]. Die ein-

---

24 Bereits im Kontext der internationalen Beziehungen: *Hansel*, Internationale Beziehungen im Cyberspace, S. 11 ff. Im Hinblick auf die Europäische Union: *Bendiek/Bossong/Schulze*, SWP-Aktuell 2017, S. 1 ff., *Bendiek*, in: Weidenfeld/Wessels (Hrsg.), Jahrbuch der Europäischen Integration 2017, S. 247 (247 ff.); auch *Berger*, integration 2013, 307, 307 ff.
25 BVerfGE 123, 267 (410 f.).

Einführung

zelnen Deliktsformen werden einer Literaturrecherche aus den Gebieten der Rechts- und Politikwissenschaften sowie der Sozialwissenschaften und der Kriminologie unterzogen. Auf eine tiefgehende informationstechnische Betrachtung der einzelnen Deliktsformen im Bereich der Computerkriminalität im engeren Sinn wird verzichtet. Es erfolgt vordergründig eine phänomenologische Betrachtung der einzelnen Deliktsformen, die die Hybridartigkeit des Kriminalitätsbereichs aufzeigen soll und die Grundlage für die Kapitel zwei und drei als Kernstück der vorliegenden Untersuchung bilden.

Im zweiten Kapitel werden die Maßnahmen des Europarats untersucht. Ausgangspunkt ist das völkerrechtliche Übereinkommen gegen Computerkriminalität aus dem Jahr 2001 (Kap. 2 Abschnitt A), was den Grundstein für die Pönalisierung der sog. CIA-Delikte[26] in 61 Vertragsstaaten gelegt hat. Sodann wird das Übereinkommen zum Schutz des Kindes vor sexuellem Missbrauch[27] aus dem Jahr 2007 (sog. Lanzarote-Übereinkommen) im Hinblick auf seine informationstechnischen Komponenten untersucht (Kap. 2 Abschnitt B). Der Fokus gilt hierbei den Vorgaben zur Kriminalisierung der Kinderpornographie und des Cybergroomings.

Im dritten Kapitel folgt eine Untersuchung von EU-Maßnahmen im Kampf gegen Computerkriminalität. Die Untersuchung umfasst sowohl Harmonisierungsvorgaben als auch eine Filterung einschlägiger EU-Einrichtung. Kapitel drei beginnt mit einem Überblick über die Europäisierung des Strafrechts, dessen Grundstein die primärrechtliche Verankerung der Schaffung eines Raums der Freiheit, der Sicherheit und des Rechts in ex. Art. 2 EUV (Vertrag von Amsterdam) bildet. Um die schrittweise Entwicklung zu veranschaulichen, wird eine chronologische Abhandlung gewählt, um den kompetenzrechtlichen Rahmen der Computerkriminalität prä- und post-Vertrag von Lissabon zu erörtern (Kap. 3 Abschnitt A). Da die Diskussion der Kompetenzreichweite der Europäischen Union im Hinblick auf die Strafrechtsharmonisierung maßgeblich von der sog. „Lissabon-Entscheidung"[28] des Bundesverfassungsgerichts bestimmt wurde, fließen die Leitlinien der Entscheidung in die Überlegungen ein, haben aber

---

26 CIA-Delikte steht für strafbare, computerbezogene Handlungen, die sich gegen die Vertraulichkeit, Integrität und Verfügbarkeit von Daten richten („crimes against confidentiality, integrity and availability"). Bereits vorher *Perritt/Charney/Miller*, Temple Law Review 1997, 1199, 1200. Ausführlich hierzu *Gercke*/Brunst, PHdb. Internetstrafrecht, Rn. 84 ff.
27 Übereinkommen des Europarates zum Schutz von Kindern vor sexueller Ausbeutung und sexuellem Missbrauch v. 25. Oktober 2007, SEV Nr. 201.
28 BVerfGE 123, 267.

indes bereits umfassend Berücksichtigung in der rechtswissenschaftlichen Diskussion gefunden. Auch Überlegungen zur „differenzierten Integration"[29] im Politbereich des RFSR sowie zu den Folgen für die europäische Kriminalpolitik in Anbetracht des Austritts des Vereinigten Königreichs aus der Europäischen Union können lediglich angetastet werden. Um indes einen Gesamtüberblick über den *status quo* europäischer Kriminalpolitik zu gewährleisten, werden der Grundsatz der gegenseitigen Anerkennung in Strafsachen und der Grundsatz der Verfügbarkeit von Informationen als zweiter und dritter Pfeiler neben der Angleichungsermächtigung im Bereich des materiellen Strafrechts zusammenfassend erläutert. Auf den Erkenntnissen aufbauend folgt die Untersuchung der Angleichungsmaßnahmen. Wie bereits erwähnt, projiziert sich die Untersuchung auf solche Deliktsformen, die der Computerkriminalität im weiteren Sinn nach der hier vertretenen Ansicht zuzurechnen sind. Es wird daher eine kritische Untersuchung von Unionsmaßnahmen in den Bereichen Kinderpornographie und Cybergrooming (Kap. 2 Abschnitt B Ziff. I), Fälschung und Betrug von unbaren Zahlungsmitteln (Kap. 2 Abschnitt B Ziff. III), Cyberlaundering (Kap. 2 Abschnitt B Ziff. IV) sowie Terrorismus im Internet und Cyberterrorismus (Kap. 2 Abschnitt B Ziff. V) vorgenommen. Im Rahmen des Untersuchungsabschnitts Terrorismus wird zudem veranschaulicht, dass eine Zweiteilung in die Bereiche ‚Cyberterrorismus' und ‚Terrorismus im Internet' bereits aus kompetenzrechtlichen Gründen in Anbetracht sicherheitspolitischer Zuständigkeiten einerseits und kriminalpolitischer Zuständigkeiten andererseits, notwendig ist. Da die Forderungen nach einem unionsweiten Straftatbestand lauter werden, wird das Cyberbullying hinsichtlich der Reichweite des Kompetenzrahmens von Art. 83 AEUV unter Berücksichtigung des Schrankentrias aus Art. 5 EUV untersucht (Kap. 2 Abschnitt B Ziff. II). Die Themenabschnitte orientieren sich an der Chronologie des Erlassdatums, wodurch noch einmal die Hybridartigkeit und Dynamik der Computerkriminalität veranschaulicht werden sollen, die gleichsam zur Europäisierung des Strafrechts und der Fortentwicklung einer gemeinsamen Kriminalpolitik beigetragen haben.

Während die Angleichungskompetenz einen Pfeiler europäischer Kriminalpolitik darstellt, hat ebenso die Errichtung von Unionseinrichtungen und deren schrittweise Kompetenzerweiterung maßgeblich zur Gestaltung des RFSR beigetragen. Diese Partizipation wird in Kapitel 3 Abschnitt C erläutert. Der Fokus liegt speziell auf den Einrichtungen Europol (Kap. 3 Abschnitt C Ziff. IV), dessen EC3 (Kap. 3 Abschnitt C Ziff. IV Nr. 13),

---

29 Ausführlich hierzu *Tekin*, integration 2017, 263, 263 ff.

Einführung

ENISA (Kap. 3 Abschnitt C Ziff. V), Eurojust (Kap. 3 Abschnitt C Ziff. VI) und der EUStA (Kap. 3 Abschnitt C Ziff. VII). Neben ihren strukturellen Aufbau und ihren spezifischen Aufgabenbereichen, wird im Zuge einer chronologischen Erörterung ihrer Rechtsgrundlage, die in Etappen vollzogene Kompetenz- und Zuständigkeitsausdehnung veranschaulicht und einer kritischen Reflexion unterworfen. Zu den einschlägigen sekundärrechtlichen Maßnahmen werden auch die kriminalpolitischen Proklamationen des Europäischen Rats im Zuge der Treffen von Tampere, Den Haag und Stockholm herangezogen[30]. Für die Beantwortung der Forschungsfragen gilt jedoch der Fokus innerhalb des Abschnitts der Frage, ob und inwieweit die Agenturen und Einrichtungen einen Beitrag im Kampf gegen Computerkriminalität leisten.

In einem abschließenden Fazit werden die Ergebnisse der Kapitel 1 bis 3 resümiert. Es werden sowohl die Ergebnisse der einzelnen Untersuchungsabschnitte zusammengefasst als auch Anregungen vorgeschlagen sowie ein Ausblick auf mögliche zukünftige Entwicklungen im gemeinsamen Kampf gegen Computerkriminalität in Europa gegeben.

D. Untersuchungsmethodik

Die vorliegende Untersuchung widmet sich einem überaus komplexen und problemorientierten Thema, das grundsätzlich im unionsrechtlichen Kontext mit rechtspolitischer Akzentuierung untersucht wird. Aufgrund der Querschnittsmaterie, die die Bemühungen zur Bekämpfung der Computerkriminalität darstellt, partizipieren an den Lösungswegen ebenso Beiträge aus den Wissenschaftsdisziplinen der Kriminologie, Politik- und den Sozialwissenschaften. Die Untersuchung der Bereiche Computerkriminalität im engeren und im weiteren Sinn werden einer phänomenologischen Betrachtung unterzogen, die vor allem auf sozialwissenschaftlichen und kriminologischen Beiträgen basieren. Innerhalb des zweiten Kapitels, das die beiden Übereinkommen des Europarats bündelt, sind aufgrund der unterschiedlichen Zielrichtungen der Übereinkommen auch unterschiedliche Untersuchungsmethoden anzusetzen. Das Übereinkommen gegen Computerkriminalität wird aufgrund seiner expliziten Ausrichtung ganzheitlich auf dessen materiell-rechtliche und prozessuale Bestimmungen untersucht. Die diesbezügliche Untersuchungsreihenfolge orientiert sich da-

---

30 Zu den Mehrjahresprogrammen in der europäischen Justiz- und Innenpolitik: *Semmler*, integration 2009, 63, 63 ff.

her an der Systematik des Übereinkommens. Anders verhält es sich im Hinblick auf das Lanzarote-Übereinkommen. In diesem Untersuchungsabschnitt werden die einschlägigen Bestimmungen zur Kinderpornographie und des Cybergroomings unmittelbar herausgefiltert, um die informationstechnische Komponente zu verdeutlichen. Hierbei ist jedoch primäres Ziel, die Unterschiede zu bisherigen völkerrechtlichen Vorgaben herauszuarbeiten und mögliche Fortschritte zu ermitteln.

Da die Europäisierung des Strafrechts als auch die „Lissabon-Entscheidung" des Bundesverfassungsgerichts bereits einen umfassenden rechtswissenschaftlichen Diskurs erfahren haben, basiert dieser Abschnitt (Kapitel 3 Abschnitt A) auf einer kritischen Reflexion, der wiederum auf einer unionsrechtlichen und verfassungsrechtlichen Literaturbetrachtung fußt. Der Rahmenskizzierung des Begriffs Computerkriminalität gemäß Art. 83 Abs. 1 UAbs. 2 AEUV liegt eine Untersuchung nach der juristischen Hermeneutik zugrunde, wobei einschlägige unionsrechtliche Interpretationspraktiken des Europäischen Gerichtshofs (EuGH) herangezogen werden.[31] Besonderes Augenmerk gilt in diesem Kontext dem *effet utile*-Grundsatz, der maßgeblich das unionsrechtliche Bild einer dynamisch-telelogischen Auslegungsmethodik prägt[32] und gleichlaufend die normative Grundlage für die Untersuchung der einschlägigen Harmonisierungsbestrebungen bildet.

Um der Zielstellung der Dissertation gerecht zu werden, werden solche Maßnahmen herausgefiltert, die nach der hier vertretenen Ansicht dem Bereich der Computerkriminalität im weiteren Sinn unterfallen. Die in der Dissertation verwendete Reihenfolge orientiert sich an der Chronologie der verabschiedeten Maßnahmen. Der zeitliche Ansatz findet sich sodann auch innerhalb der einzelnen Bereiche wieder.

---

31 So bereits *Haase*, Computerkriminalität im Europäischen Strafrecht, S. 7.
32 Hierzu *Haase*, Computerkriminalität im Europäischen Strafrecht, S. 30 (m. V. a. *Reinbacher*, Strafrecht im Mehrebenensystem, S. 425), S. 108; *Potacs*, EuR 2009, 465, 469.

Kapitel 1: Begriffe und Untersuchungsgegenstand

A. Begriffliche Präzisierung des Untersuchungsgegenstands

I. Deepweb

Das Internet lässt sich in zwei Bereiche unterteilen. Während ein Bereich des Internets mit Hilfe von Suchmaschinen gefunden werden kann und Websites offen zugänglich sind (sog. Clearnet)[33], ist ein anderer Bereich nicht frei zugänglich (sog. Deepweb). Das Deepweb umfasst demnach all jene Bereiche des Internets, die nicht mit Hilfe von Suchmaschinen gefunden und erfasst werden können[34], während im Clearnet mit Hilfe von Suchmaschine sämtliche Websites durchsucht werden können, die sog. Crawler zulassen. Ein Crawler ist ein Softwareprogramm, das das Internet permanent nach Informationen durchsucht und sich mittels Hyperlinks durch die Websites arbeitet.[35] Dabei analysiert und katalogisiert, beziehungsweise indexiert, das Programm die gefundenen Informationen, weshalb Crawler vor allem von Suchmaschinen wie Google, Yahoo und Bing verwendet werden. In dem Suchfeld der jeweiligen Suchmaschine wird ein Suchbegriff eingegeben, woraufhin das erstellte Indexsystem durchsucht wird und die Anfrage sodann beantwortet werden kann. Für eine permanente Aktualisierung der Indexsysteme setzen Suchmaschinen Crawler ein, die das Internet ständig neu durchsuchen, um dem Sucher aktuelle Angaben bieten zu können.[36] Die Webseiten des Deepweb sind grundsätzlich nicht von Suchmaschinen auffindbar, beziehungsweise nicht indexierfähig.[37] Neben Websites, die nur mit Hilfe bestimmter Browser (sog. Hidden-Services) zugänglich sind, umfasst das Deepweb beispielsweise auch

---

33 Synonym zum Clearnet werden auch die Bezeichnungen Surface Web oder Visible Web verwendet. Siehe *Kochheim*, Cybercrime und Strafrecht, Rn. 1643; *Scheeren*, The Hidden Web, S. 11 f.; *Vogt*, Die Kriminalpolizei 2017, 4, 4.
34 *Anonymus*, Deep Web, S. 15 f.
35 Siehe *Kochheim*, Cybercrime und Strafrecht, Rn. 1641, 2136.
36 *Alhogbani*, CommLaw Conspectus 2015, 469, 480; *Vogt*, Santa Clara Journal of International Law 2017, 104, 109.
37 Allerdings existieren Suchmaschinen wie BASE (Bielefeld Academic Search Engine), die der Suche nach wissenschaftlichen Internetquellen dienen und auch Datenbanken innerhalb des Deepweb durchsuchen können.

Kapitel 1: Begriffe und Untersuchungsgegenstand

Datenbanken von Organisationen, Unternehmen, Bibliotheken und Universitäten oder auch Apps[38]. Zwar ist es möglich, die Webseite der Universität zu besuchen, das Aufrufen bestimmter Informationen wird aber unter anderem durch ein Login-Fenster verhindert. Wird die exakte URL eingegeben, stößt die Datenübertragung auf Sicherheitsmechanismen, woraufhin der Zugang verweigert wird.[39] Solche Datenbanken und Webseiten verbergen sich unter der Oberfläche, woraus sich die Bezeichnung Deepweb herleitet.

II. Darknet

Das Darknet bezeichnet einen anteiligen Bereich des Deepweb und ist damit Teil des Internets. Der Zugang zum Darknet ist durch spezielle Browser, wie dem TOR-Browser[40], möglich, die im Internet frei verfügbar sind und heruntergeladen werden können. Der TOR-Browser steht für „the Onion Router". Der spezielle Browser war ursprünglich ein Projekt der U.S.-Navy und sollte der sicheren Kommunikation des U.S.-Militärs dienen.[41] Die Bezeichnung „Onion" (eng.: Zwiebel) ist auf die verschlüsselte Verbindung über verschiedene Proxyserver (sog. Knotenpunkte)[42] zurückzuführen. Die übertragenen Daten werden mit jeder Durchquerung eines weiteren verschlüsselten Servers abermals verschlüsselt beziehungsweise mit einer weiteren Verschlüsselung „überzogen" (sog. Zwiebelschichtenprinzip).[43] Eine direkte Verbindung zwischen dem verwendeten Computer und der Zielseite wird nicht ermöglicht.

Die Mehrfachverschlüsselung verhindert, dass die IP-Adresse und das Ziel der Übertragung nicht gleichzeitig festgestellt werden können, weshalb von einer weitestgehenden Anonymität zu sprechen ist. Werden die üblichen Browser beim Aufrufen einer Webseite verwendet, werden auto-

---

38 *Schulze*, SWP-Aktuell 2019, S. 1.
39 *Vogt*, Santa Clara Journal of International Law 2017, 104, 109.
40 Es existieren alternative Anonymisierungsbrowser wie Riffle. Einen Überblick zu TOR und Riffle gibt *Dirscherl*, „Riffle statt Tor" v. 12. Juli 2016. Abrufbar unter: https://www.pcwelt.de/news/Riffle-Neues-Anonymisierungsverfahren-soll-NSA-Co.-aussperren-10009874.html (zuletzt abgerufen am 15. Juni 2020).
41 *Vogt*, Santa Clara Journal of International Law 2017, 104, 108.
42 Zu den Haftungsrisiken beim Betrieb eines TOR-Servers *Thiesen*, MMR 2014, 803, 803 ff.
43 Zur Vorgehensweise *Alhogbani*, CommLaw Conspectus 2015, 469, 483 m. V. a. den Webauftritt von TOR (torprojekt.org).

matisch Informationen übertragen. Diese Informationen umfassen neben der IP-Adresse den Standort sowie technische Daten des verwendeten Computers. Internetanbieter erhalten somit umfassenden Einblick in das Nutzerverhalten seiner Kunden. Mit Hilfe des TOR-Browsers können Webseiten des Clearnets und Hidden-Services aufgerufen werden, ohne dass die Informationen unverschlüsselt übertragen werden. Während das Clearnet solche Websites meint, die über Suchmaschinen wie Google und Bing aufgerufen werden können, handelt es sich bei Hidden-Services um spezielle Webadressen. Letztere werden im TOR-Netzwerk mit der Endung „onion" verwendet.[44] Die Websites sind nur via TOR-Browser unter Eingabe der exakten Adresse erreichbar.[45] Die Sicherstellung der Anonymität im Zuge des Verschlüsselungsmechanismus ermöglicht einerseits Raum für freie Meinungsäußerung, was unter anderem Regimekritiker, Whistleblower und Journalisten nutzen. Andererseits kommt es zu einer Entgrenzung strafbarer Handlungen und einer Verlagerung des Handlungsortes illegaler Aktivitäten in die virtuelle Welt. Es wurden Marktplätze wie Silk Road, Pandora, Hydra[46] und Wall Market[47] errichtet[48]. Das Angebot dieser Marktplätze ist breit gefächert. Es umfasst Drogen, Waffen, Sprengstoff, Kinder- und Gewaltpornographie, gestohlene und falsche Identitäten sowie die Möglichkeit, Auftragsmörder zu akquirieren. Die Aufmachung erinnert an bekannte Marktplätze des Clearnets wie Amazon und Ebay, indem die Hidden-Services eine leichte Bedienbarkeit aufweisen und dem Nutzer Bewertungstools zur Verfügung stellen. Zudem wird grundsätzlich mit der virtuellen Währung[49] Bitcoin bezahlt, wodurch, ne-

---

44 Siehe auch *Zaunseder/Bancroft*, in: Tzanetakis/Stöver (Hrsg.), Drogen, Darknet und Organisierte Kriminalität, S. 137 (137 ff.).
45 Allerdings existieren sog. „Hidden-Wikis". Es handelt sich hierbei um Verzeichnisse, die Listen von Hidden-Services führen.
46 Die Hidden-Services Silk Road, Pandora und Hydra wurden 2014 durch Strafverfolgungsbehörden im Rahmen der Operation Onymous abgeschaltet, an der das European Cybercrime Centre (EC3) maßgeblich beteiligt war. Europol gibt an, dass im Zuge der Operation mehr als 400 Hidden-Services abgeschaltet worden sind. Siehe *Europol*, Pressemitteilung v. 7. November 2014: Global Action against dark markets on tor network.
47 Der Hidden-Service Wall Market wurde im Frühjahr 2019 abgeschaltet.
48 Eingehend *Aldridge/Décary-Hétu*, International Journal of Drug Policy 2016, 7, 7 ff.
49 Virtuelle oder digitale Währungen werden auch als Kryptowährungen bezeichnet. Sie werden als „digitale Abbildung" von Werten beschrieben, die weder von einer Zentralbank noch einer Behörde geschaffen worden ist und keine Verbin-

ben der weiteren Anonymitätskomponente, auch die Potentialität zur Geldwäsche besteht.[50]

III. Computerkriminalität – eine Definitionssuche

Die Suche nach einer Definition, die sämtliche Ausprägungen krimineller Aktivitäten im Bereich der elektronischen Datenverarbeitung einschließt, hatte bereits zu Beginn der 1970er Jahre eine umfassende Diskussion erfahren. Die Diskussion konzentrierte sich auf illegale Handlungen, in denen die Computertechnik eine wesentliche Rolle einnahm und inwieweit diese rechtlich und kriminologisch einzuordnen sind.[51] Es wurde eine Falleinteilung vorgenommen, je nachdem ob die Computertechnik das Tatobjekt oder Tatwerkzeug darstellte.[52] Zu Beginn der 1980er Jahre wurde im Rahmen der U.S.-amerikanischen Diskussion eine Einordnung der verschiedenen Fallkonstellationen vorgenommen, die der vorgeschlagenen Kategorisierung der deutschen Rechtswissenschaft ähnelte.[53] In Folge der Digitalisierung verlagerten sich missbräuchliche Handlungen zunehmend in das Internet[54], woraus die Bezeichnung der Internetkriminalität abgeleitet

---

dung zu gesetzlichen Zahlungsmitteln haben muss. Siehe *Beukelmann*, NJW-Spezial 2019, 184, 184 m. V. a. die Stellungnahme der Europäischen Bankaufsichtsbehörde, siehe EBA Opinion on „virtual currencies", EBA/Op/2014/08 v. 4. Juli 2014. Zu Bitcoin: *Boehm/Pesch*, MMR 2014, 75, 75 ff.

50 *Alhogbani*, CommLaw Conspectus 2015, 469, 482.
51 *Dornseif*, Phänomenologie der IT-Delinquenz, S. 36; *Paramonova*, Internationales Strafrecht im Cyberspace, S. 32. Beide m. V. a. die Diskussion von *Betzl*, DSWR 1972, 317, 317 ff.; *Sieben/zur Mühlen*, DSWR 1972, 397, 397 ff.; *Betzl*, DSWR 1972, 475, 475 f.; *Sieben/zur Mühlen*, DSWR 1973, 252, 252 ff.; *Betzl*, DSWR 1973, 254, 254 ff.
52 *Zur Mühlen*, Computer-Kriminalität, S. 17 f.; *Sieben/zur Mühlen*, DSWR 1973, 253, 253; *Sieber*, Computerkriminalität und Strafrecht, S. 29, 187 f.; *Schmitz/Schmitz*, Computerkriminalität, S. 23. Des Weiteren wurde vorgeschlagen, auch solche Tathandlungen der Computerkriminalität zuzurechnen, die auch nur annähernd mit der Computertechnik im Zusammenhang standen. Siehe *Lampe*, GA 1975, 1, 1; *zur Mühlen*, Computer-Kriminalität, S. 17. Überaus kritisch zu den zahlreichen Definitionsversuchen: *Schmid*, Computer- sowie Check- und Kreditkarten-Kriminalität, S. 15 f.
53 *Parker*, Fighting Computer Crime, S. 17.
54 Zum Verhältnis sinkender Kriminalität in der „Realwelt" und der steigenden Anzahl an kriminellen Handlungen im virtuellen Raum: *Caneppele/Aebi*, Policing 2019, 66, 67 f.

wurde[55]. Die Verlagerung löste wiederum eine Diskussion um eine Sammelbezeichnung aus, da die vorherrschende Bezeichnung Computerkriminalität nicht mehr adäquat erschien. Es folgten Vorschläge wie Post-Computerkriminalität[56], e-Crime[57], „digicrime"[58], „computer related crimes"[59], „high-tech crimes"[60], „network crimes"[61] und „cybercrimes"[62].[63]

Erst das Übereinkommen gegen Computerkriminalität des Europarats aus dem Jahr 2001 führte zu einer völkerrechtlichen Kategorisierung von strafbaren Handlungen in diesem Bereich. Allerdings wurde sich an den bestehenden Vorschlägen der Rechtswissenschaft orientiert und zudem keine gemeinsame Definition für die Bezeichnung Computerkriminalität vorgegeben. Die erste Kategorisierung des Übereinkommens umfasst Handlungen, die sich gegen die Vertraulichkeit, Unversehrtheit und Verfügbarkeit von Computerdaten und -systemen richten (CIA-Delikte). Das Computersystem ist das Tatobjekt und die Kriminalisierung dient dem Schutz des Informationsaustauschs[64]. Während die zweite Kategorie computerbezogene Straftaten („computer related offences") umfasst, fängt die dritte Kategorie inhaltsbezogene Straftaten („content related offences")

---

55 Bspw. *Büchel/Hirsch*, Internetkriminalität, S. 3 f.; *Malek*, Strafsachen im Internet, Rn. 2 f.
56 *Barton*, Multimedia-Strafrecht, S. 8 f.
57 *Geschonneck*, e-Crime-Studie 2010, S. 3.
58 *Levi*, in: Wall (Hrsg.), Crime and the Internet, S. 44 (45).
59 Unter "computer related crime" subsumierte das Justizministerium der Vereinigten Staaten den Computermissbrauch, den Computerbetrug und andere Formen der Computerkriminalität („computer crime"). Siehe hierzu *Conly*, Organizing for computer crime investigations and prosecution, S. 6. Siehe auch *Ghosh/Turrini*, in: *dies*. (Hrsg.), Cybercrimes, S. 3 (8).
60 *Conly*, Organizing for computer crime investigations and prosecution, S. 6. Im Zusammenhang mit dem Bereich des Cyberterrorismus wird auch die Bezeichnung „high-tech-terrorism" verwendet: *Fidler*, Journal of Conflict and Security Law 2016, 475, 476.
61 *Mann/Sutton*, The British Journal of Criminology 1998, 201, 202.
62 Die Bezeichnung Cyberkriminalität konnte sich im deutschen Sprachgebrauch nicht gänzlich durchsetzen. Vgl. *Brodowski/Freiling*, Cyberkriminalität, S. 27 f.; *Fischer*, www.InfrastrukturInternet-Cyberterror.Netzwerk, S. 89; *Reindl-Krauskopf*, ZaöRV 2014, 563, 565; *Wiacek*, Strafbarkeit rechts motivierter Cyberkriminalität in sozialen Netzwerken, S. 71. Richtigerweise u. a. *Paramonova*, Internationales Strafrecht im Cyberspace, S. 31; *Steinke*, NStZ 1984, 295, 29; *Vetter*, Gesetzeslücken bei der Internetkriminalität, S. 11
63 Umfassend zur Begriffsbestimmung *Dornseif*, Phänomenologie der IT-Delinquenz, S. 36 ff.
64 *Spannbrucker*, Convention on Cybercrime, S. 47, 57, 67.

auf. Die vierte Kategorie beinhaltet die digitale Urheberrechtsverletzung.[65] Zuordnungsschwierigkeiten führten wiederum zu dem Vorschlag, entsprechende illegale Handlungen in die zwei Gruppen Computerkriminalität im engeren („cyber-dependent crime"[66]) und im weiteren Sinn („cyber-enabled crime"[67]) zu unterteilen. Computerkriminalität im engeren Sinn umfasst Handlungen, die nur mit Hilfe von Informations- und Netzwerktechnologien durchführbar sind. Die Kategorie Computerkriminalität im weiteren Sinn umfasst dagegen strafbare Handlungen, die bereits vor der Computertechnik existierten und deren *modus operandi* sich im Zuge der Möglichkeiten der Informations- und Netzwerktechnologien verändert hat.[68]

Im Rahmen der nachfolgenden Untersuchung wird die Bezeichnung Computerkriminalität als Hyperonym verwendet. Der Themenbereich ‚Cyberkrieg', dem vermehrt Aufmerksamkeit zukommt und erste Studien zu Grunde liegen[69], ist als gesonderter Themenkomplex auf horizontaler Ebene zur Computerkriminalität zu betrachten[70]. Anders als im Rahmen illegaler Aktivitäten der Computerkriminalität, sind die handelnden Personen des Cyberkriegs grundsätzlich staatliche Akteure. Der Cyberkrieg umfasst die Nutzung von Informations- und Kommunikationstechnologien im Rahmen militärischer Operationen im Cyberraum, der als fünfter

---

65 Hierzu *Gercke/Brunst*, PHdb. Internetstrafrecht, S. 2.
66 *Furnell/Papadaki*, Computer Fraud and Security 2015, 5, 5 ff.; *Maimon/Louderback*, Annual Review of Criminology 2019, 191, 191 ff.; *McGuire/Dowling*, Cyber crime: a review of the evidence – Chapter 1, S. 4.
67 *McGuire/Dowling*, Cyber crime: a review of the evidence – Chapter 2, S. 5.
68 *Cordova/Correra Álvarez/de Jesús Echerri Ferrandiz/Pérez-Bravo*, Global Jurist 2018, 1, 2; *Drewer/Ellermann*, ERA Forum 2012, 381, 381. Wird auch als „hybrid crime" bezeichnet, da eine Überlagerung zwischen den „real crimes" and „internet crimes" stattfindet. Siehe *Wall*, Cybercrime, S. 398.
69 Nur beispielhaft: *Baldi/Gelbstein/Kurbalija*, Hacktivism, cyber-terrorism and cyberwar, S. 45 ff.; *Dornbusch*, Das Kampfführungsrecht im internationalen Cyberkrieg, S. 29 ff.; *Gaycken*, Cyberwar (2012), S. 61 ff.; *Geiß/Drescher*, ZöR 2018, 39, 39 ff.; *Kurz/Rieger*, Cyberwar, S. 65 ff. Der Begriff Cyberkrieg wird vereinzelt mit dem Cyberterrorismus verwechselt, indem der Cyberterrorismus als „digital Pearl Harbour" beschrieben wird. Siehe *Leman-Langlois*, Technocrime, S. 117; *Weimann*, Terror on the Internet, S. 14; *Wilson/Perry*, War, virtual war and society, S. 99. Siehe auch *Bachmann/Gunneriusson*, Scientia Militaria 2015, 77, 78 ff. Der Cyberterrorismus und der Cyberkrieg bedienen sich zwar den gleichen Instrumenten, doch unterscheiden sich die Akteure und die Motivation.
70 Anders *Shackelford*, Stanford Law Review Online 2012, 106, 106, der die vier Gruppen Cyberterrorismus, Cyberkrieg, Cyberkriminalität und Cyberspionage nebeneinanderstellt.

Kriegsschauplatz neben Land, See, Luft und All zu betrachten ist.[71] Als militärische Operationen werden neben Cyberangriffen auch die staatliche Cyberspionage („information warefare")[72] und die hybride Kriegsführung („hybrid war")[73] eingeordnet. Der Bereich der Computerkriminalität ist wiederum in die Computerkriminalität im engeren und im weiteren Sinn zu unterteilen. Trotz des hier vorgeschlagenen Kategorisierungsansatzes wird Computerkriminalität nicht als starres oder fixes, sondern als dynamisches und hybrides Kriminalitätsfeld begriffen.[74] Denn anders als andere Kriminalitätsbereiche erweitert sich das Kriminalitätsfeld ständig derart, dass neue Technologien auf unterschiedlichste Art und Weise missbraucht beziehungsweise für illegale Zwecke verwendet werden können.

---

71 *Berger*, Integration 2013, 307, 310 m. V. a. *Schreier/Weekes/Winkler*, Cyber Security, S. 8.
72 *Bastl/Mareš/Tvrdá*, in: Lange/Bötticher (Hrsg.), Cyber-Sicherheit, S. 45 (54).
73 Die Bezeichnung geht auf *Nemeth*, Future war and Chechnya, S. 13 f., 28 zurück. Aus heutiger Perspektive und im Kontext staatlicher Aktivitäten im Cyberraum, wird unter der hybriden Kriegsführung die gezielte Manipulation innerstaatlicher Willens- und Meinungsbildung anderer Staaten und deren Bevölkerung verstanden. Die Verschleierungstaktik wird vor allem durch Falschnachrichten („fake news") erzielt, die Verunsicherung und Verängstigung hervorrufen können. So die *Bundesregierung*, Weißbuch 2016 zur Sicherheitspolitik und zur Zukunft der Bundeswehr, S. 37; BT-Drs. 18/8631, S. 2 f. und auch *Europäische Kommission*, Pressemitteilung IP/18/4123 v. 13. Juni 2018.
Zur aktuellen Begriffslage *Asmussen/Hansen/Meiser*, Hybride Kriegsführung, S. 3; *Danyk/Maliarchuk/Briggs*, Connections 2017, 5, 5 f.; *Gökce*, Inquiry 2017, 19, 21; *Hector*, ZaöRV 2016, 513, 513 ff. Auch *Freudenberg*, in: Ehrhart (Hrsg.), Krieg im 21. Jahrhundert, S. 346 (346 ff.).
74 Als Beispiel sind die Bereiche des Hacktivismus und Cyberterrorismus zu nennen. In beiden Bereichen greifen die handelnden Personen auf Handlungen der CIA-Delikte zurück, unterscheiden sich aber grundlegend in ihrer Motivation. Daher wird auch eine Kategorisierung nach der jeweiligen Motivation der Handlung in die Kategorien organisierte Cyberkriminalität (Handlungen mit Bereicherungsabsicht), Cyberkrieg, politisch motivierte Cyberkriminalität und Cyberterrorismus vorgeschlagen. Siehe hierzu *Berger*, integration 2013, 307, 310.

Kapitel 1: Begriffe und Untersuchungsgegenstand

Kriminalitätsform	Computerkriminalität					Cyberkrieg		
Gruppe	CK im engeren Sinn („cyber-dependent crime")		CK im weiteren Sinn („cyber-enabled crime")			Cyberangriff		Hybride Bedrohung
Untergruppe	CIA-Delikte	Computerbezogene Straftaten	Inhaltsbezogene Straftat			Angriffe auf kritische Infrastrukturen	Informationsspionage	
Beispiel	Angriffe auf Informationssysteme	Computerbetrug	Kinderpornographie	Terror im Internet	Virtual Hate			

Übersicht 1: Eigene Darstellung

B. Phänomenologie

I. Computerkriminalität im engeren Sinn

1. Unautorisierter Zugriff

Verschafft sich eine Person unberechtigten Zugang auf ein fremdes Computersystem, stellt das einen Eingriff in die Vertraulichkeit und Integrität von Computerdaten der betroffenen Person dar.[75] Während die Bezeichnung des „unautorisierten Zugriffs" weniger gebräuchlich ist, wird in diesem Zusammenhang vordergründig vom „Hacken" gesprochen[76]. Es werden informationstechnische Zugriffsbeschränkungen durchbrochen, bezie-

---

[75] Es werden Vergleiche zur realen Welt geknüpft, in dem von einem Vorgang ähnlich der des Hausfriedensbruchs und der Besitzstörung gesprochen wird. Siehe *Bregant/Bregant*, in: Ablanese (Hrsg.), The Encyclopedia of Criminology and Criminal Justice, Cybercrime and Computer Crime, S. 1 (1). Von "computer trespass" spricht allerdings auch der *Europarat*. Siehe hierzu *Europarat*, Explanatory Report to the Convention on Cybercrime v. 23. November 2001, Nr. 44.
[76] *Bregant/Bregant*, in: Ablanese (Hrsg.), The Encyclopedia of Criminology and Criminal Justice, Cybercrime and Computer Crime, S. 1 (1); *Europarat*, Explanatory Report to the Convention on Cybercrime v. 23. November 2001, Nr. 49;

hungsweise umgangen. Den Zugang erreicht der Täter beispielsweise über öffentliche Netzwerke, LAN-Verbindungen oder auch Intranet-Verbindungen.[77] Bei dem Tatobjekt kann es sich grundsätzlich um jede Form einer Informations- und Kommunikationskomponente in Form von Hardware und Software handeln.

2. Unautorisierte Störung

Die unautorisierte Störung erfolgt durch eine unerlaubte Veränderung von Daten, die zu einer Beeinträchtigung des Informationssystems führt.[78] Der unautorisierten Störung von Computersystemen von Unternehmen, Industriezweigen und politischen Institutionen kommt regelmäßig eine intensive Medienberichterstattung zu. Störungen in Prozessabläufen und Einschränkungen des Dienstleistungsbereiches können die Folge sein, wodurch die von dem Angriff betroffenen Einrichtungen mit Imageverlusten und mit monetären Einbußen rechnen müssen.[79] Neben dem Ausmaß der Angriffe hat auch der Anstieg von Fällen der unautorisierten Störung dazu geführt, dass die Handlungsform kriminalpolitische Bedeutung gewonnen hat.[80] Die Störung wird grundsätzlich mit Hilfe von Schadprogrammen durchgeführt, die beispielsweise durch Spam-E-Mails[81] übertragen werden.

a) Schadprogramme

Bei einem Schadprogramm („malicious software"[82]) handelt es sich um eine Software, die in ein Informationssystem eingeschleust wird, um ein

---

Spannbrucker, Convention on Cybercrime, S. 50; *Viano*, in: ders. (Hrsg.), Cybercrime, S. 3 (9).
77 *Europarat*, Explanatory Report to the Convention on Cybercrime v. 23. November 2001, Nr. 46.
78 BT-Drs. 10/5058, S. 35.
79 Siehe *Kochheim*, Cybercrime und Strafrecht, Rn. 295 f.
80 MüKoStGB/*Wieck-Noodt*, § 303b Rn. 3.
81 Bei Spam-E-Mail ("electronic junk mail") handelt es sich um eine Überhäufung von unverlangter E-Mail-Werbung, die Schadprogramme enthalten können. Hierzu *Aycock*, Computer viruses and malware, S. 1. Es werden sog. Wegwerf-E-Mail-Adressen oder TrashMail angeboten, die Spam-E-Mails auffängt.
82 Daher auch in Deutschland als Malware bezeichnet. Siehe *Blechschmitt*, MMR 2018, 361, 361; *Kochheim*, Cybercrime und Strafrecht, Rn. 206 f., 407 ff., 772 ff.; *Roos/Schumacher*, MMR 2014, 377, 378; *Skistims/Roßnagel*, ZD 2012, 3, 3.

Kapitel 1: Begriffe und Untersuchungsgegenstand

Informationssystem zu schädigen oder es als Marionette für eigene Zwecke zu unterwerfen.[83] Während früher der Grundsatz galt, dass nur IT-Experten Schadprogramme entwickeln und verwenden können, hat sich indes dieser Umstand gewandelt. Neben Schadprogrammen können auch Anleitungen im Internet abgerufen werden, die die Handhabung von Schadprogrammen erläutern und die Bedienbarkeit erleichtern. Eine tiefergehende IT-Kenntnis ist nicht mehr notwendig, was unter anderem den massiven Anstieg von Fällen erklärt, in denen es zum Einsatz von Schadprogrammen gekommen ist.

Schadprogramme haben unterschiedliche Ausprägungsformen, die sich vordergründig innerhalb ihrer schädigenden Absicht voneinander unterscheiden. Dennoch haben alle Schadprogramme das Herbeiführen einer unautorisierten Störung eines Informationssystems gemeinsam. Die bekanntesten Formen von Schadprogrammen sind Viren, Würmer und Trojanische Pferde. Im Rahmen der nachfolgenden Betrachtung der drei Formen wird indes vorangestellt, dass Mischformen existieren. Bei Mischformen handelt es sich um Schadprogramme, die Eigenschaften aus mindestens zwei der genannten Grundformen in ihrer Programmcodierung aufweisen.

aa) Computervirus

Der Computervirus zählt zu den bekanntesten Formen der Schadprogramme, was auf die Anzahl verzeichneter Fälle und deren Ausmaß zurückzuführen ist.[84] Computerviren können mittels Hardware, durch Versenden von E-Mails und durch soziale Netzwerke übertragen werden.[85] Es bedarf somit einer aktiven Nutzerhandlung, um den Infizierungsvorgang zu starten. Der Computervirus modifiziert ein Computerprogramm (Host-Programm, Wirtsprogramm[86]), was als Infektionsvorgang bezeichnet wird. Das modifizierte Programm kopiert wiederum den Computervirus. Sodann entsteht ein selbstständiger Vervielfältigungsmechanismus sobald das

---

83 So *Europarat*, T-CY Guidance Note #7, T-CY (2013)12E Rev v. 5. Juni 2013, S. 3.
84 *Koch*, NJW 2004, 801, 801; *Wilson/Patterson/Powell/Hembury*, Fraud and technology crimes, S. 7. Allerdings wurde bereits im Jahr 1988 auf den signifikanten Anstieg des Einsatzes von Computerviren hingewiesen. Siehe *Denning, P. J.*, American Scientist 1988, 236, 236 f.
85 *Kochheim*, Cybercrime und Strafrecht, Rn. 295 m. V. a. *Bundeskriminalamt*, Cybercrime-Bundeslagebild 2011, S. 9.
86 *Fuhs*, Computerviren und ihre Vermeidung, S. 11.

modifizierte Programm weitergegeben wird.[87] Aus diesem Übertragungsprozess leitet sich die Bezeichnung des Computervirus her, da ein „gesundes" Programm infiziert und dieses sodann ungewollt zum Überträger wird.[88] Das direkte Hervorrufen eines Schadens zählt nicht grundsätzlich zu den Eigenschaften eines Computervirus[89], vielmehr kommt es auf die Gestaltung des Programmiercodes an.[90] Ist dem Computervirus keine schädigende Komponente zu entnehmen, stellt dennoch der Befall durch einen Computervirus einen Integritätseingriff dar, da es sich um einen unberechtigten Dateneingriff in ein Informationssystem handelt.[91]

bb) Computerwurm

Anders als Computerviren verbreiten sich Computerwürmer aktiv und viral. Sie können sich selbstständig verbreiten und benötigen kein Host-Programm[92]. Nur in wenigen Fällen erfordert die Auslösung des Computerwurms ein aktives Handeln des Nutzers. Dies ist beispielsweise der Fall, wenn das Schadprogramm sich im Anhang einer E-Mail versteckt. Durch das Öffnen des Anhangs wird der Computerwurm ausgelöst und versucht sodann so viele Programme wie möglich zu befallen.[93] Der sog. „I-love-you"-Wurm[94] war in einer E-Mail „verborgen", die dem Empfänger den

---

87 *Dornseif*, Phänomenologie der IT-Delinquenz, S. 285 m. V. a. *Cohen*, Computers and Security 1984, 22, 35; *Gravenreuth*, Computerviren und ähnliche Softwareanomilien, S. 23. Ausführlich hierzu *Fuhs*, Computerviren und ihre Vermeidung, S. 11 f.; *Shekhar Ranga*, International Journal of Advanced Research in Computer Science 2011, 592, 592 ff.
88 *Shekhar Ranga*, International Journal of Advanced Research in Computer Science 2011, 592, 592.
89 Allerdings wiegt der Schaden nicht weniger, wenn Unternehmen und betroffene Einrichtungen befallene Server abstellen müssen. Auch hier können massive Imageverluste und Einbußen entstehen.
90 Der Programmiercode kann bspw. eine schädigende Komponente in Form einer logischen Bombe enthalten. Letztere können u. a. beabsichtigen, Daten auf einem Computersystem zu löschen.
91 *Fuhs*, Computerviren und ihre Vermeidung, S. 11.
92 *Dierstein*, RDV 1989, 101, 104; *Dornseif*, Phänomenologie der IT-Delinquenz, S. 285.
93 *ETH Zürich*, Lexikon: IT (Fachvokabular), S. 448.
94 Fälschlicherweise auch als I-Love-You-Virus oder Loveletter-Virus bezeichnet. So bspw. *Martin-Jung (Süddeutsche Zeitung)* „Liebesvirus mit fatalen Folgen" v. 21. Mai 2010, abrufbar unter: http://www.sueddeutsche.de/digital/zehn-jahre-i-love-you-wurm-liebesvirus-mit-fatalen-folgen-1.941683 (zuletzt abgerufen am

Kapitel 1: Begriffe und Untersuchungsgegenstand

Eindruck eines möglichen Verehrers vorspielte. Weitere Übertragungsmöglichkeiten von Computerwürmern sind Netzwerke, Datenträger und Hyperlinks.[95]

cc) Trojanisches Pferd

Bei einem trojanischen Pferd[96] handelt es sich um ein Schadprogramm, das sich als „freundliches" Programm tarnt, sich in das Informationssystem des Nutzers schleicht und dort unbemerkt arbeitet, indem es bösartige beziehungsweise unerwünschte Anwendungen ausführt. Trojanische Pferde werden in Programmen und Dateien versteckt, die im Internet heruntergeladen werden.[97] In den meisten Fällen dienen trojanische Pferde der Ausspähung von Daten, die bei der Verwendung von Online-Diensten eingegeben werden. Während das Opfer beispielsweise seine persönlichen Daten auf der Plattform eines Online-Dienstes eingibt, liest das Schadprogramm die eingegebenen Daten mit ohne das der Nutzer dies bemerkt.

dd) Logische Bomben

Logische Bomben beabsichtigen zu einem bestimmten Zeitpunkt durch einen konkreten Handlungsvorgang („Zünder") einen bestimmten Vorgang auszulösen („Explosion"), woraus sich die Bezeichnung herleitet.[98] Anders als Computerviren und Computerwürmer vermehren sich logische Bomben nicht.[99] Sie werden, wie trojanische Pferde, in Programmen und

---

15. Juni 2020). Allerdings handelte es sich hierbei um eine Mischform aus Computerwurm und trojanischem Pferd. Auf *Spiegel Online* findet sich die Bezeichnung „Trojanischer Wurm": *Spiegel Online* „Trojanischer Wurm: Welche Schäden "I love you" anrichtet" v. 4. Mai 2000, abrufbar unter: http://www.spiegel.de/netzwelt/tech/trojanischer-wurm-welche-schaeden-i-love-you-anrichtet-a-74982.html (zuletzt abgerufen am 15. Juni 2020).
95 *ETH Zürich*, Lexikon: IT (Fachvokabular), S. 448.
96 Fälschlicherweise auch als „Trojaner" bezeichnet. Siehe *Bonk*, Technische Möglichkeiten der Datenerhebung und zivilrechtliche Folgen bei Verstoß gegen die datenschutzrechtlichen Informationspflichten, S. 38.
97 *Bonk*, Technische Möglichkeiten der Datenerhebung und zivilrechtliche Folgen bei Verstoß gegen die datenschutzrechtlichen Informationspflichten, S. 38.
98 *Kochheim*, Cybercrime und Strafrecht, Rn. 294.
99 *Schulze-Heiming*, Der strafrechtliche Schutz der Computerdaten, S. 190.

Dateien versteckt.[100] Ein Ziel kann beispielsweise darin liegen, Daten zu sabotieren, um sodann Geld vom Opfer zu erpressen.

b) DoS-Attacke

Eine DoS-Attacke („denial-of-service-attack") bezeichnet einen Angriff „auf eine Website oder einen Webserver [mit dem Ziel], die Erreichbarkeit der Website oder des Webservers zu beeinträchtigen"[101]. Die Beeinträchtigung, also die Verweigerung des Service („denial of service"), wird durch eine permanente Anfrage an die Website oder den Server herbeigeführt.

Das angegriffene System kann aufgrund der massenhaften und permanenten Anfrage überlastet werden. Möglich ist aber auch, dass eine völlige Überlastung eintritt und das Ziel nicht mehr zu erreichen ist. Es tritt eine eingeschränkte Nutzbarkeit ein, weshalb sich die Handlung gegen die Verfügbarkeit von Daten und Informationen richtet.

Ist eine DoS-Attacke auf mehrere Computer zurückzuführen, handelt es sich um eine DDoS-Attacke („distributed-denial-of-service-attack"), was einen verteilten Überlastungsangriff darstellt[102]. DDoS-Attacken lassen sich jedoch nochmals dahingehend differenzieren, ob die DDoS-Attacke von einem Angreifer („Botmaster") oder von mehreren Angreifern durchgeführt wird. Im Rahmen des ersten Szenarios infiltriert der Botmaster mehrere dritte Computer und missbraucht diese Computer als „Marionetten"[103]. Die Interkonnektivität ermöglicht dabei die Fernsteuerung von Computern auf der ganzen Welt.[104] Ein Angreifer kann so massenhafte und permanente Anfragen an eine Website stellen, was zur Überlastung führen kann. Die zweite Möglichkeit schließt mehrere Angreifer ein, die gemeinsam eine Website angreifen.[105]

---

100 *Slade*, in: Bidgoli (Hrsg.), The Internet Encyclopedia, S. 248 (252).
101 *Dißmann*, Das virtuelle Sit-in als grundrechtlich geschützte Protestform?, S. 17.
102 *Europarat*, T-CY Guidance Note #2, T-CY (2013) 6E Rev v. 5. Juni 2013, S. 4; *Europarat*, T-CY Guidance Note #5, T-CY (2013)10E Rev v. 5. Juni 2013, S. 3.
103 Auch als „Zombies" bezeichnet, siehe *Europarat*, T-CY Guidance Note #2, T-CY (2013) 6E Rev v. 5. Juni 2013, S. 3.
104 *Brenner*, Cyberthreats, S. 2.
105 *Dißmann*, Das virtuelle Sit-in als grundrechtlich geschützte Protestform?, S. 20.

3. Identitätsdiebstahl

Der Identitätsdiebstahl zählt zu den bekanntesten Formen der Computerkriminalität im engeren Sinn, was auf die signifikante Fallquote als auch auf die monetären und psychischen Folgeschäden auf der Opferseite zurückzuführen ist.[106] Zudem stellen die vielseitigen Interaktionsmöglichkeiten im Internet einen Nährboden für den Identitätsdiebstahl dar.[107] Der Mensch vertraut auf die Anonymität des Internets, die das Medium ihm vorspielt.[108] Dieses Vertrauen nutzen Täter aus, um an persönliche Daten von Personen zu gelangen. Zu diesem Zweck werden verschiedene Formen sozialer Manipulation (Social Engineering[109]) genutzt. Die Motivation des Identitätsdiebstahls ist vielfältig und muss nicht zwangsläufig auf einem Bereicherungsinteresse beruhen.[110]

a) Begriffsbestimmung

Unter dem Identitätsdiebstahl wird die widerrechtliche „Aneignung von persönlichen Merkmalen"[111] einer anderen Person oder einer Institution in Teilen oder im Ganzen verstanden. Die digitale Identität umfasst sämtliche „Möglichkeiten und Rechte des einzelnen Nutzers sowie seine personenbezogenen Daten und Aktivitäten innerhalb der Gesamtstruktur des Internets"[112].[113] Neben Namen, Geburtsdatum, Adresse, Sozialversicherungs-, Personalausweis- und Kontonummern, gehören ebenso Zugangsdaten, wie Benutzername und Passwörter, die in den verschiedenen Bereichen des Internets genutzt werden, zur Identität einer Person. Hierbei

---

106 Siehe auch *Rieckmann/Kraus*, DIW Wochenbericht 2015, 295, 296. Zur betriebswirtschaftlichen Betrachtung siehe *Fox*, DuD 2011, 50, 50 ff.
107 Mit Hinweis auf weitere Faktoren: *Krombholz/Hobel/Huber/Weippl*, Journal of Information Security and Applications 2015, 113, 113 ff.
108 Denn die „Identität ist bei aller Anonymität [...] digital offen sichtbar." So *George*, Geh@ckt, S. 32.
109 Die Bezeichnung hat sich mittlerweile auch in Deutschland durchgesetzt. Bereits *Lardschneider*, DuD 2008, 574, 575 f. und *Lipski*, Social Engineering, S. 1 ff.
110 Der Identitätsdiebstahl kann beispielsweise auch auf Terroristen und Extremisten zurückzuführen sein, die eine neue Identität benötigen. So *Paget*, Identitätsdiebstahl, S. 4.
111 Siehe *Büchel/Hirsch*, Internetkriminalität, S. 8 f.
112 *Bundeskriminalamt*, Cybercrime-Bundeslagebild 2015, S. 12.
113 Umfassend hierzu *Borges/Schwenk/Stuckenberg/Wegener*, Identitätsdiebstahl und Identitätsmissbrauch im Internet, S. 1 ff.

kann es sich um Zugangsdaten zum E-Mail-Postfach, zu E-Commerce-Diensten und zum E-Government-Bereich handeln.[114] Nachdem die persönlichen Daten erlangt wurden, kann der Täter die Daten entweder zum Verkauf im Internet anbieten[115] oder für eigene Zwecke missbrauchen. Der zu einem späteren Zeitpunkt womöglich stattfindende Datenmissbrauch ist allerdings nicht unter den Begriff des Identitätsdiebstahls einzuordnen. Es handelt sich vielmehr um einen Identitätsmissbrauch.[116]

Der Identitätsdiebstahl umfasst lediglich die Phase des Aneignens von Daten, was auf unterschiedliche Art und Weise erfolgen kann. Zum einen werden die Manipulationstechniken des Social Engineering ‚human based social engineering', ‚computer based social engineering' und ‚reverse social engineering' eingesetzt. Andererseits wird auch auf unmittelbarem Weg ohne Zuhilfenahme von technischen Hilfsmitteln versucht, an personenbezogene Daten zu gelangen.[117] Innerhalb beider Herangehensweisen kann der Identitätsdiebstahl auch ohne menschliche Interaktion erfolgen.

b) Human based social engineering

Mit Hilfe des ‚human based social engineering' gelangt der Täter durch betrügerische und täuschende Art und Weise an Informationen über eine Person via persönlichen Kontakt ohne technische Hilfsmittel. Durch eine

---

114 Siehe *Bundeskriminalamt*, Cybercrime-Bundeslagebild 2015, S. 12.
115 Das Bundeskriminalamt bezeichnet diese Plattformen als „Underground Economy": *Bundeskriminalamt*, Cybercrime-Bundeslagebild 2015, S. 11 f.
116 *Borges/Schwenk/Stuckenberg/Wegener*, Identitätsdiebstahl und Identitätsmissbrauch im Internet, S. 9 f.; *Büchel/Hirsch*, Internetkriminalität, S. 9. Die Ansicht beruht auf der Überlegung, dass der Missbrauch von Daten nicht zwangsläufig mit illegal erlangten Daten einhergeht. Der Identitätsmissbrauch kann auch im Zuge von legal erlangten Daten erfolgen, weshalb die Phase des widerrechtlichen Erlangens (Identitätsdiebstahl) und die Phase der widerrechtlichen Verwendung der Identität (Identitätsmissbrauch) getrennt betrachtet werden müssen. Der Europarat hingegen ordnet beide Phasen der Bezeichnung Identitätsdiebstahl unter, um eine umfassende Kriminalisierung zu erwirken. Siehe *Europarat*, Cybercrime Convention Committee, T-CY Guidance Note #4. Identity theft and phishing in relation to fraud, T-CY (2013)8E Rev v. 5. Juni 2013, S. 4 f.
117 Der Identitätsdiebstahl erfolgt bspw. durch Einbruch in Hausbriefkästen, Hotelzimmer etc., um an personenbezogene Daten zu gelangen. Siehe *Borges/Schwenk/Stuckenberg/Wegener*, Identitätsdiebstahl und Identitätsmissbrauch im Internet, S. 13; *Paget*, Identitätsdiebstahl, S. 6.

Kapitel 1: Begriffe und Untersuchungsgegenstand

geplante und manipulierende Vorgehensweise[118] schafft es der Täter, mit Hilfe von geübter Rhetorik und an die Situation angepasste Verhaltensweise, wie gespieltes Einfühlungsvermögen oder auch autoritäreres Auftreten[119], an persönliche Informationen zu gelangen. Diese Vorgehensweise benötigt keinerlei technische Komponenten, sondern baut auf zwischenmenschlicher Interaktion auf. Der Täter manipuliert eine Person derart, dass sie letztendlich vertrauliche Informationen preisgibt. Human based social engineering findet meist am Telefon statt. Der Täter, der in diesem Zusammenhang als „phreaker"[120] bezeichnet wird, nutzt Manipulationstechniken, um per Telefon an persönliche Informationen zu gelangen[121].

c) Informationsbeschaffung

Um schnell einen gewissen Vertrauensgrad zwischen Täter und Opfer zu erreichen, verschaffen sich Täter bereits vor der Kontaktaufnahme Informationen, die sensibler und allgemeiner Natur sein können. Die Formen der Informationsbeschaffung sind ebenso vielfältig.

aa) Soziale Medien

Soziale Netzwerke wie Facebook, Twitter und Google+ bieten für den Täter ein breites Spektrum an Vorabinformationen, da innerhalb sozialer Netzwerke persönliche Daten als auch Unternehmensinterna durch Mitarbeiter preisgegeben werden.[122] Während des Telefonats schafft der Täter eine Vertrauensbasis dadurch, dass er sich dem Mitarbeiter beispielsweise als neuer Vorgesetzter oder Kollege vorstellt. Mit Hilfe der aus dem Internet gewonnenen Informationen über Unternehmensinterna oder persönliche Informationen über Kollegen, kann schnell eine Vertrauensbasis ge-

---

118 *Lardschneider*, DuD 2008, 574, 575; *Schimmer*, DuD 2008, 569, 569; *Weßelmann*, DuD 2008, 601, 601.
119 *Lipski*, Social Engineering, S. 7.
120 *Borges/Schwenk/Stuckenberg/Wegener*, Identitätsdiebstahl und Identitätsmissbrauch im Internet, S. 97; *Büchel/Hirsch*, Internetkriminalität, S. 17.
121 *Schimmer*, DuD 2008, 569, 570.
122 *DATEV/Deutschland sicher im Netz e.V.*, Verhaltensregeln zum Thema „Social Engineering", S. 2.

schaffen werden. Die betroffene Person möchte sich sodann kooperativ zeigen und gibt in Folge dessen Information preis.[123]

bb) Dumpster Diving

Im Rahmen des ‚Dumpster Diving' nutzen Täter die Nachlässigkeit von Personen aus, die Dokumente mit sensiblen und noch kenntlichen Informationen wegwerfen. Der Täter „taucht" in den entsorgten Müll von Unternehmen, Organisationen und Privathaushalten ein. Hierbei gewinnt der Täter sensible Informationen durch weggeworfene Telefonrechnungen, Kreditkartenabrechnung, Rechnungen von Versandhäusern und Bankauszügen. Informationen allgemeiner Natur können beispielsweise durch weggeworfene Organisationspläne und Memos gewonnen werden. Die Informationen nutzt der Täter, um Wissen über Unternehmensinterna, wie beispielsweise Namen von Kollegen, neue Geschäftsereignisse oder Betriebsvorgänge vorzuspielen.

d) Weitere Möglichkeiten

Der Täter kann sich beispielsweise als Handwerker oder Mitarbeiter eines Reinigungsdienstes ausgeben und dadurch Zugang in das Unternehmen erhalten[124]. Auf diesem Weg ist es dem Täter möglich, wichtige und vertrauliche Informationen zu sammeln.[125] Ebenso werden weitere Verhaltensweisen ausgenutzt, wie beispielsweise das Unterhalten mit Kollegen über Unternehmensinterna oder die Arbeit am Laptop im öffentlichen Nahverkehr (sog. „shoulder surfing"[126]).

---

123 Zielgruppen sind u. a. neu eingestellte Mitarbeiter, Auszubildende, Werkstudenten oder Assistenten: *DATEV/Deutschland sicher im Netz e.V.*, Verhaltensregeln zum Thema „Social Engineering", S. 11.
124 *Schimmer*, DuD 2008, 569, 571.
125 *Dalziel* „Categories of Social Engineering", abrufbar unter: https://www.concisecourses.com/categories-of-social-engineering (zuletzt abgerufen am 15. Juni 2020).
126 *Borges/Schwenk/Stuckenberg/Wegener*, Identitätsdiebstahl und Identitätsmissbrauch im Internet, S. 13.

Kapitel 1: Begriffe und Untersuchungsgegenstand

aa) Computer based social engineering

Anders als im Zuge des human based social engineering wird beim computer based social engineering auf technische Hilfsmittel zurückgegriffen. Der Täter macht seinem Opfer glaubhaft, dass dieser es tatsächlich mit einer realen Systemanwendung zu tun hat. Der Täter bekommt sein Opfer dazu, innerhalb dieser Anwendung vertrauliche Informationen und Zugangsdaten preiszugeben. Ein Beispiel ist das Erscheinen eines sog. popup-Fensters mit der Information, dass es ein Anwendungsproblem gibt. Das Fenster verlangt die Zugangsdaten zur Behebung des Problems.[127] Die Täter greifen allerdings auf ein weitreichendes und facettenreiches Angriffsportfolio zurück. Sie nutzen Schwachstellen innerhalb des Betriebssystems, um Schadprogramme zu installieren (sog. „drive-by-exploits"), setzen sog. Keylogger[128] oder Spyware[129] ein, lassen mit Schadsoftware präparierte Datenträger in der Öffentlichkeit liegen, nutzen die verschiedenen Methoden des Spoofings[130] oder verschaffen sich Zugang zum Server, um Zugangsdaten zu kopieren.[131] Es fehlt somit der zwischenmenschliche Kontakt zwischen Opfer und Täter.

bb) Reverse social engineering

Im Rahmen des ‚reverse social engineering' täuscht der Täter ein Problem auf dem Computer des Opfers vor. Auf dem Bildschirm des Opfers öffnet sich eine Meldung, die den Nutzer auffordert, eine Person zu kontaktieren, die zur Problembehebung beiträgt. Durch die Inanspruchnahme einer „Hilfestellung" baut sich ein Vertrauensverhältnis auf. Auch hier kann es zur Preisgabe von sensiblen Informationen kommen. Das reverse social engineering setzt sich somit aus Komponenten des human based social engineering und Komponenten des computer based social engineering zusammen, da es hierfür einerseits technischer Hilfsmittel bedarf, andererseits aber auch ein persönlicher Kontakt zwischen Opfer und Täter erreicht werden soll.

---

127 *Dalziel* „Categories of Social Engineering".
128 *Paget*, Identitätsdiebstahl, S. 8.
129 *Dalziel* „Categories of Social Engineering".
130 Umfassend zu den verschiedenen Ausprägungen des Spoofing: *Borges/Schwenk/Stuckenberg/Wegener*, Identitätsdiebstahl und Identitätsmissbrauch im Internet, S. 234 ff.
131 *Bundeskriminalamt*, Cybercrime-Bundeslagebild 2015, S. 12.

II. Computerkriminalität im weiteren Sinn

Der Bereich der Computerkriminalität im weiteren Sinn umfasst illegale Handlungen, die auch ohne Informationstechnologien existieren, doch durch ihre Verlagerung in die virtuelle Welt eine phänomenologische Wandlung erfahren haben.

1. Digitalisierung von illegalen Märkten

a) Kinderpornographie

Der Handel mit kinderpornographischem Material hat im Zuge der Digitalisierung einen rasanten Anstieg erfahren.[132] Neben dem pädosexuell-orientierten Interesse auf der Nachfrageseite[133] steht das kommerzielle Interesse auf der Angebotsseite.[134] Beide Komponenten gebündelt haben dazu geführt, dass der Handel mit Kinderpornographie als einer der einbringlichsten illegalen Märkte weltweit gilt.[135] Während vormals Fotoabzüge und Bilder händisch getauscht worden sind, waren es Anfang der 1990er Speichermedien wie Disketten und Videokassetten, die den Handel mit Kinderpornographie vereinfachten und professionalisierten. Es folgten weitere Speichermedien, die kompakter und über größere Speicherkapazitäten verfügten, was den Austausch größerer Datenmengen ermöglichte. Heutzutage wird das Internet als globaler Handelsmarkt für Kinderpornographie missbraucht, da es einen transnationalen und weitestgehend anonymen Handlungsraum für Angebot und Nachfrage bietet.[136] Anders als

---

132 Eingehend zur historischen Betrachtung der Kinderpornographie *Kuhnen*, Kinderpornographie und Internet, S. 18 f. Feststellend auch *Mollet/Klopp/Walther*, DuD 2013, 35, 36.
133 Zur Diskussion, ob in diesem Zusammenhang die Bezeichnung Pädosexualität oder Pädophilie verwendet werden sollte: *Kuhnen*, Kinderpornographie und Internet, S. 136 ff.; letztere (S. 137) m. V. a. *Hesselbarth/Haag*, Kinderpornografie, S. 12 f. Vgl. auch *Stompe*, in: Stompe/Laubichler/Schanda (Hrsg.), Sexueller Kindesmissbrauch und Pädophilie, S. 15 (16) und *Dannecker*, in: Bange/Körner (Hrsg.), Handwörterbuch Sexueller Missbrauch, S. 390 (390); *Hesselbarth/Haag*, Kinderpornografie, S. 12 f.
134 *Walden*, Computer Crimes and Digital Investigations, S. 66.
135 *Akdeniz*, Internet child pornography and the Law, S. 2 f.; *Bundschuh*, Pädosexualität, S. 257 und aus U.S.-Perspektive *Quayle*, in: Jewkes/Yar (Hrsg.), Handbook of Internet Crime, S. 343 (344 f.).
136 Hierzu auch *Hörnle*, KritV 2003, 299, 301.

andere illegale Märkte, erfolgt der Handel mit Kinderpornographie über „eigens dafür geschaffene Plattformen" beziehungsweise Foren im Darknet, zu denen nur ein ausgewählter Personenkreis Zugang erhält. Für Ermittlungs- und Strafverfolgungsbehörden fällt ein Zugriff umso schwerer, wenn eine Einladung nur nach Übermittlung von Kinderpornographie als Bild- oder Videodatei erfolgt (sog. „Keuschheitsprobe"[137]). Während partiell Strafverfolgungsbefugnisse Internet ausgeweitet beziehungsweise konkretisiert worden sind[138], wird aktuell der Einsatz von virtueller Kinderpornographie[139] diskutiert, um die „Keuschheitsprobe", mit dem Ziel einer effektiven Strafverfolgung, zu bestehen[140]. Neben den Anonymisierungsdiensten, wird die Strafverfolgung dadurch erschwert, dass die Bezahlung grundsätzlich durch Kryptowährungen erfolgt.[141]

b) Menschenhandel

Die Veränderung der Kriminologie zeigt sich im Rahmen des Menschenhandels dahingehend, dass das Anwerben von potentiellen Opfern und der Handelsakt selbst vereinfacht wurden.[142] Die grundlegenden Merkmale des Menschenhandels haben jedoch weiterhin Bestand, wonach die Täter Täuschung, Zwang und Gewalt nutzen, um ihre Opfer sexuell und zum Zwecke der Arbeit auszubeuten.[143] Über soziale Medien werden potentielle Opfer gesucht, angesprochen und sodann zu den jeweiligen Personen eine Vertrauensbeziehung aufgebaut. Neben dieser Form des Anwerbens im Zuge eines Sozialisierungsprozesses, werden auch Single- und Braut-

---

137 Hierzu *Gercke*, CR 2018, 480, 481; hinweisend *Krause*, NJW 2018, 678, 680.
138 Im Hinblick auf die Möglichkeit verdeckter Ermittler: *Soiné*, NStZ 2003, 225, 226 und zur *lex lata* im Kontext der Ermittlungsbefugnisse: *Krause*, NJW 2018, 678, 678 ff.
139 Umfassend zur virtuellen bzw. computergenerierten Kinderpornographie: *Burke*, Harvard Journal on Legislation 1997, 439, 439 ff.; *Cisneros*, Duke Law and Technology Review 2002, 1, 1 ff.; *Empt*, ZUM 2002, 613, 613 ff.; *Gugliemi*, CommLaw Conspectus 2001, 207, 207 ff.; *Hopf/Braml*, ZUM 2007, 354, 354 ff. (auch in Bezug auf das sog. "Age Play" in virtuellen Welten).
140 Siehe *Wittmer/Steinebach*, MMR 2019, 650, 650 ff.
141 Auch *Krause*, NJW 2018, 678, 681.
142 Siehe *Hughes*, Hastings's Women Law Journal 2002, 129 (129 f.), wobei das Ausmaß nach wie vor unklar ist: *Latonero*, Human trafficking online, S. iv.
143 So *Hughes*, Sage Open 2014, 1, 1.

Börsen[144], Stellenausschreibungen, Modellgesuche in sozialen Netzwerken und Online-Kleinanzeigen[145] als Lockinstrumente verwendet. Es wird davon ausgegangen, dass etwa $250 Millionen für diesbezügliche Rekrutierungszwecke investiert werden.[146] Zudem erstellen kriminelle Organisationen eigene Websites, die für Rekrutierungszwecke als Au Pair- oder Modellvermittlung oder für Verkaufszwecke als Escort- oder Hostess-Website programmiert und getarnt werden.[147] Kommt es zu einem Treffen zwischen Opfer und Täter, verhindert der Täter nunmehr die Kontaktaufnahme des Opfers zu Dritten, was zumeist unter Gewalteinwirkung geschieht.[148]

c) Drogen- und Waffenhandel

Der Drogen- und Waffenhandel ist ebenso kein gänzlich neues Phänomen, sondern hat mit den Möglichkeiten des Internets eine globale Dimension erfahren. Während der Drogenhandel im Internet mit der Plattform Silk Road ein neues Ausmaß erreichte[149], war es erst der extremistische Anschlag in München 2015, der auch den digitalen Waffenhandel in den Fokus der Öffentlichkeit rückte.

Wie erwähnt, war es vor allem die Drogenhandelsplattform Silk Road, die verdeutlichte, wie neue Informations- und Kommunikationsmedien bestehende Kriminalitätsformen verändern können. Bei Silk Road handelte es sich um einen Kryptomarktplatz[150], der auf das Konzept von Online-

---

144 Ausführlich hierzu *Jones*, Information and Communications Technology Law 2011, 19, 19 ff.
145 Mediale Präsenz erhielt die Online-Kleinanzeigen-Website craigslist.org, auf der Frauen zur sexuellen Ausbeutung angeboten wurden. Hierauf hinweisend *Latonero*, Human trafficking online, S. iv.
146 *Moriarty*, Criminal Justice Technology in the 21st Century, S. 227.
147 *Council of Europe*, Trafficking in human beings, S. 21 und S. 29 ff.
148 *Dixon*, Judges Journal 2013, 36, 36.
149 Hierzu *Kan*, Drug trafficking and international security, S. 168. Nach Schließung von Silk Road: *Tzanetakis*, International Journal of Drug Policy 2018, 176, 176 ff. Zum Ausmaß auch *Schulze*, SWP-Aktuell 2019, S. 3.
150 Sog. Kryptomarktplätze vereinen eine Vielzahl von Anbietern (sog. „Vendors"), die von einem Administrator verwaltet und gesteuert werden. Weitere Beispiele sind AlphaBay und Hansa Market. Bei den sog. Vendor-Shops handelt es sich um kleinere Marktplätze, auf denen der Administrator auch der Verkäufer ist. Es fehlt an einer Vermittlerstelle, wie es auf den Kryptomarktplätzen üblich ist. Hierzu kurz vergleichend die Studie der *UNODA*, The trade in small arms and

Kapitel 1: Begriffe und Untersuchungsgegenstand

Marktplätzen wie Ebay und Amazon zurückgriff. Neben einer einfach zu bedienenden Anwenderoberfläche und Kommunikationstools zwischen Verkäufer und Käufer[151], war auch ein Bewertungssystem für die Transaktionen vorgesehen. Die Käufer zahlten mit Bitcoin, woraufhin die Ware an eine vom Käufer gewünschte Adresse gesendet wurde.[152] Die Betreiber von Silk Road stellten zudem „Ethik-Leitlinien" auf, die unter anderem den Verkauf von Waffen und den Handel mit Kinderpornographie auf der Plattform untersagt hatten, was Silk Road wiederum von anderen Anbietern unterschied.[153] In Folge der Vermittlerstellung der Betreiber, nahm Silk Road mit jeder Transaktion eine Provision ein. Neben der Anonymisierung durch Anwendungen wie TOR, ist der signifikante Nutzeranstieg auch dem fehlendem vis-a-vis-Kontakt und dem Fehlen eines potentiellen Gewaltkonflikts zwischen Käufer und Verkäufer geschuldet.[154] Nachdem U.S.-amerikanische Polizeibehörden im Jahr 2013 die Seite von Silk Road geschlossen hatten, folgten weitere Drogenhandelsplattformen, die das Konzept von Silk Road nachahmten. Die Anonymisierungsmöglichkeiten, der fehlende vis-a-vis-Kontakt und die einfache Bedienbarkeit ermöglichten indes auch den Anstieg des illegalen Waffenhandels über Kryptomarktplätze und Vendor-Shops.[155] Neben Kleinfeuerwaffen und Zubehör zählen auch explosive Materialien und Anleitungen für den Sprengstoffbau zum Angebotsportfolio im Internet.[156]

---

light weapons on the dark web, S. 9 ff. und ausführlich *Barratt/Aldridge*, International Journal of Drug Policy 2016, 1, 2.
151 *Tzanetakis*, in: Feustel/Schmidt-Semisch/Bröckling (Hrsg.), Hdb. Drogen in sozial- und kulturwissenschaftlicher Perspektive, S. 477 (477 f.).
152 *Lacson/Jones*, International Journal of Cyber Criminology 2016, 40, 43 f.; *Martin*, Crime and Criminal Justice 2014, 351, 353.
153 Allerdings verfügt nunmehr eine Vielzahl von Anbietern über solche Leitlinien. Darauf hinweisend *UNODA*, The trade in small arms and light weapons on the dark web, S. 18.
154 Vgl. auch *Martin*, Crime and Criminal Justice 2014, 351, 353; *ders.*, in: Tzanetakis/Stöver (Hrsg.), Drogen, Darknet und Organisierte Kriminalität, S. 211 (220).
155 *UNODA*, The trade in small arms and light weapons on the dark web, S. 17 f. und 20 ff.
156 Eine statistische Übersicht des Angebots findet sich in: *UNODA*, The trade in small arms and light weapons on the dark web, S. 24.

2. Viktimisierung

a) Das Internet als Kommunikationszentrum

Das Internet gewinnt mehr und mehr Bedeutung für das gesellschaftliche Zusammenleben. Vor allem Kinder und Jugendliche beginnen früh über die Möglichkeiten des Internets zu kommunizieren. E-Mails, Chat-Foren, Messenger und die zahlreichen sozialen Netzwerke bilden hierfür den Grundstein.[157] Es entsteht sozusagen ein virtuelles Kommunikationszentrum.[158] Zudem gilt das Betreiben von persönlichen Profilen in sozialen Netzwerken als Bestandteil des gesellschaftlichen Zusammenlebens. Eine Nichtteilnahme an der virtuellen Kommunikation würde zu einer sozialen Isolation führen.[159] Neben der Anonymität kommt das Verschwinden räumlicher Distanzen hinzu. Verhalten, die sich in physikalisch tatsächlichen Verhalten im realen Leben ergeben, übertragen sich auf das Internet. Die Anonymität bietet den Grundstein dafür, dass Kinder und Jugendliche ihre Gefühle leichter zum Ausdruck bringen, da es an einem direkten Kontakt fehlt.[160] Der fehlende vis-a-vis-Kontakt vereinfacht zudem, aggressives Verhalten im Internet auszuleben[161], was sich unter anderem auch im Anstieg von volksverhetzenden Äußerungen im Internet zeigt. Zudem wird davon ausgegangen, dass Person, die in der realen Welt Opfer von Mobbingattacken sind, im Cyberraum indes zu Tätern werden können[162] und aggresives Abwehrverhalten ausleben könnten.[163]

Das Kommunikationsmedium Internet wird zu einem Beziehungsmedium.[164] Kinder und Jugendliche suchen vermehrt Freundschaften und Liebesbeziehungen in der virtuellen Welt. Hierzu zählt auch die virtuelle Verbundenheit via Spielkonsolen, die es Kindern und Jugendlichen neben dem Spiel ermöglicht, miteinander zu kommunizieren. Chat-Foren unterliegen keiner gesetzlichen Aufsicht und nur wenige Anbieter bieten gleichzeitig sog. Scouts an, die Chaträume überwachen. Allerdings bieten Chat-

---

157 Umfassend hierzu: *Katzer*, Gefahr aus dem Netz, S. 8.
158 *Krischker*, JA 2013, 488, 489; *Katzer*, Gefahr aus dem Netz, S. 8 ff.
159 *Marx*, Der Deutschunterricht 2012, 77, 78.
160 Siehe *Pfetsch/Mohr/Ittel*, in: Porsch/Pieschl (Hrsg.), Neue Medien und deren Schatten, S. 277 (277).
161 *Katzer*, Gefahr aus dem Netz, S. 16.
162 *Eichenberg/Auersperg*, in: Porsch/Pieschl (Hrsg.), Neue Medien und deren Schatten, S. 159 (159 ff.); *Katzer*, Gefahr aus dem Netz, S. 15.
163 Hierzu *Marx*, Der Deutschunterricht 2012, 77, 78.
164 *Katzer*, Gefahr aus dem Netz, S. 8 f.

Foren die Möglichkeit „privater" Chats, welche sodann nicht mehr kontrolliert werden. Virtuelle Gewalt in Form von Beschimpfungen, Beleidigungen und sexueller Aggression können unbeirrt ausgelebt werden. Angst, Leistungsabfälle, Gewalt und Suizid können die Folgen sein.[165]

b) Cyberbullying

Cyberbullying meint jedes Verhalten, das von Individuen oder Gruppen mittels elektronischer oder digitaler Medien ausgeführt wird, indem wiederholt feindselige oder aggressive Botschaften ausgesprochen werden und in der Absicht erfolgt, anderen Schaden oder Unbehagen zu bereiten.[166] In diesem Zusammenhang muss auch das Kräfteungleichgewicht zwischen Tätern und Opfer für das Vorliegen von Cyberbullying berücksichtigt werden.[167] Beim Cyberbullying handelt es sich um einen Angriff auf höchstpersönliche Rechtsgüter mit Hilfe der Informations- und Kommunikationstechnik.[168]

Die Bezeichnung Cyberbullying leitet sich von dem englischen Verb „to bully" ab, was das Schikanieren und Tyrannisieren einer Person bedeutet[169], wofür synonym die Bezeichnung Cybermobbing („to mob", engl. für anpöbeln, bedrängen) verwendet wird[170]. Es handelt sich demnach um eine Form des Mobbings[171], dass sich in die virtuelle Welt verlagert und

---

165 *Marx*, Der Deutschunterricht 2012, 77, 77.
166 Grundlegend *Smith/Mahdavi/Carvalho/Fisher/Russell*, Journal of Child Psychology and Psychiatry 2008, 376, 376 und *Tokunaga*, Computers in Human Behaviour 2010, 277, 278. Der Definition folgend u. a. *Festl*, Täter im Internet, S. 28, *Katzer*, Cybermobbing, S. 60; *Slonje/Smith/Frisén*, Computers in Human Behaviour 2013, 26, 26 f.
167 *Sitzer/Marth/Kocik/Müller*, Cyberbullying bei Schülerinnen und Schülern, S. 12.
168 Im Zusammenhang mit dem Ehrenschutz im Internet *Glaser*, NVwZ 2012, 1432, 1432 ff. Über die Besonderheiten des Mediums Internet in diesem Kontext aufklärend *Hilgendorf*, ZIS 2010, 208, 212.
169 Im englischsprachigen Raum verwendete Bezeichnung, siehe bspw. *Katzer*, Cybermobbing, S. 57 m. V. u. a. *Campbell/Butler/Kift*, Australia and New Zealand Journal of Law and Education 2008, 21, 21; *Li*, Computers in Human Behaviour 2007, 1777, 1777.
170 *Mathiesen*, Cybermobbing und Cybergrooming, S. 3.
171 *Katzer*, Cybermobbing, S. 57 m. V. a. *Tokunaga*, Computers in Human Behaviour 2010, 277, 278. *Festl*, Täter im Internet, S. 26; *Marx*, Der Deutschunterricht 2012, 77, 77 f.

vordergründig unter Kindern und Jugendlichen verbreitet ist[172]. Das Cyberbullying findet entweder im öffentlichen oder privaten Raum statt. Während der private Raum Messanger-Dienste oder E-Mail meint, findet das öffentliche Cyberbullying in sozialen Netzwerken und Foren statt.[173]

Das Cyberbullying weist indes markante Unterschiede zum Mobbing in der realen Welt auf, die zur Intensivität und Häufigkeit aggressiver Attacken im virtuellen Raum beitragen. Zum einem spielt der fehlende vis-a-vis-Kontakt eine prägnante Rolle. Gedanken und Gefühle werden einfacher ausgesprochen. Auf der anderen Seite führen Falschidentitäten in Form sog. Fake-Profile, Fake-Fotos und Nutzernamen zu einem verstärkten Gefühl der Wehrlosigkeit beim Opfer. Anders als in der Schule, in der Klasse oder auch am Arbeitsplatz kann Cyberbullying zudem einen maximalen Öffentlichkeitsgrad mit sich bringen und es besteht die Gefahr der „Endlosviktimisierung". Die Vielzahl an Sharingfunktionen sozialer Netzwerke machen es beinahe unmöglich, Spuren des Cyberbullying gänzlich zu entfernen, was das Gefühl der Endlosigkeit der Diffamierung hervorrufen kann. Hat Cyberbullying einmal stattgefunden, können digitale Spuren noch Jahrzehnte später im Internet aufzufinden sein. Die intensive Nutzung sozialer Medien von Kindern und Jugendlichen führt zudem dazu, dass sie Cyberbullying nicht entfliehen können und sie dem Mobbing schutzlos ausgesetzt sind.[174] Für die rechtliche Bewertung des Cyberbullying ist zudem von Bedeutung, dass anders als Mobbing in der realen Welt, der Internetdienstanbieter unweigerlich in den Handlungsprozess des Cyberbullying einbezogen wird.[175]

c) Cybergrooming

Der Begriff Grooming entstammt dem englischen „to groom", dem Versorgen oder Pflegen[176]. Unter Grooming wird das gezielte Ansprechen von Kindern seitens einer Person verstanden, das gezielt den sexuellen Miss-

---

172 *Deutscher Bundestag*, Wissenschaftlicher Dienst, Regelungen zum Thema Cybermobbing in anderen Staaten, S. 4. Eine umfassende Studie bieten *Sitzer/Marth/Kocik/Müller*, Cyberbullying bei Schülerinnen und Schülern, S. 66 ff.
173 Umfassend hierzu *Ostendorf/Nicolai/Doege*, NStZ 2012, 529, 529 ff.; *Reum*, Cybermobbing, S. 52 ff.
174 Umfassend hierzu *Katzer*, Cybermobbing, S. 61 f.
175 Umfassend *Reum*, Cybermobbing, S. 166 ff.
176 *Langenscheid*, Großwörterbuch Englisch Teil 1; *Pons*, Großwörterbuch Englisch-Deutsch, siehe beide unter „groom".

brauch eines Kindes beabsichtigt.[177] Die Handlungsform Grooming beschreibt einen Sozialisierungsprozess zwischen Täter und Opfer, der aus einem Interessensaustausch besteht, indem beispielsweise gemeinsame Hobbys herausgefiltert werden.[178] Es kann zum Austausch von Geschenken und Fotos kommen, was für das Kind einen Vertrauensbeweis darstellt.[179] Die Handlung des Groomings mit Hilfe der Informations- und Kommunikationstechnologien wird als Cybergrooming[180] oder auch Online-Grooming[181] bezeichnet. Es zielt auf eine in der Zukunft tatsächlich stattfindende Begegnung zwischen Täter und Opfer zu sexuell missbräuchlichen Zwecken ab.[182] Das erarbeitete Vertrauensverhältnis zwischen Täter und Opfer in der virtuellen Welt nutzt der Täter dahingehend aus, als dass

---

[177] *Ost*, Child Pornography and Sexual Grooming, S. 32; *Weiler*, Im Netz. Tatort Internet, S. 16. A. A. *Edwards*, in: Viano (Hrsg.), Cybercrime, S. 23 (23 ff.), die von einem Ansprechen im Internet im allgemeinen Kontext ausgeht. Hier speziell das Ansprechen von Frauen für den Terrorismus. Grundlegend in diesem Zusammenhang mit dem sexuellen Missbrauch von Kindern und Jugendlichen: *Finkelhor*, Child sexual abuse: New theory and research, S. 1 ff.; *Finkelhor/Araji*, Journal of Sex Research 1986, 145, 146 f. Das Grooming wurde erstmals im Vereinigten Königreich als Sexualstraftat niedergelegt. Hierzu *Whittle/Hamilton-Giachritsis/Beech/Collings*, Agression and Violent Behavior 2013, 62, 64 ff. Ein entsprechendes Verhalten zwischen Erwachsenen wird als „Cyberharassement" bezeichnet: *Fontanive/Simmler*, ZSR 2016, 485, 487.

[178] *Davidson*, in: Davidson/Gottschalk (Hrsg.), Internet Child Abuse, S. 8 (10).

[179] *Mathiesen*, Cybermobbing und Cybergrooming, S. 18 m. V. a. *Max-Planck-Institut*, Schutzlücken durch Wegfall der Vorratsdatenspeicherung, S. 107. Auch *Europarat*, Explanatory report to the Council of Europe Convention on the protection of children against sexual exploitation and sexual abuse v. 25. Oktober 2007, Nr. 156.

[180] *Eisele*, in: Hilgendorf/Rengier (Hrsg.), FS Heinz, S. 697 (697); *Esser*, in: Hornung/Müller-Terpitz (Hrsg.), Rhdb. Social Media, S. 203 (Rn. 114); *Fontanive/Simmler*, ZSR 2016, 485, 485; *Mathiesen*, Cybermobbing und Cybergrooming, S. 18; *Rüdiger*, Deutsche Polizei 2012, 29, 29.

[181] *Ost*, Child Pornography and Sexual Grooming, S. 38, 95 m. V. a. die Ausarbeitung von *O'Connell*, die eine Einteilung in Phasen vornimmt: *O'Connell*, Typology of child cybersexploitation and online grooming practices, S. 8 ff.

[182] Es wird die Ansicht vertreten, dass unter Cybergrooming auch solche Handlungen eingeordnet werden können, die auf den Austausch von Daten wie Bildern und Videos, oder auch den virtuellen Missbrauch wie Webcamsex umfassen. Vgl. *Mathiesen*, Cybermobbing und Cybergrooming, S. 38; *Weiler*, Im Netz. Tatort Internet, S. 16 f.

er das Kind in der realen Welt zum Zwecke des sexuellen Missbrauchs anlocken will.[183]

Kinder kommen immer früher mit dem Internet in Kontakt, indem sie beispielsweise im Kindesalter Smartphones erhalten. Der Nutzen besteht für Kinder und Jugendliche weniger als Informationsquelle, sondern dient als soziales Kontaktfeld. Sie nutzen soziale Medien, um soziale Kontakte zu pflegen und auch neue Kontakte zu knüpfen. Neben sozialen Netzwerken existieren weitere Möglichkeiten für Täter, um gezielt Kontakt zu Kindern und Jugendlichen zu suchen. Virtuelle Welten in Form von Chat-Rooms, Apps oder Computerspielen[184], in denen die Teilnehmer miteinander kommunizieren können, bieten für die Täter eine breite Angriffsfläche, die ein gewisses Maß an Anonymität bietet[185]. So wird beispielsweise auch innerhalb von Computerspielen in Form von Avataren versucht, Kinder anzusprechen, die ebenfalls in Form von Avataren am Spiel teilnehmen. Teilweise werden gemeinsame Leben innerhalb dieser virtuellen Welt geschaffen und gespielt.[186]

d) Cyberstalking

Das Cyberstalking umfasst die dauerhafte und anhaltende Belästigung und Bedrohung von Einzelpersonen im Wege elektronischer Kommunikation.[187] Personen, die grundsätzlich nicht als Personen der Öffentlichkeit zu betrachten sind, sich aber in sozialen Netzwerken der Öffentlichkeit darstellen, in dem sie jedermann einen Zugang auf ihre Profile gestatten, können mitunter Opfer des Cyberstalkings werden. Die Gefahr spiegelt sich vor allem bei Personen wieder, die sich durch Präsenz in sozialen Netzwerken Berühmtheit oder Prominenz erhoffen. Letzteres soll unter anderem durch eine intime Darstellung des Privatlebens und der Zurschaustellung des eigenen Ichs erreicht werden. Während im Bereich des Stalkings in der

---

183 Statistische Angaben hierzu macht *Mathiesen*, Cybermobbing und Cybergrooming, S. 22 m. V. a. die polizeiliche Kriminalstatistik. Weiterhin *Rüdiger*, Deutsche Polizei 2012, 29, 29 ff.
184 *Europarat*, Explanatory report to the Council of Europe Convention on the protection of children against sexual exploitation and sexual abuse v. 25. Oktober 2007, Nr. 155.
185 *Forde/Patterson*, trends & issues in crime and criminal justice 1998, 1, 2 f.
186 Hierzu *Hopf/Braml*, ZUM 2007, 354, 354 ff.
187 *Goodno*, Missouri Law Review 2007, 125, 126; *Huber*, Cyberstalking und Cybercrime, S. 7.

Kapitel 1: Begriffe und Untersuchungsgegenstand

realen Welt die Täter meistens bekannt sind, was sich wiederum durch Auflauern, Liebeserklärungen oder auch Hausfriedensbuch ergibt, ist der Täter im Bereich des Cyberstalking grundsätzlich unbekannt.[188]

e) Hass im Internet

Die Hassrede ist Bestandteil einer umfassenden wissenschaftlichen und medialen Diskussion.[189] Ziel der Hassrede ist es, eine Person oder einen bestimmten Personenkreis zu diffamieren und herabzuwürdigen. Die Hassrede findet sich aber auch in Äußerungen wider, die geeignet sind, zu Gewalt, Hass oder Diskriminierung aufzurufen.[190] Die Hassrede umfasst Äußerungen auf kommunikativer Ebene sowohl in der realen als auch in der virtuellen Welt. Es besteht allerdings die Gefahr, dass die Aggression in Form physischer Gewalt ausgelebt werden könnte. Neben dem breiten Angebot an sozialen Netzwerken und Foren, die Raum für Hetze, Hass und Diskriminierung bieten, werden auch Kommentarfunktionen auf Nachrichten- und Informationsplattformen für populistische und polarisierende Äußerungen genutzt.[191] Die Verlagerung der Hassrede in die virtuelle Welt führte zu den Bezeichnungen „virtual hate"[192] und „cyberhate"[193].

3. Verletzung von Schutzrechten

Verstöße gegen das Urheberrecht haben durch den technologischen Fortschritt und der Digitalisierung eine neue Dimension erfahren. Urheber-

---

188 So *Huber*, Cyberstalking und Cybercrime, S. 104 f. Wobei sie darauf hinweist, dass es noch an einer diesbezüglichen Studie mangelt. Oftmals werden Erkenntnisse aus dem Bereich des Stalkings herangezogen und entsprechende Annahmen auf das Cyberstalking übertragen.
189 *Meibauer*, in: *ders.* (Hrsg.), Hassrede – von der Sprache zur Politik, S. 1 (1 f.); *Sponholz*, Hate Speech in den Massenmedien, S. 31 ff.; *Struth*, Hassrede und Freiheit der Meinungsäußerung, S. 21 f.; *Zimmer*, Hate Speech im Völkerrecht, S. 17 ff.
190 Grundlegend *Brugger*, JA 2006, 687, 687.
191 *Ceffinato*, JuS 2017, 403, 403; *Struth*, Hassrede und Freiheit der Meinungsäußerung, S. 2.
192 *Awan/Zempi*, The British Journal of Criminology 2017, 362, 362 ff.
193 *Perry/Olsson*, Information & Communications Technology Law 2009, 185, 185 ff.; *Prince*, in: Blakermore (Hrsg.), Policing Cyber Hate, Cyber Threats and Cyber Terrorism, S. 39 (39 ff.).

rechtsverletzungen außerhalb des Internets nehmen nur noch eine nebensächliche Rolle ein.[194] Geschützte Werke der Musik-, Film- und Softwareindustrie sind in digitaler und komprimierter Form einfach und schnell zu übertragen, wodurch die Datei in kürzester Zeit getauscht und gehandelt werden kann (sog. Filesharing).[195] Der Dateiaustausch kann über Filesharing-Börsen, Sharehoster-Anbieter[196] und Torrent-Tracker[197] erfolgen.

4. Cyberlaundering

Die Geldwäsche bezeichnet eine Transaktion von Vermögensgegenständen in immaterieller und materieller Form, die aus kriminellen Aktivitäten und Handlungen geschöpft werden und der Verschleierung und Tarnung von betrügerischen und täuschenden Handlungsvorgängen dient.[198] Der Geldwäschepraxis liegen die Phasen der Platzierung, der Distanzierung vom Geldursprung und die Integrierung des Geldes in ein anderes System zugrunde.[199] Diese Phaseneinteilung kann auf das Cyberlaundering übertragen werden[200]. Die Möglichkeit Vermögenswerte mit Hilfe des Internets zu transferieren und die Schaffung von Kryptowährungen haben die ursprünglichen Geldwäschepraktiken allerdings einer neuen Dimension unterworfen, da eine „Technologisierung von Geld"[201] stattgefunden hat. Zudem bieten Glücksspiele (sog. Online-Gambling)[202], Auktionen und Marktplätze im Internet erweiterte Handlungsräume, die durch neue Zah-

---

194 Siehe *Gercke*, ZUM 2007, 791, 791.
195 Hierzu *Büchel/Hirsch*, Internetkriminalitat, S. 109; *Gercke*, ZUM 2007, 791, 793. Umfassend *Brinkel*, Filesharing, S. 13 ff. und *Lang*, Filesharing und Strafrecht, S. 31 ff.
196 *Möllmann/Bießmann*, in: Schwartmann (Hrsg.), PHdb. Medien-, IT- und Urheberrecht, § 34 Rn. 91 f.; *Rinscheid*, Diensteanbieter und das Urheberrecht, S. 11 f.
197 Vgl. *Pojer*, Illegales Filesharing in Österreich, S. 12. Hierzu auch *Koren/Klamma*, in: Mikkonen/Klamma/Hernández (Hrsg.), Web Engineering, S. 404 (411).
198 *Leslie*, Legal principles for combating cyberlaundering, S. 55.
199 *Summers/Schwarzenegger/Ege/Young*, The Emergence of EU Criminal Law, S. 257; *Tropina*, ERA Forum 2014, 69, 71; *Weaver*, Annual Review of Banking and Finance Law 2005, 443, 443.
200 Vgl. *Curtis*, The law of cybercrimes and their investigations, S. 122.
201 *Karapatakis*, New Journal of European Criminal Law 2019, 128, 128.
202 Zum Phänomen der Geldwäschepraktiken im Rahmen von Glücksspielen *Fiedler/Krumma/Zanconato/McCarthy/Reh*, Das Geldwäscherisiko verschiedener Glücksspielarten, S. 35 ff. und *Leslie*, Legal principles for combating cyberlaundering, S. 81 f.

Kapitel 1: Begriffe und Untersuchungsgegenstand

lungsmethoden wie Paypal und Kryptowährungen bedient und für die Geldwäsche missbraucht werden können.[203] Nationale Währungen können in Kryptowährungen umgewandelt und weltweit in einer anderen Währung ausgezahlt werden. Zudem rückt zunehmend die Handlungsfläche virtueller Welten zugunsten der Geldwäsche in den wissenschaftlichen Diskurs[204]. Die Entgrenzung und mögliche weitestgehende Anonymität bilden für die virtuelle Geldwäsche beschleunigende Komponenten. Die Verlagerung der Geldwäsche in die virtuelle Welt ist vor allem für die organisierte Kriminalität und der Terrorismusfinanzierung von elementarer Bedeutung.

5. Terrorismus

Die Anhänger extremistischer Ideologien missbrauchen die Digitalisierung und die Möglichkeiten der Kommunikations- und Informationstechnologien als Hilfsmittel und Tatwerkzeug. Während das Internet dem Terrorismus als zentrales Kommunikationsmedium dient, verlagert sich die aktive Handlung des terroristischen Aktes zunehmend in die virtuelle Welt[205]. Letzteres ist vor allem aufgrund der immer weitergehenden Vernetzung und Interkonnektivität kritischer Infrastrukturen von signifikanter Bedeutung.

---

203 *Summers/Schwarzenegger/Ege/Young*, The Emergence of EU Criminal Law, S. 257.
204 *Irwin/Slay*, Edith Cowan University Research Online 2010, 41, 43 f.
205 Allgemein für den Cyberterrorismus sprechend: *Brickey*, CTC Sentinel 2012, 4, 4; *Gohel*, CTC Sentinel 2009, 12, 12 f.; *Weimann*, Terror on the Internet, S. 134 f. Das sich der terroristische Akt in das Internet verlagert und zugunsten des Dschihad durchgeführt kann, geht grundsätzlich auf Osama *bin Laden* und Muhammad Ibn Ahmad *as-Salīm* zurück. Siehe hierzu auch die Aussage Osama *bin Laden*s in *Bodansky*, Bin Laden, S. 223: "O Allah! Inspire Muslims... around the world, to use their skills, whether it be computer knowledge or financial ability, to retaliate against the enemy in every part of the World!". Hierzu *McNeal*, Case Western Reserve Journal of International Law 2008, 789, 794. Zwei Jahre nach den Anschlägen vom 11. September 2001 veröffentlichte Muhammad Ibn Ahmad *as-Salīm* einen Text mit dem Titel „39 Wege zum Dienst und zur Teilnahme im Dschihad". Hierin wird ebenso die Möglichkeit eines „elektronischen Dschihads" thematisiert und zwei Wege der Dschihad-Beteiligung angeführt. Zum einem die Teilnahme an Foren in Form des Austausches von Ideologien und zum anderen dem Hacken zum Zwecke dschihadistischer Bestrebungen. Siehe *Meißnitzer*, Jihad.com und Terrorismusstrafrecht, S. 14 m. V. a. *As-Salīm*, 39 Ways to Serve and Participate in Jihad, S. 45.

a) Terrorismus im Internet

Das Internet stellt für den Terrorismus ein zentrales Handlungswerkzeug dar.[206] Das Internet wird als neue Art der terroristischen Bewegung interpretiert[207], die sich unter anderem als „zweite Spur des globalen Dschihadismus" etabliert hat[208]. Terroristische Akte hinterlassen heutzutage einen „digitalen Fußabdruck"[209], der sich vordergründig in den sozialen Medien wiederfindet[210]. Terroristische Gruppierungen wie der sog. Islamische Staat und al-Qaida[211] sowie ihre Anhänger nutzen das Internet als Ausdrucks- und Darstellungsplattform für ihre extremistische Motivationen. Sie nutzen das Internet zum Zwecke der Rekrutierung[212], der Anstif-

---

206 *Bockstette*, Jihadist terrorist use of strategic communication management techniques, S. 8; *Gohel*, CTC Sentinel 2009, 12, 12; *Rogan*, Jihadism Online, S. 8; *Steinberg*, in: *ders.* (Hrsg.), Jihadismus und Internet, S. 7 (9 ff.). Allerdings wusste bereits die RAF (Rote-Armee-Fraktion), die IRA (Irish-Republican-Army) und die LTTE (Liberation-Tigers-of-Tamil-Eelam) die Medien sich zu nutzen. Hierzu umfassend *Rothenberger*, Revista Romana de Comunicare si relatii publice 2012, 7, 9.
207 *Rothenberger*, Revista Romana de Comunicare si relatii publice 2012, 7, 7.
208 *Meißnitzer*, Jihad.com und Terrorismusstrafrecht, S. 14, der von „Mediendschihad" und „virtuellen Dschihad" spricht.
209 Vgl. *Whittaker*, in: Minchev/Bogdanoski (Hrsg.), Counterin terrorist activities in cyberspace, S. 106 (106, 118).
210 Das betrifft die Anschläge in London (2005, 2017), Boston (2015), Paris (2015), Brüssel (2016), Nizza (2016), Würzburg (2016), Ansbach (2016), St. Ètienne-du-Rouvray (2016), Berlin (2016), Stockholm (2017) und Manchester (2017).
211 Ab dem Jahr 1996 war es al-Quaida möglich in Afghanistan ein sicheres Rückzugsgebiet zu finden, in dem die Organisation seinen extremistischen Dschihad nachgehen als auch Strukturen und Netzwerke aufbauen konnte. Der Krieg in Afghanistan führte dazu, dass sich die Rückzugsgebiete terroristischer Gruppierungen maßgeblich reduzierte. Letztendlich blieben nur wenige Rückzugsgebiete für dschihadistische Gruppierungen wie der Jemen, Pakistan, Somalia und Syrien. Mit dem Ziel auch in Zukunft dschihadistische Ideologien zu verbreiten und Informationskanäle aufrechtzuerhalten, wurde das Internet zum zentralen Kommunikationsmedium. Umfassend *Meißnitzer*, Jihad.com und Terrorismusstrafrecht, S. 10, 12 f. m. V. a. *Holtmann*, in: Lohlker (Hrsg.), New Approaches to the analysis of jihadism, S. 63 (96); *Sagemann*, Leaderless Jihad, S. 110.
212 Wie erfolgreich die Strategie sein kann, zeigt *Schori Liang* auf. Sie führt aus, dass der sog. Islamische Staat wie keine andere terroristische Gruppierung zuvor via Internet Akquisitionskampagnen erfolgreich durchgeführt hat und belegt dies anhand von Kennzahlen: *Schori Liang*, Georgetown Journal of International Affairs 2017, 11, 11 f. Hierzu auch *Meißnitzer*, Jihad.com und Terrorismusstrafrecht, S. 15 f.; *Neumann*, Joining Al-Qaeda, S. 5 ff., S. 53-58.

tung[213], der Radikalisierung[214], als Anleitungsplattform für das Vorbereitungstraining[215] und für Planungs-[216] und Kommunikationszwecke[217].[218] Zudem dient das Internet der Finanzierung von terroristischen Gruppen und der Organisation.[219]

Terrorgruppen nutzen die globale Masse als Publikum, das durch das Internet generiert werden kann. Einerseits zum Zweck der Selbstdarstellung und andererseits als Verherrlichungsstrategie ihrer Ideologien und Anschauungen[220], was vor allem durch (Live-)Übertragungen von Terrorattacken, Massakern und Exekutionen verdeutlicht wird[221]. Wie erfolgreich die Propagandatätigkeit im Internet durchgeführt werden kann, machte vor allem der sog. Islamische Staat deutlich. Deren Tätigkeiten im Internet zeigen einen gewissen Grad an Professionalität. Es sind vor allem jüngere

---

213 *McNeal*, Case Western Reserve Journal of International Law 2008, 789, 790; *Tsesis*, Fordham Law Review 2017, 606, 608 f.
214 Eingehend *Brenner/Goodman*, Journal of Law, Technology and Policy 2002, 1, 12 ff.; *Frohneberg/Steinberg*, in: Steinberg (Hrsg.), Jihadismus und Internet, S. 76 (76 ff.); *Weimann*, www.terror.net, S. 2 ff. Allgemein zur Radikalisierung *Dalgaard-Nielsen*, Studies in Conflict and Terrorism 2010, 797, 797 ff.; *Meißnitzer*, Jihad.com und Terrorismusstrafrecht, S. 15 f.; und zu möglichen Maßnahmen: *Dalgaard-Nielsen*, Studies in Conflict and Terrorism 2013, 99, 99 ff. *Meißnitzer* stellt seinen Überlegungen zur Radikalisierung durch das Internet voran, dass Radikalisierung nicht unmittelbar zur Rekrutierung führt. Oftmals werden Gewalttaten durch persönliche Faktoren hervorgerufen, welche ebenso maßgeblich für extremistische Gewalttaten sind. Hierzu *Meißnitzer*, Jihad.com und Terrorismusstrafrecht, S. 17.
215 *Weimann*, Terror on the Internet, S. 111 f.
216 *Thomas*, Parameters 2003, 112, 112; *Weimann*, Terror on the Internet, S. 129 ff.
217 *Mahan/Griset*, Terrorism in perspective, S. 281 f. Auch *Kirchner*, Strafrecht und Terrorismus, S. 22.
218 *Summers/Schwarzenegger/Ege/Young*, The Emergence of EU Criminal Law, S. 248.
219 *Steinberg*, in: *ders.* (Hrsg.), Jihadismus und Internet, S. 7 (14 f.).
220 Nur ein Beispiel ist der sog. Islamische Staat, der die sozialen Medien wie Facebook und Twitter intensiv nutzt sowie seinen Anhängern einen eigenen Nachrichtensender *Amaq* im Internet zur Verfügung stellt. Beispielhaft hierzu die Beiträge von *Dalgaard-Nielsen*, Studies in Conflict and Terrorism 2010, 797, 797 ff.; *El Difraoui*, in: Steinberg (Hrsg.), Jihadismus und Internet, S. 67 (67 ff.); *Glawe*, Jihad 2.0, S. 1 ff.; *McNeal*, Case Western Reserve Journal of International Law 2008, 789, 790 ff.; *Rediker*, Michigan Journal of International Law 2015, 321, 321 ff.; *Saul*, Speaking of Terror, S. 1 ff.; *Weimann*, How Modern Terrorism Uses The Internet, S. 1 ff.; *Zelin*, The state of global jihad online, S. 1 ff.
221 Letzteres ist vor allem durch das Massaker von Christchurch im Jahr 2019 wieder in den Vordergrund gerückt, als der Attentäter per Live-Cam seine Handlung gefilmt und in sozialen Netzwerken übertagen hat. Auf das Problem hinweisend: *Tsesis*, Fordham Law Review 2017, 606, 609.

Generationen, die mit Hilfe von Hip-Hop und Rap-Musik, grellen Farben und Leitsprüchen eingefangen werden sollen. Die von al-Qaida eingesetzte Propagandaorganisation „Global Islamic Media Front" nutzte eine Spielsimulation mit dem Namen „Quest for Bush", deren Level wiederum Namen wie „Jihad Growing Up" und „America's Hell" trugen, die Anhänger gewinnen sollte.[222] Anhänger einer extremistischen Ideologie können sich zudem nunmehr ohne jegliche extremistisch-militärische Aktivität[223] an der extremistischen Bewegung beteiligen. Eine Führungsrolle wie die von Osama *bin Laden* oder eine religiöse Persönlichkeitsrolle wie Abdallah ʿ*Azzām*[224] ist nicht mehr Voraussetzung für islamisch-extremistische Popularität, sondern lediglich Internetpräsenz, die sich vor allem in den sozialen Netzwerken widerfindet.[225] Während vormals im Bereich des Terrorismus eine zentrale Leitstruktur vorherrschte, führte das Internet zu einer dezentralen Struktur, die nicht mehr von einer Stelle zu kontrollieren ist.[226] Die Möglichkeit der Kommunikation und der Austausch zwischen Führern, Anhängern und Interessierten ist durch die Kommunikationstechnologien im exponentiellen Maß vereinfacht worden, und es kommt zu einem Missbrauch der Digitalisierung für terroristische Zwecke. Dass das Internet als maßgebliches Werkzeug dem Terrorismus dient, ist neben der Möglichkeit des aktiven und passiven Agierens auf weitere Faktoren zurückzuführen. Die Kosten der Öffentlichkeitsarbeit sind niedrig, da das Internet wie auch die sozialen Medien breitflächig kostenfreie Möglichkei-

---

222 *McNeal*, Case Western Reserve Journal of International Law 2008, 789, 795.
223 *Meißnitzer* beschreibt das Gefühl, dass sich selbst Anhänger als „vollwertige Dschihadist(en)" fühlen, die vom heimischen Schreibtisch agieren und nicht in der ursprünglich extremistisch-militärischen Form handeln. Dadurch verschwimmen die Bezeichnungen Aktivisten, Unterstützer und Sympathisanten und es entsteht ein homogenes Bild. Vgl. *Meißnitzer*, Jihad.com und Terrorismusstrafrecht, S. 15.
224 ʿ*Azzām* war Religionslehrer und propagierte den militärischen Dschihad als Pflicht eines jeden Muslims. Er galt seither als Wort- und Glaubensführer. Zudem gründete er gemeinsam mit Osama *bin Laden* im Jahr 1984 ein Dienstleistungsbüro, das in kürzester Zeit zum Dreh- und Angelpunkt für die dschihadistische Bewegung wurde. Siehe hierzu ausführlich *Meißnitzer*, Jihad.com und Terrorismusstrafrecht, S. 7 f.
225 Hier wird von „leaderless jihad" gesprochen: *Meißnitzer*, Jihad.com und Terrorismusstrafrecht, S. 16 m. V. a. den Ursprung der Bezeichnung von *Sagemann*, Leaderless Jihad.
226 Ähnlich *Meißnitzer*, Jihad.com und Terrorismusstrafrecht, S. 13 ff.

ten anbieten. Zudem vereinfachen Faktoren wie Interaktivität und Flexibilität[227] die Organisation terroristischer Aktivitäten.[228]

aa) Terrorismus und die sozialen Medien

Die sozialen Medien haben das bisherige Verständnis zwischenmenschlicher Kommunikation maßgeblich beeinflusst. Soziale Netzwerke zeichnen sich durch Interaktivität, ihrer globalen Reichweite, der einfachen Bedienbarkeit und ihrer Unmittelbarkeit aus.[229] Diese Eigenschaften nutzt der Terrorismus für Propaganda-, Rekrutierungs- und Kommunikationszwecke.[230] Innerhalb sozialer Medien haben terroristische Gruppen und ihre Anhänger die Möglichkeit, aktiv den Meinungsprozess mitzugestalten. Dies kann, je nach Beschaffenheit und Eigenheit des sozialen Netzwerks, durch Nachrichten, Audiobotschaften, Bilder und Videos geschehen. Die Nutzung sozialer Medien durch terroristische Gruppen und deren Anhängern hat einen überdurchschnittlichen Stellenwert eingenommen. Während Facebook vordergründig als Informations- und Kommunikationsnetzwerk genutzt wird, werden grundsätzlich YouTube und Twitter[231] als Propaganda- und Rekrutierungsnetzwerk missbraucht.[232] Mit Hilfe von

---

[227] Das Internet gilt als das flexibelste Werkzeug, das dem Terrorismus zur Verfügung steht. So *Bolechów*, in: Płudowski (Hrsg.), Terrorism, Media, Society, S. 33 (33).

[228] *Rothenberger*, Revista Romana de Comunicare si relatii publice 2012, 7, 12.

[229] *Weimann*, Terrorism in Cyberspace, S. 132.

[230] Im Gegensatz zum islamisch-extremistischen Terrorismus nutzte der Rechtsextremismus in den U.S.A. bereits frühzeitig Internetforen zur Kommunikation. Siehe hierzu *Rothenberger*, Revista Romana de Comunicare si relatii publice 2012, 7, 9 f.

[231] Bei Twitter handelt es sich um einen sog. Kurznachrichtendienst. Nutzer können Kurznachrichten (sog. Tweets) veröffentlichen, die unter den Nutzern geteilt werden können. Durch die Funktionen des Hashtags und des Retweets kann das Teilen und Weiterleiten dieser Kurznachricht unverzüglich erfolgen. Diese Form der Nachrichtenverteilung nutzt der Terrorismus zum einem als Propagandamittel und zum anderen als Möglichkeit der Irritierung und Verängstigung der Bevölkerung. Ein Beispiel hierfür ist die Nachricht über einen Bombenanschlag im Weißen Haus, woraufhin die New Yorker Börse einen Verlust von $136 Mill. verzeichnete. So *Weimann*, Terrorism in Cyberspace, S. 138.

[232] Hierzu *Weimann*, Terrorism in Cyberspace, S. 131 ff. (Nutzen durch Facebook) und S. 141 ff. (Nutzen durch YouTube).

Videobotschaften auf YouTube[233] werden Ideologien einem globalen Publikum nahegebracht. Mehr als Textnachrichten, bewirken Videos mit Hilfe von gekonnter Gestik und Mimik eine bleibende und beeinflussende Wirkung.[234] Zudem spielt die Möglichkeit der permanenten Konnektivität eine maßgebliche Rolle für die „extremistische Öffentlichkeitsarbeit".[235] Es geht hierbei vordergründig um einen Sozialisierungsprozess, indem Massen per Mausklick für ideologisch extremistische Zwecke passiv rekrutiert werden können.[236]

bb) Organisation und Finanzierung

Der gesamte Prozess, der mit der Durchführung eines terroristischen Aktes zusammenhängt, bedarf monetärer Mittel.[237] Bereits al-Qaida konnte auf ein Finanzierungsnetzwerk zurückgreifen, das auf Stiftungen, Nichtregierungsorganisationen (NGOs) und Finanzeinrichtungen aufbaute, die wiederum das Internet für Geldakquisition nutzten.[238] Zudem werden auch einzelne Anhänger zugunsten der Finanzierung von Terrorgruppen aktiv, die das Internet als zentrales Handlungsfeld nutzen. Ein Beispiel ist der Fall des Adlene *Hicheur*, der al-Qaida in logistischer Hinsicht Unterstützung gewährt, terroristisches Propagandamaterial ins Internet gestellt, Verschlüsselungssoftware für eine gesicherte Kommunikation bereitgestellt und einen virtuellen Zahlungsverkehr für die Finanzierung von al-Qaida-

---

233 Hierzu ausführlich *Oualla*, in: Lohlker (Hrsg.), New Approaches to the analysis of jihadism, S. 142 (142 ff.); *Weimann*, Terrorism in Cyberspace, S. 125, 141 f.
234 Zur prägnanten Bedeutung von Bildern und ihre Wirkung auf Massen bereits *Le Bon*, Psychologie der Massen, S. 72 ff.
235 *Rothenberger*, Revista Romana de Comunicare si relatii publice 2012, 7, 10.
236 Passive Rekrutierung meint, dass mit Hilfe von Videobotschaften das Interesse bei einem breiten Publikum für die Ideologie geweckt bzw. der Glaube oder die Ideologie eine extremistische Komponente erhält. Die Kommunikation kann sodann über andere soziale Netzwerke stattfinden.
237 Als „bescheiden" werden aufgebrachte monetäre Mittel zwischen mehreren zehn- und einigen hunderttausenden U.S.-Dollar pro geplanten und durchgeführten terroristischen Akt eingestuft, so *Fischer*, www.InfrastrukturInternet-Cyberterror.Netzwerk, S. 132.
238 Letzteres trifft auch auf die Hamas zu, siehe hierzu *Weimann*, Terror on the Internet, S. 135. Zudem ist die Geldwäsche eine maßgebliche Komponente für den Terrorismus: *Hunt*, Information and Communications Technology Law 2011, 133, 133 ff.

Kapitel 1: Begriffe und Untersuchungsgegenstand

Operationen entwickelt hat.[239] Die Terrorismusfinanzierung ist vor allem durch virtuelle Geldwäschepraktiken möglich, indem Kryptowährungen, virtuelle Finanztransaktionen und die Missbrauchsmöglichkeiten des Online-Gamblings[240] innerhalb virtueller Welten genutzt werden.

b) Cyberterrorismus

aa) Begriff

Geprägt wurde der Begriff des Cyberterrorismus von Barry *Collin* in den 1980er Jahren als eine Konvergenz zwischen Kybernetik und Terrorismus[241], also dem Aufeinandertreffen der virtuellen Welt mit dem Terrorismus[242]. Ende der 1990er Jahre erwähnte Bill *Clinton* die Möglichkeit des Angriffs auf kritische Infrastrukturen mit Hilfe der Informationstechnologien.[243] Im Jahr 1997 beschrieb Mark *Pollitt* den Cyberterrorismus als eine vorsätzliche, politisch motivierte Attacke gegen Informationen, Computersysteme, Computerprogramme und Daten, was letztendlich in Gewalt gegen Nichtkombattanten durch nationale Untergruppen oder illegale Gruppierungen mündet.[244] *Denning* folgt diesem Ansatz und definiert den Cyberterrorismus als eine unrechtmäßige Attacke gegen Computer, Netzwerke und Daten, mit dem Ziel, Regierungen und die Bevölkerung einzuschüchtern, um politische und soziale Interessen durchzusetzen.[245] Der Cyberterrorismus ist der Kategorie Computerkriminalität im engeren Sinn zuzuordnen. Mit Bestehen einer Interkonnektivität zwischen zwei oder mehreren Medien ist eine Angriffsfläche und Verwundbarkeit entstanden, die terroristische Gruppen im Rahmen des Cyberterrorismus ausnutzen können.[246] Anders als im Rahmen des Terrorismus im Internet, wird die Computertechnik zum Hauptwerkzeug der Handlung. Während zudem

---

239 *Brickey*, CTC Sentinel 2012, 4, 5.
240 Andeutend *Baken/Mantzikos*, Al Qaeda, S. 75 f.
241 *Collin*, Crime and Justice International 1997, 15, 15.
242 Jones/Nobis/*Röchner*/Thal, Internet der Zukunft. Ein Memorandum, S. 66.
243 *Fidler*, Journal of Conflict and Security Law 2016, 475, 475.
244 *Pollitt*, Computer Fraud and Security 1998, 8, 10. So auch später *Wilson*, Computer attack and cyberterrorism, S. 4.
245 *Denning*, Global Dialogue 2000, 29, 29.
246 *Glacken* bringt daher auf den Punkt: „Vernetzung ist also nur dann ein eindeutiger Gewinn, wenn sie hochgradig sicher ist." So *Gaycken*, Cyberwar (2011), S. 69.

der Terrorismus im Internet Handlungssphären um den eigentlichen terroristischen Akt umschreibt, ist die Handlungsform des Cyberterrorismus der zentrale terroristische Akt.[247]

Der Cyberterrorismus hat vor allem im Bereich der dschihadistischen Bewegung an Bedeutung gewonnen, was vor allem auf die Aufrufe von *bin Laden* und *as-Salīm* zurückgeht. Doch lange Zeit war der Cyberterrorismus lediglich als theoretische, terroristisch-motivierte Erscheinung und hypothetisches Angriffskonstrukt abgetan worden.[248] Diese Annahme wurde zum anderen darauf zurückgeführt, dass es an einem cyberterroristischen Akt fehle, es Terroristen an einer vertieften IT-Kenntnis und entsprechenden Geräten und Netzwerkstrukturen mangeln würde.[249] Auch da die Anführer terroristischer Gruppen der älteren Generation angehören würden, gäbe es für sie keine Alternative zu bisherigen chemischen, biologischen, explosiven, radioaktiven und nuklearen Massenvernichtungswaffen (CBERN-Terrorismus).

Indes wächst die Gefahr eines cyberterroristischen Angriffs.[250] Es handelt sich um „eine Gewaltstrategie zur Durchsetzung politischer [, religiöser und ideologischer Ziele]"[251], die systematisch auf die Verbreitung von

---

247 A. A. *Gercke*, CR 2007, 62, 62 ff., der unter den Cyberterrorismus die Aktivitäten terroristischer Organisationen im Internet subsumiert. Für den Cyberterrorismus wurden Versuche unternommen, den Cyberterrorismus anhand konkreter Szenarien zu erklären. Maßgeblich hierfür gelten die Thesen von *Brenner*, *Brickey* und *Denning*: *Brenner*, Revue international de droit penal 2006, 453, 459 ff.; *Brickey*, CTC Sentinel 2012, 4, 4 ff. und *Denning*, Global Dialogue 2000, 29, 29 f.
248 So *Bolechów*, in: Płudowski (Hrsg.), Terrorism, Media, Society, S. 33 (41) und *McQuade*, in: Tonry (Hrsg.), Oxford Hdb. Crime and Public Policy, S. 475 (484).
249 Inzwischen ist bekannt, dass Terrorgruppen eigene Hackergruppen hervorbringen, wozu „G-Force Pakistan" und „the Pakistan Hacker Club" zählen. Weitere Beispiele nennt *Denning*, in: Brown (Hrsg.), Grave new world, S. 91 (95 f.). Andererseits besitzen Terrorgruppen die finanziellen Möglichkeiten, entsprechende „Dienstleistungen" bei Dritten zu erkaufen.
250 So auch die Erwägungsgründe zur Richtlinie 2013/40/EU über Angriffe auf Informationssysteme, ABl. EU L 218/8 v. 14. August 2013, Erwägungsgründe Nr. 2 ff.
251 Die Motivation von Cyberterroristen zeigt sich bisher grundlegend im Bereich des dschihadistischen Extremismus (bspw. CyberCaliphate) und Antizionismus (bspw. OX-Omar). Hierzu *Brickey*, CTC Sentinel 2012, 4, 5; *Meißnitzer*, Jihad.com und Terrorismusstrafrecht, S. 15; *Rogan*, Al-Qaeda's online media strategies, S. 47, 59; *Schori Liang*, Georgetown Journal of International Affairs 2017, 11, 11.

Angst und Schrecken setzt"[252] und die Informatisierung und zunehmende Interkonnektivität kritischer Infrastruktursysteme ausnutzt.

Im Rahmen des Cyberterrorismus wird der Handlungsaufwand erheblich vereinfacht. Die Organisation ist weniger zeitintensiv und es bedarf weniger personeller und monetärer Ressourcen[253], wodurch auch der logistische Aufwand sinkt[254]. Auch das persönliche Gefährdungspotential der handelnden Person wird im Rahmen des Cyberterrorismus auf ein Minimum reduziert. Zwar sind Anhänger bereit, sich für die Ideologie zu opfern, doch diese Komponente kann im Zuge des Cyberterrorismus an Bedeutung verlieren. Für die Anführer terroristischer Gruppen vermag es zumal nicht bedeutungslos sein, die Fähigkeiten seiner Anhänger für weitere cyberterroristische Angriffe nutzen zu wollen, da es der Durchsetzung der Ideologie dienlich ist.

bb) Bedeutung der kritischen Infrastrukturen

Der Cyberterrorismus bezweckt die Verbreitung von Angst und Panik, indem die Kontrolle über Informations- und Kommunikationsnetze verloren geht und die Bevölkerung das Vertrauen in ihre Sicherheit und in den Staat verliert.[255] Ein solcher Vertrauensverlust kann vor allem durch die Beeinträchtigung oder Zerstörung von kritischen Infrastrukturen entstehen. Die Bezeichnung der kritischen Infrastruktur wurde im Patriot Act[256] (U.S. Public Law 107-56-Oct. 26, 2001, 115 Stat. 272, 401) geprägt. Als kritische Infrastrukturen sind „Systeme und Güter, ob physikalischer oder virtueller Natur [zu verstehen], so wesentlich, dass eine Funktionsunfähigkeit oder Zerstörung [...], eine lähmende Wirkung auf die Sicherheit, die Sicherheit der nationalen Wirtschaft, die Bevölkerungsgesundheit oder den Schutz der Bevölkerung, oder mehrere dieser Ziele" haben können.[257] Die Interkonnektivität und die daraus resultierende Abhängigkeit der Gesell-

---

252 *Walter*, Internetkriminalität, S. 22 m. V. a. *Schneckener*, Transnationaler Terrorismus. Charakter und Hintergründe des „neuen" Terrorismus, S. 21.
253 Siehe *Tehrani*, Cyberterrorism, S. 1.
254 *Brenner/Goodman*, Journal of Law, Technology and Policy 2002, 1, 25 f.
255 *Brenner*, Cyberthreats, S. 42 f.
256 Patriot Act ist eine in der medialen und wissenschaftlichen Diskussion verwendete Kurzbezeichnung. Es handelt sich hierbei um den „Uniting and Strengthening America by Providing Appropriate Tools Required to Intercept and Obstruct Terrorism Act". Siehe hierzu *Gilbert*, Journal of Internet Law 2013, 3, 3 f.
257 Hierzu eingehend *Schulze*, Bedingt abwehrbereit, S. 128 f.

schaft von der Funktionsfähigkeit und Sicherheit der Informationssysteme, bieten eine virtuelle Angriffsfläche[258] für Terroristen. Neben einer Vielzahl von Industrie- und Wirtschaftssektoren[259], sowie Energie-, Lebensmittel-, Wasser- und Brennstoffversorger[260], sind auch Einrichtungen wie Polizei, Bahnhöfe und Krankenhäuser als auch Regierungseinrichtungen und Verwaltungsbehörden einer Gefährdung ausgesetzt[261].

6. Hacktivismus

a) Begriff

Der Hacktivismus existiert seit Ende der 1980er Jahre[262] und bezeichnet Cyberattacken, hinter denen sich politische und soziale Motivationen verbergen.[263] Es ist demnach eine Konvergenz zwischen dem Hacking und dem Aktivismus[264], da dies als eine politisch motivierte Bewegung im virtuellen Raum verstanden wird[265]. Der Hacktivismus ist eine politische Bestrebung, hat hinweisende Kraft und nutzt Cyberangriffe als Kommunikationsweg, indem die politische Gesinnung und Zielstrebung Ausdruck finden. Die Gruppe „Cult of the Dead Cow" gilt als einer der ersten Hacktivistengruppen, die ihr Ziel eines umfassenden Zensurverbots im Internet mit Hilfe ihrer IT-Fähigkeiten durchsetzen wollte.[266] Beim Hacktivismus handelt sich um eine virtuelle Demonstration, die über die Möglichkeiten

---

258 *Thiel*, Die „Entgrenzung" der Gefahrenabwehr, S. 116 f.
259 Siehe die Webseite von Homeland Security. Abrufbar unter https://www.dhs.gov/critical-infrastructure-sectors (zuletzt abgerufen am 15. Juni 2020).
260 *Europarat*, T-CY Guidance Note #6, T-CY (2013)11E Rev v. 5. Juni 2013, S. 3.
261 *Walter*, Internetkriminalität, S. 22, 24.
262 *Denning*, Georgetown Journal of International Affairs, 1 (1). Weiterhin auch *Dornseif*, Phänomenologie der IT-Delinquenz, S. 268 und *Samuel*, Hacktivism and the future of political participation, S. 7 ff.
263 *Bundeskriminalamt*, Abschlussbericht Hacktivisten, S. IV, S. 19.
264 *Bundeskriminalamt*, Abschlussbericht Hacktivisten, S. IV, S. 18; *Rogan*, Jihadism Online, S. 27. Nur wenige Forschungen konzentrieren die ausschlaggebende Motivation auf den politischen Aktivismus, vgl. Jones/Nobis/*Röchner*/Thal, Internet der Zukunft. Ein Memorandum, S. 73 m. V. a. *Rogan*, Jihadism Online, S. 27 und *Weimann*, Cyberterrorism, S. 4.
265 *Taylor*, in: Wall (Hrsg.), Crime and the Internet, S. 59 (59 f.); *Taylor/Fritsch/Liederbach/Holt*, Digital Crime and Digital Terrorism, S. 69.
266 Mit weiteren Beispielen *Bundeskriminalamt*, Abschlussbericht Hacktivisten, S. 24 ff.

Kapitel 1: Begriffe und Untersuchungsgegenstand

des Internets ausgeführt wird.[267] Hieraus fließende Motivationen werden auch auf dem legalen Weg über Websites und soziale Netzwerke verbreitet.[268] Dennoch nutzen Personen des Hacktivismus auch ihre Fähigkeiten, um auf illegalen Weg ihre Ansichten zu verdeutlichen.[269] Es lassen sich unter anderem Defacement-Attacken[270], also der unberechtigten Veränderung von Websites[271] und DoS-Attacken[272], und Fälle des unberechtigten Datenzugriffs auf Steuerdokumente, um Korruptionsfälle aufzudecken[273], dem Hacktivismus zuordnen.

b) Abgrenzung zum Cyberterrorismus

Während die Informationstechnik für die Bereiche des Hacktivismus und des Cyberterrorismus gleichsam zentrales Handlungsinstrument ist, sind grundlegende Unterschiede in den Bereichen des verfolgten Zwecks und des Angriffsobjekts zu finden. Cyberterroristen zielen auf einen größtmöglichen Schaden ab, weshalb primäres Ziel ihrer Cyberattacken die kritischen Infrastruktursysteme sind.[274] Hinter ihrer politischen und ideologischen Motivation liegt eine Gewaltbereitschaft, die sie von Hacktivisten unterscheidet. Hacktivisten verfolgen zwar ebenso politische und ideologische Ziele, die sie durch Aufmerksamkeit erregende Cyberattacken, -in

---

267 *Dornseif*, Phänomenologie der IT-Delinquenz, S. 269.
268 *Taylor/Fritsch/Liederbach/Holt*, Digital Crime and Digital Terrorism, S. 70.
269 *Taylor/Fritsch/Liederbach/Holt*, Digital Crime and Digital Terrorism, S. 70 m. V. a. *Jordan/Taylor*, Hacktivism and Cyberwars, S. 7.
270 *Bundeskriminalamt*, Abschlussbericht Hacktivisten, S. 27 f. Weiterhin auch *Denning*, in: Arquilla/Ronfeldt (Hrsg.), Networks and netwars, S. 239 (276). Den Vorgang des Defacement dem Hacktivismus gänzlich unterzuordnen ist strikt abzulehnen, da auch andere Bewegungen, vermehrt der Bereich des Cyberterrorismus, das Defacement für ideologische Bestrebungen nutzen.
271 Die Beeinträchtigung kann auch durch Beleidigung, Beschimpfungen oder durch sinnfremde Inhalte auf der betroffenen Website zur Geltung kommen. Siehe hierzu *Dornseif*, Phänomenologie der IT-Delinquenz, S. 272 f.
272 DoS-Attacken, die im Rahmen des Hacktivismus durchgeführt werden und auf politischer Motivation fußen, werden auch als „virtuelle sit-ins" und „E-Protest" bezeichnet. Siehe *Hilgendorf/Valerius*, Computer- und Internetstrafrecht, Rn. 592. Eine umfassende verfassungsrechtliche Untersuchung bietet *Dißmann*, Das virtuelle Sit-in als grundrechtlich geschützte Protestform?, S. 7 ff. (mit Falldarstellungen).
273 *Bundeskriminalamt*, Abschlussbericht Hacktivisten, S. 25.
274 Der Europarat spricht von „multi-functional criminal use". Siehe *Europarat*, T-CY Guidance Note #6, T-CY (2013)11E Rev v. 5. Juni 2013, S. 5.

Form einer digitalen Demonstration-, publik machen wollen. Ein physischer Schaden oder die Verbreitung von Panik in der Bevölkerung werden von ihnen allerdings nicht beabsichtigt.

Kategorie	IT als zentrales Handlungsinstrument	Struktur	Anführer	Motivation und Hintergrund	Ziel
Hacktivismus	✓	dezentrale, lose und spontane Zusammensetzung je nach vorgeschlagener Aktion		virtuelle Demonstration aufgrund politischer Gesinnung	Politisches Ziel
Cyberterrorismus	✓	Kleiner Gruppen, die dezentral organisiert sind	(✓)	Extremistische Ideologie	Größtmöglicher Schaden (virtuell und physisch); Panik und Angst

Übersicht 2: Eigene Darstellung

7. (Cyber-)crime-as-a-Service

Der signifikante Anstieg an Cyberattacken ist auch auf die Möglichkeit zurückzuführen, entsprechendes Fachwissen nachzufragen oder geeignete Schadsoftware im Internet zu erwerben. Hierfür hat sich mittlerweile die Bezeichnung „(Cyber-)crime-as-a-service" (sog. CaaS) durchgesetzt[275]. Das Angebot umfasst „Hacker-Tools" und IT-Dienstleistungen. Während einerseits Schadsoftware, Anleitungen beziehungsweise Tutorials zur Programmierung und zum Einsatz von Schadsoftware zum Kauf oder zur Miete angeboten werden[276], werden zudem die eigenen Fähigkeiten zur Begehung einer computerbezogenen Straftat angeboten.[277] Kein anderer Bereich der Computerkriminalität wurde derart professionalisiert.[278] Durch das Angebot nimmt der Täterkreis exponentiell zu, da kein vertieftes Fachwissen

---

275 Siehe *Bundeskriminalamt*, Cybercrime-Bundeslagebild 2017, S. 24 f.
276 *Geschonneck*, e-Crime-Studie 2010, S. 17.
277 *Münch*, in: Sensburg (Hrsg.), Sicherheit in einer digitalen Welt, S. 9 (14); *Europol*, The Internet Organised Crime Threat Assessment (iOCTA) 2014, S. 9.
278 *Bundeskriminalamt*, Cybercrime-Bundeslagebild 2017, S. 24.

Kapitel 1: Begriffe und Untersuchungsgegenstand

zur Tathandlungsbegehung benötigt wird und das Handlungsinstrument in Form von Schadsoftware im Internet heruntergeladen oder in Form einer Dienstleistung nachgefragt werden kann.

Unter der Kategorie „(Cyber-)crime-as-a-service" ist auch das „bulletproof hosting"[279] einzuordnen. Im Rahmen des „bulletproof hosting" bieten Hosting-Anbieter die Aufbewahrung von Daten innerhalb ihres Dienstes an. Dabei gewähren sie eine erhöhte Nachsichtigkeit hinsichtlich des Dateninhalts. Dies kann neben der Verbreitung von Kinderpornographie und der Speicherung von urheberrechtlich geschützten Werken[280], auch der Speicherung von Schadprogrammen dienen[281]. Die Server der Hosting-Anbieter befinden sich daher in Staaten, die nur über ein schwaches Internetreglement und ein weniger strenges Strafrechtssystem verfügen.[282]

---

279 Übersetzt „kugelsichere Aufbewahrung".
280 Hierzu *Goncharov*, Unterschlupf für Cyberkriminelle zu vermieten, S. 20.
281 Cárdenas/Radosavac/Grossklags/Chuang/Hoofnagle, An economic map of cybercrime, S. 8.
282 *Kaspersky*, Chefsache IT-Sicherheit, S. 93 f.

Kapitel 2: Maßnahmen des Europarats

A. Das Übereinkommen über Computerkriminalität des Europarats

I. Entstehung

Bereits in der Empfehlung aus dem Jahr 1989 wies der Europarat auf die Notwendigkeit einer engeren Zusammenarbeit zwischen den Mitgliedstaaten im Hinblick auf die Bekämpfung der Computerkriminalität hin.[283] Im Jahr 1995 folgte eine weitere Empfehlung, die auf schwache Strafverfahrensrechte der Mitgliedstaaten bezüglich der Berücksichtigung neuer Informationstechnologien hinwies. Die Mängel betrafen die Durchsuchung und Beschlagnahme, die technische Überwachung, die Möglichkeit elektronisch manifestierter Beweise und die Problematik der Datenverschlüsselung. Zudem wurde abermals eine mangelhafte Zusammenarbeit zwischen den Mitgliedern des Europarats kritisiert.[284]

Das Übereinkommen gegen Computerkriminalität geht auf die Bemühungen des Ausschusses für Strafrechtsfragen des Europarats (sog. CD-PC)[285] im Jahr 1996 zurück.[286] Der Ausschuss schlug die Einrichtung einer Expertengruppe vor[287], woraufhin durch Beschluss des Ministerkomitees[288] eine Expertengruppe für Fragen strafbarer Handlungen im Cyberspace (sog. PC-CY) im Jahr 1997 errichtet wurde.[289] Die PC-CY ist ein

---

283 *Europarat*, Recommendation No. R (89) 9 of the Committee of Ministers to member states on computer-related crime v. 13. September 1989 v. 13. September 1989.
284 *Sussman*, Duke Journal of Comparative and International Law 1999, 451, 478.
285 Auch als Lenkungsausschuss für Strafrecht bezeichnet. So *Spannbrucker*, Convention on Cybercrime, S. 3
286 Bereits Anfang der 1970er Jahre wurden Forderungen laut, Anpassungen innerhalb des Strafrechts im Hinblick auf die Herausforderungen der Technifizierung vorzunehmen. Hierzu *Sieber*, in: Sieber/Satzger/Heintschel-Heinegg (Hrsg.), Europäisches Strafrecht, § 24 Rn. 18.
287 *Europarat*, Explanatory Report to the Convention on Cybercrime v. 23. November 2001, Nr. 7.
288 *Europarat*, Entscheidung des Ministerkomitees, Nr. CM/Del/Dec(97)583 v. 4. Februar 1997.
289 *Spannbrucker*, Convention on Cybercrime, S. 4; *Weber*, Berkeley Technology Law Journal 2003, 425, 429.

Kapitel 2: Maßnahmen des Europarats

Sachverständigenausschuss, der sich gezielt mit der Entwicklung und den Gefahren der Computerkriminalität auseinandersetzt.[290] Hierfür befasst sich der Ausschuss mit allen missbräuchlichen Aktivitäten, die mit Hilfe der Informations- und Kommunikationstechnologien begangen werden können. Die möglichen, missbräuchlichen Handlungen sollten nunmehr als strafbare Handlungen im Rahmen eines völkerrechtlichen Vertrages niedergelegt werden. Hierfür sollten neben der Gerichtsbarkeit und Fragen der zwischenstaatlichen Zusammenarbeit, ebenso Begriffe, Definitionen, Sanktionen und die Verantwortlichkeit der handelnden Akteure festgelegt werden.[291] Zwischen 1997 und 2000 haben zehn Treffen des PC-CY und 15 Treffen einer offenen Gruppe stattgefunden, in denen an einem Übereinkommensentwurf gearbeitet wurde.[292] Im Zuge der Treffen stellte sich abermals heraus, dass die nationalen Strafrechte nicht adäquat waren, um den Herausforderungen der Computerkriminalität gerecht zu werden.[293] Die nationalen Rechtssysteme entsprachen nicht mehr einer Zeit, in der Globalisierung und Digitalisierung voranschritten und grenzüberschreitende effiziente Kooperation notwendig wurde.[294] Die Entgrenzung durch das Internet und die traditionelle Strafrechtsdogmatik standen im Kontrast, was umso mehr ein völkerrechtliches Übereinkommen verlangte. Im April 2000 wurde der Übereinkommensentwurf für einen Diskurs der Mitglieder des Europarats veröffentlicht. Die U.S.A., Kanada, Japan und Südafrika wurden ebenso beteiligt[295], hatten allerdings eine beratende und beobachtende Funktion inne und verfügten über keinerlei Abstimmungsbefugnisse.[296]

Am 23. November 2001 wurde das Übereinkommen den Mitglied- und den Beobachterstaaten zur Unterschrift vorgelegt und von 26 Staaten unterzeichnet. Das Übereinkommen gegen Computerkriminalität (sog. Buda-

---

290 BT-Drs. 16/7218, S. 58.
291 *Europarat*, Explanatory Report to the Convention on Cybercrime v. 23. November 2001, Nr. 11 Pkt. ii ff.
292 *Gercke*, ERA Forum 2009, 409, 416.
293 *Europarat*, Explanatory Report to the Convention on Cybercrime v. 23. November 2001, Nr. 6 ff.
294 Ausführlich zur Entstehung des Übereinkommens *Spannbrucker*, Convention on Cybercrime, S. 3 ff.
295 *Europarat*, Legal instruments for combating racism on the Internet, S. 15.
296 *Sussman*, Duke Journal of Comparative and International Law 1999, 451, 478 Fn. 102.

pest-Übereinkommen[297]) stellt das erste völkerrechtliche Übereinkommen dar, das materiell-strafrechtliche Aspekte und verfahrensrechtliche Bestimmungen enthält, um den Gefahren der Computerkriminalität entgegenzuwirken und die Zusammenarbeit zwischen den Vertragsstaaten zu verbessern. Das Übereinkommen trat allerdings erst in Kraft, als fünf Vertragsstaaten das Übereinkommen ratifiziert hatten. Von diesen fünf Vertragsstaaten mussten wiederum drei Staaten Mitglieder des Europarates sein. Mit der Ratifizierung des Übereinkommens in Albanien, Kroatien, Estland, Ungarn und Litauen trat das Übereinkommen am 1. Juli 2004 in Kraft. Bisher haben 64 Staaten das Übereinkommen unterzeichnet, wovon 61 das Übereinkommen ratifiziert haben.

II. Aufbau des Übereinkommens

Kapitel I enthält einen allgemeinen Teil, der Begriffe und Definitionen umfasst. Kapitel II sieht Maßnahmen vor, die auf nationaler Ebene innerhalb des materiellen Strafrechts und des Strafverfahrensrechts ergriffen werden müssen. Der Europarat nimmt eine Kategorisierung strafbarer Handlungen in vier Gruppen vor. Die erste Kategorisierung beinhaltet die CIA-Delikte. Diese umfassen den rechtswidrigen Zugang (Art. 2), das rechtswidrige Abfangen von Daten (Art. 3), den rechtswidrigen Eingriff in Daten (Art. 4) und in ein System (Art. 5) sowie den Missbrauch von Vorrichtungen (Art. 6). Die zweite Kategorie beinhaltet die computerbezogenen Straftaten der computerbezogenen Fälschung (Art. 7) und des computerbezogenen Betrugs (Art. 8). Die dritte Kategorie umfasst Straftaten mit Bezug zur Kinderpornographie (Art. 9) und die vierte Kategorie beinhaltet Straftaten in Zusammenhang mit Verletzungen des Urheberrechts und verwandter Schutzrechte (Art. 10). In Abschnitt 2 von Kapitel II folgen allgemeine (Art. 14 f.) und spezielle (Art. 16 – Art. 21) verfahrensrechtliche Bestimmungen, die beispielsweise die Durchsuchung und Beschlagnahme gespeicherter Computerdaten (Art. 19) und die Erhebung von Verkehrsdaten in Echtzeit (Art. 20) vorsehen. Kapitel III legt den Rahmen für die internationale Zusammenarbeit fest. Es umfasst Grundsätze der Auslieferung (Art. 24) und der Rechtshilfe (Art. 25), sowie weitere spezielle Bestimmungen wie die umgehende Sicherung gespeicherter Computerdaten (Art. 29)

---

297 Zur Bezeichnung: *Brodowski*, in: Lange/Bötticher (Hrsg.), Cyber-Sicherheit, S. 249 (257 Fn. 12); *Kamis*, in: Buhr/Hammer/Schölzel (Hrsg.), Staat, Internet und digitale Gouvernementalität, S. 181 (196); *Seger*, ZöR 2018, 71, 71.

Kapitel 2: Maßnahmen des Europarats

und die umgehende Weitergabe gesicherter Verkehrsdaten (Art. 30). Das Kapitel IV enthält Schlussbestimmungen. Im Rahmen des folgenden Untersuchungsabschnitts wird an die Kategorisierung der strafbaren Handlung des Europarats angeknüpft.

III. Strafbare Handlungen

1. CIA-Delikte

a) Rechtswidriger Zugang

Art. 2 des Übereinkommens sieht eine Kriminalisierung des vorsätzlich unbefugten Zugangs zu einem Computersystem als Ganzem oder zu einem Teil davon vor.[298] Obwohl der unberechtigte Zugriff vordergründig als Vorstufe zur eigentlichen Handlungsabsicht erfolgt und eine schädigende Handlung noch nicht stattgefunden hat, spreche für eine Kriminalisierung bereits das schützende Integritätsinteresse der betroffenen Person.[299] Jedoch sprach der Rechtsausschuss des Bundestags bereits im Jahr 1986 von einer „Überkriminalisierung von Verhaltensweisen" und von einem „möglichen" Eindringen in Integritätsinteressen. Zudem sollte das Strafrecht „erst dort eingreifen, wo ein Schaden oder wenigstens eine Rechtsgutsbeeinträchtigung" eintrete.[300] Aufgrund verschiedener Ansichten der Mitgliedstaaten des Europarats, inwieweit der Tatbestand ausgestaltet werden soll, wird es den Vertragsstaaten gemäß Art. 2 S. 2 des Übereinkommens überlassen, ob sie eine Strafbarkeit an die weiteren in Art. 2 Abs. 2 genannten qualifizierenden Umstände anknüpfen. Der Tatbestand kann demnach erst erfüllt sein, wenn der Zugang unter Verletzung von Sicherheitsmaßnahmen, in der Absicht, Computerdaten zu erlangen, in anderer unredli-

---

[298] Möglich sind hier Eingriffe in Hardware, technische Komponenten, gespeicherte Daten auf dem Computersystem, Verzeichnisse sowie Verbindungs- und Inhaltsdaten. Siehe hierzu *Europarat*, Explanatory Report to the Convention on Cybercrime v. 23. November 2001, Nr. 46. Kritisch hierzu *Spannbrucker*, Convention on Cybercrime, S. 49.
[299] *Europarat*, Explanatory Report to the Convention on Cybercrime v. 23. November 2001, Nr. 44.
[300] Siehe BT-Drs. 10/5058, S. 28.

cher Absicht oder in Zusammenhang mit einem Computersystem, das Teil eines Netzwerkes ist, erfolgt ist.[301]

b) Rechtswidriges Abfangen

Art. 3 des Übereinkommens sieht die Strafbarkeit des vorsätzlich rechtswidrigen Abfangens nicht-öffentlicher Computerdatenübermittlungen an ein Computersystem, aus einem Computersystem oder innerhalb eines Computersystems vor. Die Norm dient somit dem Schutz der Kommunikation. Das Abfangen umfasst jede Form des Abhörens, Beobachtens und der Überwachung auf direkten oder indirekten Weg mit Hilfe der Computertechnik. Im Zuge des direkten Handlungswegs wird sich zu einem Computersystem Zugang verschafft und sodann für das Abfangen von Daten verwendet. Der indirekte Handlungsweg meint hingegen die Zuhilfenahme von elektronischen Hilfsmitteln zum Zwecke des Abfangens (Abhörtechnik). Bei dem technischen Hilfsmittel kann es sich um Hardware, Software und Zugangsdaten handeln.[302] Der Europarat konkretisiert die Strafbarkeit indes auf den nicht-öffentlichen Datentransfer. Der Dateninhalt ist allerdings irrelevant für eine Strafbarkeit.[303] Wie bereits in Art. 2 S. 2 des Übereinkommens sind auch hier einschränkende Tatbestandsvoraussetzungen gemäß Art. 3 S. 2 des Übereinkommens möglich. Die Vertragsstaaten können vorsehen, dass die Straftat in unredlicher Absicht oder in Zusammenhang mit einem Computersystem, das mit einem anderen Computersystem verbunden ist, begangen worden sein muss.

c) Dateneingriff

Art. 4 des Übereinkommens sieht die Strafbarkeit von vorsätzlich unbefugtem Beschädigen, Löschen, Beeinträchtigen, Verändern oder Unterdrü-

---

301 *Europarat*, Explanatory Report to the Convention on Cybercrime v. 23. November 2001, Nr. 49 f.
302 *Europarat*, Explanatory Report to the Convention on Cybercrime v. 23. November 2001, Nr. 53. Konkretisierend *Gillespie*, Cybercrime, S. 89.
303 Siehe *Gillespie*, Cybercrime, S. 89. A. A. *Spannbrucker*, Convention on Cybercrime, S. 57, der hieraus eine Konkretisierung auf die Kommunikation zwischen Privaten herleitet. Die Konkretisierung der Strafbarkeit auf nicht-öffentliche Datenübermittlungen wurde in Art. 6 der Richtlinie 2013/40/EU über Angriffe auf Informationssysteme übernommen.

Kapitel 2: Maßnahmen des Europarats

cken von Computerdaten vor. Ziel dieser Maßnahme ist der Schutz der Integrität und die ordnungsgemäße Funktion und Gebrauch von gespeicherten Computerdaten oder Computerprogrammen.[304] Die Löschung von Computerdaten und Computerprogrammen wird als Äquivalent zur Zerstörung körperlicher Gegenstände gewertet. Im Fall eines Eingriffs kommt es zu einer negativen Veränderung der Computerdaten oder des Computerprogramms. Der Begriff der Veränderung meint die Modifikation von Daten und Programmen auf unterschiedliche Art und Weise. Als technisches Hilfsmittel, beziehungsweise als Auslöser zur Modifikation, werden unter anderem Computerviren und trojanische Pferde eingesetzt. Wie in den Fällen von Art. 2 und Art. 3 des Übereinkommens muss auch im Rahmen von Art. 4 des Übereinkommens der Vorsatz für eine Strafbarkeit gegeben sein. In diesem Zusammenhang werden Forschungs- oder Erprobungsmaßnahmen vom Anwendungsbereich ausgeschlossen. Des Weiteren werden auch solche Dateneingriffe ausgeklammert, die Anonymisierungszwecken dienen. Letztere Maßnahmen fallen in den Schutz der Privatsphäre. Dies müsse allerdings seine Grenzen finden, sobald die Verschleierung der Identität mittels Anonymitäts- oder Verschlüsselungssoftware für die Begehung einer Straftat missbraucht wird. Eine diesbezügliche Konkretisierung der Strafbarkeit ist allerdings den Vertragsstaaten überlassen.[305] Zudem können die Vertragsstaaten einen qualifizierten Umstand vorsehen, wonach eine Strafbarkeit nur dann gegeben ist, wenn ein schwerer Schaden vorliegt.

d) Systemeingriff

Art. 5 des Übereinkommens verpflichtet die Vertragsstaaten, unbefugte schwere Behinderungen des Betriebs eines Computersystems durch Eingeben, Übermitteln, Beschädigen, Löschen, Beeinträchtigen, Verändern oder Unterdrücken von Computerdaten als Straftat zu umschreiben. Art. 5 des Übereinkommens soll nicht nur die rechtmäßige Anwendung von Computersystemen schützen, sondern schützt sämtliche Vorrichtungen der Te-

---

304 *Europarat*, Explanatory Report to the Convention on Cybercrime v. 23. November 2001, Nr. 60.
305 *Europarat*, Explanatory Report to the Convention on Cybercrime v. 23. November 2001, Nr. 62.

lekommunikation.³⁰⁶ Art. 5 des Übereinkommens verlangt, anders als Art. 4 des Übereinkommens, die Eingabe beziehungsweise die Übertragung von Daten. Zudem ist die Schwere der Behinderung maßgeblich.³⁰⁷ Wann der qualifizierende Umstand der Schwere für die strafrechtliche Verfolgung gegeben sein muss, fällt indes in den Ermessensspielraum der Vertragsstaaten. Die Verfasser des Übereinkommens schlagen lediglich vor, eine Schwere der Beeinträchtigung anzunehmen, sobald die Nutzung beziehungsweise Anwendung des Computersystems deutlich geschädigt ist. Dies kann beispielsweise durch DDoS-Attacken, Schadprogramme und durch den massenhaften Erhalt von Spam-E-Mails³⁰⁸ erreicht werden. Auch im Rahmen von Art. 5 des Übereinkommens wird betont, dass Eingriffe zu Forschungs- und Testzwecken von dem Anwendungsbereich ausgeschlossen sind.³⁰⁹

e) Missbrauch von Vorrichtungen

Für die Begehung von Straftaten gegen die Vertraulichkeit, Unversehrtheit und Verfügbarkeit von Computerdaten und Computersystemen, werden neben bestimmten Fertigkeiten ebenso bestimmte Softwaretechniken („Hacker-Tools"³¹⁰) benötigt. Als Hacker-Tools werden solche Vorrichtungen und Computersysteme verstanden, die in erster Linie dafür ausgelegt oder hergerichtet worden sind, eine nach Art. 2 bis Art. 5 des Übereinkom-

---

306 *Europarat*, Explanatory Report to the Convention on Cybercrime v. 23. November 2001, Nr. 65.
307 *Spannbrucker*, Convention on Cybercrime, S. 73.
308 Dem Bereich Spam-E-Mails kommt in den Ausführungen des Europarats eine gesonderte Rolle zu. Demnach kann beim Versenden von Spam-E-Mails nicht grundsätzlich von einem schädigenden Eingriff in ein Computersystem ausgegangen werden. Erst ein größeres Datenvolumen kann zu einer schweren Beeinträchtigung führen. Zudem haben Absender solcher E-Mails nicht stets eine schädigende Absicht. Siehe hierzu *Europarat*, Explanatory Report to the Convention on Cybercrime v. 23. November 2001, Nr. 69. Mit dem Vorwurf, dass die Thematik im Übereinkommen zu kurz gekommen sei: *Clough*, Criminal Law Forum 2012, 363, 383 f. *Clough* geht davon aus, dass es sich bei 80% der weltweit versendeten E-Mails um Spam handeln würde, wovon wiederum ein Großteil Schadprogramme enthalten würden.
309 *Europarat*, Explanatory Report to the Convention on Cybercrime v. 23. November 2001, Nr. 67-70.
310 *Europarat*, Explanatory Report to the Convention on Cybercrime v. 23. November 2001, Nr. 71; MüKoStGB/*Graf*, § 202c Rn. 6; *Gröseling/Höfinger*, MMR 2007, XXVIII, XXVIII f.

Kapitel 2: Maßnahmen des Europarats

mens umschriebene Straftat zu begehen (Art. 6 Abs. 1 lit. a) i)). Art. 6 des Übereinkommens zieht daher einen umfassenden Kriminalisierungsansatz der Vorbereitungshandlung heran, um den strafbaren Handlungen aus Art. 2 bis Art. 5 des Übereinkommens vorzubeugen beziehungsweise diese einzudämmen.[311] Dadurch kriminalisiert das Übereinkommen nicht nur Personen, die die Computertechnik missbrauchen, sondern richtet sich damit auch gegen die Personen, die den Missbrauch überhaupt erst ermöglichen, indem sie entsprechende Software herstellen und vertreiben.[312] Art. 6 Abs. 1 lit. a) des Übereinkommens sieht vor, dass die Herstellung, der Verkauf, die Beschaffung zwecks Gebrauchs, die Einführung, die Verbreitung oder anderweitiges Verfügbarmachen eines Hacker-Tools (i) oder eines Computerpassworts, eines Zugangscodes oder ähnlicher Daten (ii) kriminalisiert werden, wenn diese vorsätzlich zur Begehung einer Straftat nach Art. 2 bis Art. 5 des Übereinkommens verwendet werden. Gemäß Art. 6 Abs. 1 lit. b) des Übereinkommens wird zudem der Besitz solcher Software kriminalisiert, wenn diese zur Begehung einer Straftat nach Art. 2 bis Art. 5 des Übereinkommens verwendet werden soll.

Art. 11 Abs. 2 des Übereinkommens schreibt die Strafbarkeit einer vorsätzlichen Versuchshandlung der Straftaten gemäß Art. 3 bis Art. 5 sowie Art. 7 bis Art. 9 Abs. 1 lit. a) und lit. c) des Übereinkommens vor. Sodann überlässt es Art. 11 Abs. 3 des Übereinkommens den Vertragsstaaten, ob sie die Bestimmungen gemäß Art. 11 Abs. 2 des Übereinkommens umsetzen. Eine solche fakultative Umsetzung ist zugunsten von Art. 6 des Übereinkommens nicht vorgesehen. Dies führt dazu, dass nur die Vorgaben aus Art. 6 des Übereinkommens einen präventiven Strafrechtschutz[313] konsequent durchsetzen.[314] Indes wird den Verfassern des Übereinkommens vorgeworfen, dass Art. 6 des Übereinkommens zu weit gefasst sei und die Entwicklung sowie Erforschung neuer technischer Möglichkeiten unter Generalverdacht gestellt werden würden.[315] Allerdings wird an mehreren Passagen in Art. 6 des Übereinkommens betont, dass sich die Strafbarkeit

---

311 *Europarat*, Explanatory Report to the Convention on Cybercrime v. 23. November 2001, Nr. 71.
312 So auch *Gillespie*, Cybercrime, S. 58.
313 Siehe auch die Ausführungen des Europarats: *Europarat*, Explanatory Report to the Convention on Cybercrime v. 23. November 2001, Nr. 71.
314 So *Spannbrucker*, Convention on Cybercrime, S. 79.
315 Siehe hierzu *Magnin*, The 2001 Council of Europe Convention on cyber-crime, S. 62. Ähnlich auch *Spannbrucker*, Convention on Cybercrime, S. 80. Letzterem ist zuzustimmen, dass die Wortwahl „in erster Linie" (engl. Sprachfassung: „primarily") unglücklich erscheint, doch stets der Tatbestand des Vorsatzes bei der

des Missbrauchs konkret auf die Straftaten in Art. 2 bis Art. 5 des Übereinkommens bezieht.[316] Eine Annahme darüber hinaus, kann weder dem Übereinkommen noch dem erläuternden Bericht des Europarates entnommen werden. Zumal Art. 6 Abs. 1 des Übereinkommens die vorsätzliche Tatbegehung vorschreibt und Art. 6 Abs. 2 des Übereinkommens konkret diesbezügliche Forschungsansätze vom Anwendungsbereich ausklammert.[317]

2. Computerbezogene Straftaten

Unter die Kategorie der computerbezogenen Straftaten fallen die computerbezogene Fälschung (Art. 7) und der computerbezogene Betrug (Art. 8). Beide Handlungsformen wurden in das Übereinkommen aufgenommen, weil zum Zeitpunkt der Entstehung des Übereinkommens die Strafrechtssysteme einiger Verfasserstaaten eine entsprechende Strafbarkeit nicht vorsahen.[318]

a) Computerbezogene Fälschung

Die Vertragsstaaten haben gemäß Art. 7 des Übereinkommens erforderliche und andere Maßnahmen zu treffen, um vorsätzliche und unbefugte Handlungen unter Strafe zu stellen, die das Eingeben, Verändern, Löschen oder Unterdrücken von Computerdaten umfassen, in der Absicht, dass diese Daten für rechtliche Zwecke so angesehen oder einer Handlung zugrunde gelegt werden, als wären sie echt. Art. 7 des Übereinkommens kriminalisiert demnach jede Handlung, die unter Ausnutzung der Computertechnik zur Fälschung eines Datensatzes führt, der für rechtliche Zwecke rele-

---

Überprüfung zu beachten ist. Im Übrigen war die Formulierung von Art. 6 des Übereinkommens umstritten. Eine Ansicht verlangte lediglich die Einbeziehung von Geräten und solcher Software, die explizit für die Begehung einer Straftat verwendet werden sollten. Letztere Ansicht wurde allerdings als zu eng angesehen. Eine allumfassende Variante wurde indes ebenso abgelehnt. Siehe hierzu *Europarat*, Explanatory Report to the Convention on Cybercrime v. 23. November 2001, Nr. 73.

316 Ähnlich auch *Spannbrucker*, Convention on Cybercrime, S. 81.
317 *Magnin*, The 2001 Council of Europe Convention on cyber-crime, S. 63.
318 *Europarat*, Explanatory Report to the Convention on Cybercrime v. 23. November 2001, Nr. 79 f.

vant ist und dient dem Vertrauensschutz sowie der Rechtssicherheit[319]. Die computerbezogene Fälschung steht somit als Pendant zur Fälschung von körperlichen Gegenständen.[320] Den Vertragsstaaten ist es, gemäß Art. 7 S. 2 des Übereinkommens, überlassen, ob sie als weitere Voraussetzung vorsehen, dass die Handlung in Verbindung mit einer betrügerischen oder ähnlich unredlichen Absicht erfolgt.

b) Computerbezogener Betrug

Die Vertragsstaaten haben, gemäß Art. 8 des Übereinkommens, erforderliche und andere Maßnahmen zu treffen, um vorsätzliche und unbefugte Handlungen unter Strafe zu stellen, die die Beschädigung des Vermögens einer Person durch Eingabe, Veränderung, Löschung oder Unterdrückung von Computerdaten (Art. 8 lit. a)) oder durch Eingriff in ein Computersystem (Art. 8 lit. b)) umfassen, um sich oder einer anderen Person einen wirtschaftlichen Vorteil zu verschaffen. Indem Art. 8 des Übereinkommens sowohl die Manipulation von Software als auch von Hardware einbezieht, ist eine weitreichende Kriminalisierung erfolgt, was dem technologischen Fortschritt dahingehend gerecht werden soll, dass diesbezüglich sämtliche Eingriffsformen kriminalisiert werden.[321]

3. Inhaltsbezogene Straftaten

Die dritte Kategorie des Übereinkommens beinhaltet inhaltsbezogene Straftaten, die sich auf den Deliktsbereich der Kinderpornographie konkretisieren. Die gemeinsame Pönalisierung von Kinderpornographie war die Folge von mehreren Treffen europäischer Staats- und Regierungschefs, bei denen der Schutz des Kindes vor sexuellem Missbrauch im Mittelpunkt stand. Diesem Entschluss wiederum waren gemeinsame Erklärungen[322], das Fakultativprotokoll der Vereinten Nationen betreffend den Verkauf

---

319 *Europarat*, Explanatory Report to the Convention on Cybercrime v. 23. November 2001, Nr. 84.
320 *Europarat*, Explanatory Report to the Convention on Cybercrime v. 23. November 2001, Nr. 81.
321 *Europarat*, Explanatory Report to the Convention on Cybercrime v. 23. November 2001, Nr. 86. Auch *Spannbrucker*, Convention on Cybercrime, S. 95.
322 *Europarat*, Final declaration and action plan. Second summit of heads of state of government v. 11. Oktober 1997, S. 3 Pkt. 4.

A. *Das Übereinkommen über Computerkriminalität des Europarats*

von Kindern, die Kinderprostitution und die Kinderpornographie[323], und der Vorschlag für einen Rahmenbeschluss der Europäischen Kommission[324] vorausgegangen.

Zudem rückte das Internet als Handelszentrum für Kinderpornographie in den politischen Diskurs, weshalb etwaige Tauschbörsen eingedämmt und dem Fantasie- und Ideenaustausch von Tätern und Pädosexuellen innerhalb von Chat-Rooms und Foren durch Strafbarkeit entgegengewirkt werden sollte.[325] Eine Kriminalisierung des Meinungsaustausches fordert das Übereinkommen gegen Computerkriminalität allerdings nicht.

Während Art. 9 Abs. 1 des Übereinkommens eine umfassende Strafbarkeit vorsieht, indem unterschiedliche Handlungen unter Strafe gestellt werden, wird in Art. 9 Abs. 2 des Übereinkommens der Begriff Kinderpornographie definiert. Es handelt sich um Kinderpornographie, wenn es sich entweder um eine minderjährige Person bei eindeutig sexuellen Handlungen (Art. 9 Abs. 2 lit. a)), um eine Person mit dem Erscheinungsbild einer minderjährigen Person bei eindeutig sexuellen Handlungen (Art. 9 Abs. 2 lit. b)) oder um real erscheinende Bilder, die eine minderjährige Person bei eindeutig sexuellen Handlungen zeigen (Art. 9 Abs. 2 lit. c)), handelt. Nach Art. 9 Abs. 3 S. 1 des Übereinkommens ist minderjährig, wer das 18. Lebensjahr noch nicht vollendet hat. Indes ist es den Vertragsstaaten überlassen, ob sie die Altersgrenze auf 16 Jahre reduzieren (Art. 9 Abs. 3 S. 2). Das Übereinkommen tastet indes die nationalen Vorgaben sexueller Mündigkeit nicht an, verlangt aber zum Schutz des Kindes vor sexuellem Missbrauch einen höheren Altersmaßstab, indem der Europarat grundsätzlich an die Volljährigkeit anknüpft.[326]

Neben der Altersgrenze ist Art. 9 des Übereinkommens auch dahingehend weitreichend, dass die Realkinderpornographie (Art. 9 Abs. 2 lit. a)), die Fiktivkinderpornographie (Art. 9 Abs. 2 lit. b)) und die virtuelle Kin-

---

323 Fakultativprotokoll zum Übereinkommen über die Rechte des Kindes betreffend den Verkauf von Kindern, Kinderprostitution und Kinderpornographie der Vereinten Nationen v. 25. Mai 2000, UNTS Vol. 2171, A-27531.
324 Vorschlag für einen Rahmenbeschluss des Rates zur Bekämpfung des Menschenhandels, Vorschlag für einen Rahmenbeschluss des Rates zur Bekämpfung der sexuellen Ausbeutung von Kindern und der Kinderpornographie, ABl. EG C 62E/324 v. 27. Februar 2001.
325 *Europarat*, Explanatory Report to the Convention on Cybercrime v. 23. November 2001, Nr. 93.
326 *Europarat*, Explanatory Report to the Convention on Cybercrime v. 23. November 2001, Nr. 104. Kritisch aber *Baier*, ZUM 2004, 39, 45, der das hohe Schutzalter für "unangebracht" hält.

Kapitel 2: Maßnahmen des Europarats

derpornographie (Art. 9 Abs. 2 lit. c)) als kinderpornographisch erklärt werden.[327] Der weite Anwendungsbereich wird lediglich durch die Phrase der „eindeutig sexuellen Handlung" beschränkt.[328] Letzteres unterscheidet die Definition zu dem von den Vereinten Nationen verwendeten Verständnis, als auch dem späteren Verständnis des Europarats in seinem Lanzarote-Übereinkommen im Jahr 2007. Beide völkerrechtlichen Vereinbarungen stufen diesbezüglich auch die „Darstellung der Geschlechtsteile eines Kindes zu vorwiegend sexuellen Zwecken" als kinderpornographisch ein.[329]

Art. 9 des Übereinkommens nimmt indes keine Definition vor, was als pornographisches Material nach Art. 9 Abs. 2 des Übereinkommens zu verstehen ist, sondern überlässt die Beschreibung des Mediums gänzlich den Vertragsstaaten. Allerdings ist von den Vertragsstaaten zu berücksichtigen, dass artistische, medizinische und wissenschaftliche Darstellungen oder ähnliches nicht als pornographisch einzustufen sind.[330]

Auch der Katalog von Straftatbeständen in Art. 9 Abs. 1 des Übereinkommens ist umfassend. Die Vertragsstaaten sind verpflichtet, die Herstellung von Kinderpornographie (Art. 9 Abs. 1 lit. a)), das Anbieten oder Verfügbarmachen von Kinderpornographie über ein Computersystem (Art. 9 Abs. 1 lit. b)), das Verbreiten oder Übermitteln von Kinderpornographie über ein Computersystem (Art. 9 Abs. 1 lit. c)), das Beschaffen von Kinderpornographie über ein Computersystem für sich selbst oder einen anderen (Art. 9 Abs. 1 lit. d)), als auch den Besitz von Kinderpornographie in einem Computersystem oder auf einem Computerdatenträger (Art. 9 Abs. 1 lit. e)) als Straftaten vorzusehen, wenn dies vorsätzlich und unbefugt begangen wird. Allerdings ist es den Vertragsstaaten nach Art. 9 Abs. 4 des Übereinkommens überlassen, ob sie das Beschaffen und den Besitz von Kinderpornographie unter Strafe stellen.

---

327 *Europarat*, Explanatory Report to the Convention on Cybercrime v. 23. November 2001, Nr. 101.
328 Der Europarat nennt hierfür Beispiele: *Europarat*, Explanatory Report to the Convention on Cybercrime v. 23. November 2001, Nr. 100.
329 So gem. Art. 2 lit. c) des Fakultativprotokolls der Vereinten Nationen und Art. 20 Abs. 2 des Lanzarote-Übereinkommens.
330 *Europarat*, Explanatory Report to the Convention on Cybercrime v. 23. November 2001, Nr. 99.

A. Das Übereinkommen über Computerkriminalität des Europarats

Im Hinblick auf die Rolle von Internetdienstanbietern wird eine Überwachungspflicht ausgeschlossen, jedoch können die Vertragsstaaten eine „abgestufte Providerverantwortlichkeit"[331] vorsehen.[332]

Während die Weite des sachlichen Anwendungsbereichs und des Straftatbestandskatalogs gemäß Art. 9 Abs. 1, Abs. 2 des Übereinkommens grundsätzlich zu begrüßen sind, eröffnet Art. 9 Abs. 4 des Übereinkommens jedoch zugunsten der Vertragsstaaten einen breiten Umsetzungsspielraum. Hiernach ist es den Vertragsstaaten zum einen überlassen, ob sie das Beschaffen und den Besitz von Kinderpornographie unter Strafe stellen. Zum anderen ist fakultativ, dass die Vertragsstaaten die fiktive und virtuelle Kinderpornographie kriminalisieren. Letzteres kann dahingehend begründet werden, als es im Rahmen dieser Darstellungsformen zu keinem sexuellen Missbrauch eines Kindes kommt. Im Hinblick auf die Diskussion der Kriminalisierung der virtuellen Kinderpornographie, sprechen Kritiker von einer „opferlosen Straftat"[333]. Eine Erweiterung des Verständnisses diene jedoch dem Präventivgedanken, Kinder vor möglichen Übergriffen zu schützen[334] und um die Bildung und Förderung einer Art Subkultur kinderpornographischer Interessen zu verhindern.[335] Die Vertragsstaaten mussten noch vor Unterzeichnung oder zum Zeitpunkt der Ratifi-

---

331 *Spannbrucker*, Convention on Cybercrime, S. 103.
332 *Europarat*, Explanatory Report to the Convention on Cybercrime v. 23. November 2001, Nr. 105.
333 Vgl. *Hopf/Braml*, ZUM 2007, 354, 354.
334 Dieser Annahme liegt eine umfassende Diskussion zu Grunde: *Renzikowski*, in: Fahl/Müller/Satzger/Swoboda (Hrsg.), FS Beulke, S. 521 (521 ff.); *Endrass/Rossegger*, European Psychiatry 2010, 676, 676; *Endrass/Urbaniok/Hammermeister/Benz/Elbert/Laubacher/Rossegger*, BMC Psychiatry 2009, 43, 43 ff. Letztere gehen aufgrund von empirischen Analysen davon aus, dass der Konsum von kinderpornographischem Material nicht zwangsläufig zu einem sexuellen Übergriff führt. Zudem gebe es keine gegenteiligen empirischen Studien, so *Stevens*, in: Cowdell/Fleming/Hodge (Hrsg.), Violence, desire, and the sacred, S. 183 (185 f.). *Seigfried-Spellar*, *Bertoline* und *Rogers* gehen noch weiter und argumentieren, dass die Pauschalisierung von Konsumenten, Pädophilen und Sexualstraftätern unter dem Schirm des Strafrechts kriminalisiert zu werden, im Zuge einer zu Panik führenden Politik („panic-led policy debate") entstanden sei und Gesetzgeber daher nicht konstruktiv handeln würden. Vgl. *Seigfried-Spellar/Bertoline/Rogers*, in: Gladyshev/Rogers (Hrsg.), Digital forensics and cyber crime, S. 17 (28).
335 *Europarat*, Explanatory Report to the Convention on Cybercrime v. 23. November 2001, Nr. 102.

Kapitel 2: Maßnahmen des Europarats

kation dem Generalsekretär des Europarates etwaige einschränkende Maßnahmen i. S. v. Art. 9 Abs. 4 des Übereinkommens mitteilen.[336]

Gemäß Art. 11 Abs. 1 des Übereinkommens sind die Anstiftung und die Beihilfe zur Begehung einer nach der in Art. 9 Abs. 1 genannten Handlungen unter Strafe zu stellen. Die Strafbarkeit des Versuchs ist auf die Herstellung und die Verbreitung oder Übermittlung von Kinderpornographie gemäß Art. 11 Abs. 2 i. V. m. Art. 9 Abs. 1 lit. a), lit. c) reduziert. Eine diesbezügliche Umsetzung ist nach Art. 11 Abs. 3 des Übereinkommens allerdings ebenfalls fakultativ.

4. Verletzung des Urheberrechts und verwandter Schutzrechte

Die vierte Kategorie umfasst Straftaten im Zusammenhang mit Verletzungen des Urheberrechts und verwandter Schutzrechte, die in Art. 10 des Übereinkommens niedergelegt sind. Durch das Strafbarkeitsverlangen soll der „Bedeutung von Immaterialgütern[337] in der modernen Informationsgesellschaft Rechnung"[338] getragen werden.[339] Art. 10 Abs. 1 des Übereinkommens knüpft an bereits bestehende Verpflichtungen aus der Pariser Fassung der Berner Übereinkunft zum Schutz von Werken der Literatur und Kunst[340] von 1971, dem Übereinkommen über handelsbezogene Aspekte der Rechte des geistigen Eigentums[341] und dem WIPO-Urheberrechtsvertrag[342] an. Jeder Vertragsstaat muss daher die erforderlichen Maßnahmen treffen, um Urheberrechtsverletzungen, wie sie nach den genannten völkerrechtlichen Vereinbarungen festgelegt sind, als Straftat vorsehen, wenn diese Handlungen vorsätzlich, in gewerbsmäßigem Umfang und mit

---

336 *Europarat*, Explanatory Report to the Convention on Cybercrime v. 23. November 2001, Nr. 106.
337 *Spannbrucker* konkretisiert den Anwendungsbereich auf Kulturgüter. Patente, Marken und sonstige gewerbliche Erzeugnisse seien vom Übereinkommen ausgeschlossen. Vgl. *Spannbrucker*, Convention on Cybercrime, S. 113 f.
338 *Spannbrucker*, Convention on Cybercrime, S. 113.
339 *Europarat*, Explanatory Report to the Convention on Cybercrime v. 23. November 2001, Nr. 107.
340 Berner Übereinkunft zum Schutz von Werken der Literatur und Kunst v. 9. September 1886 in der Pariser Fassung v. 24. Juli 1971, BGBl. Teil II 1973 Nr. 44 S. 1069.
341 Übereinkommen über handelsbezogene Aspekte der Rechte des geistigen Eigentums (TRIPS) v. 15. April 1994, BGBl. Teil II 1994 Nr. 40 S. 1730.
342 WIPO-Urheberrechtsvertrag v. 20. Dezember 1996, BGBl. Teil II 2003 Nr. 20 S. 754.

Hilfe eines Computersystems begangen werden. Ein entsprechender Bezug auf völkerrechtliche Vereinbarungen wird auch im Zusammenhang mit der Verletzung verwandter Schutzrechte nach Art. 10 Abs. 2 des Übereinkommens vorgenommen.[343]

5. Weitere Formen der Verantwortlichkeit und Sanktionen

Gemäß Art. 11 Abs. 1 des Übereinkommens ist eine Strafbarkeit der vorsätzlichen Beihilfe und Anstiftung zur Begehung einer nach den in Art. 2 bis Art. 10 des Übereinkommens genannten Straftaten vorgesehen. Aufgrund des Vorsatzes als Tatbestandsmerkmal, werden all jene natürlichen und juristischen Personen vom Anwendungsbereich ausgeklammert, die die notwendigen technischen Möglichkeiten zur Verfügung stellen, indes aber über die strafbare Handlung unwissend sind. Das Übereinkommen bietet Internetdienstanbietern dahingehende Rechtssicherheit. Zudem statuiert das Übereinkommen keine Überwachungsverpflichtung gegenüber Internetdienstanbietern.[344]

Eine Strafbarkeit des Versuchs einer der in Art. 3, 4, 5, 7, 8, 9 Abs. 1 lit. a) und lit. c) des Übereinkommens genannten Straftaten ist fakultativ und liegt, gemäß Art. 11 Abs. 3 des Übereinkommens, im Ermessen der Vertragsstaaten. Wird die Versuchshandlung nicht unter Strafe gestellt, verbleibt lediglich Art. 6 des Übereinkommens als präventiver Schutzansatz.[345]

Art. 12 des Übereinkommens nimmt explizit juristische Personen in die Verantwortung, wenn eine natürliche Person zu Gunsten einer juristischen Person handelt. Allerdings muss die natürliche Person über eine höhere Entscheidungs- und Vertretungsbefugnis verfügen.

Art. 12 Abs. 3 des Übereinkommens überlässt es den Vertragsstaaten, ob sie Sanktionen straf-, zivil- oder verwaltungsrechtlicher Art vornehmen. Art. 13 Abs. 2 des Übereinkommens verlangt indes zwingend einen wirksamen, verhältnismäßigen und abschreckenden Sanktionsmechanismus.[346]

---

343 *Europarat*, Explanatory Report to the Convention on Cybercrime v. 23. November 2001, Nr. 110 ff.
344 *Magnin*, The 2001 Council of Europe Convention on cyber-crime, S. 64.
345 *Spannbrucker*, Convention on Cybercrime, S. 79.
346 Siehe auch *Magnin*, The 2001 Council of Europe Convention on cyber-crime, S. 65; *Spannbrucker*, Convention on Cybercrime, S. 129.

IV. Verfahrensrechtliche Bestimmungen

Abschnitt 2 des Kapitels II legt allgemeine und spezielle verfahrensrechtliche Bestimmungen fest und wendet sich den Herausforderungen der elektronischen Beweissicherung zu. Während die allgemeinen Bestimmungen den Geltungsbereich der verfahrensrechtlichen Bestimmungen (Art. 14), sowie Bedingungen und Garantien im Hinblick auf den Schutz der Menschenrechte (Art. 15) regeln, sehen die speziellen Bestimmungen die umgehende Sicherung gespeicherter Computerdaten und die Weitergabe von Verkehrsdaten (Art. 16 f.), die Anordnung der Herausgabe (Art. 18), die Möglichkeit der Durchsuchung und Beschlagnahme gespeicherter Computerdaten (Art. 19) und die Erhebung von Computerdaten in Echtzeit (Art. 20 f.) vor.

1. Allgemeine verfahrensrechtlichen Bestimmungen

Die Vertragsstaaten müssen, gemäß Art. 14 Abs. 1 des Übereinkommens, die erforderlichen gesetzgeberischen und anderen Maßnahmen ergreifen, um die Befugnisse und Verfahren zu schaffen, die für die Zwecke spezifischer strafrechtlicher Ermittlungen oder Verfahren nötig sind. Dies betrifft nach Art. 14 Abs. 2 lit. a) die in Art. 2 bis Art. 11 des Übereinkommens umschriebenen Straftaten, nach Art. 14 Abs. 2 lit. b) andere mittels eines Computersystems begangene Straftaten und nach Art. 14 Abs. 2 lit. c) die Erhebung von in elektrischer Form vorhandenem Beweismaterial für eine Straftat.

Art. 15 Abs. 1 des Übereinkommens verlangt, dass die Vertragsstaaten sicherstellen, dass für die Schaffung, Umsetzung und Anwendung der im Übereinkommen vorgesehen Befugnisse und Verfahren Bedingungen und Garantien ihres innerstaatlichen Rechts gelten, die einen angemessenen Schutz der Menschenrechte und Freiheiten vorsehen.

2. Spezielle verfahrensrechtliche Bestimmungen

a) Pflicht zur Sicherung gespeicherter Daten

Art. 16 und Art. 17 des Übereinkommens stellen maßgebliche Pfeiler im Rahmen der Angleichungsbestrebungen der Strafverfahrensrechte dar. Während Art. 16 des Übereinkommens die umgehende Sicherung gespeicherter Computerdaten per Anordnung durch die zuständigen Behörden ermöglichen soll, verlangt Art. 17 des Übereinkommens die Möglichkeit zur Anordnung der umgehenden Sicherung und der Weitergabe von Verkehrsdaten. Die Erhebung von Verkehrsdaten ist wesentliche Grundlage für die Rückverfolgung von Datentransfers.[347] Hierdurch kann die strafrechtliche Ermittlung im Zuge der Verbreitung von urheberrechtlich geschützten Inhalten, wie auch das Hochladen und die Weiterverbreitung von kinderpornographischem Material, maßgeblich erleichtert werden, da Verkehrsdaten grundsätzlich nur für einen kurzen Zeitraum gespeichert werden[348]. Die Ausgestaltung der Sicherungsmethode wird den Vertragsstaaten allerdings nicht vorgeschrieben.[349]

Art. 16 und Art. 17 des Übereinkommens beinhalten nicht die Pflicht zur Vorratsdatenspeicherung, sondern schließen diese explizit aus. Diese Abgrenzung nimmt der Europarat zudem ausdrücklich in seinem erläuternden Bericht vor, weil die Bezeichnungen „data preservation" (Datenbewahrung) und „data retention" (Vorratsdatenspeicherung) miteinander vermengt oder synonym verwendet werden würden. Während „data retention" die Vorratsdatenspeicherung umfasst, demnach die Speicherung von Daten während ihres Entstehungsprozesses und deren Speicherung für einen bestimmten Zeitraum in die Zukunft, meint „data preservation" die Speicherung von bereits bestehenden Daten, die gesichert werden müssen.[350]

b) Herausgabe, Durchsuchung und Beschlagnahme gespeicherter Daten

Die Strafverfahrensvorschriften in Art. 18 und Art. 19 des Übereinkommens beziehen sich konkret auf gespeicherte Daten. Während Art. 18 des Übereinkommens Maßnahmen enthält, die die Anordnung zur Herausgabe von Computer- und Bestandsdaten bei Internetdienstanbietern betref-

---

347 So *Clough*, Criminal Law Forum 2012, 363, 370. Zum Zweck der Maßnahme gem. Art. 16 und Art. 17 des Übereinkommens: *Spannbrucker*, Convention on Cybercrime, S. 155, 162.
348 *Europarat*, Explanatory Report to the Convention on Cybercrime v. 23. November 2001, Nr. 166.
349 *Europarat*, Explanatory Report to the Convention on Cybercrime v. 23. November 2001, Nr. 168.
350 *Europarat*, Explanatory Report to the Convention on Cybercrime v. 23. November 2001, Nr. 149 ff.

Kapitel 2: Maßnahmen des Europarats

fen, umfasst Art. 19 des Übereinkommens Maßnahmen, betreffend die Durchsuchung und Beschlagnahme gespeicherter Computerdaten.

Anstatt einer Zwangsmaßnahme gegenüber Dritten sollte den Strafverfolgungsbehörden die Möglichkeit gegeben sein, zumindest die Herausgabe von Bestandsdaten anzuordnen.[351] Gemäß Art. 18 Abs. 3 des Übereinkommens umfasst die Bezeichnung Bestandsdaten alle in Form von Computerdaten oder in anderer Form enthaltenden Informationen, die bei einem Dienstanbieter über Teilnehmer seiner Dienste vorliegen. Verkehrsdaten und inhaltsbezogene Daten werden explizit vom Anwendungsbereich ausgeklammert. Die Bedeutung der Vorschrift ist für Ermittlungs- und Strafverfolgungsbehörden erheblich, da Verdächtige leichter zu identifizieren sind, „indem Telefonnummern oder sonstige Kennungen mit persönlichen Daten zusammengeführt werden"[352] können. Der Umfang des Herausgabeanspruchs erstreckt sich auf die Art des genutzten Kommunikationsdienstes sowie die dafür getroffenen technischen Maßnahmen und die Dauer des Dienstes (Art. 18 Abs. 3 lit. a))[353], die Identität des Teilnehmers und weitere private Informationen, wie Anschrift und Telefonnummer (Art. 18 Abs. 3 lit. b)) und andere Informationen über den Ort, an dem sich die Kommunikationsanlage befindet (Art. 18 Abs. 3 lit. c)).

Art. 19 des Übereinkommens ist dahingehend bedeutsam, dass das nationale Strafverfahrensrecht modernisiert und angeglichen werden muss, indem die Ermächtigung zur Durchsuchung und Beschlagnahme von Computerdaten als unkörperlicher Gegenstand strafprozessual vorgesehen sein müssen.[354]

c) Erhebung von Verkehrsdaten und Inhaltsdaten

Art. 20 und Art. 21 des Übereinkommens umfassen die Möglichkeit der Echtzeiterhebung von Verkehrs- und Inhaltsdaten, was aufgrund der unbe-

---

351 *Europarat*, Explanatory Report to the Convention on Cybercrime v. 23. November 2001, Nr. 170. Hierzu auch *Spannbrucker*, Convention on Cybercrime, S. 169.
352 *Spannbrucker*, Convention on Cybercrime, S. 170.
353 Davon erfasst sind auch Information über den Gerätetyp, das für die Datenübertragung verwendet wurde sowie Informationen wie die E-Mail-Adresse. Siehe hierzu *Europarat*, Explanatory Report to the Convention on Cybercrime v. 23. November 2001, Nr. 178 f.
354 *Europarat*, Explanatory Report to the Convention on Cybercrime v. 23. November 2001, Nr. 184.

grenzt scheinenden Vorgaben des Übereinkommens auf Kritik gestoßen ist.[355] Anders als im Rahmen von Art. 16 bis Art. 19 des Übereinkommens, sind die Vertragsstaaten verpflichtet, die Speicherung durch Internetdienstanbieter und die Überwachung von zukünftigen Daten zugunsten der Ermittlungs- und Strafverfolgungsbehörden vorzusehen.[356] Art. 20 und Art. 21 des Übereinkommens sind in ihrem Wortlaut grundsätzlich deckungsgleich, unterscheiden sich jedoch dahingehend, als dass eine entsprechende Befugnis zur Erhebung von Inhaltsdaten in Echtzeit, gemäß Art. 21 des Übereinkommens, nur in Fällen schwerer Straftaten vorzusehen ist. Eine diesbezügliche Reduzierung nimmt Art. 20 des Übereinkommens nicht vor.

V. Zuständigkeit und Gerichtsbarkeit

Art. 22 des Übereinkommens befasst sich mit der Zuständigkeit und Gerichtsbarkeit für Fälle, der in Art. 2 bis Art. 11 des Übereinkommens niedergelegten Straftaten. Der Europarat tritt hiermit der Problematik entgegen, dass Handlungs- und Erfüllungsort im Zuge der transnationalen Dimension der Computerkriminalität auseinanderfallen. Die Vertragsstaaten haben eine entsprechende Gerichtsbarkeit für die Straftaten nach Art. 2 bis Art. 11 des Übereinkommens vorzusehen, wenn die Straftat in ihrem Hoheitsgebiet (Art. 22 Abs. 1 lit. a)), an Bord eines Schiffes, das die Flagge des jeweiligen Vertragsstaates führt (Art. 22 Abs. 1 lit. b)), an Bord eines Luftfahrzeugs, das nach dem Recht des Vertragsstaates eingetragen ist (Art. 22 Abs. 1 lit. c)) oder von einem ihrer Staatsangehörigen begangen wird (Art. 22 Abs. 1 lit. d)).[357] Sogleich ist es, gemäß Art. 22 Abs. 2 des Übereinkommens, fakultativ, ob die Vertragsstaaten ihre Zuständigkeit nach Art. 22 Abs. 1 lit. b) bis lit. d) des Übereinkommens vorsehen.

VI. Internationale Zusammenarbeit

Art. 25 bis Art. 35 des Übereinkommens sieht Kooperationsmechanismen vor, um den Straftaten nach Art. 2 bis Art. 11 des Übereinkommens durch

---

355 *Hilgendorf/Valerius*, Computer- und Internetstrafrecht, Rn. 124.
356 *Spannbrucker*, Convention on Cybercrime, S. 191.
357 *Europarat*, Explanatory Report to the Convention on Cybercrime v. 23. November 2001, Nr. 233 ff.

Kapitel 2: Maßnahmen des Europarats

eine verbesserte grenzüberschreitende Zusammenarbeit zwischen den Vertragsstaaten zu begegnen. Im ersten Abschnitt des Kapitels III werden allgemeine Bestimmungen vorangestellt, die die Grundsätze internationaler Zusammenarbeit (Art. 23), der Auslieferung (Art. 24) und der Rechtshilfe (Art. 25 ff.) statuieren. In einem zweiten Abschnitt werden sodann besondere Bestimmungen zur Rechtshilfe niedergelegt. Neben der Möglichkeit zur Anordnung einer umgehenden Sicherung von Computerdaten (Art. 29) und zur umgehenden Weitergabe gespeicherter Verkehrsdaten (Art. 30) müssen die Vertragsstaaten auch einen Vertragsstaat um Durchsuchung und Sicherstellung gespeicherter Computerdaten ersuchen können (Art. 31) und bedingt den grenzüberschreitenden Zugriff auf gespeicherte Computerdaten ermöglichen (Art. 32). Zudem müssen Vertragsstaaten einander Rechtshilfe bei der Erhebung von Verkehrsdaten (Art. 33) und Inhaltsdaten (Art. 34) leisten. Kapitel III schließt mit der Errichtung eines 24/7-Netzwerkes ab (Art. 35), um eine sofortige und effiziente Zusammenarbeit zwischen den Vertragsstaaten zu ermöglichen.

1. Grundsatz der Auslieferung

Gemäß Art. 24 Abs. 1 lit. a) des Übereinkommens ist eine Auslieferung zwischen den Vertragsstaaten nur dann möglich, wenn die betreffende Straftat nach Art. 2 bis Art. 11 des Übereinkommens in den jeweiligen Rechtsordnungen mit einer Freiheitsstrafe im Höchstmaß von mindestens einem Jahr sanktioniert wird oder zumindest eine schwere Straftat darstellt. Allerdings ist nach Art. 24 Abs. 1 lit. b) des Übereinkommens auch ein anderes Mindeststrafmaß aufgrund bilateraler oder multilateraler Auslieferungsabkommen möglich. Die Auslieferung selbst richtet sich grundsätzlich, gemäß Art. 24 Abs. 5 des Übereinkommens, nach dem Recht des Vertragsstaates, bei dem die Auslieferung ersucht wurde, oder nach etwaigen bilateralen oder multilateralen Auslieferungsverträgen dieser Vertragsstaaten. Art. 24 Abs. 6 des Übereinkommens eröffnet dem betreffenden Vertragsstaat zwei bedingte Möglichkeiten, das Auslieferungsersuchen abzuweisen. Zum einem kann nach Art. 24 Abs. 6, 1. Alt. des Übereinkommens der ersuchte Vertragsstaat eine Auslieferung ablehnen, wenn die betreffende Person die Staatsangehörigkeit des ersuchten Vertragsstaates aufweist. Zum anderen kann der Vertragsstaat, gemäß Art. 24 Abs. 6, 2. Alt. des Übereinkommens, das Auslieferungsersuchen ablehnen, wenn der Vertragsstaat seine Zuständigkeit erklärt. Jedoch wird der Vertragsstaat im Fall einer Verweigerung der Auslieferung stets die Bedingung auferlegt, dass dieser den Fall auch tatsächlich strafrecht verfolgt und dem ersuchenden Vertragsstaat über die Ergebnisse informiert. Die Ermittlungen sind dabei stets unter der Prämisse zu führen, dass diese im gleichen Maße und mit gleichen Anstrengungen durchgeführt werden, wie im Rahmen von vergleichbaren Straftaten.

2. Gegenseitige Rechtshilfe

Wie im Bereich der Auslieferung wird auch im Rahmen der gegenseitigen Rechtshilfe von den Vertragsstaaten gefordert, dass sie diese im größtmöglichen Umfang und mit allen Anstrengungen nachkommen. Das Übereinkommen gegen Computerkriminalität dient indes nicht dazu, bereits bestehende nationale Vorschriften zu ändern oder völkerrechtliche Vereinbarungen zu verdrängen, die Vorgaben zur Rechtshilfe allgemeiner Natur und Rechtshilfegrundsätze beinhalten. Es ist vielmehr als eine Ergänzung zu bestehenden Vorgaben der Rechtshilfe zu betrachten, die die fortwährende Technifizierung berücksichtigt. Art. 27 und Art. 28 des Übereinkommens sehen lediglich für solche Vertragsstaaten ‚neue' Verpflichtungen vor, die bisher kein völkerrechtliches Abkommen zur Rechtshilfe abgeschlossen haben. Für die vorliegende Untersuchung von Bedeutung sind die Verpflichtungen aus den Art. 29 ff. des Übereinkommens, die im Rahmen des Rechtshilfeverfahrens eine Berücksichtigung, beziehungsweise Anpassungen aufgrund neuer Gegebenheiten von Technifizierung und Digitalisierung verlangen.

a) Rechtshilfe bei vorläufigen Maßnahmen

Gemäß Art. 29 des Übereinkommens kann ein Vertragsstaat einen anderen Vertragsstaat um Anordnung der umgehenden Sicherung von Daten ersuchen, die in einem Computersystem gespeichert sind, das innerhalb des Hoheitsgebietes des ersuchten Vertragsstaates liegt. Eine Sicherung der Computerdaten hat, gemäß Art. 29 Abs. 7 des Übereinkommens, für mindestens 60 Tage zu erfolgen. Das Ersuchen wird grundsätzlich an formelle Gegebenheiten geknüpft, in dem es mehrere Punkte benennen muss. Das Ersuchen muss die Bezeichnung der ersuchenden Behörde (Art. 29 Abs. 2 lit. a)), die konkrete Straftat (Art. 29 Abs. 2 lit. b)), die gespeicherten Computerdaten, die zu sichern sind, als auch eine Darstellung des Zusammenhangs zwischen der Straftat und den angeforderten Daten (Art. 29 Abs. 2

Kapitel 2: Maßnahmen des Europarats

lit. c)), sämtliche verfügbaren Informationen zur Ermittlung des Verwahrers der gespeicherten Computerdaten oder des Standorts des Computersystems (Art. 29 Abs. 2 lit. d)) und eine Erläuterung zur Notwendigkeit der Datensicherung (Art. 29 Abs. 2 lit. e)) enthalten. Zudem muss bereits die Absicht erklärt werden, ein Rechtshilfeersuchen um Durchsuchung oder Zugriff, Beschlagnahme oder ähnliche Sicherstellung oder Weitergabe der gespeicherten Computerdaten zu stellen (Art. 29 Abs. 2 lit. f)). Gemäß Art. 29 Abs. 3 des Übereinkommens richtet sich die Sicherstellung der Computerdaten stets nach dem Recht des ersuchten Vertragsstaates. Anders als die Bestimmungen zur Auslieferung, die die Strafbarkeit in den betreffenden Vertragsstaaten voraussetzt, ist der Grundsatz der beiderseitigen Strafbarkeit für die umgehende Speicherung von Computerdaten im Rahmen der Rechtshilfe nicht vorgesehen. Dies stellt Art. 29 Abs. 3 S. 2 des Übereinkommens ausdrücklich klar. Setzt allerdings ein Vertragsstaat zwingend eine beiderseitige Strafbarkeit voraus, so kann der ersuchte Vertragsstaat das Ersuchen ablehnen. Dieser Ablehnungsgrund darf allerdings nicht in den Fällen der in Art. 2 bis Art. 11 des Übereinkommens gelisteten Straftaten Anwendung finden (Art. 29 Abs. 4). Dem wird wiederum dann eine Schranke gesetzt, wenn ein Vertragsstaat von den fakultativen Bestimmungen der Art. 9 Abs. 4, Art. 10 Abs. 3 und Art. 11 Abs. 3 des Übereinkommens Gebrauch gemacht hat.[358] Trotz der überaus einschränkenden Bestimmungen, wird die Voraussetzung des Grundsatzes der beiderseitigen Strafbarkeit im Rahmen der Anordnung zur Speicherung von Computerdaten kritisiert. Es sei demnach ein Trend im Völkerrecht vorhanden, wonach der Grundsatz zumindest im Rahmen der Speicherung von Computerdaten nicht mehr notwendig sein dürfte. Hierzu wird vorgebracht, dass die Voraussetzung der beiderseitigen Strafbarkeit zu einer unnötigen Zeitverzögerung aufgrund des bürokratischen Prozesses führe. Die Verzögerung gefährde wiederum den Erhalt des betreffenden Datensatzes, da er Löschungs- und Veränderungsvorgängen ausgesetzt ist, weshalb die Voraussetzung der beiderseitigen Strafbarkeit überdacht werden müsse.[359]

Des Weiteren kann ein Vertragsstaat das Ersuchen auch dann ablehnen, wenn es sich um eine politische oder eine damit im Zusammenhang ste-

---

358 *Europarat*, Explanatory Report to the Convention on Cybercrime v. 23. November 2001, Nr. 286. Die Wortwahl der "automatischen" beiderseitigen Strafbarkeit in den Fällen der Art. 2 bis Art. 11 des Übereinkommens geht damit zu weit. Eine Überprüfung durch nationale Behörden muss stets gegeben sein.
359 *Europarat*, Explanatory Report to the Convention on Cybercrime v. 23. November 2001, Nr. 285. Auch *Magnin*, The 2001 Council of Europe Convention on cyber-crime, S. 61 f.

hende Straftat handelt oder die staatliche Souveränität, Sicherheit, öffentliche Ordnung oder andere wesentliche Interessen im Rahmen des *ordre public* beeinträchtigt werden (Art. 29 Abs. 5).

Die Sicherung von Computerdaten umfasst ebenso Verkehrsdaten, die für Ermittlungsmaßnahmen unverzichtbar geworden sind. Art. 30 Abs. 1 des Übereinkommens sieht vor, dass in Fällen, in denen ein Internetdiensteanbieter mit Sitz in einem Drittstaat an der Übermittlung der Kommunikation beteiligt war, und der ersuchte Vertragsstaat in Kenntnis über diese Beteiligung ist, so hat dieser Vertragsstaat den ersuchenden Vertragsstaat hierüber zu informieren. Allerdings können auch in diesem Fall Vorbehalte aufgrund einer politischen Straftat und des *ordre public* (Art. 30 Abs. 2) vorgebracht werden.

b) Rechtshilfe in Bezug auf Ermittlungsbefugnisse

Gemäß Art. 31 des Übereinkommens kann ein Vertragsstaat einen anderen Vertragsstaat um Durchsuchung, Beschlagnahme und Weitergabe von Computerdaten ersuchen, die in einem Computersystem gespeichert sind, das sich im ersuchten Vertragsstaat befindet. Hierzu zählen auch Daten, die aufgrund eines Ersuchens um umgehende Speicherung von Computerdaten gemäß Art. 29 des Übereinkommens gesichert worden sind. Kritisiert wird, dass Art. 31 Abs. 2 des Übereinkommens einen Anwendungsvorrang einschlägiger völkerrechtlicher Vereinbarungen vorsieht. Dadurch könne es zu einer Zeitverzögerung kommen, wodurch die ersuchten Daten verändert oder gelöscht werden könnten. Das Bestreben nach einer schnelleren und effektiveren Zusammenarbeit könne hierdurch wertlos sein.[360] Dem steht indes Art. 31 Abs. 3 lit. a) des Übereinkommens entgegen, wonach ein unverzügliches Handeln des ersuchten Vertragsstaates erforderlich ist, wenn Gründe zur Annahme bestehen, dass eine besondere Gefahr des Verlusts oder der Veränderung der einschlägigen Daten besteht. Der Vorwurf des Verlusts der Effektivität des Übereinkommens läuft somit ins Leere.

Die Möglichkeit des grenzüberschreitenden Zugriffs auf Computerdaten wurde zwar von den Verfasserstaaten umfassend diskutiert, fand jedoch kein Einzug in das Übereinkommen. Zum einen fehle es den Behörden an einer diesbezüglichen Erfahrung. Zum anderen sei es überaus

---

[360] *Vatis*, in: The National Research Council (Hrsg.), Deterring Cyberattacks, S. 207 (216).

Kapitel 2: Maßnahmen des Europarats

schwierig, für konkrete Fälle ein abstraktes Reglement zu schaffen. Der grenzüberschreitende Zugriff auf gespeicherte Daten ist daher auf solche Daten beschränkt, die öffentlich zugänglich sind (Art. 32 lit. a)), oder, wenn eine Zustimmung des ersuchten Vertragsstaates für den grenzüberschreitenden Zugriff vorliegt (Art. 32 lit. b)). Diese Zustimmung kann bei der Person eingeholt werden, die rechtmäßig befugt ist, die Daten weiterzugeben. Dem Umstand geschuldet, dass keine allgemeine Regelung für den grenzüberschreitenden Datenzugriff gefunden werden konnte, sollten stets die Umstände des Einzelfalles berücksichtigt werden. Dieser Konsens entspricht den Befürwortern eines grenzüberschreitenden Zugriffs, aber auch den Gegnern, die sich gegen eine solche weitreichende Befugnis ausgesprochen haben.

Art. 33 des Übereinkommens betrifft die gegenseitige Rechtshilfe im Rahmen der Erhebung von Verkehrsdaten in Echtzeit. Verkehrsdaten stellen eine maßgebliche Komponente für Ermittlungs- und Strafverfolgungsbehörden dar[361], da aus ihnen „Bewegungsprofile" und „Kontakte zwischen Personen"[362] hergeleitet werden können. Die Speicherung von Verkehrsdaten sei zudem weniger eingriffsintensiv, als es bei einem Zugriff auf Inhaltsdaten der Fall sei.[363] Dennoch richtet sich die Rechtshilfe grundsätzlich nach dem Recht des ersuchten Vertragsstaates (Art. 33 Abs. 1). Die Rechtshilfe ist jedoch zwingend im Rahmen von Straftaten zu leisten, bei denen nach nationalem Recht die Erhebung von Verkehrsdaten in Echtzeit in einem gleichartigen inländischen Fall möglich ist (Art. 33 Abs. 2).

Im Rahmen der Möglichkeit zur Erhebung von Inhaltsdaten nach Art. 34 des Übereinkommens, wird die Sensibilität strafprozessualer Bestimmungen zur Datenerhebung deutlich. Art. 34 des Übereinkommens benennt zwar die Möglichkeit der Rechtshilfe zur Erhebung von Inhaltsdaten in Echtzeit, verbleibt aber bei einem asketischen Ansatz. Die Rechtshilfe richtet sich insoweit vollumfänglich nach dem Recht des ersuchten Vertragsstaates. Einen Vorbehalt, wie es nach Art. 33 des Übereinkommens vorgesehen ist, sieht Art. 34 des Übereinkommens nicht vor.

Zugunsten eines effizienteren grenzüberschreitenden Kommunikationsnetzes zwischen den Strafverfolgungsbehörden der Vertragsstaaten, sieht

---

361 *Europarat*, Explanatory Report to the Convention on Cybercrime v. 23. November 2001, Nr. 296.
362 So *Grafe*, Die Auskunftserteilung über Verkehrsdaten, S. 2.
363 *Europarat*, Explanatory Report to the Convention on Cybercrime v. 23. November 2001, Nr. 296.

Art. 35 des Übereinkommens eine zentrale Kontaktstelle in jedem Vertragsstaat vor. Die Kontaktstelle kann von den Vertragsstaaten neu errichtet werden oder diese Aufgabe wird auf eine bestehende Behörde übertragen. Die Kontaktstelle soll dabei rund um die Uhr für Anfragen der Ermittlungs- und Strafverfolgungsbehörden zur Verfügung stehen (24/7-Netzwerk). Als zentrale Kontaktstelle ist sie für die fachliche Beratung (Art. 35 Abs. 1 lit. a)), für die Sicherung von Computerdaten und der Weitergabe von Verkehrsdaten (Art. 35 Abs. 1 lit. b)) sowie für die Erhebung von Beweismaterial, Erteilen von Rechtsauskünften[364] und Fahnung verdächtiger Personen (Art. 35 Abs. 1 lit. c)) zuständig. Das Übereinkommen verlangt demnach die Errichtung einer Behörde mit Ermittlungsbefugnissen innerhalb des nationalen Verwaltungsapparates, wenn dieser Aufgabenbereich aufgrund der Spezifika nicht von einer bestehenden nationalen Behörde übernommen werden kann.[365] Ziel ist es direkte Informationskanäle zu schaffen (Art. 35 Abs. 2), um die Zusammenarbeit effizienter zu gestalten. Die zentrale Kontaktstelle muss nebem qualifizierten Personal mit Fremdsprachenkenntnissen[366] über geeignetes IT-Equipment verfügen (Art. 35 Abs. 3). Die Idee des 24/7-Netzwerks geht auf das Model der G8-Staaten zurück, das bereits im Jahr 2001 auf 20 Staaten erweitert wurde.[367]

VII. Schlussbestimmungen

Das Übereinkommen stand allen Staaten zur Unterzeichnung offen, die sich an der Entstehung des Übereinkommens beteiligt haben sowie allen Mitgliedern des Europarats (Art. 36 Abs. 1). Interessierte Staaten, die nicht am Entstehungsprozess beteiligt waren, müssen indes eine einstimmige Einladung des Ministerkomitees des Europarates abwarten. Der Beschluss zur Aufnahme erfolgt allerdings lediglich mit einer zwei Drittel-Mehrheit

---

364 Rechtsauskünfte meint hier Informationen über Rechtsvorschriften für die informelle und formelle Zusammenarbeit, vgl. *Europarat*, Explanatory Report to the Convention on Cybercrime v. 23. November 2001, Nr. 299.
365 So auch *Europarat*, Explanatory Report to the Convention on Cybercrime v. 23. November 2001, Nr. 300.
366 *Europarat*, Explanatory Report to the Convention on Cybercrime v. 23. November 2001, Nr. 302.
367 *Vatis*, in: The National Research Council (Hrsg.), Deterring Cyberattacks, S. 207 (217). Zudem betont *Vatis*, dass die Einbettung des Netzwerkes in das Übereinkommen vor allem auf die Bestrebungen der Vereinigten Staaten zurückzuführen ist (S. 207 (207 f. Fn. 5)).

Kapitel 2: Maßnahmen des Europarats

des Ministerkomitees, verlangt aber die Einstimmigkeit der Vertragsstaaten, die einen Anspruch auf einen Sitz im Ministerkomitee innehaben (Art. 37 Abs. 1 S. 2).[368]

VIII. Kritik

Obwohl das Übereinkommen gegen Computerkriminalität in 61 Staaten ratifiziert worden ist, mangelt es dem Übereinkommen an Durchsetzungs-

---

368 Auf Grundlage von Art. 46 des Übereinkommens wurde ein Expertenkomitee (sog. T-CY) errichtet, dass die Entwicklungen im Bereich der Computerkriminalität beobachtet, die Umsetzung und Anwendung des Übereinkommens in den Vertragsstaaten bewertet und notwendige Reformvorschläge unterbreitet. Siehe *Europarat*, Explanatory Report to the Convention on Cybercrime v. 23. November 2001, Nr. 327 und auch *Walter*, in: Schmahl/Breuer (Hrsg.), The Council of Europe, S. 685 Rn. 29.64. Zudem hat das Komitee mehrere Leitlinien erlassen, die die Anwendung des Übereinkommens veranschaulichen. Vgl. *Europarat*, T-CY Guidance Note #1, T-CY (2012)21 v. 5. Dezember 2012 (zum Begriff Computersystem); *Europarat*, T-CY Guidance Note #2, T-CY (2013) 6E Rev v. 5. Juni 2013 (zum Begriff Botnetz); *Europarat*, T-CY Guidance Note #3, T-CY (2013)7 E v. 3. Dezember 2014 (zum grenzüberschreitenden Zugriff auf Computerdaten); *Europarat*, T-CY Guidance Note #4, T-CY (2013)8E Rev v. 5. Juni 2013 (zum Identitätsdiebstahl und zur Anwendung des Übereinkommens im Zusammenhang mit Betrugsdelikten); *Europarat*, T-CY Guidance Note #5, T-CY (2013)10E Rev v. 5. Juni 2013 (zur Anwendung von DDoS-Attacken); *Europarat*, T-CY Guidance Note #6, T-CY (2013)11E Rev v. 5. Juni 2013 (zur Bedeutung des Übereinkommens im Hinblick auf den Schutz der kritischen Infrastrukturnetze); *Europarat*, T-CY Guidance Note #7, T-CY (2013)12E Rev v. 5. Juni 2013 (zur Berücksichtigung von Schadprogrammen); *Europarat*, T-CY Guidance Note #8, T-CY (2014)20 v. 3. Dezember 2014 (zur Berücksichtigung von Spam); *Europarat*, T-CY Guidance Note #10, T-CY (2015)16 v. 1. März 2017 (zur Anordnung der Herausgabe von Nutzerinformationen – auch im Zusammenhang mit der Möglichkeit des cloud computing. Hierzu bereits *Seger*, in: Biasiotti/Bonnici/Cannataci/Turchi (Hrsg.), Handling and exchanging electronic evidence across Europe, S. 35 (35 ff.), im Zusammenhang mit der „Cloud Evidence Group", vgl. *Europarat*, T-CY (2016)5 v. 16. September 2016, S. 4. Seit November 2011 besteht zudem eine Expertengruppe für Fragen des grenzüberschreitenden Datenzugriffs, vgl. *Europarat*, T-CY (2014)16 v. 3. Dezember 2014, S. 3; *Europarat*, T-CY (2013)14 v. 9. April 2013, S. 3; *Europarat*, T-CY (2013)30 v. 5. November 2013, S. 5, 13). Die Arbeiten an einem Zusatzprotokoll zugunsten eines grenzüberschreitenden Datenzugriffs wurden indes eingestellt, siehe *Osula*, Masaryk University Journal of Law and Technology 2015, 42, 56); *Europarat*, T-CY Guidance Note #11, T-CY(2016)11 v. 15. November 2016 (zur möglichen Einstufung der Handlungen als terroristische Straftat).

kraft, da das Übereinkommen keinerlei Sanktionsmechanismen für vertragsbrüchige Staaten vorsieht.

Art. 45 Abs. 1 des Übereinkommens fordert von den Vertragsstaaten lediglich, den CDPC über etwaige Anwendungen und Auslegungen des Übereinkommens zu informieren. Eine etwaige Rügeobliegenheit kann dem Übereinkommen nicht entnommen werden. Im Fall einer Streitigkeit zwischen den Vertragsstaaten über die Auslegung und Anwendung des Übereinkommens haben sich die Vertragsparteien zu bemühen, die Streitigkeit durch Verhandlungen oder andere friedliche Mittel ihrer Wahl beizulegen. Hierfür kann der CDPC, ein Schiedsgericht oder auch der Internationale Gerichtshof eingebunden werden. Jedoch sieht das Übereinkommen keinerlei Bestimmungen vor, was geschieht, wenn ein Vertragsstaat von der Möglichkeit zur Streitbeilegung nach Art. 45 Abs. 2 des Übereinkommens absieht.[369] Aufgrund des fehlenden Sanktionsreglements wird von einem „symbolischen" Vertrag gesprochen[370]. Russland als Mitglied des Europarates verweigert bis heute den Beitritt zu dem Übereinkommen, was vor allem auf die Möglichkeit des grenzüberschreitenden Zugriffs auf Computersysteme zurückgeführt wird. Obwohl das Übereinkommen einen solchen Zugriff nur mit Zustimmung des ersuchten Vertragsstaates vorsieht, stuft Russland dies als Bruch ihrer staatlichen Souveränität ein.[371] Allerdings wird auch die Ansicht vertreten, dass Russland stets den Vertragsbeitritt vermieden hat, um dem Grundsatz der Zusammenarbeit von vornherein zu umgehen und somit zu verschleiern, dass eine Vielzahl von Cyberangriffen ihren Ursprung im russischen Hoheitsgebiet haben.[372] Dieser Vorwurf wird auch gegenüber China ausgesprochen.[373] Neben der Kritik, dass das Übereinkommen grundlegend auf europäische Staaten zugeschnitten sei, handele es sich bei den Unterzeichnern nicht um die „Problemstaaten" als Quelle der Computerkriminalität[374], sondern vielmehr

---

369 *Vatis*, in: The National Research Council (Hrsg.), Deterring Cyberattacks, S. 207 (217 f.).
370 *Marion*, International Journal of Cyber Criminology 2010, 699, 702.
371 *Vatis*, in: The National Research Council (Hrsg.), Deterring Cyberattacks, S. 207 (218).
372 Jedoch ohne literarischen Nachweis und spekulativ: *Vatis*, in: The National Research Council (Hrsg.), Deterring Cyberattacks, S. 207 (218). So allerdings auch *Hansel*, Internationale Beziehungen im Cyberspace, S. 194.
373 *Vatis*, in: The National Research Council (Hrsg.), Deterring Cyberattacks, S. 207 (220).
374 *Marion*, International Journal of Cyber Criminology 2010, 699, 704; *Sinrod/Reilly*, Santa Clara High Technology Law Journal 2000, 177, 179 ("safe haven" countries).

Kapitel 2: Maßnahmen des Europarats

um solche Staaten, die vermehrt geographisches Ziel von Cyberangriffen sind und entsprechend über steigende Schadensfälle klagen. Die unterschiedliche Betroffenheit ruft die Interessensdivergenzen hervor, die internationale, effiziente Kooperation und das Völkerrecht schwierig gestalten lassen.[375] Neben dem grundsätzlichen Problem der Interessensdivergenzen ist stets ein Kritikpunkt der Mangel an Durchsetzungs- und Sanktionsmechanismen gegenüber brüchigen Vertragsstaaten. Zudem sei das Übereinkommen nicht zukunftsorientiert und hätte lediglich symbolischen Wert.[376] Dennoch gilt das Übereinkommen als Fortschritt, nicht nur im Kampf gegen Computerkriminalität, sondern auch für den globalisierenden Prozess im Hinblick auf das Strafrecht und die Notwendigkeit internationaler Kooperation allgemein. Trotz der Kritik einzelner Staaten und NGOs[377] stellt das Übereinkommen ein grundlegendes und umfassendes Rechtsinstrument dar, das wegweisend ist. Zudem ist es das einzige Übereinkommen im Kampf gegen Computerkriminalität, dass von 61 Staaten ratifiziert worden ist. Dem Übereinkommen kommt daher ein Alleinstellungsmerkmal zu. Die Angleichungsmaßnahmen umfassen neben Definitionen und Handlungsarten der Computerkriminalität[378] verfahrensrechtliche Bestimmungen für eine effektivere Zusammenarbeit, die der Technologisierung und Digitalisierung Rechnung tragen. Die Ausnahmebestimmungen im Bereich der gegenseitigen Rechtshilfe entsprechen der staatlichen Souveränität und dem *ordre public*.

---

375 *Hansel*, Internationale Beziehungen im Cyberspace, S. 194 f.
376 Umfassend kritisch *Marion*, International Journal of Cyber Criminology 2010, 699, 702. Trotz der angenommenen symbolischen Betrachtung, sieht *Marion* eine fürsprechende Wirkung aufgrund des Alleinstellungsmerkmals des Übereinkommens. Für die Bevölkerung entstehe so der Eindruck, dass Regierungen handeln und sich mit den Gefahren der Computerkriminalität auseinandersetzen („reassurance function").
377 Siehe *Magnin*, The 2001 Council of Europe Convention on cyber-crime, S. 57 f.; *Marion*, International Journal of Cyber Criminology 2010, 699, 704 f.; *Paulson*, CyberCrime Treaty, S. 4.
378 *Vatis* kritisiert zudem, dass das Übereinkommen sich nicht mit dem Cyberkrieg zwischen den Staaten befasst und keinerlei Bestimmungen zum militärischen Einsatz von Informationstechnik enthält. Siehe dazu *Vatis*, in: The National Research Council (Hrsg.), Deterring Cyberattacks, S. 207 (220).

IX. Umsetzungsprogramme

Mit dem Ziel einer effektiven Umsetzung des Übereinkommens ist das „Global Action on Cybercrime"-Projekt (sog. GLACY-Programm) entstanden. Es handelte sich um ein Kooperationsprogramm zwischen dem Europarat und der Europäischen Union, die die Vertragsstaaten bei der Implementierung und Umsetzung des Übereinkommens berieten und unterstützten. Das Projekt lief allerdings zum 31. Oktober 2016 aus.[379]

Bei Cybercrime@Octopus handelt es sich um ein Projekt des Europarats. Das Projekt knüpft an die unterstützende Tätigkeit von GLACY an. Darüber hinaus werden die Vertragsstaaten bei der Entwicklung von entsprechenden Datenschutzreglements unterstützt. Das Projekt endet zum 31. Dezember 2019.[380]

X. Zusatzprotokoll gegen Rassismus und Fremdenfeindlichkeit

Das Zusatzprotokoll betreffend die Kriminalisierung mittels Computersysteme begangener Handlungen rassistischer und fremdenfeindlicher Art[381] flankiert das Übereinkommen gegen Computerkriminalität als völkerrechtliches Instrument. Die darin enthaltenen strafbaren Handlungen erweitern den Strafbarkeitskatalog der inhaltsbezogenen Straftat, die bis dato auf den Deliktsbereich der Kinderpornographie beschränkt war. Ziel des Zusatzprotokolls ist es, eine umfassende Pönalisierung der Hassrede im Internet in den Vertragsstaaten umzusetzen. Es sei einerseits bewusst, dass rassistische und fremdenfeindliche Propaganda mehrheitlich in den Vertragsstaaten unter Strafe steht, doch verlangen die Möglichkeiten des Internets eine Angleichung einschlägiger Bestimmungen.[382] Es sei daher

---

379 Siehe *Europarat*, Global Action on Cybercrime. Abrufbar unter: https://www.co e.int/en/web/cybercrime/glacy (zuletzt abgerufen am 15. Juni 2020).
380 Siehe *Europarat*, Global Project Cybercrime@Octopus. Abrufbar unter: https://w ww.coe.int/en/web/cybercrime/cybercrime-octopus (zuletzt abgerufen am 15. Juni 2020).
381 Zusatzprotokoll zum Übereinkommen über Computerkriminalität betreffend die Kriminalisierung mittels Computersysteme begangener Handlungen rassistischer und fremdenfeindlicher Art v. 28. Januar 2003, SEV Nr. 189.
382 Zu den Vorbehalten einiger Vertragsstaaten aufgrund der verfassungs- und völkerrechtlich konstituierten Meinungsfreiheit: *Europarat*, Explanatory report to the additional protocol to the Convention on Cybercrime, concerning the criminalisation of acts of a racist and xenophobic nature committed through computer systems v. 28. Januar 2003, Nr. 4. In der Literatur auch *Hilgendorf/Valerius*,

geboten den Nutzen der Computertechnik, im Rahmen der in Art. 3 bis Art. 6 des Zusatzprotokolls genannten strafbaren Handlungen zu berücksichtigen.[383]

Art. 2 Abs. 1 des Zusatzprotokolls definiert rassistisches und fremdenfeindliches Material als „jedes schriftliche Material, jedes Bild oder jede andere Darstellung von Ideen oder Theorien, das, -beziehungsweise die-, Hass, Diskriminierung oder Gewalt aufgrund der Rasse, der Hautfarbe, der Abstammung, der nationalen oder ethnischen Herkunft oder der Religion [...] gegen eine Person oder eine Personengruppe befürwortet oder fördert oder dazu aufstachelt". In Kapitel II (Art. 3 - Art. 7) des Zusatzprotokolls werden entsprechende Handlungen kriminalisiert. Der Handlungskatalog umfasst die Verbreitung von rassistischem und fremdenfeindlichem Material (Art. 3), die rassistisch und fremdenfeindlich motivierte Drohung (Art. 4) und Beleidigung (Art. 5), die Leugnung, grobe Verharmlosung, Billigung oder Rechtfertigung von Völkermord oder Verbrechen gegen die Menschlichkeit (Art. 6), als auch die Beihilfe und Anstiftung einer der Straftaten nach Art. 3 bis Art. 6 des Zusatzprotokolls (Art. 7).

B. Übereinkommen zum Schutz des Kindes

Im Oktober 2007 verabschiedete der Europarat das Übereinkommen zum Schutz von Kindern vor sexueller Ausbeutung und sexuellem Missbrauch (Lanzarote-Übereinkommen), das auf bereits verabschiedete und geschlossene völkerrechtliche, europäische und unionsrechtliche Maßnahmen zurückgreift[384]. Der Europarat weist auf die intensivierte Nutzung von Informations- und Kommunikationstechnologien zum Zwecke der sexuellen Ausbeutung von Kindern hin, die zu einer massiven Ausbreitung jedweder Form sexueller Ausbeutung geführt hat. Das Übereinkommen zielt vordergründig auf eine Angleichung des materiellen Strafrechts ab. Hierzu zählen unter anderem der sexuelle Missbrauch (Art. 18), Straftaten im Zusammenhang mit Kinderprostitution (Art. 19), Kinderpornographie (Art. 20, 21) und die Kontaktanbahnung zu einem Kind mit der Absicht des sexuellen Missbrauchs (Art. 23).

Computer- und Internetstrafrecht, Rn. 369; *Hong*, in: Albers/Katsivelas (Hrsg.), Recht und Netz, S. 59 (63). Ausführlich zum Diskurs *Rorive*, Cardozo Journal of International and Comparative Law 2009, 417, 417 ff.
383 SEV Nr. 189, S. 1 f.
384 SEV Nr. 201, S. 1 f.

I. Kinderpornographie

Art. 20 des Übereinkommens sieht eine umfassende Strafbarkeit innerhalb des Deliktsbereichs der Kinderpornographie vor. Anders als Art. 9 des Übereinkommens über Computerkriminalität, zielt Art. 20 des Übereinkommens nicht konsequent auf eine Berücksichtigung von Informations- und Kommunikationstechnologien ab. Im Hinblick auf die Zielsetzung des Übereinkommens wird ein grundsätzlicher und umfassender Pönalisierungsansatz bezweckt.[385] Unter Kinderpornographie ist jedes Material mit der bildlichen Darstellung eines Kindes bei wirklichen oder simulierten eindeutig sexuellen Handlungen, oder jede Abbildung der Geschlechtsteile eines Kindes zu vorwiegend sexuellen Zwecken gemeint (Art. 20 Abs. 2). Die Fiktivpornographie ist somit ausdrücklich vom Anwendungsbereich des Übereinkommens umfasst.

Im Hinblick auf die virtuelle, beziehungsweise computergenerierte Kinderpornographie mangelt es Art. 20 des Übereinkommens indes an Rechtsklarheit. Während die Definition aus Art. 20 Abs. 2 des Übereinkommens die Real- und Fiktivkinderpornographie ausdrücklich nennt und daher eine Ausklammerung der virtuellen Kinderpornographie angenommen werden kann, nennt Art. 20 Abs. 3, 1. Gedankenstrich des Übereinkommens die „wirklichkeitsnahe" Kinderpornographie. Art. 20 Abs. 3 des Übereinkommens statuiert das Recht der Vertragsstaaten, die Vorgaben zur Pönalisierung der Herstellung und des Besitzes von kinderpornographischem Material nicht anzuwenden, das „ausschließlich simulierte Darstellungen oder wirklichkeitsnahe Abbildungen eines nicht existierenden Kindes enthält". Letztere Phrase wiederum weist auf die Möglichkeit der Strafbarkeit der virtuellen Kinderpornographie hin. Es stellt sich daher die Frage, ob eine Strafbarkeit der in Art. 20 Abs. 1 des Übereinkommens genannten Handlungsformen unter Berücksichtigung der Fakultativklausel gemäß Art. 20 Abs. 3 des Übereinkommens, auch für die virtuelle Kinderpornographie vorzusehen ist.

Die Ausführungen des Europrats in dessen erläuternden Bericht sprechen für eine Pönalisierung der virtuellen Kinderpornographie, was allerdings ebenfalls im Kontext von Art. 20 Abs. 3 des Übereinkommens erörtert wird. Grundsätzlich ist es den Vertragsstaaten überlassen, ob sie derartiges kinderpornographisches Material kriminalisieren, doch müssten sie

---

[385] Vgl. *Europarat*, Explanatory report to the Council of Europe Convention on the protection of children against sexual exploitation and sexual abuse v. 25. Oktober 2007, Nr. 133.

Kapitel 2: Maßnahmen des Europarats

zwingend den technologischen Fortschritt berücksichtigen, der die Herstellung von real wirkender Kinderpornographie ermöglicht.[386] Aufgrund der Kommentierung des Europarats, der Zielsetzung des Übereinkommens und unter Berücksichtigung von Art. 20 Abs. 3 des Übereinkommens, ist die Definition gemäß Art. 20 Abs. 2 des Übereinkommens zu kurz. Der Katalog strafbarer Handlungen in Art. 20 Abs. 1 des Übereinkommens muss entsprechend erweitert ausgelegt und umgesetzt werden.

Trotz vereinzelter, fakultativer Vorgaben geht das Lanzarote-Übereinkommen über Art. 9 des Übereinkommens gegen Computerkriminalität hinaus. Art. 9 Abs. 4 des Übereinkommens gegen Computerkriminalität enthält einen überaus weiten Umsetzungsrahmen, indem bereits der sachliche Anwendungsbereich von den Vertragsstaaten auf die Realkinderpornographie reduziert werden kann. Denn es ist dort bereits grundsätzlich den Vertragsstaaten überlassen, ob sie die fiktive und virtuelle Kinderpornographie als kinderpornographisch definieren (Art. 9 Abs. 4 i. V. m. Art. 9 Abs. 2 lit. b), c)). Art. 20 Abs. 3 des Lanzarote-Übereinkommens sieht ein obligatorisches, gemeinsames Verständnis der Kinderpornographie vor, wozu auch die fiktive und virtuelle Kinderpornographie zählen. Eine diesbezügliche fakultative Strafbarkeit konkretisiert sich lediglich auf die Handlungsformen der Herstellung und des Besitzes.

Der Deliktsbereich umfasst die Herstellung (Art. 20 Abs. 1 lit. a)), das Anbieten und Verfügbarmachen (Art. 20 Abs. 1 lit. b)), die Verbreitung (Art. 20 Abs. 1 lit. c)), Beschaffung für sich selbst oder einen anderen (Art. 20 Abs. 1 lit. d)), den Besitz (Art. 20 Abs. 1 lit. e)) und wissentlichen Zugriff auf Kinderpornographie mit Hilfe der Informations- und Kommunikationstechnologien (Art. 20 Abs. 1 lit. f)). Die Strafbarkeit des Zugriffs mit Hilfe der Informations- und Kommunikationstechnologien stellt im Hinblick auf das Fakultativprotokoll der Vereinten Nationen[387] als auch gegenüber dem Übereinkommen gegen Computerkriminalität eine Neuerung dar. Jedoch handelt es sich hierbei lediglich um eine fakultative Vorgabe gemäß Art. 20 Abs. 4 des Übereinkommens, was auf Vorbehalte der Mitglieder des Europarats zurückzuführen ist.[388]

---

386 *Europarat*, Explanatory report to the Council of Europe Convention on the protection of children against sexual exploitation and sexual abuse v. 25. Oktober 2007, Nr. 144.

387 Vgl. Art. 3 Abs. 1 lit. b) des Fakultativprotokolls der Vereinten Nationen und Art. 9 Abs. 1 des Übereinkommens gegen Computerkriminalität.

388 Siehe *Europarat*, Explanatory report to the Council of Europe Convention on the protection of children against sexual exploitation and sexual abuse v. 25. Oktober 2007, Nr. 145.

Während der Handlungskatalog, mit Ausnahme des Zugriffs, aus Art. 9 Abs. 1 des Übereinkommens gegen Computerkriminalität in Art. 20 Abs. 1 Lanzarote-Übereinkommen übertragen worden ist, unterscheiden die Vorgaben sich dahingehend, dass den Vertragsstaaten kein Umsetzungsspielraum hinsichtlich des Beschaffens und des Besitzes von Kinderpornographie offeriert wird.[389]

Im Zusammenhang mit der Strafbarkeit der Anstiftung, Beihilfe und des Versuchs hat sich der Europarat grundsätzlich an den Vorgaben des Übereinkommens gegen Computerkriminalität orientiert. Die Strafbarkeit der Anstiftung und Beihilfe im Zusammenhang mit sämtlichen in Art. 20 Abs. 1 des Übereinkommens aufgelisteten Handlungen, ist vollumfänglich durch die Vertragsstaaten vorzusehen. Die obligatorischen Vorgaben gemäß Art. 24 i. V. m. Art. 20 Abs. 1 des Lanzarote-Übereinkommens sind dahingehend deckungsgleich mit den Vorgaben gemäß Art. 11 Abs. 1 i. V. m. Art. 9 Abs. 1 des Übereinkommens gegen Computerkriminalität.

Anders verhält es sich indes hinsichtlich der Versuchsstrafbarkeit. Während das Übereinkommen gegen Computerkriminalität es noch den Vertragsstaaten überließ, ob sie eine Strafbarkeit des Versuchs der Herstellung und Verbreitung oder Übermittlung von Kinderpornographie vorsehen, ist Art. 24 Abs. 2 i. V. m. Art. 20 Abs. 1 lit. b), c) des Lanzarote-Übereinkommens als zwingende Vorgabe ausgestaltet. Die fakultativen Vorgaben wurden auf das Anbieten oder Verfügbarmachen, Beschaffen, den Besitz und Zugriff von Kinderpornographie reduziert.

II. Cybergrooming

Mit dem Übereinkommen wurde das Cybergrooming erstmalig in einer völkerrechtlichen Vereinbarung als strafbare Handlung niedergelegt. Gemäß Art. 23 des Übereinkommens sind alle Handlungen unter Strafe zu stellen, bei denen ein Erwachsener, unter Zuhilfenahme der Informations- und Kommunikationstechnologien, sich mit einem Kind verabredet, um sexuelle Handlungen an dem Kind vorzunehmen (Art. 18 Abs. 1 lit. a)) oder das Kind zur Herstellung von Kinderpornographie missbraucht (Art. 20 Abs. 1 lit. a)). Wie bereits erwähnt, zielt die Kommunikation auf den sukzessiven Aufbau eines Vertrauensverhältnisses zwischen Täter und

---

389 Wie bereits erwähnt, sieht Art. 9 Abs. 4 des Übereinkommens gegen Computerkriminalität eine fakultative Umsetzung bezüglich der Strafbarkeit des Beschaffens und des Besitzes von Kinderpornographie vor.

Opfer ab. Diesem Umstand hat sich der Europarat dahingehend angenommen, als dass im Hinblick auf eine Strafbarkeit, die Kommunikation keiner sexuellen Komponente bedarf.[390] Die Bezeichnung Informations- und Kommunikationstechnologien umfasst alle Möglichkeiten der technischen Kommunikation, wie beispielsweise Chat-Rooms, Spiel-Websites[391], soziale Medien als auch Telefonie[392]. Ziel des Europarats ist es, bereits das Verhalten vor dem sexuellen Missbrauch zu bestrafen.[393] Die Voraussetzung der zum Treffen hinführenden Tathandlung ist allerdings unpräzise. Art. 23 des Übereinkommens verlangt eine vorsätzliche und eine auf ein Treffen hinführende konkrete Handlung. Für eine Tatbestandserfüllung einer vorsätzlichen Handlung genügt das bloße Chatten mit einem Kind einerseits nicht, ein tatsächliches stattfindendes Treffen von Opfer und Täter soll indes nicht notwendig sein.[394] Zudem muss ein konkreter Zweck der Verabredung zwischen dem Erwachsenen und dem betroffenen Kind vorliegen[395], weshalb Art. 23 des Übereinkommens ausdrücklich auf die Missbrauchshandlungen in Art. 18 Abs. 1 lit. a) und in Art. 20 Abs. 1 lit. a) des Übereinkommens verweist.

---

390 Im Rahmen der deutschen Strafrechtsänderung: *Eisele*, in: Hilgendorf/Rengier (Hrsg.), FS Heinz, S. 697 (704) m. V. a. BT-Drs. 15/350, S. 18; *Esser*, in: Hornung/Müller-Terpitz (Hrsg.), Rhdb. Social Media, S. 203 (Rn. 116);
391 *Europarat*, Explanatory report to the Council of Europe Convention on the protection of children against sexual exploitation and sexual abuse v. 25. Oktober 2007, Nr. 155.
392 *Esser*, in: Hornung/Müller-Terpitz (Hrsg.), Rhdb. Social Media, S. 203 (Rn. 114 f.); MüKoStGB/*Renzikowski*, § 176 Rn. 43.
393 Siehe auch MüKoStGB/*Renzikowski*, § 176 Rn. 41.
394 Siehe *Europarat*, Explanatory report to the Council of Europe Convention on the protection of children against sexual exploitation and sexual abuse v. 25. Oktober 2007, Nr. 160.
395 *Europarat*, Explanatory report to the Council of Europe Convention on the protection of children against sexual exploitation and sexual abuse v. 25. Oktober 2007, Nr. 157.

Kapitel 3: Maßnahmen der Europäischen Union

A. *Europäisierung des Strafrechts*

I. Einführung

Zu Beginn der 1990er Jahre stellte der damalige Präsident des Bundeskriminalamts fest, dass Europa eine grenzenlose Möglichkeit für alle Facetten der Kriminalität darstelle.[396] Auf der einen Seite stehe die Freizügigkeit und offene Grenzen zugunsten des freien Verkehrs von Waren, Dienstleistungen, Personen und Kapital innerhalb des europäischen Binnenmarkts. Andererseits komme es zu einer „Zunahme transnationaler Kriminalität", was wiederum durch „technische, wirtschaftliche und politische Veränderungen gefördert"[397] werde. Es galt, eine gemeinsame Strategie im Rahmen einer gemeinsamen europäischen Kriminalpolitik festzulegen, die sich der Problematik der Zunahme transnationaler (organisierter) Kriminalität[398] annahm[399] und die Kriminalitätsbekämpfung als „gesamtgesellschaftliche Aufgabe"[400] betrachtete. Mit der Eingliederung der Justiz- und Innenpolitik (ZBJI), in Form einer intergouvernementalen Zusammenarbeit als „dritte Säule" in die Rechtsstruktur des Vertrags von Maastricht, wurde die notwendige primärrechtliche Grundlage für ein gemeinsames Vorgehen geschaffen.[401]

Die Schaffung eines Raums der Freiheit, der Sicherheit und des Rechts (RFSR) wurde als Unionsziel in ex. Art. 2, 4. Spiegelstrich EUV (Vertrag von Amsterdam) verankert. Hierauf aufbauend folgte eine Einbettung der polizeilichen und justiziellen Zusammenarbeit in Strafsachen (PJZS) in ex. Art. 29 EUV. Mit Inkrafttreten des Vertrags von Lissabon wurde die Säu-

---

396 *Zachert*, in: Sieber (Hrsg.), Europäische Einigung und Europäisches Strafrecht, S. 61 (76).
397 Siehe *Sieber*, in: Sieber/Satzger/Heintschel-Heinegg (Hrsg.), Europäisches Strafrecht, Einführung Rn. 205.
398 Umfassend *Hecker*, ZIS 2016, 467, 467 ff.; *Zachert*, in: Sieber (Hrsg.), Europäische Einigung und Europäisches Strafrecht, S. 61 (68 ff.) und S. 81 (81 ff.).
399 Hierzu *Hecker*, Europäisches Strafrecht, § 1 Rn. 32, 34.
400 *Zachert*, in: Sieber (Hrsg.), Europäische Einigung und Europäisches Strafrecht, S. 61 (76).
401 Siehe hierzu Calliess/Ruffert/*Suhr*, Art. 67 AEUV Rn. 8 f.

Kapitel 3: Maßnahmen der Europäischen Union

lenstruktur aufgelöst. Seither unterliegt der Bereich der PJZS dem „supranational geprägten Regime"[402], wodurch eine Wandlung von einer beratenden Tätigkeit in die Möglichkeit des hierarchischen Eingreifens hinsichtlich der polizeilichen und justiziellen Zusammenarbeit in Strafsachen erfolgt ist.

II. Vertrag von Maastricht

Mit dem Vertrag von Maastricht wurde die Europäische Union zum übergeordneten Verbund, worunter sich die Europäische Gemeinschaft, die gemeinsame Außen- und Sicherheitspolitik (GASP) und die ZBJI gliederten (sog. „Drei-Säulen-Modell"). Der Intergouvernementalismus in den Bereichen Justiz und Inneres wurde als letzter verbliebener Lösungsansatz für das „mitgliedstaatliche Dilemma" zwischen der Notwendigkeit gemeinsamen Handelns[403] und dem „Souveränitätsreflex"[404] der Mitgliedstaaten gewertet, der jedoch grundsätzlich auf Formalismus beruhte[405]. Ausgewählte Bereiche wie Immigration, Drogensucht, grenzüberschreitender Betrug und Zollangelegenheiten galten als gemeinsames Interesse (ex. Art. K.1 EUV), wofür dem Rat die Handlungsinstrumente der gemeinsamen Standpunkte, gemeinsamer Maßnahmen und Übereinkommen zur Verfügung standen (ex. Art. K.3 Abs. 2 EUV). In Folge erließ der Rat gemeinsame Maßnahmen im Kampf gegen den Menschenhandel und der sexuellen Ausbeutung von Kindern[406], gegen Rassismus und Xenophobie[407] als auch gegen Drogensucht und den illegalen Drogenhandel[408]. Den Maßnahmen fehlte es indes an einer effektiven Wirkung aufgrund fehlender Durchsetzungsmechanismen, wie sie bereits im Gemeinschaftsrecht etabliert waren.

---

402 Calliess/Ruffert/*Suhr*, Art. 67 AEUV Rn. 39.
403 *Hecker*, Europäisches Strafrecht, § 5 Rn. 54.
404 *Tekin*, integration 2017, 263, 269.
405 *Knelangen*, in: Aden (Hrsg.), Police Cooperation in the European Union under the Treaty of Lisbon, S. 135 (135).
406 Gemeinsame Maßnahme 97/154/JI v. 24. Februar 1997 des Rates betreffend die Bekämpfung des Menschenhandels und der sexuellen Ausbeutung von Kindern, ABl. EG L 063/2 v. 1. August 2002.
407 Gemeinsame Maßnahme 96/443/JI v. 15. Juli 1996 des Rates betreffend die Bekämpfung von Rassismus und Fremdenfeindlichkeit, ABl. EG L 185/5 v. 24. Juli 1996.
408 Gemeinsame Maßnahme 96/750/JI v. 17. Dezember 1996 des Rates betreffend die Bekämpfung der Drogenabhängigkeit und zur Verhütung und Bekämpfung des illegalen Drogenhandels, ABl. EG L 342/6 v. 31. Dezember 1996.

Zudem wurden Übereinkommen als „schwerfällig" eingestuft, da sie eines langwierigen Rafizierungsprozesses bedurften.[409] Die Mitwirkungsrechte europäischer Institutionen blieben indes weit hinter dem gemeinschaftsrechtlichen Standard zurück.[410] Während der Europäischen Kommission innerhalb der ZBJI partiell ein konkurrierendes Initiativrecht gemäß ex. Art. K.3 Abs. 1 EUV zugesprochen wurde[411], hatte das Europäischen Parlaments lediglich ein Anhörungsrecht gemäß ex. Art. K.6 EUV inne.[412]

III. Vertrag von Amsterdam

Im Zuge des Reformvertrags von Amsterdam im Jahr 1999 sollten die europäischen Institutionen auf den damaligen bevorstehenden Beitritt der mittel- und osteuropäischen Staaten vorbereitet werden. Die weitreichendsten Änderungen erfolgten durch die Teilung der dritten Säule. Aus der engen Verknüpfung zwischen der Vertiefung eines Wirtschaftsbinnenmarkts und dem Schengen-Abkommen, wurden ausgewählte Politbereiche wie Asyl und Einwanderung durch die Verschiebung in ex. Art. Art. 61 bis 69 EGV vergemeinschaftet.[413] Allerdings wurden zugunsten einzelner Mitgliedstaaten Sonderregelungen vereinbart, was den seit dem Vertrag von Maastricht bestehenden Vorwurf der differenzierten Integration untermauerte und darüber hinaus zu einer „Verfestigung [jener] differenzierten Integration" geführt hat[414].

Die Schaffung eines RFSR wurde mit dem Vertrag von Amsterdam als Unionsziel gemäß ex. Art. 2, 4. Spiegelstrich EUV konstituiert und galt nunmehr als „fundamentales Integrationsziel"[415]. Der vorherige Bereich der ZBJI wurde in „Polizeiliche und justizielle Zusammenarbeit in Strafsa-

---

409 So Calliess/Ruffert/*Suhr*, Art. 67 AEUV Rn. 9.
410 *Gänswein*, Der Grundsatz unionsrechtskonformer Auslegung nationalen Rechts, S. 120.
411 Der Europäischen Kommission kam im Bereich polizeilicher und justizieller Zusammenarbeit in Strafsachen und Zollwesen kein Initiativrecht zu.
412 *Gänswein*, Der Grundsatz unionsrechtskonformer Auslegung nationalen Rechts, S. 120 f.; Calliess/Ruffert/*Suhr*, Art. 67 AEUV Rn. 9; *Tekin*, integration 2017, 263, 269
413 *Gibbs*, European Law Journal 2011, 121, 123 ff.; *Müller-Graff*, intergration 1997, 271, 273; Calliess/Ruffert/*Suhr*, Art. 67 AEUV Rn. 10.
414 Umfassend *Tekin*, integration 2017, 263, 270. Darauf hinweisend Calliess/Ruffert/*Suhr*, Art. 67 AEUV Rn. 10, 12. Kritisch *Müller-Graff*, intergration 1997, 271, 275.
415 *Monar*, integration 2002, 171, 171.

Kapitel 3: Maßnahmen der Europäischen Union

chen" umbenannt und als Teil VI (ex. Art. 29 bis 42 EUV) im Vertrag über die Europäische Union niedergelegt. Obwohl auch weiterhin der Grundsatz des Intergouvernementalismus Bestand hatte, folgte eine Erweiterung dahingehend, dass die Mitgliedstaaten sich bereit erklärten, bestimmten Kriminalitätsformen gemeinsam zu begegnen. Das Ziel, einen Raum der Freiheit, der Sicherheit und des Rechts zu schaffen, könne nur eine gemeinsame Verhütung und Bekämpfung der organisierten oder nicht organisierten Kriminalität, insbesondere des Terrorismus[416], des Menschenhandels und der Straftaten gegenüber Kindern, des illegalen Drogen- und Waffenhandels, der Bestechung und Bestechlichkeit sowie des Betrugs erfolgen (ex. Art. 29 Abs. 2 EUV). Neben einer engeren Zusammenarbeit der Ermittlungs- und Strafverfolgungsbehörden (ex. Art. 29 Abs. 2, 1. und 2. Spiegelstrich EUV), wurde ebenso eine Annäherung der Strafvorschriften der Mitgliedstaaten in den Bereichen der organisierten Kriminalität, des Terrorismus und illegalen Drogenhandels vorgesehen (ex. Art. 29 UAbs. 2, 3. Spiegelstrich i. V. m. ex. Art. 31 lit. e) EUV).[417]

Die vom Rat erlassenen Rahmenbeschlüsse richteten sich gegen den Drogenhandel[418], Falschgelddelikte[419], Geldwäsche[420], Menschenhan-

---

416 Umfassend hierzu *Monar*, integration 2002, 171, 172 ff.
417 Hierzu *Harding*, European Law Journal 2000, 128, 128; *De Hert*, in: Apap (Hrsg.), Justice and Home Affairs in the EU, S. 55 (80); *Summers/Schwarzenegger/Ege/Young*, The Emergence of EU Criminal Law, S. 7 f.
418 Rahmenbeschluss 2004/757/JI v. 25. Oktober 2004 zur Festlegung von Mindestvorschriften über die Tatbestandsmerkmale strafbarer Handlungen und die Strafen im Bereich des illegalen Drogenhandels, ABl. EG L 335/8 v. 11. November 2004.
419 Rahmenbeschluss 2000/383/JI v. 29. Mai 2000 über die Verstärkung des mit strafrechtlichen und anderen Sanktionen bewehrten Schutzes gegen Geldfälschung im Hinblick auf die Einführung des Euro, ABl. EG L 140/1 v. 14. Juni 2000; Rahmenbeschluss 2001/888/JI v. 6. Dezember 2001 zur Änderung des Rahmenbeschlusses 2000/383/JI über die Verstärkung des mit strafrechtlichen und anderen Sanktionen bewehrten Schutzes gegen Geldfälschung im Hinblick auf die Einführung des Euro, ABl. EG L 329/3 v. 14. Dezember 2001; Rahmenbeschluss 2001/413/JI v. 28. Mai 2001 zur Bekämpfung von Betrug und Fälschung im Zusammenhang mit unbaren Zahlungsmitteln, ABl. EG L 149/1 v. 2 Juni 2001.
420 Rahmenbeschluss 2001/500/JI v. 26. Juni 2001 über Geldwäsche sowie Ermittlung, Einfrieren, Beschlagnahme und Einziehung von Tatwerkzeugen und Erträgen aus Straftaten, ABl. EG L 182/1 v. 5 Juli 2001.

del[421], Schleuserkriminalität[422], organisierte Kriminalität[423], Kinderpornographie[424], Terrorismus[425], Computerkriminalität[426], sowie gegen Rassismus und Fremdenfeindlichkeit[427]. Die Ausdehnung führte dazu, dass die demokratische Legitimität in Frage gestellt und der Mangel justizieller Kontrollmöglichkeiten gerügt wurde.[428] Andererseits hätte die Kompetenzerweiterung durch systematische Auslegung begründbar sein können. Demnach impliziere die Phrase „schließt ein:" zu Beginn von ex. Art 31 EUV eine beispielhafte Nennung der Kriminalitätsbereiche[429]. Hierbei wird übersehen, dass sich die Phrase auf das gemeinsame Vorgehen im Bereich der justiziellen Zusammenarbeit in Strafsachen bezieht, was in ex. Art. 31 lit. a – d) EUV niedergelegt war. Eine systematische Herangehensweise wird dahingehend abgelehnt. Hieraus resultiert wiederum die Überlegung, dass ex. Art. 31 lit. e) EUV als zweiter Unterabsatz hätte statuiert werden müssen, da der Titel, „justizielle Zusammenarbeit" nicht zur materiell-strafrechtlichen Angleichungskompetenz passt. Es wurde von einem

---

421 Rahmenbeschluss 2002/629/JI v. 19. Juli 2002 zur Bekämpfung des Menschenhandels, ABl. EG L 203/1 v. 1. August 2002. Interessanterweise greift der Rat in seiner Argumentation für dessen Ermächtigung auf das Verlangen des Europäischen Parlaments hin. Siehe dazu Erwägungsgrund Nr. 1. Zudem wird auch nur minder ein Bezug zur organisierten Kriminalität hergestellt (Erwägungsgrund Nr. 8).
422 Rahmenbeschluss 2002/946/JI v. 28. November 2002 betreffend die Verstärkung des strafrechtlichen Rahmens für die Bekämpfung der Beihilfe zur unerlaubten Ein- und Durchreise und zum unerlaubten Aufenthalt, ABl. EG L 328/1 v. 5. Dezember 2002.
423 Rahmenbeschluss 2008/841/JI v. 24. Oktober 2008 zur Bekämpfung der organisierten Kriminalität, ABl. EG L 300/42 v. 11. November 2008.
424 Rahmenbeschluss 2004/68/JI des Rates v. 22. Dezember 2003 zur Bekämpfung der sexuellen Ausbeutung von Kindern und zur Bekämpfung der Kinderpornographie, ABl. EG L 13/44 v. 20. Januar 2004.
425 Rahmenbeschluss 2002/475/JI v. 13 Juni 2002 zur Terrorismusbekämpfung, ABl. EG L 164/3 v. 22. Juni 2002; Rahmenbeschluss 2008/919/JI v. 28. November 2008 zur Änderung des Rahmenbeschlusses 2002/475/JI zur Terrorismusbekämpfung, ABl. EG L 330/21 v. 9. Dezember 2008.
426 Rahmenbeschluss 2005/222/JI v. 24. Februar 2005 über Angriffe auf Informationssysteme, ABl. EG L 69/67 v. 16. März 2005.
427 Rahmenbeschluss 2008/913/JI v. 28. November 2008 zur strafrechtlichen Bekämpfung bestimmter Formen und Ausdrucksweisen von Rassismus und Fremdenfeindlichkeit, ABl. EG L 328/55 v. 6. Dezember 2008.
428 Grabitz/Hilf/Nettesheim/*Vogel/Eisele*, Art. 83 AEUV Rn. 5.
429 Vgl. *Hecker*, Europäisches Strafrecht, § 11 Rn. 2; *Lorenzmeier*, ZIS 2006, 576, 576.

„missglückt[en]"[430] Wortlaut und einem „Redaktionsfehler"[431] ausgegangen. Die Kompetenzausdehnung wurde daher auch für konform im Hinblick auf die Zielsetzung und der beispielhaften Aufzählung der Kriminalitätsbereiche in ex. Art. 29 UAbs. 2 EUV erachtet.[432] Letzteres würde die Ausführungen des Europäischen Rats untermauern, wonach eine Angleichung nationaler Strafvorschriften, über die in ex. Art. 31 lit. f) EUV genannten Bereiche möglich sei.[433] Kein Raum bleibt für die Ansicht, dass der Erlass zahlreicher Rahmenbeschlüsse auf die politische Ummantelung der dritten Säule zurückzuführen war. Letzteres hätte dazu geführt, dass der Rat den Grundsatz der begrenzten Einzelermächtigung zugunsten des Integrationsprozesses außen vorließ und Rahmenbeschlüsse *ad hoc*, je nach Aktualität einer bestimmten Kriminalitätsform, verabschiedete.[434] Erschwerend kam hinzu, dass der Rat nur gelegentlich auf die Verknüpfungen zwischen dem Terrorismus, der organisierten Kriminalität und dem jeweiligen Kriminalitätsbereich, dem mit dem Rahmenbeschluss begegnet werden sollte, hinwies.[435] Teilweise wurde gänzlich auf eine dahingehende Begründung verzichtet und dennoch ex. Art. 31 lit. f) EUV als primärrechtliche Handlungsgrundlage zitiert.[436] Wies der Rat auf die Verknüpfung hin, wurde das Ziel der gemeinsamen Bekämpfung des Terrorismus und der organisierten Kriminalität wiederum als „trojanisches Pferd" betrachtet, um die Kompetenzerweiterung zu begründen.[437]

---

430 *Hecker*, Europäisches Strafrecht, § 11 Rn. 2; *ders.*, JA 2007, 561, 565 f.
431 *Heger*, ZIS 2009, 406, 412; *Lorenzmeier*, ZIS 2006, 576, 576.
432 Zustimmend, aber zurückhaltend: *Hecker*, Europäisches Strafrecht, § 11 Rn. 2; *Heger*, ZIS 2009, 406, 412. Die Diskussion zusammenfassend *Calliess*, ZEuS 2008, 3, 12 f. und *Suhr*, ZEuS 2008, 45, 54 f.
433 *Europäischer Rat*, Schlussfolgerungen des Vorsitzes des Europäischen Rats in Tampere, SN 200/99 v. 15./16. Oktober 1999, Abschnitt C. IX Nr. 48.
434 Vgl. *Geiger*, Auswirkungen europäischer Strafrechtsharmonisierung auf nationaler Ebene, S. 200.
435 Bspw. ABl. EG L 69/67 v. 16. März 2005, Erwägungsgrund Nr. 5 (Begründung: Bekämpfung des Terrorismus und organisierter Kriminalität); ABl. EG L 13/44 v. 20. Januar 2004, Erwägungsgrund Nr. 9 (Begründung: „Unterstützung" bisheriger Maßnahmen gegen die organisierte Kriminalität); ABl. EG L 149/1 v. 2 Juni 2001, Erwägungsgrund Nr. 3 (Begründung: Bekämpfung der organisierten Kriminalität), wobei der Rahmenbeschluss nicht einmal ex. Art. 31 lit. f) EUV nennt, sondern auf ex. Art. 34 Abs. 2 lit. b) EUV verweist.
436 Bspw. ABl. EG L 140/1 v. 14. Juni 2000; ABl. EG L 328/55 v. 6. Dezember 2008.
437 Siehe auch *Braum*, ZIS 2009, 418, 421 mit Bezug auf die in Art. 83 Abs. 1 AEUV genannten Kriminalitätsbereiche. Vgl. *Meyer*, Strafrechtsgenese in Internationalen Organisationen, S. 427.

Neben der Angleichungsermächtigung wurde eine Stärkung polizeilicher Zusammenarbeit zwischen den Mitgliedstaaten (ex. Art. 29 UAbs. 2, 1. Spiegelstrich EUV) als auch der Kapazitäts- und Kompetenzausbau von Europol (ex. Art. 29 UAbs. 2, 1. Spiegelstrich i. V. m. ex. Art. 30 EUV) angestrebt.

Wie auch Europol als zentraler Knotenpunkt für nationale Polizeibehörden dient, sollte eine Einrichtung zum Zweck der effizienteren justiziellen Zusammenarbeit geschaffen werden. Auf dem Treffen von Tampere im Oktober 1999 wurde sodann durch den Europäischen Rat die Einrichtung von Eurojust beschlossen.[438]

Der Reformprozess macht das Umdenken der Mitgliedstaaten deutlich, dass rein nationales (polizeiliches) Agieren gegen (organisierte) Kriminalität als Mitglied des europäischen Integrationsprozesses auf dem Fundament eines Binnenmarktes nicht bestehen kann. Während ex. Art. 31 lit. e) EUV eine schrittweise Strafrechtsangleichung vorsah, wurden ebenso institutionelle Maßnahmen hinsichtlich der Errichtung von Eurojust und des Ausbaus von Europol ergriffen. Diese Ansätze wurden flankiert von ex. Art. 31 lit. a – d) EUV, die eine effizientere Rechtshilfe und Auslieferung vorsahen. Die PJZS baute demnach auf drei Säulen auf: institutioneller Kapazitätsausbau, effiziente Rechtshilfe und Harmonisierung. Diese drei Säulen waren allerdings keiner strengen Parallelität unterworfen, sondern griffen zugunsten einer gemeinsamen europäischen Kriminalpolitik ineinander und erlassene Maßnahmen wirkten ergänzend.

1. Rahmenbeschluss

Bis zum Vertrag von Lissabon existierten vier Handlungsmöglichkeiten innerhalb der PJZS. Diese umfassten gemeinsame Standpunkte (ex. Art. 34 Abs. 2 lit. a) EUV), Beschlüsse (ex. Art. 34 Abs. 2 lit. c) EUV), Übereinkommen (ex. Art. 34 Abs. 2 lit. d) EUV) und Rahmenbeschlüsse (ex. Art. 34 Abs. 2 lit. b) EUV). Das zentrale Handlungsinstrument im Bereich der PJZS stellte der Rahmenbeschluss dar[439], der der Angleichung von Rechts- und Verwaltungsvorschriften der Mitgliedstaaten diente und an die Handlungsform der Richtlinie angelehnt war.[440] Dem Rahmenbeschluss fehlte

---

438 *Europäischer Rat*, Schlussfolgerungen des Vorsitzes des Europäischen Rats in Tampere, SN 200/99 v. 15./16. Oktober 1999, Abschnitt C. IX Nr. 46.
439 Umfassend zum Rahmenbeschluss: *Schönberger*, ZaöRV 2007, 1107, 1107 ff.
440 *Lorenzmeier*, ZIS 2006, 576, 577; *Müller-Graff*, intergration 1997, 271, 279.

Kapitel 3: Maßnahmen der Europäischen Union

es ausdrücklich an einer unmittelbaren Wirkung, doch war er hinsichtlich des zu erreichenden Ziels verbindlich (ex. Art. 34 Abs. 2 S. 2 f. EUV). Der Rahmenbeschluss bedurfte keiner Zustimmung der nationalen Parlamente[441] und das Europäische Parlament hatte lediglich Anhörungsrechte inne, was den Vorwurf mangelnder demokratischer Legitimität erschwerte[442]. Zudem war in Folge einer unzureichenden Umsetzung kein Vertragsverletzungsverfahren vorgesehen, was die Schwäche des Rechtsinstruments darstellte.[443] Trotz der explizit ausgeschlossenen unmittelbaren Wirkung, verlangte der EuGH in der Entscheidung *Maria Pupino*, dass nationale Behörden und Gerichte rahmenbeschlusskonform handeln müssen[444]. Art. 9 Protokoll Nr. 36[445] über die Übergangsbestimmungen zum Vertrag von Lissabon sieht vor, dass bereits erlassene Rahmenbeschlüsse ihre Wirksamkeit beibehalten, bis sie durch den EuGH für nichtig erklärt oder durch die europäischen Institutionen geändert oder aufgehoben werden.

2. Computerkriminalität

Bereits vor Inkrafttreten des Vertrages von Lissabon deuteten erste Maßnahmen darauf hin, dass sich die Europäische Union verstärkt der gemeinsamen Bekämpfung der Computerkriminalität zuwenden würde. In dem Aktionsplan zur bestmöglichen Umsetzung der Bestimmungen des Amsterdamer Vertrages sollte die Bekämpfung der „Internetkriminalität" durch Harmonisierungsmaßnahmen möglich werden.[446] In den Schlussfolgerungen von Tampere sprach sich der Europäische Rat für eine Anglei-

---

441 *Summers/Schwarzenegger/Ege/Young*, The Emergence of EU Criminal Law, S. 9.
442 *Herlin-Karnell*, Amsterdam Law Forum 2013, 95, 96; *Suhr*, ZEuS 2009, 687, 691; *Zimmermann*, JURA 2009, 844, 844.
443 *Lazowski*, in: Weyembergh/Santamaria (Hrsg.), The evaluation of European criminal law, S. 285 (299); *Müller-Graff*, intergration 1997, 271, 279; *Obokata*, Common Market Law Review 2011, 801, 808.
444 EuGH, *Maria Pupino*, Rs. C-105/03, Slg. 2005, I-5309 Rn. 34, 43. Hierzu *Adam*, EuZW 2005, 558, 559 ff.; *Schönberger*, ZaöRV 2007, 1107, 1108 ff.
445 Konsolidierte Fassung des Vertrages über die Arbeitsweise der Europäischen Union – Protokolle – Protokoll (Nr. 36) über die Übergangsbestimmungen, ABl. EU C 326/322 v. 26. Oktober 2012.
446 Aktionsplan des Rates und der Kommission zur bestmöglichen Umsetzung der Bestimmungen des Amsterdamer Vertrages über den Aufbau eines Raums der Freiheit, der Sicherheit und des Rechts, ABl. EG C 19/1 v. 23. Januar 1999, Nr. 46.

chung des materiellen Strafrechts im Bereich der „High-Tech-Kriminalität" aus.[447] Obwohl es an einer primärrechtlichen Handlungsgrundlage fehlte, indem die Bekämpfung der Computerkriminalität weder in ex. Art. 29 UAbs. 2 EUV noch in ex. Art. 31 lit. e) EUV kompetenzrechtlich vorgesehen war, wurde der Rahmenbeschluss 2005/222/JI über Angriffe auf Informationssysteme ausdrücklich auf Grundlage von ex. Art. 31 lit. e) EUV erlassen. Eine Rechtfertigung fiel abermals kurz aus, indem lediglich auf eine notwendige, effektive Bekämpfung des Terrorismus und der organisierten Kriminalität hingewiesen wurde.[448] Eine konkrete Darlegung diesbezüglicher Verflechtungen nahm der Rat allerdings nicht vor.

IV. Vertrag von Lissabon

1. Grundsätzliche Änderungen

Die Gewährleistung eines Raums der Freiheit, der Sicherheit und des Rechts wurde mit dem Vertrag von Lissabon als Ziel der Europäischen Union in Art. 3 Abs. 2 EUV statuiert und nehme seither eine „zentrale Position im weiteren Verlauf der Integration"[449] ein. Es folgte eine Auflösung der Drei-Säulen-Struktur, wodurch der intergouvernemental geprägte Bereich der PJZS supranationalisiert wurde.[450] Die Zuständigkeit teilt sich die Europäische Union mit den Mitgliedstaaten gemäß Art. 4 Abs. 2 lit. j) AEUV. Der RFSR wurde im Bereich der internen Politiken und Maßnahmen (Dritter Teil AEUV) als Titel V AEUV eingefügt und verschmelzt die früheren Bereiche „Visa, Asyl, Einwanderung und andere Politiken des freien Personenverkehrs" (ex. Titel IV EGV) und den dritten Pfeiler „Polizeiliche und Justizielle Zusammenarbeit in Strafsachen" (ex. Titel VI EUV, nunmehr Art. 67 – 89 AEUV).

Rechtsakte der PJZS haben Bestand, bis sie durch einen anderen Rechtsakt ersetzt, aufgehoben oder geändert werden (Art. 9 Protokoll Nr. 36). Letzteres bedeutete aber auch, dass die fehlende unmittelbare Wirkung des Rahmenbeschlusses weiterhin Bestand haben sollte[451], dennoch aber auf

---

447 *Europäischer Rat*, Schlussfolgerungen des Vorsitzes des Europäischen Rats in Tampere, SN 200/99 v. 15./16. Oktober 1999, Abschnitt C. IX Nr. 48.
448 ABl. EG L 69/67 v. 16. März 2005, Erwägungsgrund Nr. 5.
449 Grabitz/Hilf/Nettesheim/*Terhechte*, Art. 3 EUV Rn. 33.
450 Hierzu *Hecker*, in: Ambos (Hrsg.), Europäisches Strafrecht post-Lissabon, S. 13 (13 ff.).
451 *Peers*, EU Justice and Home Affairs Law, S. 63.

Kapitel 3: Maßnahmen der Europäischen Union

Grundlage der Entscheidung *Maria Pupino* Rahmenbeschlüsse ‚rahmenbeschlusskonform' angewandt werden mussten[452]. Gemäß Art. 10 Abs. 1, 3 Protokoll Nr. 36 entzogen sich die Rahmenbeschlüsse bis Dezember 2014 dem Vertragsverletzungsverfahren und der Obhut der Europäischen Kommission.[453] Kam es indes zu einer Änderung eines Rahmenbeschlusses, erhielten die europäischen Institutionen vollumfänglich ihre Ermächtigungen auch vor Ablauf der Übergangsfrist (Art. 10 Abs. 2 Protokoll Nr. 36).

Das Europäische Parlament ist nunmehr an den strafrechtlichen Angleichungsmaßnahmen im Zuge des ordentlichen Gesetzgebungsverfahren nach Art. 83 Abs. 1 AEUV beteiligt und verfügt über eine Klagebefugnis gemäß Art. 263 Abs. 2 AEUV. Nach Art. 69 AEUV i. V. m. Art. 6 Protokoll Nr. 2[454] kommt den nationalen Parlamenten die Möglichkeit der Subsidiaritätsrüge zu[455]. Die Europäische Kommission hat umfassende Anhörungen vorzunehmen (Art. 2 Protokoll Nr. 2). Wurde der in Frage stehende Gesetzesakt dennoch erlassen, kann ein nationales Parlament die eigene Regierung auffordern, eine Subsidiaritätsklage gemäß Art. 8 Protokoll Nr. 2 i. V. m. Art. 263 AEUV einzureichen. Die Subsidiaritätsrüge und die

---

452 *Satzger*, in: Sieber/Satzger/Heintschel-Heinegg (Hrsg.), Europäisches Strafrecht, § 9 Rn. 65.
453 Hierzu auch *Zimmermann*, JURA 2009, 844, 844.
454 Konsolidierte Fassung des Vertrages über die Arbeitsweise der Europäischen Union – Protokolle – Protokoll (Nr. 2) über die Anwendung der Grundsätze der Subsidiarität und der Verhältnismäßigkeit, ABl. EU C 326/206 v. 26. Oktober 2012. Der Vergleich zwischen dem Protokoll Nr. 2 zum Vertrag von Lissabon und dem ehemaligen Protokoll Nr. 30 zum Vertrag zur Gründung der Europäischen Gemeinschaft (ABl. EU C 321 E/308 v. 29. Dezember 2006) zeigt indes deutliche Differenzen im Hinblick auf konkrete Vorgaben zum Subsidiaritätsprinzip. Während Nr. 5 Protokoll noch eine Leitlinie vorgab, die bei der Prüfung des Subsidiaritätsprinzips beachtet werden musste, fehlt es an einer solchen Leitlinie in Protokoll Nr. 2 zum Vertrag von Lissabon gänzlich. Nach Nr. 5 Protokoll Nr. 30 musste der in Frage stehende Bereich transnationale Aspekte aufweisen, das Fehlen einer gemeinsamen Maßnahme gegen die Anforderungen des EGV verstoßen oder sonstige Interessen erheblich beeinträchtigen und es musste hinterfragt werden, ob die Maßnahme erhebliche Vorteile für die Mitgliedstaaten mit sich bringt. Siehe *Albin*, NVwZ 2006, 629, 631. Es wird daher vorgeschlagen, die Leitlinien aus dem Protokoll Nr. 30 zum EGV heranzuziehen. Siehe Streinz/*ders.*, Art. 5 EUV Rn. 28 m. V. a. Lenz/Borchardt/*Langguth*, Art. 5 EUV Rn. 21. Überaus kritisch, da von einer Reduzierung der Vorgaben auf prozedurale Bedingungen („Entmaterialisierung") ausgegangen wird: *Calliess*/Ruffert, Art. 5 EUV Rn. 25.
455 Calliess/Ruffert/*Suhr*, Art. 69 AEUV Rn. 5 f.

Subsidiaritätsklage gewährleisten daher *ex ante-* und *ex post*-Kontrollmöglichkeiten zugunsten nationaler Parlamente.[456]

Art. 2 Protokoll Nr. 2 verlangt, dass die Europäische Kommission noch vor ihrem Legislativvorschlag eine entsprechende Anhörung vornehmen muss. Die Sensibilität des Politbereichs RFSR zeigt sich in weiteren Bestimmungen[457], wie beispielsweise in Art. 67 Abs. 1 AEUV und dem in Art. 72 AEUV niedergelegten *ordre public*-Vorbehalt[458]. Obwohl die Supranationalisierung der PJZS die Notwendigkeit der Angleichung strafrechtlicher Bestimmungen deutlich macht, müssen die Grundrechte und die verschiedenen Rechtsordnungen der Mitgliedstaaten und ihre Traditionen und Wertvorstellungen geachtet werden[459]. Zudem zeige sich bereits im Primärrecht ein „strafrechtlicher Schonungsgrundsatz", der sich aus Art. 4 Abs. 2, Abs. 3 UAbs. 1 EUV ableiten lasse.[460] Strafrechtsangleichung kann auch nach dem Vertrag von Lissabon kein Selbstläufer sein. Vielmehr müsse eine klare europäische Kriminalpolitik dargelegt werden, in deren Rahmen Sekundärrecht erlassen wird.[461] Von dem überaus weitgehenden Vorwurf, dass der Vertrag von Lissabon zu einer „teilweise [...] Entleerung mitgliedstaatlicher Strafrechtssetzungskompetenz" geführt hat[462], ist jedoch abzusehen.

Der restriktive Ansatz zeigt sich auch in der Kompetenzübertragung zugunsten des EuGH.[463] Gemäß Art. 276 AEUV erstrecken sich die Befugnisse des EuGH nicht auf die Überprüfung der Gültigkeit oder Verhältnismäßigkeit von Maßnahmen der Polizei oder anderer Strafverfolgungsbehörden eines Mitgliedstaats oder der Wahrnehmung der Zuständigkeiten der

---

456 So Schwarze/Hatje/Schoo/Becker/*Lienbacher*, Art. 5 EUV Rn. 34. Ausführlich hierzu *Bickenbach*, EuR 2013, 523, 524 ff.
457 Streinz/*Weiß*/*Satzger*, Art. 67 AEUV Rn. 23.
458 Streinz/*Weiß*, Art. 72 AEUV Rn. 1.
459 Hierzu umfassend *Satzger*, Die Europäisierung des Strafrechts, S. 151 ff. Siehe auch BVerfGE 123, 267 (410).
460 *Satzger*, in: Sieber/Satzger/Heintschel-Heinegg (Hrsg.), Europäisches Strafrecht, § 9 Rn. 8 f.
461 So *Meyer*, Strafrechtsgenese in Internationalen Organisationen, S. 411; Grabitz/Hilf/Nettesheim/*Vogel/Eisele*, Art. 83 AEUV Rn. 8. Umfassend *Prittwitz*, in: Ambos (Hrsg.) Europäisches Strafrecht post-Lissabon, S. 29 (29 ff.); *Satzger*, ZIS 2013, 406, 406 ff.; ders./*Zimmermann*, ZRP 2010, 137, 137 ff. Hierzu auch *Pastor Muñoz*, GA 2010, 84, 84 ff.
462 So aber *Geiger*, Auswirkungen europäischer Strafrechtsharmonisierung auf nationaler Ebene, S. 61.
463 *Rijken*, Common Market Law Review 2010, 1455, 1485; Calliess/Ruffert/*Suhr*, Art. 276 AEUV Rn. 12.

Mitgliedstaaten für die Aufrechterhaltung der öffentlichen Ordnung und den Schutz der inneren Sicherheit. Während die erste Phrase der „Maßnahmen der Polizei oder anderer Strafverfolgungsbehörden" die Überprüfungskompetenz hinsichtlich eines Realaktes in Form einer operativen Maßnahme der Behörden verneint, wird mit der zweiten Phrase, „Aufrechterhaltung der öffentlichen Ordnung und dem Schutz der inneren Sicherheit", an den *ordre public*-Vorbehalt aus Art. 72 AEUV angeknüpft. Trotz der engen Beziehung zu Art. 72 AEUV, handelt es sich bei Art. 276 AEUV um eine Verfahrensregelung, die als „Zuständigkeitssperre" zu bewerten ist[464] und nicht lediglich eine prozessuale Kontrolldichte impliziert[465]. Dies ergibt sich bereits aus der Systematik des AEUV, wonach Art. 276 AEUV den speziellen Vorschriften des EuGH untergliedert und nicht bereits wie Art. 72 AEUV, im Politbereich des RFSR niedergelegt ist. Während eine Ansicht davon ausgeht, dass es sich hierbei um ein massives Einschneiden der EuGH-Kompetenz handelt[466], wird übersehen, dass dem EuGH in keinem Fall eine Überprüfung der Gültigkeit mitgliedstaatlichen Handelns zukommt, sondern stets nur Jurisdiktion im Hinblick auf die Vereinbarkeit einer Maßnahme mit Unionsrecht zusteht[467]. Daher ist auch das Jurisdiktion des EuGH dahingehend abzulehnen, dass er überprüfen darf, ob die staatliche Maßnahme dem in Art. 276 AEUV genannten Zwecke dienlich ist. Dies würde die Norm „zweckentfremden"[468]. Art. 276 AEUV fehlt es zugegeben an Präzision, was vor allem im Hinblick auf den Rechtsschutz im Zuge von operativen Maßnahmen Europols markant ist.[469]

Wie bereits die Verträge von Maastricht und Amsterdam, verdeutlicht auch der Vertrag von Lissabon die bestehenden Differenzen zwischen den Mitgliedstaaten hinsichtlich der Weite der Abgabe von Souveränitätsrechten, weshalb diesbezüglich von einer „differenzierten Integration" gespro-

---

464 Grabitz/Hilf/Nettesheim/*Dörr*, Art. 276 AEUV Rn. 12 ff. Im Übrigen auch: EuGH, Rimšēvičs/Lettland - *Rimšēvičs*, Rs. C-202/18, ECLI:EU:C:2019:139 Rn. 57. Die Entscheidung wird bereits als Grundsatzentscheidung ausgelegt: *Weinzierl*, EuR 2019, 434, 435. Umfassend zu Art. 276 AEUV auch *Grünewald*, Individualrechtsschutz, S. 74 f.
465 Vgl. *Böse*, in: Sieber/Satzger/Heintschel-Heinegg (Hrsg.), Europäisches Strafrecht, § 54 Rn. 17; *Kastler*, Förderaler Rechtsschutz, S. 294.
466 *Rijken*, Common Market Law Review 2010, 1455, 1485.
467 Grabitz/Hilf/Nettesheim/*Dörr*, Art. 276 AEUV Rn. 14; Calliess/Ruffert/*Suhr*, Art. 276 AEUV Rn. 11.
468 Vgl. *Böse*, in: Sieber/Satzger/Heintschel-Heinegg (Hrsg.), Europäisches Strafrecht, § 54 Rn. 17.
469 Streinz/*Dannecker*, Art. 88 AEUV Rn. 27.

chen wird⁴⁷⁰. Jener differenzierte und flexible Ansatz, zugunsten einzelner Mitgliedstaaten, die vordergründig Maßnahmen des Politbereichs RFSR betreffen, wurde vor allem mit den Zusatzprotokollen zugunsten der Mitgliedstaaten Dänemark, dem Vereinigten Königreich und Irland verdeutlicht.⁴⁷¹

2. Flexible Integration

a) Dänemark

Der Ratifikationsprozess des Vertrages von Maastricht scheiterte im Juni 1992 durch ein negatives Referendum der dänischen Bevölkerung. Die Kritik richtete sich gegen die verstärkte europäische Integration im Bereich der Wirtschafts- und Währungsunion. Zu einem späteren Zeitpunkt wurde zudem eine zu enge Bindung an die verteidigungspolitischen Bestimmungen des Vertrages gesehen, was auf dem Treffen in Edinburgh, im Dezember 1992, von der dänischen Regierung bekanntgegeben wurde.⁴⁷² Die Ausnahmeklauseln konnten allerdings nur noch im Amtsblatt manifestiert werden⁴⁷³, da der Maastrichter Vertrag bereits unterzeichnet war. Das positive Referendum folgte im Mai 1993.⁴⁷⁴ Im Zuge des Reformvertrages von Amsterdam wurden die Sonderregelungen für Dänemark in einem Protokoll festgehalten⁴⁷⁵. Auch mit Übertragung der Schengen-*acquis* in den primärrechtlichen Besitzstand kam Dänemark diesbezüglich eine gesonderte Bestimmungen zugute, wonach Dänemark den Schengen-Besitzstand nicht dem Rechtsrahmen der Europäischen Union, sondern dem Völker-

---

470 *Tekin*, integration 2012, 237, 237. Bereits im Zuge des Vertrages von Amsterdam: *Müller-Graff*, intergration 1997, 271, 275. Von einer bereits seit dem Vertrag von Maastricht „angelegten Differenzierung" spricht: Calliess/Ruffert/*Suhr*, Art. 67 AEUV Rn. 10.
471 Eingehend hierzu *Fletcher*, European Constitutional Law Review 2009, 71, 72 ff; *Herlin-Karnell*, Amsterdam Law Forum 2013, 95, 96 ff.; *Tekin*, intergration 2017, 263, 269 f.; *dies.*, integration 2012, 237, 243 ff.
472 Schlussfolgerungen des Vorsitzes des Europäischen Rats in Edinburgh v. 11./12. Dezember 1992, S. 50.
473 ABl. EG C 348/1 v. 31. Dezember 1992.
474 Hierzu *Hodson/Maher*, The Transformation of EU Treaty Making, S. 229 f.
475 Vertrag von Amsterdam - Protokoll über die Position Dänemarks, ABl. EG C 340/101 v. 10. November 1997.

recht zurechnet (Art. 5 Protokoll zum Vertrag von Amsterdam).[476] Dänemark schloss zudem die Anwendung der Bestimmungen zu Maßnahmen, betreffend Visa, Asyl, Einwanderung und andere Politiken, die den freien Personenverkehr betreffen, vollumfänglich aus (Art. 1 Protokoll zum Vertrag von Amsterdam). Die Ausnahmebestimmungen wurden in einem Protokoll[477] zum Vertrag von Lissabon übernommen und erweitert. Dänemark beteiligt sich unter anderem nicht an Maßnahmen, die den RFSR unterfallen, die nach dem Vertrag von Lissabon verabschiedet werden (Art. 1 Protokoll Nr. 22). Der Schengen-Besitzstand gilt für Dänemark weiterhin völkerrechtlich und kann jedoch im Einklang mit dänischem Verfassungsrecht in das Unionsrechts verschoben werden (Art. 8 Protokoll Nr. 22).[478] Sowohl der Schengen-Besitzstand als auch Maßnahmen der vormaligen PJZS werden auch weiterhin völkerrechtlich angewandt. Etwaige Änderungen im Zuge des Unionsrechts kommen für Dänemark nicht zur Anwendung. Zudem hat sich Dänemark, anders als das Vereinigte Königreich und Irland, für eine starre Ausnahmeklausel entschieden, wonach, im Fall eines ‚opt-in', sämtliche im Rahmen der Europäischen Union getroffenen Maßnahmen des RFSR in vollem Umfang von Dänemark anzuwenden sind (Art. 7 Protokoll Nr. 22). Im Dezember 2015 kam es zu einem erneuten Referendum, in dem über die Aufweichung der starren in eine flexible Methode abgestimmt wurde[479], das indes negativ ausfiel[480] und es bei der starren Ausnahmeklausel für Dänemark blieb.

---

476 Hierzu ausführlich *Epiney*, in: Hummer (Hrsg.), Die EU nach dem Vertrag von Amsterdam, S. 103 (104 ff.). Eingehend zu den rechtspolitischen Hintergründen: *Herschend Christoffersen*, in: Weidenfeld/Wessels (Hrsg.), Jahrbuch der Europäischen Integration 2011, S. 389 (389 ff.).
477 Konsolidierte Fassung des Vertrags über die Europäische Union – Protokolle - Protokoll (Nr. 22) über die Position Dänemarks, ABl. EU C 326/299 v. 26. Oktober 2012.
478 Siehe auch Konsolidierte Fassung des Vertrags über die Europäische Union – Protokolle - Protokoll (Nr. 19) über den in den Rahmen der Europäischen Union einbezogenen Schengen-Besitzstand, ABl. EU C 326/290 v. 26. Oktober 2012, Art. 3.
479 Die dänische Regierung nannte bereits im März 2015 die sekundärrechtlichen Vorgaben, an denen sich Dänemark beteiligen möchte: *Statsministeriet*, „Aftale im tilvalg af retsakter på området for retlige of indre anlieggender" v. 17. März 2015, abrufbar unter: http://stm.dk/_p_14120.html (zuletzt abgerufen am 15. Juni 2020).
480 Das Abstimmungsergebnis ist auf *Danmarks Statisik*, „Folkeafstemning Torsdag 3. December 2015" v. 3. Dezember 2015, unter http://www.dst.dk/valg/Valg166 4255/valgopg/valgopgHL.htm abrufbar (zuletzt abgerufen am 15. Juni 2020).

A. Europäisierung des Strafrechts

Die Sonderstellung Dänemarks zeigt sich zudem in weiteren Bereichen polizeilicher Zusammenarbeit. Gemäß Art. 2a Protokoll Nr. 22 schließt Dänemark ausdrücklich eine Umsetzung von EU-Vorgaben über die Verarbeitung personenbezogener Daten im Rahmen der Ausübung der Tätigkeiten im Bereich der polizeilichen und justiziellen Zusammenarbeit in Strafsachen auf Grundlage von Art. 16 Abs. 2 AEUV aus.

Dänemark beteiligt sich zudem weder an Europol noch an Eurojust.[481] Im Februar 2017 folgte ein Durchführungsbeschluss des Rats, wonach Dänemark im Rahmen einer Kooperation mit Europol als Drittstaat anzusehen ist.[482] Dadurch sollte eine ‚operative Lücke' vermieden werden.[483] Obwohl Dänemark sich ausdrücklich gegen eine Beteiligung an Europol ausgesprochen hat, haben Dänemark und Europol im April 2017 eine Vereinbarung über eine operative und strategische Zusammenarbeit geschlossen[484]. Die Vereinbarung erstreckt sich auf sämtliche Kriminalitätsformen, für die Europol zuständig ist, weshalb auch der Bereich der Computerkriminalität in den Anwendungsbereich der Vereinbarung fällt.[485] Allerdings erachtet Dänemark eine Kooperation mit Europol nur solange als notwendig, wie der Schengen-Besitzstand auf Dänemark Anwendung findet.[486] Die Kooperation zwischen Dänemark und Europol umfasst den Austausch

---

481 Verordnung (EU) 2016/794 des Europäischen Parlaments und des Rates v. 11. Mai 2016 über die Agentur der Europäischen Union für die Zusammenarbeit auf dem Gebiet der Strafverfolgung (Europol) und zur Ersetzung und Aufhebung der Beschlüsse 2009/371/JI, 2009/934/JI, 2009/935/JI, 2009/936/JI und 2009/968/JI des Rates, ABl. EU L 135/53 v. 24. Mai 2016, Erwägungsgrund Nr. 74; Verordnung (EU) 2018/1727 des Europäischen Parlaments und des Rates v. 14. November 2018 betreffend die Agentur der Europäischen Union für justizielle Zusammenarbeit in Strafsachen (Eurojust) und zur Ersetzung und Aufhebung des Beschlusses 2002/187/JI des Rates, ABl. EU L 295/138 v. 21. November 2018, Erwägungsgrund Nr. 72.
482 Durchführungsbeschluss (EU) 2017/290 des Rates v. 17. Februar 2017 zur Änderung des Beschlusses 2009/935/JI hinsichtlich der Liste der Drittstaaten und dritten Organisationen, mit denen Europol Abkommen schließt, ABl. EU L 42/17 v. 18. Februar 2017.
483 ABl. EU L 42/17 v. 18. Februar 2017, Erwägungsgrund Nr. 8.
484 Agreement on Operational and Strategic Cooperation between the Kingdom of Denmark and the European Police Office v. 29. April 2017.
485 Agreement on Operational and Strategic Cooperation between the Kingdom of Denmark and the European Police Office v. 29. April 2017, Art. 1, 2 i. V. m. Annex I der Vereinbarung.
486 Siehe Agreement on Operational and Strategic Cooperation between the Kingdom of Denmark and the European Police Office v. 29. April 2017, Art. 27 Nr. 1 und Erwägungsgrund Nr. 5.

Kapitel 3: Maßnahmen der Europäischen Union

von Informationen, insbesondere den Austausch von Fachwissen, Berichten und Analysen, Präventionsmethoden sowie den Austausch personenbezogener Daten. Letzteres ist in Anbetracht der Ausnahmebestimmung zu Art. 16 AEUV kritisch zu bewerten.

Die Beziehung zu Dänemark im Rahmen polizeilicher und justizieller Zusammenarbeit in Strafsachen sowie im Bereich der Asyl- und Einwanderungspolitik basiert auf Völkerrecht. Dänemark ist jedoch gestattet, im Einklang mit dänischem Verfassungsrecht, jederzeit mitzuteilen, das Protokoll Nr. 22 nicht mehr anwenden zu wollen und somit vollumfänglich die Bestimmungen des Unionsrechts anzunehmen.[487]

b) Vereinigtes Königreich und Irland

Die Sonderstellung des Vereinigten Königreichs und Irlands über ihre Position zum Politbereich des RFSR wurde im Protokoll Nr. 21 zum Vertrag von Lissabon[488] festgelegt.[489] Wie oben angedeutet, kommt dem Vereinigten Königreich und Irland eine „flexible" Ausnahmebestimmung zu[490], indem beide Mitgliedstaaten dem Rat binnen drei Monate nach Vorschlag oder Initiative ihre Beteiligung mitteilen können. Dem Vereinigten Königreich kommt daher die Möglichkeit einer Fall-zu-Fall zugute, ob es eine Maßnahme annimmt.[491] Sprechen sich das Vereinigte Königreich und Irland für eine Maßnahmen im Rahmen ihrer opt-in-Möglichkeit aus, ist dies den beiden Mitgliedstaaten auch zu gewähren (Art. 3 Abs. 1 UAbs. 1 Protokoll Nr. 21). Für das Vereinigte Königreich wurden zusätzlich im Zuge der Übergangsbestimmungen gesonderte Regelungen festgelegt, die die Umsetzung von prä-Lissabon-Maßnahmen im Bereich der PJZS betreffen. Demnach konnte das Vereinigte Königreich dem Rat spätestens sechs Monate vor dem Ende des Übergangszeitraums mitteilen, dass es die Befugnisse im Rahmen des RFSR, die auf die Europäische Kommission und den

---

487 Hierzu *Herlin-Karnell*, Amsterdam Law Forum 2013, 95, 101.
488 Konsolidierte Fassung des Vertrags über die Europäische Union – Protokolle - Protokoll (Nr. 21) über die Position des Vereinigten Königreichs und Irlands hinsichtlich des Raums der Freiheit, der Sicherheit und des Rechts, ABl. EU C 326/295 v. 26. Oktober 2012.
489 Umfassend zum Status des Vereinigten Königreichs in prä-Lissabon-Zeit: *Fletcher*, European Constitutional Law Review 2009, 71, 78 ff.
490 Auch als „pick-and-choose"-Ansatz bezeichnet: *Mitsilegas*, Criminal Law Review 2016, 517, 525.
491 Siehe auch *Mitsilegas*, Criminal Law Forum 2017, 219, 220.

EuGH zum Dezember 2014 übertragen worden sind, nicht anerkennt (Art. 10 Abs. 4, 5 Protokoll Nr. 36). Das Vereinigte Königreich entschied sich für das sog. „block opt out"[492], unter anderem mit dem Vorwurf des „justiziellen Aktivismus" seitens europäischer Institutionen.[493]
Eine Ausschlussklausel zugunsten Irlands findet sich in Art. 8 Protokoll Nr. 21. Art. 8 Protokoll Nr. 21 sieht eine starre opt-in-Möglichkeit vor, wonach es, wie im Fall Dänemarks, zu einer vollumfänglichen Annahme und Implementierung von Maßnahmen im Bereich des RFSR für Irland kommen könnte.[494]
Wie die polizeiliche und justizielle Zusammenarbeit nach einem Ausscheiden des Vereinigten Königreich ausgestaltet werden soll, bleibt fraglich. Etwaige Vereinbarungen müssten nach Ausscheidung des Vereinigten Königreichs auf völkerrechtlicher Grundlage etabliert werden.[495] Besonders brisant ist die Frage, inwieweit das Vereinigte Königreich noch an der polizeilichen Zusammenarbeit innerhalb der Europäischen Union, vor allem in institutioneller Hinsicht, partizipieren kann.

3. Grundsatz der Harmonisierung

a) Strafrechtsangleichung, Art. 83 Abs. 1 AEUV

aa) Art. 83 Abs. 1 UAbs. 1 AEUV

Gemäß Art. 83 Abs. 1 AEUV können das Europäische Parlament und der Rat, im Rahmen eines ordentlichen Gesetzgebungsverfahrens, durch Richtlinien Mindestvorschriften zur Festlegung von Straftaten und Strafen in Bereichen besonders schwerer Kriminalität festlegen, die aufgrund der Art oder der Auswirkungen der Straftaten oder aufgrund einer besonderen Notwendigkeit, sie auf einer gemeinsamen Grundlage zu bekämpfen, eine

---

492 BT-Drs. 18/10104, S. 5. In der Literatur *Summers/Schwarzenegger/Ege/Young*, The Emergence of EU Criminal Law, S. 55.
493 Vgl. *House of Lords*, EU police and criminal justice measures: The UK's 2014 opt-out decision, 13th report of session 2012-13, Rn. 80 ff., 286 f.
494 Umfassend zu Irland im Lichte irisch-britischer Beziehungen: *Fahey*, Common Market Law Review 2010, 673, 673 ff.
495 Zu den Szenarien *Mitsilegas*, Criminology in Europe 2017, 9, 9. Bereits vom House of Lords überaus kritisch betrachtet: *House of Lords*, EU police and criminal justice measures: The UK's 2014 opt-out decision, 13th report of session 2012-13, Rn. 120, 122 ff., 132 ff.

grenzüberschreitende Dimension haben. Eine strafrechtliche Angleichungskompetenz ist im Wege des ordentlichen Gesetzgebungsverfahrens (Art. 289, 294 AEUV) ausdrücklich gegeben, was im Hinblick auf die umstrittene demokratische Legitimation begrüßenswert ist. Die Kompetenz umfasst die Mindeststrafrechtsangleichung. Die Mitgliedstaaten können einerseits eine Verschärfung der Unionsvorgaben vorsehen, nicht jedoch unter den Unionsvorgaben verbleiben.[496] Eine Kompetenz zum Erlass supranationaler Strafrechtsnormen ist aus Art. 83 Abs. 1 AEUV nicht abzuleiten. Zumal eine Richtlinie grundsätzlich keine strafrechtliche Verantwortung gegenüber Personen *eo ipso* begründet. Allerdings verbleibt nationalen Gerichten der Grundsatz der richtlinienkonformen Auslegung.[497] Die Angleichungskompetenz erstreckt sich grundsätzlich auf den besonderen Teil des Strafrechts. Allgemeine Vorschriften dürfen nur dann Bestandteil einer Richtlinie sein, wenn im Zuge der Angleichung der Tatbestände sich ein „hinreichender Sachzusammenhang"[498] ergibt und es für die Verbrechensbekämpfung i. S. v. Art. 83 Abs. 1 AEUV erforderlich ist[499].[500] Losgelöste Harmonisierungsvorgaben im Bereich des allgemeinen Teils sind vom Anwendungsbereich des Art. 83 Abs. 1 AEUV ausgeschlossen.[501]

bb) Art. 83 Abs. 1 UAbs. 2 AEUV

Wie auch bereits in ex. Art. 31 lit. e) EUV wird nunmehr in Art. 83 Abs. 1 UAbs. 2 AEUV eine ausdrückliche Aufzählung der Kriminalitätsbereiche vorgenommen, die allerdings auch auf die in den Zielbestimmungen gemäß ex. Art. 29 UAbs. 2 EUV genannten Kriminalitätsbereiche zurückgreift. Es stellt somit nicht nur eine Erweiterung der Kompetenzen dar,

---

496 Grabitz/Hilf/Nettesheim/*Vogel/Eisele*, Art. 83 AEUV Rn. 32.
497 Ausführlich Streinz/*Satzger*, Art. 83 AEUV Rn. 1 ff.
498 Schwarze/Hatje/Schoo/Becker/*Böse*, Art. 83 AEUV Rn. 19; Grabitz/Hilf/Nettesheim/*Vogel/Eisele*, Art. 83 AEUV Rn. 36.
499 *Hecker*, Europäisches Strafrecht, § 11 Rn. 6.
500 Siehe aber *Meyer*, Strafrechtsgenese in Internationalen Organisationen, S. 412; der die Diskussion zumindest dahingehend als nebensächlich erachtet, da die Dogmatik im Ausland zumeist unbekannt ist.
501 Siehe zur Diskussion *Hecker*, Europäisches Strafrecht, § 8 Rn. 37; *Heger*, ZIS 2009, 406, 412; *Vogel*, in: Ambos (Hrsg.), Europäisches Strafrecht post-Lissabon, S. 41 (45); Grabitz/Hilf/Nettesheim/*Vogel/Eisele*, Art. 83 AEUV Rn. 35 f. Es wird auch von einer weitzufassenden Kompetenz ausgegangen: *Summers/Schwarzenegger/Ege/Young*, The Emergence of EU Criminal Law, S. 47 f. Wobei letztere auf *Vogel* verweisen, der aber von einer vorbehaltlichen Kompetenz spricht.

sondern dient auch der Rechtsicherheit und der Achtung des Subsidiaritätsprinzips. Neben der organisierten Kriminalität, dem Terrorismus und illegalen Drogenhandel, fallen nunmehr ausdrücklich die Kriminalitätsbereiche Menschenhandel, sexuelle Ausbeutung von Frauen und Kindern, illegaler Waffenhandel, Geldwäsche, Korruption, Fälschung von Zahlungsmitteln und die Computerkriminalität unter die Angleichungskompetenz. Grundsätzlich handelt es sich um eine enumerative und abschließende Aufzählung, die nur unter den Voraussetzungen in Art. 83 Abs. 1 UAbs. 3 AEUV (sog. Erweiterungsklausel[502]) erweitert werden kann[503]. Andererseits wird die Restriktion dahingehend aufgeweicht, indem das vormalige Einstimmigkeitsprinzip im Zuge der Strafrechtsangleichung gemäß Art. 83 Abs. 1 UAbs. 1 AEUV aufgehoben wird.[504]

Umstritten ist, ob im Rahmen einer Angleichungsmaßnahme in einem der in Art. 83 Abs. 1 UAbs. 2 AEUV genannten Kriminalitätsbereiche eine Überprüfung der Voraussetzungen gemäß Art. 83 Abs. 1 UAbs. 1 AEUV durchgeführt werden muss. Während eine Ansicht für eine Prüfung der Voraussetzungen plädiert, da nur auf diesem Weg das Subsidiaritätsprinzip respektiert werden würde[505], geht die h. A. richtigerweise von einer regelmäßigen Erfüllung der Voraussetzungen im Hinblick auf die genannten Kriminalitätsbereiche aus[506], was eine ‚automatische' Anerkenntnis des Subsidiaritätsgebots mit sich bringt. Letzteres erkennt auch das Bundesverfassungsgericht dahingehend, dass die genannten Kriminalitätsbereiche „typischerweise" als besonders schwere Kriminalitätsformen einzuordnen und von grenzüberschreitender Dimension geprägt sind.[507] Maßnahmen in den genannten Kriminalitätsbereichen erfüllen das Erforderlichkeits- und Effizienzkriterium als kumulative Voraussetzungen des Subsidiaritätsprinzips.[508] Hierfür spricht im Übrigen auch eindeutig der Wortlaut

---

502 Grabitz/Hilf/Nettesheim/*Vogel/Eisele*, Art. 83 AEUV Rn. 64; *Zimmermann*, JURA 2009, 844, 849.
503 Calliess/Ruffert/*Suhr*, Art. 83 AEUV Rn. 10; Grabitz/Hilf/Nettesheim/*Vogel/Eisele*, Art. 83 AEUV Rn. 48.
504 So auch *Zimmermann*, JURA 2009, 844, 846 f.
505 Streinz/*Satzger*, Art. 83 AEUV Rn. 12; *Zimmermann*, JURA 2009, 844, 847.
506 *De Hert/Wieczorek*, New Journal of European Criminal Law 2012, 394, 401; Grabitz/Hilf/Nettesheim/*Vogel/Eisele*, Art. 83 AEUV Rn. 53. Vgl. auch *Meyer*, Strafrechtsgenese in Internationalen Organisationen, S. 410, der die „Schwere" der Kriminalitätsbereiche anzweifelt, indem er für die Bewertung an das Mindeststrafmaß der Richtlinie 2011/93/EU (ABl. EU L 335/1 v. 17. Dezember 2011) und der Richtlinie 2011/36/EU (ABl. EU L 101/1 v. 15. April 2011) anknüpft.
507 BVerfGE 123, 267 (412).
508 Siehe Schwarze/Hatje/Schoo/Becker/*Lienbacher*, Art. 5 EUV Rn. 24 f.

(„derartige Kriminalitätsbereiche sind:").⁵⁰⁹ Die Voraussetzungen gemäß Art. 83 Abs. 1 UAbs. 1 AEUV kommen nur dann zum Tragen, wenn eine Erweiterung der Kompetenzen im Primärrecht i. S. v. Art. 83 Abs. 1 UAbs. 3 AEUV in Frage steht. Werden die Richtlinien betrachtet, die auf Grundlage von Art. 83 Abs. 1 UAbs. 1, 2 AEUV erlassen worden sind, wird die Annahme der h. A. untermauert, da diese lediglich auf die primärrechtliche Handlungsgrundlage verweisen, als eine gesonderte Prüfung der Voraussetzungen vorzunehmen. Der Vorwurf der Aushöhlung des Subsidiaritätsprinzips wird daher abgelehnt.

cc) Art. 83 Abs. 1 UAbs. 3 AEUV

Gemäß Art. 83 Abs. 1 UAbs. 3 AEUV kann der Rat je nach Entwicklung der Kriminalität einen Beschluss erlassen, in dem andere Kriminalitätsbereiche bestimmt werden. Hierfür sind Einstimmigkeit des Rates und Zustimmung des Europäischen Parlaments erforderlich. Die Norm löst hiermit das Problem eines dynamischen Prozesses, dem das Recht oftmals entgegensteht.⁵¹⁰ Neuaufkommende Gefahren, die mit fortschreitendem Integrationsprozess zum Tragen kommen können, sollen mit Hilfe der Kompetenzerweiterungsklausel gelöst werden. Zudem unterstreicht Art. 83 Abs. 1 UAbs. 3 AEUV den Souveränitätsvorbehalt, in dem es den Mitgliedern des Rats ein Vetorecht überlässt und Einstimmigkeit fordert.⁵¹¹ Auch das Subsidiaritätsprinzip gemäß Art. 5 Abs. 3 EUV wird gleichermaßen beachtet, da die Kompetenzerweiterung nur dann möglich ist, wenn die Voraussetzungen des Art. 83 Abs. 1 UAbs. 1 AEUV erfüllt sind. Anders als im Rahmen der primärrechtlich verankerten Kriminalitätsbereiche in Art. 83 Abs. 1 UAbs. 2 AEUV, ist eine Überprüfung der Erweiterung anhand der Voraussetzungen gemäß Art. 83 Abs. 1 UAbs. 1 AEUV vorzunehmen. Der im Vergleich zum Vertrag von Amsterdam verfolgte restriktive Formulierungsansatz, aufgrund der abschließenden Aufzählung der Deliktsbereiche, kommt damit auch im Rahmen der Kompetenzerweiterungsklausel zum Tragen. Steht eine Kompetenzerweiterung im Raum müssen entspre-

---

509 Grabitz/Hilf/Nettesheim/*Vogel/Eisele*, Art. 83 AEUV Rn. 53. A. A. *Zimmermann*, JURA 2009, 844, 847.
510 Indes wird diese Lösung als „dynamische[...] Blankettermächtigung" bezeichnet. Siehe *Beukelmann*, NJW 2010, 2081, 2083 und *Hilgendorf/Valerius*, Computer- und Internetstrafrecht, Rn. 101.
511 Siehe *Heger*, ZIS 2009, 406, 412.

chende Nachweise vorgelegt werden, die die Entwicklung des in Frage stehenden Kriminalitätsbereichs[512] und das Vorliegen einer kollektiven Bedrohung darlegen.[513] Hierfür sind der „Rang der geschützten Rechtsgüter" und der „Grad ihrer Verletzung beziehungsweise ihrer Gefährdung" heranzuziehen.[514] Der umstrittenen Vorgehensweise des Rats im Zuge des Erlasses zahlreicher Rahmenbeschlüsse mit partieller und mangelhafter Begründung im Hinblick auf eine Rechtsgrundlage und der Erforderlichkeitsmaxime wird somit eine Schranke gesetzt.[515]

b) Annexkompetenz, Art. 83 Abs. 2 AEUV

Art. 83 Abs. 2 AEUV sieht die Angleichung strafrechtlicher Rechtsvorschriften vor, wenn dies unerlässlich für die wirksame Durchführung von Unionspolitiken auf einem Gebiet ist, auf dem bereits Harmonisierungsmaßnahmen erfolgt sind. Per ordentlichem Gesetzgebungsverfahren können durch Richtlinien Mindestvorschriften für die Festlegung von Straftaten und Strafen auf dem betreffenden Gebiet festgelegt werden. Die auf dem ersten Blick einschränkende Phrase „auf der bereits Harmonisierungsmaßnahmen erfolgt sind", ist im Hinblick auf die Masse an erlassenen Richtlinien nur minimal restriktiv zu werten.[516] Die aus Art. 83 Abs. 1 AEUV vorgebrachte Restriktion, sah das Bundesverfassungsgericht aufgrund von Art. 83 Abs. 2 AEUV ausgehebelt. Vielmehr sah es eine unwillkürliche und unsichtbare Erweiterungsmöglichkeit im Bereich der Strafgesetzgebungskompetenzen.[517]

Art. 83 Abs. 2 AEUV impliziert eine Annexkompetenz, die bereits in der ‚ersten Säule' vor dem Vertrag von Lissabon existierte und in der Entscheidung *Umweltschutz*[518] bestätigt wurde.[519] Zugunsten eines gemeinsamen

---

512 Überlegenswert sind hier ausführliche Berichte über gemeldete Fälle und eine Darstellung steigender Schadenstendenzen, die die Notwendigkeit und Erforderlichkeit einer Kompetenzerweiterung untermauern.
513 Grabitz/Hilf/Nettesheim/*Vogel/Eisele*, Art. 83 AEUV Rn. 65.
514 Schwarze/Hatje/Schoo/Becker/*Böse*, Art. 83 AEUV Rn. 4; Grabitz/Hilf/Nettesheim/*Vogel/Eisele*, Art. 83 AEUV Rn. 41.
515 Siehe auch Calliess/Ruffert/*Suhr*, Art. 83 AEUV Rn. 10.
516 *Zimmermann*, JURA 2009, 844, 847.
517 BVerfGE 123, 267 (412).
518 EuGH, Kommission/Rat - *Umweltschutz*, Rs. C-176/03, Slg. 2005, I-7907.
519 *Beukelmann*, NJW 2010, 2081, 2082; *Böse*, ZIS 2010, 76, 82; *Heger*, ZIS 2009, 406, 413; Streinz/*Satzger*, Art. 83 AEUV Rn. 23.

Kapitel 3: Maßnahmen der Europäischen Union

Binnenmarkts hatte die Europäische Gemeinschaft bereits früh „Richtlinien mit strafrechtlichen Gehalt"[520] erlassen. Die damit aufgenommene Strafrechtsangleichung in der dritten und ersten Säule und die dadurch entstandene Kompetenzüberlappung war vor allem zwischen dem Rat und der Europäischen Kommission umstritten.[521] Der Rat lehnte einen Richtlinienvorschlag zum Umweltschutz[522] der Europäischen Kommission ab und erließ den Rahmenbeschluss 2003/80/JI[523], der sich gegen die Zunahme der Umweltkriminalität richtete. Die Europäische Kommission reichte eine Nichtigkeitsklage ein, da angenommen wurde, dass der Gemeinschaftsgesetzgeber auch dann für Maßnahmen zugunsten des Umweltschutzes zuständig sei, wenn diese Maßnahme materiell-strafrechtliche Elemente enthalten soll. Der EuGH erklärte, dass der Gemeinschaftsgesetzgeber nicht daran gehindert werden könne, Maßnahmen in Bezug auf das Strafrecht der Mitgliedstaaten zu ergreifen, die seiner Meinung nach erforderlich sind, um die volle Wirksamkeit der von ihm erlassenen Rechtsnormen zu gewährleisten, wenn die Anwendung wirksamer, verhältnismäßiger und abschreckender Sanktionen durch die zuständigen Behörden unerlässlich sind.[524] In der Entscheidung *Meeresverschmutzung*[525] folgte eine Konkretisierung dahingehend, dass der Gemeinschaftsgesetzgeber nicht über Art und Maß der Strafen bestimmen könne[526]. Letzteres ist indes mit der primärrechtlichen Verankerung gemäß Art. 83 Abs. 1 AEUV hinfällig.[527]

Die in Art. 83 Abs. 2 AEUV niedergelegte Annexkompetenz wird zu Recht und entgegen der h. A.[528] restriktiver eingestuft, als die durch die vom EuGH aufgestellte Kompetenzerweiterung vor dem Vertrag von Lissa-

---

520 Grabitz/Hilf/Nettesheim/*Vogel/Eisele*, Art. 83 AEUV Rn. 71.
521 Umfassend *Stetter*, EU foreign and interior politics, S. 26 ff.
522 Vorschlag für eine Richtlinie des Europäischen Parlaments und des Rates über den strafrechtlichen Schutz der Umwelt, ABl. EG C 180/238 v. 26. Juni 2001.
523 Rahmenbeschluss 2003/80/JI des Rates v. 27. Januar 2003 über den Schutz der Umwelt durch das Strafrecht, ABl. EG L 29/55 v. 5 Februar 2003.
524 EuGH, Kommission/Rat - *Umweltschutz*, Rs. C-176/03, Slg. 2005, I-7907 Rn. 48.
525 EuGH, Kommission/Rat – *Meeresverschmutzung*, Rs. C-440/05, Slg. 2007, I-9128.
526 EuGH, Kommission/Rat – *Meeresverschmutzung*, Rs. C-440/05, Slg. 2007, I-9128, Rn. 70.
527 Siehe auch Calliess/Ruffert/*Suhr*, Art. 83 AEUV Rn. 26.
528 BVerfGE 123, 267 (411). Von „generalklauselartige[r] Annexkompetenz" spricht Streinz/*Satzger*, Art. 83 AEUV Rn. 27 und verweist auf weitere Kritiker: von „potentiell wohl breitestes Einfallstor für unterlegitimierte Strafrechtsharmonisierung" sprechen *Ambos/Rackow*, ZIS 2009, 397, 403 und von einer „inhaltlich völlig offene[n] Akzessorietätsklausel" spricht *Weigend*, ZStW 2004, 275, 284.

bon⁵²⁹. Zum einem muss eine begründete und nachgewiesene Unerlässlichkeit vorliegen⁵³⁰, deren Voraussetzung allerdings umstritten ist. Das Bundesverfassungsgericht verlangt, dass eine Maßnahme nur dann unerlässlich ist, wenn ein „gravierendes Vollzugsdefizit tatsächlich" bestünde und „nur durch Strafandrohung beseitigt werden"⁵³¹ könne. Das Kriterium der Unerlässlichkeit ist im Zuge der Annexkompetenz als strengere Ausprägung des Subsidiaritätsprinzips zu begreifen⁵³², wodurch gleichlaufend auch an den Verhältnismäßigkeitsgrundsatz strengere Anforderungen gesetzt werden. Es kommt nur zu einer Annexkompetenz, wenn es sich nicht um das mildeste Mittel, sondern um das letztlich verbliebende Mittel für die effektive Durchsetzung der Maßnahme handelt.⁵³³ Der Unerlässlichkeitsgrundsatz ist allerdings nicht nur auf die Überprüfung primärrechtlicher Kompetenzen anzuwenden, sondern ist auch hinsichtlich des *ultima ratio*-Grundsatzes als Ausdruck des Subsidiaritätsprinzips zu prüfen⁵³⁴, sollte aber nicht dahingehend vermengt werden, dass von einer „Kodifizierung des *ultima ratio*-Prinzips"⁵³⁵ in Art. 83 Abs. 2 AEUV gesprochen werden kann. Der Annexkompetenz muss eine Mehrebenenprüfung vorgelagert werden.⁵³⁶ Denn es war gerade die Bestrebung der Mitglied-

---

529 Grabitz/Hilf/Nettesheim/*Vogel/Eisele*, Art. 83 AEUV Rn. 74 f.
530 Dies zeigt sich auch in der englischsprachigen Literatur, da in der englischen Fassung von „essential" gesprochen wird, vgl. *Summers/Schwarzenegger/Ege/ Young*, The Emergence of EU Criminal Law, S. 49. Mit Verweis auf weitere Sprachfassungen: *Zimmermann*, NStZ 2008, 662, 664 Fn. 23.
531 BVerfGE 123, 267 (411 f.).
532 *Hecker*, Europäisches Strafrecht, § 8 Rn. 48; *Zimmermann*, JURA 2009, 844, 847.
533 Calliess/Ruffert/Suhr, Art. 83 AEUV Rn. 24. In diesem Zusammenhang widerspricht Suhr der Europäischen Kommission, dass die Bezeichnungen Unerlässlichkeit, Notwendigkeit und Erforderlichkeit den gleichen Stellenwert haben sollen. So aber EuGH, Kommission/Rat – Meeresverschmutzung, Rs. C-440/05, Slg. 2007, I-9128 Rn. 38.
534 Siehe *Satzger*, in: Böse (Hrsg.), Europäisches Strafrecht, § 2 Rn. 58. A. A. *Sicurella*, in: Mitsilegas/Bergström/Konstadinides (Hrsg.), Research Handbook on EU Criminal Law, S. 49 (75). Letztere vertritt die Ansicht, dass der *ultima ratio*-Grundsatz im Rahmen der Unerlässlichkeitsprüfung keine Anwendung finden könne, da es sich um einen verfassungsrechtlichen Grundsatz handle. Dabei wird übersehen, dass der *ultima ratio*-Grundsatz im Zuge der Subsidiaritätsprüfung zur Anwendung kommt, der in Art. 5 Abs. 3 EUV manifestiert ist. Daher kann von einer Durchbrechung des Unionsrechts durch Verfassungsrecht nicht gesprochen werden.
535 So aber Schwarze/Hatje/Schoo/Becker/*Böse*, Art. 83 AEUV Rn. 28; Grabitz/Hilf/ Nettesheim/*Vogel/Eisele*, Art. 83 AEUV Rn. 92.
536 Grabitz/Hilf/Nettesheim/*Vogel/Eisele*, Art. 83 AEUV Rn. 92; *Zimmermann*, NStZ 2008, 662, 664.

staaten, trotz Abschaffung der Drei-Säulen-Struktur, die Gesetzgebungskompetenzen im Bereich des Strafrechts zu beschränken.

Differenzierend und diffizil zu betrachten ist die Rolle des EuGH, dem nunmehr seit Dezember 2014 grundsätzlich Jurisdiktion hinsichtlich der Maßnahmen aus Art. 83 Abs. 1, Abs. 2 AEUV zukommt. Während das Bundesverfassungsgericht die Möglichkeiten der Erweiterungsklausel sowie der Annexkompetenz umfassend auf den Prüfstand stellt, betont es andererseits die fundamentale Bedeutung des *effet utile*-Grundsatzes[537] im Hinblick auf den „vom Grundgesetz gewollten Integrationsauftrag"[538]. Die dynamisch-funktionelle Zielsetzung[539], die im Zuge des *effet utile* vom EuGH angewendet wird, ist aber gerade Sinnbild dessen, was vom Bundesverfassungsgericht angeprangert wird, da die Verfassungskonformität lediglich aufgrund „hinreichender Anhaltspunkte für eine verfassungskonforme [enge] Auslegung"[540] impliziert wird und „[d]as Strafrecht in seinem Kernbestand [...] nicht als rechtstechnisches Instrument zur Effektuierung einer internationalen Zusammenarbeit [dienen darf]"[541].[542] Während sich das Bundesverfassungsgericht kritisch einerseits primär dem Wortlaut und der Kompetenzausdehnung des Uniongesetzgebers gegenüberstellt[543] und nur eine enge Auslegung für verfassungskonform erachtet, werden gleichlaufend die Grundsätze des *effet utile* und der implied-power-Doktrin[544] als mit Art. 23 GG vereinbar und als bedeutend für den Integrationsprozess erklärt[545]. Es ist davon auszugehen, dass der EuGH auch im Rahmen von Art. 83 Abs. 2 AEUV zugunsten der optimalen Zielerreichung auslegen und hinter der hier geforderten Mehrebenenprüfung bleiben wird[546], wodurch der seit Langem bestehende Vorwurf der „Aushöh-

---

537 Zur Entwicklung des effet utile-Auslegungsgrundsatz im Lichte der EuGH-Rechtsprechung *Potacs*, EuR 2009, 465, 467 ff.
538 BVerfGE 123, 267 (351 f.).
539 Ausführlich *Haase*, Computerkriminalität im Europäischen Strafrecht, S. 98 ff.
540 BVerfGE 123, 267 (411).
541 BVerfGE 123, 267 (410).
542 Ähnlich *Meyer*, Strafrechtsgenese in Internationalen Organisationen, S. 411.
543 Siehe auch *Haase*, Computerkriminalität im Europäischen Strafrecht, S. 108.
544 Im Kontext strafrechtlicher Angleichungskompetenz vor Inkrafttreten des Vertrages von Lissabon: *Calliess*, ZEuS 2008, 3, 7 und 30 f.
545 BVerfGE 123, 267 (351). Umfassend *Meyer*, der von einem „fatalen Widerspruch" in der Argumentation des BVerfG ausgeht: *Meyer*, EuR 2011, 169, 180 f.
546 Auf die etwas weniger restriktive Anwendung aus der bisherigen Praxis weisen hin: *Satzger*, in: Böse (Hrsg.), Europäisches Strafrecht, § 2 Rn. 30; Streinz/*ders*, Art. 83 AEUV Rn. 31; Grabitz/Hilf/Nettesheim/*Vogel*/*Eisele*, Art. 83 AEUV

lung des Subsidiaritätsprinzips"[547] bestehen bleibt. Dies würde sodann der Argumentation des Bundesverfassungsgerichts zuwiderlaufen, würde sich aber indes in die bisherige Rechtsprechung des EuGH gleichklingend einreihen. Es würde folglich zu einer Ausdehnung der Annexkompetenz kommen. Die vom Bundesverfassungsgericht geforderte und aufgrund des Wortlauts angenommene restriktive Anwendung wäre somit hinfällig.[548] Das Strafrecht wäre dann nur Mittel zum Zweck zur Durchsetzung von Unionsinteressen[549], indem es letztlich doch der Effektivität grenzüberschreitender polizeilicher Zusammenarbeit dient.

c) Notbremsfunktion, Art. 83 Abs. 3 AEUV

Art. 83 Abs. 3 AEUV sieht eine Notbremsfunktion zugunsten von Art. 83 Abs. 1, Abs. 2 AEUV vor. Demnach ist es einem Mitgliedstaat möglich, das ordentliche Gesetzgebungsverfahren auszusetzen, wenn dieser Mitgliedstaat grundlegende Aspekte seiner Strafrechtsordnung berührt sieht. Hier werden Eingriffe in Grundprinzipien wie „Subsidiarität, Beschränkung auf einen besonders legitimen Schutzzweck, Gesetzlichkeit und Kohärenz, [...] fehlender Rechtsgüterschutz, Verletzung der *ultima ratio*-Funktion des Strafrechts, Verletzung des Bestimmtheitsgebots oder Rückwirkungsverbot [oder eine] Verletzung des Schuldgrundsatzes"[550] angenommen. Sodann kann es zur Aussetzung des Verfahrens von bis zu vier Monaten kommen. Findet kein Einvernehmen innerhalb des Ausspracheverfahrens statt, wünschen aber dennoch mindestens neun Mitgliedstaaten das gemeinsame Vorgehen, ist dies den Mitgliedstaaten im Rahmen der Verstärkten Zusammenarbeit möglich. Die Notbremsfunktion ist einerseits als souveränitätsschonend zu betrachten, andererseits stellt Art. 83 Abs. 3 AEUV gleichzei-

---

Rn. 93. Mit dem Vorwurf einer gänzlichen Nichtbeachtung des *ultima ratio*-Prinzips *Kaiafa-Gbandi*, ZIS 2006, 521, 523; *Schünemann*, in: *ders.* (Hrsg.), Alternativentwurf europäische Strafverfolgung, S. 3 (3).

547 Siehe *Albin*, NVwZ 2006, 629, 630. Hierfür spricht auch die EuGH-Rechtsprechung, siehe EuGH, Philip Morris Brands SARL and others/The Secretary of State for Health – *EU-Tabak*, Rs. C-547/14, ECLI:EU:C:2016:325 Rn. 225.
548 BVerfGE 123, 267 (411). Siehe hierzu *Haase*, Computerkriminalität im Europäischen Strafrecht, S. 108 ff.
549 Hierzu *Satzger*, in: Böse (Hrsg.), Europäisches Strafrecht, § 2 Rn. 30.
550 Grabitz/Hilf/Nettesheim/*Vogel/Eisele*, Art. 83 AEUV Rn. 99. So auch *Hecker*, Europäisches Strafrecht, § 8 Rn. 57.

tig die Gleise für eine weitergehende, differenzierte und flexible Integration im Bereich des RFSR.

d) Gesetzgebungsverfahren

Für die Angleichung von strafrechtlichen Mindestvorschriften ist das ordentliche Gesetzgebungsverfahren nach Art. 294 AEUV auf Vorschlag der Europäischen Kommission oder auf Initiative eines Viertels der Mitgliedstaaten, gemäß Art. 76 AEUV, vorgesehen. Der Europäischen Kommission fehlt es somit diesbezüglich an einer „Monopolstellung"[551]. Die Position der Mitgliedstaaten wurde im Bereich des Initiativrechts dahingehend geschwächt, war es doch gemäß ex. Art. 34 Abs. 2 EUV im Rechtskleid der dritten Säule jedem Mitgliedstaat möglich, eine entsprechende Initiative vorzubringen[552], was dem Gedanken der intergouvernementalen Zusammenarbeit entsprach[553]. Geht die Initiative von den Mitgliedstaaten aus, sind zudem die strengeren Quoren einzuhalten[554], da dies der „Funktion der Interessenbündelung" und der Effektivität von Gesetzgebungsprozessen dient[555]. Art. 238 Abs. 2 AEUV verlangt die Zustimmung von 72% der Mitglieder des Rats, sofern diese in Summe mindestens 65% der Unionsbevölkerung ausmachen. Der Effektivität kommt es dahingehend zugute, bedurfte es noch der Einstimmigkeit des Rats zum Erlass eines Rahmenbeschlusses gemäß ex. Art. 34 Abs. 2 S. 2 EUV[556]. Andererseits steigt die Wahrscheinlichkeit einer Nichtigkeitsklage nach Art. 263 Abs. 2 AEUV durch einen Mitgliedstaat aufgrund der fehlenden Einstimmigkeitsnotwenigkeit.[557]

Die Mitentscheidungsbefugnisse des Europäischen Parlaments im Zuge des ordentlichen Gesetzgebungsverfahrens nach Art. 294 AEUV führten zu einer Überwindung des vorgeworfenen Demokratiedefizits in der prä-Lissabon-Ära, in der dem Europäischen Parlament lediglich ein Anhörungs-

---

551 Calliess/Ruffert/*Rossi*, Art. 76 AEUV Rn. 2; *Suhr*, ZEuS 2009, 687, 690.
552 *Zimmermann*, JURA 2009, 844, 844.
553 Calliess/Ruffert/*Rossi*, Art. 76 AEUV Rn. 2a.
554 Hierauf weist *Suhr*, ZEuS 2009, 687, 690 hin.
555 Calliess/Ruffert/*Rossi*, Art. 76 AEUV Rn. 2b.
556 *Zimmermann*, JURA 2009, 844, 844.
557 Auch *Geiger*, Auswirkungen europäischer Strafrechtsharmonisierung auf nationaler Ebene, S. 61.

recht zugesprochen worden war.[558] Auch die Europäische Kommission hat von der Auflösung der Säulenstruktur maßgeblich partizipiert, in dem sie zusätzlich zum neu gewonnenen Initiativrecht, über die Umsetzung der Richtlinien wachen und vom Vertragsverletzungsverfahren Gebrauch machen kann[559]. Diese Ermächtigungen verdeutlichen die beachtliche Beteiligung der Europäischen Kommission zur Gestaltung einer europäischen Kriminalpolitik[560].

e) Computerkriminalität

aa) Unionsrechtliches Begriffsverständnis

Die Bekämpfung der Computerkriminalität hat sich zu einem wesentlichen Bestandteil der europäischen Kriminalpolitik entwickelt. Die Priorität spiegelt sich grundlegend in der primärrechtlichen Verankerung in Art. 83 Abs. 1 AEUV wider. Einerseits darin, dass die Computerkriminalität gleichlaufend mit den Kriminalitätsbereichen des Terrorismus und der organisierten Kriminalität genannt wird. Andererseits dahingehend, dass die Europäische Union nunmehr ermächtigt ist, Mindeststrafrechtsangleichung im Bereich der Computerkriminalität vorzunehmen. Das der Vertrag von Lissabon den Kriminalitätsbereich der Computerkriminalität ausdrücklich nennt, stellt einen Meilenstein dar.

Die Problematik aber liegt in der fehlenden Definition des Begriffs Computerkriminalität, was sowohl im Primär- wie auch im Sekundärrecht festzustellen ist. Daran ändert sich auch in der Betrachtung früherer sicherheits- und kriminalpolitischer Programme[561] und Mitteilungen[562] nichts,

---

558 *Herlin-Karnell*, Amsterdam Law Forum 2013, 95, 96; *Röcker*, Rahmenbeschlusskonforme Auslegung, S. 165 f.; *Suhr*, ZEuS 2009, 687, 691; *Summers/Schwarzenegger/Ege/Young*, The Emergence of EU Criminal Law, S. 48; *Vogel*, in: Ambos (Hrsg.), Europäisches Strafrecht post-Lissabon, S. 41 (44) („mildert erheblich das [...] Demokratiedefizit"); *Zimmermann*, JURA 2009, 844, 844.
559 *Vogel*, in: Ambos (Hrsg.), Europäisches Strafrecht post-Lissabon, S. 41 (44).
560 *Hecker*, Europäisches Strafrecht, § 11 Rn. 3.
561 Stockholmer Programm – Ein offenes und sicheres Europa im Dienste und zum Schutz der Bürger, ABl. EU C 155/1 v. 4. Mai 2010; Haager Programm zur Stärkung von Freiheit, Sicherheit und Recht in der Europäischen Union, ABl. EU C 53/1 v. 3. März 2005; *Europäischer Rat*, Schlussfolgerungen des Vorsitzes des Europäischen Rats in Tampere, SN 200/99 v. 15./16. Oktober 1999.
562 KOM(2007) 267 endg. v. 22. Mai 2007, S, 2, Die Europäische Kommission gliedert dem Bereich „Interkriminalität" jegliche Handlungen unter, die mit den

Kapitel 3: Maßnahmen der Europäischen Union

da diese weder einen einheitlichen Begriff noch eine einheitlich bestimmte Definition proklamieren.

Die Frage ist allerdings von Bedeutung, wenn es um die Gesetzgebungskompetenz aus Art. 83 Abs. 1 AEUV geht, die das Bundesverfassungsgericht aufgrund der Unbestimmtheit und der hierdurch angenommenen maßlosen Reichweite kritisiert hat[563]. Die Leitlinie des Bundesverfassungsgerichts entspricht gerade nicht dem weiten und zudem unbestimmtem Begriff der Computerkriminalität. Im Rahmen von Art. 83 Abs. 1 AEUV ist daher im Hinblick auf das Bestimmtheitsgebot und das Subsidiaritätsprinzip eine Skizzierung der Begriffsweite erforderlich.[564]

Der Aufzählung der Computerkriminalität in Art. 83 Abs. 1 UAbs. 2 AEUV sind zwei Besonderheiten zuzuschreiben, die den weiten Anwendungsrahmen des Kriminalitätsbereichs ausmachen. Die erste Besonderheit liegt darin, dass anderes als die anderen Kriminalitätsbereiche, der Kriminalitätsbereich Computerkriminalität auf ein Tatobjekt reduziert wird. Letzteres soll auch Anknüpfungspunkt dafür sein, dass die Bezeichnung Computerkriminalität in Art. 83 Abs. 1 UAbs. 2 AEUV auf entsprechende Tathandlungen im engeren Sinn zu konkretisieren sei und lediglich die vom Europarat verwendete Teilkategorisierung der CIA-Delikte umfasse.[565] Letzteres könne dadurch untermauert werden, dass bisher diesbezüglich nur die Richtlinie 2013/40/EU über Angriffe auf Informationssysteme[566] erlassen wurde.[567] Zudem könnte für die restriktive Auslegung des Begriffs sprechen, dass in der englischsprachigen Fassung des Vertrags von Lissabon die Bezeichnung „computer crimes" anstatt der im englischsprachigen Raum häufiger verwendete Bezeichnung „cybercrime" verwendet wird, was die Einschränkung impliziert. Auch andere Sprachfassungen, wie die französische („la criminalité informatique") und spanische („la delincuencia informática") Fassung, deuten auf einen restriktiven Ansatz hin.

Die zweite Besonderheit liegt in der Verknüpfung und Überlappung mit den anderen in Art. 83 Abs. 1 UAbs. 2 AEUV genannten Kriminalitätsbereichen. Der Terrorismus, Menschen-, Drogen- und Waffenhandel, die

---

Informations- und Kommunikationsmöglichkeiten in einem Zusammenhang stehen.
563 BVerfGE 123, 267 (410 ff.).
564 Ähnlich auch *Haase*, Computerkriminalität im Europäischen Strafrecht, S. 114.
565 Grabitz/Hilf/Nettesheim/*Vogel/Eisele*, Art. 83 AEUV Rn. 62.
566 Richtlinie 2013/40/EU des Europäischen Parlaments und des Rates v. 12. August 2013 über Angriffe auf Informationssysteme und zur Ersetzung des Rahmenbeschluss 2005/222/JI, ABl. EU L 218/8 v. 14. August 2013.
567 *Summers/Schwarzenegger/Ege/Young*, The Emergence of EU Criminal Law, S. 69.

Geldwäsche, Korruption, Fälschung von Zahlungsmitteln und organisierte Kriminalität sind eng mit der Computerkriminalität verknüpft. Es findet eine Verlagerung krimineller Aktivitäten in das Internet statt, Tathandlungen werden erleichert, erreichen ein globales Publikum, die Tatbegehung erfolgt weitestgehend anonym und Technologien werden für illegale Zwecke missbraucht. Der *modus operandi* herkömmlicher Deliktsbereiche wandelt sich und wird vor allem transnational.

Art. 83 Abs. 1 AEUV impliziert somit bereits aus der primärrechtlichen Norm heraus, dass der Begriff Computerkriminalität weit zu verstehen ist und nicht auf die CIA-Delikte reduziert werden kann. Wie erwähnt, wird zwar vorgebracht, dass bisher dahingehend nur die Richtlinie 2013/40/EU verabschiedet worden ist, doch wird übersehen, dass eine Vielzahl von Richtlinien existieren, die die Bekämpfung der Computerkriminalität flankieren, beziehungsweise diese ergänzen und auf der Computertechnik basierende Handlungen kriminalisieren.[568] Der Begriff Computerkriminalität ist daher nicht auf die Kategorie der Computerkriminalität im engeren Sinn zu konkretisieren[569], sondern es ist ein weites Begriffsverständnis anzuwenden. Die inhaltliche Begrenzung kann nur anhand der primärrechtlichen Kompetenzausübungsschranken individuell festgestellt werden.

bb) Viktimisierung im Internet

Für die im Rahmen dieser Untersuchung verwendeten Kategorisierung der Computerkriminalität im engeren und weiteren Sinn ist von Bedeutung, ob auch die verschiedenen Handlungsformen der Viktimisierung im Internet unter die Angleichungskompetenz gemäß Art. 83 Abs. 1 AEUV fallen. Für einen weiten Anwendungsbereich sprechen die Vorgaben des Europarats. Bereits im Übereinkommen gegen Computerkriminalität wird von einem weiten Begriffsverständnis ausgegangen, indem bestimmte inhaltsbezogene und urheberrechtsverletzende Straftaten unter die Bezeichnung Computerkriminalität fallen[570]. Eine Verfestigung und weitere Ausdehung des Begriffsverständnisses erfolgt durch das Zusatzprotokoll betreffend die

---

568 Siehe *Sieber*, in: Sieber/Satzger/Heintschel-Heinegg (Hrsg.), Europäisches Strafrecht, § 24 Rn. 22 ff.
569 *Fahey*, European Journal of Risk Regulation 2014, 46, 48 f.
570 *Böse*, ZIS 2010, 76, 85; Grabitz/Hilf/Nettesheim/*Vogel*/*Eisele*, Art. 83 AEUV Rn. 62. Letztere verlangen allerdings einen tatbestandlichen Bezug auf Computersysteme oder Computerdaten.

Kapitel 3: Maßnahmen der Europäischen Union

Kriminalisierung mittels Computersysteme begangener Handlungen rassistischer und fremdenfeindlicher Art. Wie bereits erwähnt, knüpft der EuGH im Rahmen seiner Auslegungspraxis an den *effet utile*-Grundsatz an, der als dynamisch-teleologisches Auslegungskonstrukt zugunsten der „vollen Wirksamkeit" von Unionsrecht und Unionszielen betrachtet wird.[571] Konsequenterweise legt der *effet utile*-Grundsatz nah, dass für einen und vom Bundesverfassungsgericht gewünschten restriktiven Ansatz kein Raum bleibt. Hinterfragt werden kann zudem, ob zumindest das Subsidiaritätsprinzip gemäß Art. 5 Abs. 3 EUV und der Verhältnismäßigkeitsgrundsatz gemäß Art. 5 Abs. 4 UAbs. 1 EUV eine Eingrenzung des Begriffs Computerkriminalität verlangen. Wie bereits dargelegt, wird vertreten, dass die in Art. 83 Abs. 1 UAbs. 2 AEUV genannten Kriminalitätsbereiche die Beachtung des Subsidiaritätsgebots nach den Voraussetzungen gemäß Art. 83 Abs. 1 UAbs. 1 AEUV implizieren.[572] Zumal auch eine Erwiderung ins Leere laufen würde, da die Computerkriminalität bereits typischerweise das Merkmal der transnationalen Dimension aufweist.[573] Auch die Orientierung der besonderen Schwere anhand des Mindeststrafmaßes ist fehlerhaft[574], da es nicht grundsätzlich die Tragweite des Schadens reflektiert und vielmehr am Maßstab der Sozialschädlichkeit gemessen werden muss[575].

Der Verhältnismäßigkeitsgrundsatz fordert, dass rechtsverbindliche Maßnahmen der Europäischen Union geeignet, erforderlich und angemessen sind, um das Unionsziel zu erreichen. Während der EuGH nur in wenigen Fällen die Überprüfung der Angemessenheit vornimmt[576], zeigt sich die Ermangelung des dritten Prüfungsschritts auch in den Begründungen von Maßnahmen der damaligen PJZS und den Richtlinien gemäß Art. 83

---

571 *Haase*, Computerkriminalität im Europäischen Strafrecht, S. 108; *Potacs*, EuR 2009, 465, 469.
572 Ähnlich auch *Haase*, Computerkriminalität im Europäischen Strafrecht, S. 110.
573 *Haase*, Computerkriminalität im Europäischen Strafrecht, S. 114.
574 So aber anscheinend *Meyer*, Strafrechtsgenese in Internationalen Organisationen, S. 411
575 Streinz/*Satzger*, Art. 83 AEUV Rn. 11; Grabitz/Hilf/Nettesheim/*Vogel/Eisele*, Art. 82 AEUV Rn. 41.
576 Zur Angemessenheitsgrundsatz unter Berücksichtigung der Rechtsprechung des EuGH: *Brigola*, EuZW 2017, 406, 406 f.; *Kischel*, EuR 2000, 380, 387; *Trstenjak/Beysen*, EuR 2012, 265, 269 f. und 280.

Abs. 1 AEUV, wonach Überlegungen zur Angemessenheit seitens des Unionsgesetzgebers nicht vorgenommen werden.[577]

In Angesicht des Primats einen Raum der Freiheit, der Sicherheit und des Rechts zu schaffen, erscheint auch eine mögliche, in Frage stehende, Verhältnismäßigkeit grundsätzlich erfüllt. Eine endgültige Einhaltung des Verhältnismäßigkeitsgrundsatzes kann indes nur anhand einer differenzierten und individuellen Betrachtung einzelner Themenbereiche der Computerkriminalität, denen im Rahmen einer strafrechtlichen Angleichung begegnet werden soll, bewertet werden.[578] Anzumerken ist, dass, anders als im Fall des Subsidiaritätsprinzips, den nationalen Parlamenten diesbezüglich keine Kontrollmöglichkeit zugesprochen worden ist. Indes gilt die besondere Begründungspflicht seitens der Europäischen Kommission auch hinsichtlich der Einhaltung des Verhältnismäßigkeitsgrundsatzes.[579]

cc) Rassismus und Fremdenfeindlichkeit

Das Fehlen einer strafrechtlichen Angleichungskompetenz im Bereich Rassismus und Fremdenfeindlichkeit ist vor allem im Hinblick auf Art. 67 Abs. 3 AEUV fragwürdig.[580] Art. 67 AEUV stellt die Grundsätze zur Gewährleistung eines Raums der Freiheit, der Sicherheit und des Rechts dar. Hierzu wirkt die Europäische Union unter anderem darauf hin, dass Maßnahmen zur Verhütung und Bekämpfung von Kriminalität sowie von Rassismus und Fremdenfeindlichkeit erlassen werden. Während einerseits der Bereich Rassismus und Fremdenfeindlichkeit als „Querschnittsaufgabe" der Europäischen Union zugesprochen wird[581], wird andererseits von einem Präventionsgedanken[582] und von einer Deklarierung der „Wertevorstellung aller Mitgliedstaaten"[583] gesprochen. Es ist lediglich zu mutma-

---

577 Bsph. ABl. EG L 328/55 v. 6. Dezember 2008, Erwägungsgrund Nr. 13; ABl. EU L 335/1 v. 17. Dezember 2011, Erwägungsgrund Nr. 49; ABl. EU L 101/1 v. 15. April 2011, Erwägungsgrund Nr. 32.
578 Abweichend *Haase*, Computerkriminalität im Europäischen Strafrecht, S. 113.
579 *Vedder*/Heintschel von Heinegg, Art. 5 EUV Rn. 39.
580 Im Übrigen fehlen auch die Kriminalitätsbereiche Betrug und illegale Migration, in denen bereits Harmonisierungsmaßnahmen erfolgt sind. Siehe Schwarze/Hatje/Schoo/Becker/*Böse*, Art. 83 AEUV Rn. 15.
581 Grabitz/Hilf/Nettesheim/*Röben*, Art. 67 AEUV Rn. 117.
582 Calliess/Ruffert/*Suhr*, Art. 67 AEUV Rn. 82.
583 Streinz/*Weiß*/Satzger, Art. 67 AEUV Rn. 35.

Kapitel 3: Maßnahmen der Europäischen Union

ßen, dass das Fehlen einer ausdrücklichen Angleichungskompetenz auf das Spannungsverhältnis zwischen der Sicherung der Demokratie und ihrer demokratischen Werte sowie der Meinungsfreiheit zurückzuführen ist[584]. Auf eine diesbezügliche Abgabe von Souveränitätsrechten könnte daher verzichtet worden sein, weshalb lediglich die gemeinsame Wertevorstellung proklamatorisch konstitutiert worden ist. Bereits in dem Rahmenbeschluss 2008/913/JI zur strafrechtlichen Bekämpfung bestimmter Formen und Ausdrucksweisen von Rassismus und Fremdenfeindlichkeit, wird auf die kulturellen und rechtlichen Traditionen der Mitgliedstaaten hingewiesen, „die zum Teil sehr unterschiedlich sind"[585].[586] Eine Strafrechtsharmonisierung sei daher nicht möglich.

Die Frage, inwieweit die Europäische Union im Bereich einer Strafrechtsharmonisierung tätig werden darf, ist vor allem in Zeiten, in denen sich Hassreden in die virtuelle Welt verlagern, bedeutsam. Neben der Möglichkeit der Erweiterung der Kriminalitätsbereiche gemäß Art. 83 Abs. 1 UAbs. 2 AEUV, ist auch eine Angleichungskompetenz aus Art. 83 Abs. 2 AEUV für die unionsweite Strafbarkeit von Hassreden im Internet bereits aufgrund des Rahmenbeschlusses 2008/913/JI möglich, wenn die

---

584 Umfassend *Struth*, Hassrede und Freiheit der Meinungsäußerung, S. 39 ff.
585 ABl. EG L 328/55 v. 6. Dezember 2008, Erwägungsgrund Nr. 6.
586 Obwohl die Bekämpfung von Rassismus und Fremdenfeindlichkeit ausdrücklich in der Zielbestimmung gem. Art. 67 Abs. 3 AEUV genannt wird, fehlt es an einer Strafrechtsangleichungskompetenz. Es ist fraglich, inwieweit mit dem Rahmenbeschluss 2008/913/JI zukünftig umgegangen wird. Aufgrund der Ermangelung wird eine Einordnung unter Art. 83 Abs. 2 AEUV angenommen. Hierzu *Ladenburger*, European Constitutional Law Review 2008, 20, 21 f. Das Fehlen des Kriminalitätsbereiches Rassismus und Fremdenfeindlichkeit stellt auch *Böse* fest: *Böse*, ZIS 2010, 76, 82. Überaus kritisch *Suhr*, ZEuS 2008, 45, 56 f., der davon spricht, dass die „kompetenzrechtlichen Bedenken quasi auf die Stirn geschrieben" sind. Es wird daher angenommen, dass eine Neufassung oder Änderung des Rahmenbeschlusses nur nach Art. 83 Abs. 1 UAbs. 3 AEUV möglich ist: Grabitz/Hilf/Nettesheim/*Vogel/Eisele*, Art. 83 AEUV Rn. 48. Es wird allerdings übersehen, dass der Rahmenbeschluss 2008/913/JI zwischen der Vertragsunterzeichnung und dem Inkrafttreten des Vertrages von Lissabon verabschiedet wurde. Siehe ABl. EG L 328/55 v. 6. Dezember 2008. Eine Vermeidung des ordentlichen Gesetzgebungsverfahrens ist anzunehmen. Die Annahme wird durch den Bericht der Europäischen Kommission von 2014 untermauert. Hiernach haben vier Jahre nach Umsetzungsfrist die Mitgliedstaaten nicht alle Bestimmungen des Rahmenbeschlusses vollständig und/ oder ordnungsgemäß umgesetzt. Hervorgehoben wird die Leugnung, die Billigung und die Verharmlosung bestimmter Straftaten. Siehe hierzu COM(2014) 27 final v. 27. Januar 2014. *Brodowski* fasst die Kritik an der deutschen Umsetzung zusammen: *Brodowski*, ZIS 2015, 79, 88.

Maßnahme dem Gebot der Unerlässlichkeit und den daraus resultierenden strengen Anforderungen des Verhältnismäßigkeitsgebots standhält.

4. Grundsatz der gegenseitigen Anerkennung in Strafsachen

Der Grundsatz der gegenseitigen Anerkennung in Strafsachen gilt seit dem Treffen des Europäischen Rats in Tampere als Pfeiler europäischer Kriminalpolitik im Kontext justizieller Zusammenarbeit der Mitgliedstaaten.[587] Der Rahmenbeschlusses 2002/584/JI über den Europäischen Haftbefehl stellt sinnbildlich das Prinzip der gegenseitigen Anerkennung in Strafsachen erstmals sekundärrechtlich dar[588], der nunmehr primärrechtlich in Art. 82 Abs. 1 UAbs. 1 AEUV verankert ist. Art. 82 Abs. 1 AEUV sieht eine justizielle Zusammenarbeit vor, die sich aus dem Grundsatz der gegenseitigen Anerkennung gerichtlicher Entscheidungen auf Grundlage gegenseitigen Vertrauens[589] gemäß Art. 82 Abs. 1 UAbs. 1 AEUV und der Angleichung diesbezüglicher Rechtsvorschriften gemäß Art. 82 Abs. 2 AEUV zusammensetzt. Die Angleichungskompetenz ist allerdings aufgrund des Erforderlichkeitsgrundsatzes restriktiv zu behandeln. Der Grundsatz der Erforderlichkeit konkretisiert sich dabei auf die in Art. 82 Abs. 2 AEUV genannten Bereiche und tritt hinter die Unerlässlichkeitsmaxime aus Art. 83 Abs. 3 AEUV zurück.

Angleichungsmaßnahmen und der Grundsatz der gegenseitigen Anerkennung sind nicht als konträre Mechanismen im Primärrecht zu sehen, sondern als sich gegenseitig ergänzende Möglichkeiten.[590] Der enge Anwendungsspielraum im Bereich der Harmonisierung ist auf dem Vertrauensgrundsatz zurückzuführen, der wiederum den Grundsatz der gegensei-

---

587 *Europäischer Rat*, Schlussfolgerungen des Vorsitzes des Europäischen Rats in Tampere, SN 200/99 v. 15./16. Oktober 1999. Siehe auch Streinz/*Satzger*, Art. 82 AEUV Rn. 9; Schwarze/Hatje/Schoo/Becker/*Böse*, Art. 82 AEUV Rn. 13.
588 Rahmenbeschluss des Rates 2002/584/JI v. 13. Juni 2002, ABl. EG L 190/1 v. 18. Juli 2002. Vgl. Schwarze/Hatje/Schoo/Becker/*Böse*, Art. 82 AEUV Rn. 25. Allerdings BVerfGE 113, 273 (273, 299 f.).
589 Hierzu *Meyer*, EuR 2017, 163, 164 ff. Grundlegend in ABl. EU C 155/1 v. 4. Mai 2010, Nr. 1.2.1.
590 Vgl. auch Calliess/Ruffert/*Suhr*, Art. 82 AEUV Rn. 7. Abweichend *Böse*, in: Ambos (Hrsg.), Europäisches Strafrecht post-Lissabon, S. 57 (65), der im Zuge der Harmonisierungsmöglichkeit von einer „Hilfsfunktion" spricht. Wie letzterer auch Streinz/*Satzger*, Art. 82 AEUV Rn. 10, der von einem „komplementäre(n) Hilfsmittel" ausgeht.

tigen Anerkennung ausmacht.[591] Jener Vertrauensgrundsatz müsse allerdings auf „Transparenz und der Einhaltung entsprechender Mindeststandards"[592] fußen. Anders als im Bereich der Grundfreiheiten, in dem die Mindeststandards des Herkunftslandes anzuerkennen sind[593], bedarf der Grundsatz der gegenseitigen Anerkennung einer Konkretisierung durch das Sekundärrecht[594].

5. Grundsatz der Verfügbarkeit von Informationen

a) Haager Programm

Neben der schrittweisen Angleichung strafrechtlicher Vorschriften gemäß Art. 83 Abs. 1 AEUV und der gegenseitigen Anerkennung gemäß Art. 82 Abs. 1 UAbs. 1 AEUV, stellt der Grundsatz der Verfügbarkeit von Informationen den dritten Pfeiler für die justizielle und polizeiliche Zusammenarbeit innerhalb der Europäischen Union dar. Der Grundsatz der Verfügbarkeit wurde erstmals im Haager Programm als Leitlinie festgehalten[595] und wurde im Stockholmer Programm wiederholt[596]. Hinter dem Grundsatz steht, dass der Informationsaustausch zwischen den zuständigen Behörden der Mitgliedstaaten gleichermaßen wie der innerstaatliche Informationsaustausch von Justiz- und Polizeibehörden erfolgen soll.[597] Der grenzüberschreitende Austausch von strafverfahrensrelevanten Informationen zwischen den europäischen Behörden war einerseits durch bilaterale oder multilaterale Rechtshilfeabkommen möglich, andererseits brachten diese zumeist langwierige Verfahren mit sich.[598] Es sollte somit eine Abkehr

---

591 Das Bundesverfassungsgericht sprach bereits vor der primärrechtlichen Verankerung von einer primären Anwendung des Grundsatzes der gegenseitigen Anerkennung, aber auch in diesem Kontext von einer „begrenzten gegenseitigen Anerkennung": BVerfGE 113, 273 (299).
592 Schwarze/Hatje/Schoo/Becker/*Böse*, Art. 82 AEUV Rn. 15 ff.; Calliess/Ruffert/*Suhr*, Art. 82 AEUV Rn. 7.
593 Grundlegend EuGH, Rewe-Zentral AG/Bundesmonopolverwaltung für Branntwein – *Cassis de Dijon*, Rs. 120/78, Slg. 1979, 650 Rn. 14.
594 Schwarze/Hatje/Schoo/Becker/*Böse*, Art. 82 AEUV Rn. 13. Im Vergleich zu den Grundfreiheiten ausführlich: *Möstl*, Common Market Law Review 2010, 405, 410 f.
595 ABl. EU C 53/1 v. 3. März 2005.
596 ABl. EU C 155/1 v. 4. Mai 2010.
597 *Zöller*, ZIS 2011, 64, 64.
598 *Meyer*, NStZ 2008, 188, 189.

vom traditionellen Konzept der Rechtshilfe zu einer unmittelbaren Zugriffsmöglichkeit stattfinden.[599]

Zugunsten der Stärkung des RFSR hielt der Europäische Rat es für erforderlich, den grenzüberschreitenden Austausch von strafverfolgungsrelevanten Informationen zu ermöglichen, von dem auch Europol partizipieren sollte.[600] Dieser Gedanke wurde folgend als Grundsatz der Verfügbarkeit bezeichnet[601] und wurde, wie bereits erwähnt, erstmals im Haager Programm statuiert.[602] Dabei wurde der Verfügbarkeitsgrundsatz speziell im Politbereich ‚Sicherheit' niedergelegt, da der Grundsatz vorerst im Rahmen der Terrorismusbekämpfung diskutiert wurde.[603] Hierbei geht es weniger um das Erfassen, sondern primär um die Weitergabe bereits gespeicherter Informationen.[604] Die allumfassende Bezeichnung der Datenverarbeitung ist damit auf solche Informationsverarbeitungsvorgänge zu reduzieren. Für die Tätigkeit von Justiz und Polizei sind indes personenbezogene Daten von besonderer Relevanz[605], was vor allem im Hinblick auf den Grundrechtsschutz die eigentliche Herausforderung darstellt.[606] Aufbauend auf den Schlussfolgerungen des Haager Programms erließ die Europäische Kommission einen Aktionsplan, der die aufzunehmenden Maßnahmen skizzierte, die von allgemeinen Verfahrensregeln über Schutzmaßnahmen personenbezogener Daten bis hin zur Verknüpfung von Netzwerken zwischen dem Schengen-Informations-System II und dem Europol-Informations-System reichte.[607]

b) Kommissionsentwurf

Im Oktober 2005 veröffentlichte die Europäische Kommission einen Vorschlag über einen Rahmenbeschluss über den Austausch von Informatio-

---

599 Auch *Papayannis*, ZEuS 2008, 219, 225.
600 ABl. EU C 53/1 v. 3. März 2005, S. 7 f.
601 Umfassend *Böse*, Der Grundsatz der Verfügbarkeit, S. 21 ff. und aktuell auch *Schmidt*, Der Grundsatz der Verfügbarkeit, S. 10 ff.
602 ABl. EU C 53/1 v. 3. März 2005, S. 7.
603 Siehe *Schmidt*, Der Grundsatz der Verfügbarkeit, S. 51.
604 *Schmidt*, Der Grundsatz der Verfügbarkeit, S. 1.
605 *Zöller* schreibt, dass eine Umsetzung des Grundsatzes „den Abschied von allen Irrungen und Wirrungen des Rechtshilfeverkehrs" bedeuten würde. Siehe *Zöller*, ZIS 2011, 64, 64.
606 Umfassend *Schmidt*, Der Grundsatz der Verfügbarkeit, S. 120 ff.
607 Eine Übersicht bietet *Schmidt*, Der Grundsatz der Verfügbarkeit, S. 52 f.

nen nach dem Grundsatz der Verfügbarkeit[608]. Eine gesetzliche Regelung, die die grenzüberschreitende Verfügbarkeit von strafverfahrensrelevanten Informationen ermöglichen sollte, hätte „je nach Blickwinkel [als] bahn- oder dammbrechende Innovation" bezeichnet werden können[609]. Die vergleichsweise sehr schnelle Entwurfsveröffentlichung erfolgte in Anbetracht der Terroranschläge von London, woraufhin der Rat der Justiz- und Innenminister eine zügige Vorlage von der Europäischen Kommission einforderte[610]. Die schnelle Erarbeitung sollte sich allerdings bei näherer Betrachtung des Vorschlags zeigen, was sich neben mangelhaften Datenschutzbestimmungen[611] auch in der ausbleibenden Konkretisierung auf bestimmte Straftaten widerspiegelte. Dem Vorschlag mangelte es an dem Bestimmtheitsgebot als auch an der Achtung des Verhältnismäßigkeitsgrundsatzes[612]. Entsprechend konnte sich der Vorschlag der Europäischen Kommission nicht durchsetzen und wurde mit dem Vertrag von Lissabon hinfällig[613].

c) Rahmenbeschluss 2006/960/JI

Im Zuge einer schwedischen Initiative wurde bereits im Jahr 2006 der Rahmenbeschluss über die Vereinfachung der Verfügbarkeit von Daten[614] erlassen, den auch Island, Norwegen und die Schweiz[615] annahmen (sog. „Schwedische Initiative[616]). Anders als der fehlgeschlagene Kommissionsvorschlag, muss der Rahmenbeschluss 2006/960/JI vielmehr als Komponente der justiziellen und polizeilichen Zusammenarbeit gesehen werden. Der Rahmenbeschluss 2006/960/JI lässt einen grenzüberschreitenden Netz-

---

608 KOM(2005) 490 endg. v. 12. Oktober 2005.
609 *Meyer*, NStZ 2008, 188, 189.
610 KOM(2005) 490 endg. v. 12. Oktober 2005, S. 2.
611 *Meyer*, NStZ 2008, 188, 191 f.; *Papayannis*, ZEuS 2008, 219, 228. Es folgte der Vorschlag über einen Rahmenbeschluss über den Schutz personenbezogener Daten, die im Rahmen der polizeilichen und justiziellen Zusammenarbeit in Strafsachen verarbeitet werden. Siehe KOM(2005) 475 endg. v. 4. Oktober 2005.
612 *Zöller*, ZIS 2011, 64, 65.
613 KOM(2009) 665 endg. v. 2. Dezember 2009, siehe Anhang 2.
614 Rahmenbeschluss 2006/960/JI des Rates v. 18. Dezember 2006 über die Vereinfachung des Austauschs von Informationen und Erkenntnissen zwischen den Strafverfolgungsbehörden der Mitgliedstaaten der Europäischen Union, ABl. EG L 386/89 v. 29. Dezember 2006.
615 ABl. EG L 386/89, Erwägungsgrund Nr. 13 f.
616 *Schmidt*, Der Grundsatz der Verfügbarkeit, S. 66; *Zöller*, ZIS 2011, 64, 65.

werkzugriff nicht zu, sondern überlässt dies den ersuchten mitgliedstaatlichen Behörden und dient der Förderung des Informationsaustauschs[617] im Sinne eines gleichberechtigten Zugangs zu Daten[618]. Art. 1 Nr. 1 i. V. m. Art. 3 Rahmenbeschluss 2006/960/JI sieht einen Informationsaustausch vor, indes jedoch keine Abrufbarkeit im engeren Sinne.[619] Der Rahmenbeschluss ist somit nicht als sekundärrechtliche Umsetzung des Verfügbarkeitsgrundsatzes zu bewerten.[620] Zudem wurde begrüßt, dass die Informationsweitergabe an bestimmte Voraussetzungen geknüpft ist. So statuiert Art. 3 Nr. 3 Rahmenbeschluss 2006/960/JI einen Gleichbehandlungsgrundsatz, nachdem die ersuchende Behörde zwar den innerstaatlichen Behörden gleichgestellt ist, andererseits die selben Anforderungen an die Anfrage zu knüpfen sind.[621] In diesem Punkt geht der Rahmenbeschluss 2006/960/JI über die im Haager Programm aufgestellten Grundsätze hinaus[622]. Die Effektivität des Rahmenbeschlusses 2006/960/JI wurde auch dahingehend positiv aufgenommen, dass Art. 4 Rahmenbeschluss 2006/960/JI, Fristen vorsieht, wodurch grenzüberschreitende Anfragen zügiger beantwortet werden sollen.[623] Obwohl der Rahmenbeschluss grundsätzlich begrüßt wurde, erfolgte die Umsetzung in Deutschland erst im Jahr 2012.[624]

d) Prümer Übereinkommen

Als bedeutend für den Grundsatz der Verfügbarkeit wird das völkerrechtliche Übereinkommen über die Vertiefung der grenzüberschreitenden Zusammenarbeit in den Bereichen Terrorismus, grenzüberschreitende Kriminalität und illegale Migration (sog. Prümer Vertrag) eingestuft. Es handelt

---

617 ABl. EG L 386/89, Erwägungsgrund Nr. 10.
618 *Schmidt*, Der Grundsatz der Verfügbarkeit, S. 67.
619 Dies wird dadurch untermauert, dass die schwedische Initiative die Fortentwicklung der Schengen-*acquis* beabsichtigte. So auch *Meyer*, NStZ 2008, 188, 189. Des Weiteren auch *Böse*, Der Grundsatz der Verfügbarkeit von Informationen in der strafrechtlichen Zusammenarbeit der EU, S. 40; *Zöller*, ZIS 2011, 64, 66.
620 So auch *Schmidt*, Der Grundsatz der Verfügbarkeit, S. 67. A. A. *Esser*, in: Böse (Hrsg.), Europäisches Strafrecht, § 19 Rn. 46.
621 So *Meyer*, NStZ 2008, 188, 190; *Zöller*, ZIS 2011, 64, 65 f.
622 Siehe ABl. EU C 53/1 v. 3. März 2005, S. 8.
623 *Zöller*, ZIS 2011, 64, 65.
624 Hierauf weist *Zöller*, ZIS 2011, 64, 66 hin. Sodann in BGBl. Teil I 2012 Nr. 35 S. 1566.

sich um ein Übereinkommen außerhalb der *acquis communautaire*, da es sich um ein zwischenstaatliches Übereinkommen zwischen Belgien, Deutschland, Frankreich, Luxemburg, den Niederlanden, Österreich und Spanien handelt, dem sich inzwischen weitere Staaten angeschlossen haben[625]. Dabei betonen die Mitgliedstaaten, dass sie, als Teil der Europäischen Union, im Rahmen einer Zusammenarbeit dem Terrorismus, der grenzüberschreitenden Kriminalität und der illegalen Migration begegnen wollen, was durch den Austausch von Informationen ermöglicht werden soll (Art. 1 Abs. 1 Prüm-Vertrag).

Der Prümer Vertrag weise markante Ähnlichkeiten zum Schengen-Statut auf[626] und sei als Versuch für weitere unionsrechtliche Maßnahmen zu sehen[627]. Aufgrund einer Vielzahl inhaltlich überschneidender Punkte des Prümer Vertrages mit dem Schengen-Statut, wurde zudem eine Kollision skizziert.[628] Die Überlappungen betrafen vor allem die Vorgaben zu den Informationsinhalten.[629]

Durch den Prümer Vertrag war es den Behörden der Vertragsstaaten möglich, einen mittelbaren Datenzugriff auf Informationen eines anderen Vertragsstaates zu erhalten. Der erste Schritt erfolgt dabei zunächst durch Zugriff auf ein Indexsystem, wobei es sich lediglich um „anonymisierte Fundstellendaten"[630] in Form des Treffer-/Kein-Treffer-Verfahrens[631] handelt. Erst in einem zweiten Schritt obliegt es dem dateibesitzenden Vertragsstaat, ob er den näheren Zugriff auf die personenbezogenen Daten erlaubt. Hier zeigt sich, dass mit dem Prümer Vertrag eine tatsächliche Umsetzung des Verfügbarkeitsgrundsatzes zumindest anvisiert worden war.

Erst im Jahr 2008 überführte der Rat Teile des Prümer Vertrages in den Unionsbesitzstand mittels zweier Entschlüsse (sog. Prüm Entscheidun-

---

625 *Papayannis*, ZEuS 2008, 219, 228 f.; *Zöller*, ZIS 2011, 64, 66.
626 *Balzacq/Bigo/Carrera/Guild*, CEPS Working Document 2006, S. 15; *Lund Olsen*, in: Laursen (Hrsg.), The rise and fall of the EU's Constitutional Treaty, S. 477 (491).
627 *Lund Olsen*, in: Laursen (Hrsg.), The rise and fall of the EU's Constitutional Treaty, S. 477 (491). Die engen Zusammenhänge führten dazu, dass der Prümer Vertrag als Schengen III bezeichnet wurde. Vgl. *Brouwer*, Digital borders and real rights, S. 46; *Hummer*, EuR 2007, 517, 517.
628 Siehe hierzu *Hummer*, EuR 2007, 517, 518 und 526 f.
629 Hierzu ausführlich *Papayannis*, ZEuS 2008, 219, 231 ff.
630 Hierzu *Kietz/Maurer*, SWP-Aktuell 2006, S. 2.
631 *Papayannis*, ZEuS 2008, 219, 232.

gen[632])[633], die zur Effizienzsteigerung der innereuropäischen Strafverfolgung beitragen sollte.[634] Der Ratsentschluss 2008/615/JI verpflichtet die Mitgliedstaaten, nationale Datenbanken einzurichten und anderen Mitgliedstaaten einen beschränkten Zugriff zu ermöglichen. Dies umfasst, entsprechend des Prümer Vertrags, die Suche nach DNS-Profilen[635], Fingerabdrücken und Fahrzeugregisterdaten. Der Ratsbeschluss 2008/615/JI stellt demnach den ersten Rechtsakt zur Niederlegung eines begrenzten Verfügbarkeitsgrundsatzes innerhalb des Unionsbesitzstands dar, da auch hier lediglich der Zugriff auf das nationale Indexsystem ermöglicht wird und es dem datenbesitzenden Mitgliedstaat aufgrund seines nationalen Rechts obliegt, ob dieser die dazugehörigen sensiblen Daten dem informationssuchenden Mitgliedstaat freigibt.[636] Von einer vollumfänglichen Umsetzung des Verfügbarkeitsgrundsatzes gemäß dem Haager Programm kann allerdings nicht gesprochen werden.

V. Zwischenergebnis

Die polizeiliche und justizielle Zusammenarbeit in Strafsachen wurde etappenweise durch die Verträge von Maastricht, Amsterdam und Lissabon ausgebaut und konkretisiert. Auslöser für die Abschwächung des Souveränitätsgedankens der Mitgliedstaaten war das Bestreben nach unionsweiter Freizügigkeit, dem Abbau von Grenzkontrollen, dem Anstieg transnationaler organisierter Kriminalität und der Bedrohung durch den internationalen Terrorismus. Die Besonderheit des Strafrechts spiegelte sich in der bis zum Vertrag von Lissabon bestehenden Drei-Säulen-Struktur wider. Die mittel- und osteuropäische Erweiterung der Europäischen Union und die Übertragung des Schengen-*acquis* in den Unionsbesitz mit dem Vertrag von Amsterdam veranlassten eine Erweiterung sowie Verlagerung von Verantwortungs- und Kompetenzbereichen auf die Institutionen der

---

632 Ratbeschluss 2008/615/JI und Ratbeschluss 2008/616/JI. Hierzu auch ausführlich *Muñoz/Fiodorova*, Utrecht Law Review 2014, 149, 151 ff.
633 Die Initiative ging auf die deutsche Ratspräsidentschaft zurück. Siehe hierzu *Curtin*, in: Fabbrini (Hrsg.), The Law and Politics of Brexit, S. 183 (193 f.) und *Muñoz/Fiodorova*, Utrecht Law Review 2014, 149, 152.
634 Allerdings zu den Schwierigkeiten *Heid*, in: Dauses/Ludwigs (Hrsg.), Hdb. EU-Wirtschaftsrecht, Kap. S Nr. 4 Rn. 137.
635 Zur Überprüfung anhand der Europäischen Grundrechtcharta ausführlich *Muñoz/Fiodorova*, Utrecht Law Review 2014, 149, 154 ff.
636 Siehe *Muñoz/Fiodorova*, Utrecht Law Review 2014, 149, 152.

Europäischen Union. Zugunsten des *effet utile*-Grundsatzes setzte der EuGH eine strafrechtliche Annexkompetenz in der Grundsatzentscheidung *Umweltschutz* innerhalb des Gemeinschaftsrechts zugunsten der Europäischen Kommission und konkretisierte sie in der Rechtssache *Meeresverschmutzung*, was mit dem Vertrag von Lissabon primärrechtlich verankert worden ist. Die Auflösung der Drei-Säulen-Struktur ermöglichte effizientere Gesetzgebungsprozesse, da die Frage nach der Kompetenzzuweisung zwischen erster und dritter Säule und der Vorwurf einer Entrechtung der europäischen Institutionen, im Rahmen der ersten Säule, entfielen. Der Erlass paralleler Rechtsakte, die bei Beachtung der Kompetenzzuweisungen der Drei-Säulen-Struktur notwendig waren, ist nicht mehr notwendig.

Eine strafrechtliche Mindestangleichung erfolgt seit dem Vertrag von Lissabon durch Richtlinien im Zuge des ordentlichen Gesetzgebungsverfahren. Die Übertragung einer Mitbestimmungspflicht und der Verantwortung auf das Europäischen Parlament hat zu einer Überwindung des demokratischen Legitimitätsdefizits geführt. Zudem wurde das vorherige Einstimmigkeitserfordernis des Rats auf eine Mehrheitsentscheidung reduziert. Indes zeigt sich auch weiterhin der Souveränitätsvorbehalt der Mitgliedstaaten, der sich vereinzelt im Vertrag von Lissabon widerfindet, aber vordergründig durch die Sonderstellungen einzelner Mitgliedstaaten symbolisiert wird. Letzteres führt seit dem Vertrag von Maastricht zu einer differenzierten Integration, der sich vor allem seit dem Vertrag von Amsterdam in dem Politbereich des RFSR widerspiegelt.

B. Maßnahmen gegen Computerkriminalität

I. Kinderpornographie und Cybergrooming

1. Entwicklung

Im Oktober 1996 veröffentlichte die Europäische Kommission das Grünbuch über den Jugendschutz und den Schutz der Menschenwürde in den audiovisuellen und den Informationsdiensten[637]. Das Grünbuch stellte allerdings lediglich eine Diskussionsgrundlage dar, indem es eine Zusammenfassung *status quo* beinhaltete und die Herausforderungen für die Europäische Union im Zusammenhang mit illegalen Onlineinhalten skizzier-

---

637 KOM(1996) 483 endg. v. 16. Oktober 1996, siehe 1b.

te. Unter Berücksichtigung zahlreicher Konferenzen und völkerrechtlicher Vereinbarungen, wie dem Übereinkommen über die Rechte des Kindes[638], wurde nach belgischer Initiative die Gemeinsame Maßnahme 97/154/JI[639] unter dem Mantel der Einwanderungspolitik erlassen. Die Gemeinsame Maßnahme 97/154/JI diente vordergründig dem Opferschutz und der Opferfürsorge (Titel II Abschnitt F) sowie dem Ausbau der Zusammenarbeit zwischen den Mitgliedstaaten im Hinblick auf den Menschenhandel und der sexuellen Ausbeutung von Kindern (Titel III).

Im Mai 2000 folgte ein Beschluss des Rates zur Bekämpfung der Kinderpornographie im Internet[640], der auf eine Initiative Österreichs zurückging. Obwohl Art. 1 des Beschlusses 2000/375/JI mögliche strafbare Handlungen benennt, dient auch der Ratsbeschluss grundlegend der effektiveren Zusammenarbeit der Behörden[641]. Letzteres wird vor allem durch die Vorgaben in Art. 2 Beschluss 2000/375/JI deutlich, indem unter anderem eine rechtzeitige und effiziente Reaktion auf Straftaten im Zusammenhang mit Kinderpornographie zu gewährleisten ist (Art. 2 Abs. 1). Da es sich um einen Ratsbeschluss gemäß ex. Art. 34 Abs. 2 lit. c) EUV handelte, war keine Rechtsangleichung vorgesehen, sondern es diente vordergründig der Proklamation innerhalb der PJZS.

Im Januar 2004 folgte der Rahmenbeschluss 2004/68/JI[642] zur Bekämpfung der sexuellen Ausbeutung von Kindern und der Kinderpornographie, der im Dezember 2011 durch die Richtlinie 2011/93/EU[643] ersetzt worden ist.

---

638 Übereinkommen der Vereinten Nationen über die Rechte des Kindes, UNTS Vol. 1577, S. 3.
639 Gemeinsame Maßnahme 97/154/JI v. 24. Februar 1997 vom Rat aufgrund von Artikel K. 3 des Vertrages über die Europäische Union betreffend die Bekämpfung des Menschenhandels und der sexuellen Ausbeutung von Kindern, ABl. EG L 63/2 v. 4. März 1997.
640 Beschluss 2000/375/JI des Rates v. 29. Mai 2000 zur Bekämpfung der Kinderpornographie im Internet, ABl. EG L 138/1 v. 9. Juni 2000.
641 Hierzu auch *Gercke*, CR 2012, 520, 521.
642 Rahmenbeschluss 2004/68/JI des Rates v. 22. Dezember 2003 zur Bekämpfung der sexuellen Ausbeutung von Kindern und der Kinderpornographie, ABl. EU L 13/44 v. 20. Januar 2004.
643 Richtlinie 2011/93/EU des Europäischen Parlaments und des Rates vom 13. Dezember 2011 zur Bekämpfung des sexuellen Missbrauchs und der sexuellen Ausbeutung von Kindern sowie der Kinderpornografie sowie zur Ersetzung des Rahmenbeschlusses 2004/68/JI des Rates, ABl. EU L 335/1 v. 17. Dezember 2011. Die Richtlinie 2011/93/EU wurde falsch (ex. Richtlinie 2011/92/EU) nummeriert. Es folgte eine Berichtigung in ABl. EU L 18/7 v. 12. Januar 2012.

2. Rahmenbeschluss 2004/68/JI

a) Einführung

Dem Rahmenbeschluss 2004/68/JI lag eine Vielzahl an Arbeitspapieren der Europäischen Union zugrunde. Hierzu zählen der Aktionsplan des Rats und der Europäischen Kommission zur bestmöglichen Umsetzung des Vertrages von Amsterdam, die Schlussfolgerungen von Tampere und die Gemeinsame Maßnahme 97/154/JI. All diese Dokumente indizierten bereits eine Bereitschaft zur Abgabe von Souveränitätsrechten, die sich allerdings auf gemeinsame Tatbestandsmerkmale bestimmter Straftaten und deren Sanktionen beschränkte.[644]

Die Kinderpornographie ist als besonders schwere Form der sexuellen Ausbeutung von Kindern zu betrachten, die aufgrund des Internets einen rasant wachsenden Handelsmarkt erfährt[645]. Neuartigen Ausprägungen des sexuellen Missbrauchs von Kindern muss mit einem ganzheitlichen Konzept begegnet werden. Dieses Konzept darf nicht nur die Strafrechtsangleichung beinhalten, sondern muss ebenso einen wirksamen, verhältnismäßigen und abschreckenden Sanktionsmechanismus[646] sowie eine möglichst umfassende und effiziente justizielle Zusammenarbeit zwischen den Mitgliedstaaten umfassen[647]. Als Rechtsgrundlage des Rahmenbeschlusses wurde ex. Art. 29, 31 lit. e) EUV herangezogen, der aber keine Angleichungskompetenz im Bereich des Kindesmissbrauchs vorsah. Der Vorwurf einer mangelnden Legitimation wurde dahingehend erschwert, dass der Rat in der Präambel nicht einmal mehr Bezüge oder Anknüpfungen zur organisierten Kriminalität herstellte. Der Rat verwies lediglich auf die in ex. Art. 29 EUV niedergelegten Zielvorstellungen der Europäischen Union, was die fehlende Legitimität wettzumachen versuchte.[648]

Aus Art. 1 des Übereinkommens über die Rechte des Kindes der Vereinten Nationen, wurde die Definition des Kindes in Art. 1 lit. a) Rahmenbeschluss 2004/68/JI wie auch im Jahr 2007 in Art. 3 lit. a) Lanzarote-Übereinkommen übernommen. Ein Kind ist demnach jede Person unter 18 Jahren. Es bestand bei jenen Mitgliedstaaten Anpassungsbedarf, die im Zu-

---

644 ABl. EU L 13/44 v. 20. Januar 2004, Erwägungsgründe Nr. 1 f.
645 ABl. EU L 13/44 v. 20. Januar 2004, Erwägungsgrund Nr. 5.
646 ABl. EU L 13/44 v. 20. Januar 2004, Erwägungsgründe Nr. 9 f.
647 ABl. EU L 13/44 v. 20. Januar 2004, Erwägungsgrund Nr. 7.
648 Ausführlich zur Diskussion nach altem Rechtsstand: *Geiger*, Auswirkungen europäischer Strafrechtsharmonisierung auf nationaler Ebene, S. 198 f.

ge von Art. 9 Abs. 3 Übereinkommen gegen Computerkriminalität, eine niedrigere Altersgrenze von 16 Jahren vorgesehen hatten.[649] Es wurde vorgeworfen, dass der breite Schutzumfang die nationalen Vorstellungen sexueller Mündigkeit nicht berücksichtigen würde, da auch Art. 18 Abs. 1 lit. a) Lanzarote-Übereinkommen, den Vertragsstaaten die Festlegung des Alters sexueller Mündigkeit überlässt.[650] Indes wird im Zuge dieser Ansicht das Alter sexueller Mündigkeit und das Schutzalter im Rahmen des sexuellen Missbrauchs miteinander vermengt. Die Europäische Kommission stellt klar, dass die Festlegung des Alters sexueller Selbstbestimmung den Mitgliedstaaten überlassen ist. Es muss jedoch berücksichtigt werden, dass das Schutzalter von 18 Jahren im Rahmen des sexuellen Kindesmissbrauchs trotz der früheren nötigen Reife angemessen ist[651], da der Fokus auf der Ausnutzung von Kindern als Sexualobjekte liegen muss[652]. Für diesen Schutzgedanken spricht sich im Übrigen auch der Europarat aus.[653] Von einem Widerspruch kann daher nicht ausgegangen werden, da beide Altersgrenzen voneinander losgelöst zu betrachten sind.

Der Freiraum gegenüber den Mitgliedstaaten wurde mitunter im Rahmen der Ausschlussklauseln gemäß Art. 3 Abs. 2 lit b) Rahmenbeschluss 2004/68/JI deutlich, wonach bestimmte Handlungen nicht unter Strafe gestellt werden mussten, in denen das Kind bereits das Alter sexueller Mündigkeit erreicht und sein Einverständnis hierzu gegeben hat. Andererseits verlangte Art. 5 Abs. 2 lit. b) Rahmenbeschluss 2004/68/JI ein höheres Strafmaß für Fälle, bei denen das Opfer noch nicht das Alter sexueller Mündigkeit erreicht hat. Eine Normierung des Alters sexueller Mündigkeit erfolgte im Rahmenbeschluss 2004/68/JI jedoch in keiner Weise.

In Anbetracht von Art. 1 i. V. m. Art. 3 Rahmenbeschluss 2004/68/JI wurde ein umfassender Kriminalisierungsansatz verlangt, indem Handlungen im Zusammenhang mit der Real-, Fiktiv- und virtuellen Kinderpornographie grundsätzlich unter Strafe zu stellen waren. Der Rat übernahm somit den weiten Anwendungsbereich aus Art. 9 Abs. 2 Übereinkommen ge-

---

649 Kritisch von dem Vereinigten Königreich, Deutschland, Dänemark, Finnland und Österreich betrachtet, siehe *Rat der Europäischen Union*, Dok. LIMITE Nr. 8112/01 v. 27. April 2001, S. 9 Fn. 1.
650 So überaus kritisch *Geiger*, Auswirkungen europäischer Strafrechtsharmonisierung auf nationaler Ebene, S. 78.
651 KOM(2000) 854 endg. /2 v. 22. Januar 2001, S. 22. A. A. *Baier*, ZUM 2004, 39, 45; *Hopf/Braml*, ZUM 2007, 354, 357.
652 *Hilgendorf/Valerius*, Computer- und Internetstrafrecht, Rn. 277.
653 *Europarat*, Explanatory report to the Convention on Cybercrime v. 23. November 2001, Nr. 104.

gen Computerkriminalität, wobei die Ausnahmevorbehalte gemäß Art. 3 Abs. 2 Rahmenbeschluss 2004/68/JI zu beachten waren.

b) Straftatbestände

Die Straftatbestände gemäß Art. 3 Abs. 1 Rahmenbeschluss 2004/68/JI orientierten sich an dem Fakultativprotokoll zum Übereinkommen über die Rechte des Kindes der Vereinten Nationen[654] und an dem Übereinkommen gegen Computerkriminalität[655], das im selben Jahr des Kommissionsvorschlags über den Rahmenbeschluss unterzeichnet wurde. Die Vorgaben gingen somit über die in der Gemeinsamen Maßnahme 97/154/JI genannten Tathandlungen hinaus.[656] Zugunsten eines umfassenden Strafbarkeitsrahmens wurden acht Tathandlungen als Straftatbestände im Deliktsbereich der Kinderpornographie festgelegt. Die Mitgliedstaaten mussten nunmehr die Herstellung (Art. 3 Abs. 1 lit. a)), den Vertrieb, die Verbreitung und Weitergabe (Art. 3 Abs. 1 lit. b)), das Anbieten oder sonstige Zugänglichmachen (Art. 3 Abs. 2 lit. c)) sowie den Erwerb und Besitz (Art. 3 Abs. 1 lit. d)) unter Strafe stellen.

Wie oben erötert, offerierte Art. 9 Abs. 4 i. V. m. Art. 9 Abs. 1 lit. d) des Übereinkommens gegen Computerkriminalität den Vertragsstaaten eine fakultative Umsetzung der Strafbarkeit des Beschaffens von Kinderpornographie. Der Rahmenbeschluss 2004/68/JI übernahm die Handlungsform des „Beschaffens" nicht, forderte aber die Strafbarkeit des „Erwerbs" gemäß Art. 3 Abs. 1 lit. d) Rahmenbeschluss 2004/68/JI. Auch der „Besitz" von Kinderpornographie musste nunmehr in allen Mitgliedstaaten als Straftat vorgesehen werden.

Zudem war die Pönalisierung der Herstellung von Kinderpornographie einer umfassenden Diskussion ausgesetzt. Es wurde verlangt, dass der Straftatbestand der Herstellung nur dann erfüllt sein sollte, wenn die Herstellung mit Vertriebsabsicht erfolgt, was an Art. 9 Abs. 1 lit. a) Übereinkommen gegen Computerkriminalität angeknüpft hätte. Letzteres scheiterte indes mit der Begründung, dass auch Titel I Abschnitt A lit. ii) c) der Gemeinsamen Maßnahme 97/154/JI eine diesbezügliche Einschränkung nicht

---

654 UNTS Vol. 2171, A-27531.
655 KOM(2000) 854 endg. /2 v. 22. Januar 2001, S. 23.
656 *Scheffler*, Strafgesetzgebungstechnik, S. 94.

vorgesehen hatte.[657] Im Übrigen sah auch Art. 3 Fakultativprotokoll zum Übereinkommen über die Rechte des Kindes eine solche Begrenzung nicht vor. Dänemark verlangte darüber hinaus, dass der Erwerb und Besitz von Kinderpornographie nur dann strafbar sein sollten, wenn das Kind das Alter der sexuellen Mündigkeit noch nicht erreicht hat.[658]

Wenn auch nicht gänzlich die Kritik der Mitgliedstaaten umgesetzt worden war und der Rat sich grundsätzlich dem Vorschlag der Europäischen Kommission angeschlossen hatte, ergab sich dennoch aufgrund der drei Ausschlussklauseln in Art. 3 Abs. 2 Rahmenbeschluss 2004/68/JI ein weitreichender Umsetzungsrahmen zugunsten der Mitgliedstaaten. So konnte die Fiktivpornographie vollumfänglich von einer Umsetzung ausgeklammert werden (Art. 3 Abs. 2 lit. a)). Zudem konnte, wie bereits erwähnt, ein Mitgliedstaat das Alter der sexuellen Mündigkeit im Rahmen der Herstellung und des Besitzes von Kinderpornographie weitgehend berücksichtigen (Art. 3 Abs. 2 lit. b)). Als restriktiver Ausnahmevorbehalt ist Art. 3 Abs. 2 lit. c) Rahmenbeschluss 2004/68/JI zu betrachten, der es den Mitgliedstaaten überließ, ob sie die virtuelle Kinderpornographie unter Strafe stellten. Letzteres ist allerdings nur unter der Maßgabe möglich gewesen, dass das Material ausschließlich für den persönliche Gebrauch hergestellt worden und keine Gefahr der Verbreitung anzunehmen ist.[659] Die Vorgaben zur Strafrechtsangleichung im Bereich der virtuellen Kinderpornographie sind daher strenger als die Vorgaben zur Kriminalisierung der fiktiven Kinderpornographie.

Des Weiteren sah Art. 4 Rahmenbeschluss 2004/68/JI die Strafbarkeit von Anstiftung, Beihilfe und Versuch vor. Während die Anstiftung und Beihilfe im Rahmen der sexuellen Ausbeutung von Kindern und der Kinderpornographie ausnahmslos durch die Mitgliedstaaten gegeben sein muss, wurde die Strafbarkeit des Versuchs auf die Herstellung, den Ver-

---

657 Siehe *Geiger*, Auswirkungen europäischer Strafrechtsharmonisierung auf nationaler Ebene, S. 76 m. V. a. *Rat der Europäischen Union*, Nr. 12204/01 v. 27./28. September 2001, S. 12.

658 Hierzu *Geiger*, Auswirkungen europäischer Strafrechtsharmonisierung auf nationaler Ebene, S. 76 m. V. a. *Rat der Europäischen Union*, Dok. LIMITE Nr. 13532/01 v. 7. November 2001, S. 11; Dok. LIMITE Nr. 14238/01 v. 21. November 2001, S. 10; Dok. LIMITE Nr. 14864/01 v. 4. Dezember 2001, S. 11.

659 Das Vereinigte Königreich, Belgien, Deutschland, Irland und Griechenland haben erklärt, dass sie sämtliche Formen der Kinderpornographie verurteilen und keinen Unterschied zwischen echten und virtuellen Kinderbildern sehen. Siehe *Rat der Europäischen Union*, Dok. LIMITE Nr. 12418/02 v. 7. Oktober 2002, S. 16.

trieb, die Verbreitung und der Weitergabe von Kinderpornographie gemäß Art. 4 Abs. 2 i. V. m. Art. 3 Abs. 1 lit. a) und lit. b) Rahmenbeschluss 2004/68/JI beschränkt. Eine diesbezügliche Ausweichklausel zugunsten der Mitgliedstaaten sah der Rahmenbeschluss indes nicht vor.

c) Sanktionen

Gemäß Art. 5 Rahmenbeschluss 2004/68/JI sollten Handlungen nach Art. 2 bis Art. 4 Rahmenbeschluss 2004/68/JI mit einer Freiheitsstrafe im Höchstmaß von mindestens einem bis drei Jahren sanktioniert werden. Ein Strafmaß von mindestens fünf bis zehn Jahren wurde in Fällen der Nötigung von Kindern zur Prostitution oder zur Mitwirkung an pornographischen Darbietungen (Art. 5 Abs. 2 lit. a)) und bei Gewinnerzielungsabsichten durch den Missbrauch von Kindern oder sonstigen Formen der Ausbeutung (Art. 5 Abs. 2 lit. a)) vorgesehen. Art. 5 Abs. 2 lit. a) Rahmenbeschluss 2004/68/JI war indes an eine weitere Voraussetzung geknüpft. Das höhere Strafmaß sollte nur dann Anwendung finden, wenn es sich entweder um ein Kind handelt, was die sexuelle Mündigkeit noch nicht erreicht hat, eine vorsätzliche oder rücksichtslose Gefährdung des Kindes stattgefunden hat oder die Handlung im Rahmen einer kriminellen Vereinigung begangen wurde[660]. Zudem mussten die Mitgliedstaaten, gemäß Art. 5 Abs. 3 Rahmenbeschluss 2004/68/JI, eine Berufsausschlussklausel im nationalen Recht vorsehen, wenn der ausgeübte Beruf des Täters die Beaufsichtigung von Kindern einschließt.

3. Richtlinie 2011/93/EU

a) Einführung

Mit dem Inkrafttreten des Vertrages von Lissabon sind ausdrücklich, gemäß Art. 83 Abs. 1 UAbs. 2 AEUV, strafrechtliche Angleichungsmaßnahmen im Kampf gegen die sexuelle Ausbeutung von Kindern gestattet, wo-

---

660 Art. 5 Abs. 2 lit. b), 4. Spiegelstrich Rahmenbeschluss 2004/68/JI verweist diesbezüglich auf Art. 1 Gemeinsame Maßnahme 98/733/JI. Letztere wurde allerdings durch den Rahmenbeschluss 2008/841/JI des Rates zur Bekämpfung der organisierten Kriminalität (ABl. EU L 300/42 v. 11. November 2008) ersetzt.

durch die frühere Kritik einer fehlenden Legitimation und einer Missachtung des Subsidiaritätsprinzips hinfällig wurde.

Bereits im März 2010 schlug die Europäische Kommission eine Richtlinie zur Bekämpfung des sexuellen Missbrauchs vor, da der Rahmenbeschluss 2004/68/JI den Mitgliedstaaten einen zu weiten Ermessensspielraum überlassen hatte und diesbezüglich nur minder von einer Angleichungsmaßnahme gesprochen werden konnte.[661] Im Dezember 2011 wurde die Richtlinie 2011/93/EU zur Bekämpfung des Kindesmissbrauchs, der sexuellen Ausbeutung von Kindern und der Kinderpornographie erlassen, die den Rahmenbeschluss 2004/68/JI ersetzte. Die Richtlinie 2011/93/EU dient vor allem der Ergänzung bereits implementierter Bestimmungen. Neben Opferschutz- und Präventionsmaßnahmen, sieht die Richtlinie 2011/93/EU ein Werbeverbot für Kindersextourismus und die Pönalisierung des Cybergroomings vor.

Mit der Richtlinie 2011/93/EU folgt ein umfassendes Strafbarkeitsverlangen des sexuellen Missbrauchs von Kindern (Art. 3), was sich im Titel der Richtlinie 2011/93/EU und in dem umfassenden Strafbarkeitsverlangen des Versuchs des sexuellen Missbrauchs gemäß Art. 7 Abs. 2 Richtlinie 2011/93/EU widerspiegelt. Anders als im Rahmenbeschluss 2004/68/JI, wird das Alter der sexuellen Mündigkeit im Rahmen der Straftaten gemäß Art. 3 bis 7 Richtlinie 2011/93/EU extensiv berücksichtigt. Gemäß Art. 2 lit. b) Richtlinie 2011/93/EU ist das Alter der sexuellen Mündigkeit das Alter, unterhalb dessen die Vornahme sexueller Handlungen mit einem Kind nach dem Recht der Mitgliedstaaten verboten ist. Der Unionsgesetzgeber hält auch weiterhin daran fest, das Alter sexueller Mündigkeit nicht zu regeln.

Die Berufsausschlussklausel wurde in Art. 10 Abs. 1 Richtlinie 2011/93/EU übernommen. Zudem sind darüberhinausgehende Regelungen vorgesehen, die unter anderem die Möglichkeit von Arbeitgebern betreffen, Informationen über betreffende Personen im Strafregister anzufordern, wenn die Tätigkeit den Kontakt mit Kindern umfasst. Die Mitgliedstaaten müssen, gemäß Art. 10 Abs. 3 Richtlinie 2011/93/EU, zudem gewährleisten, dass diesbezüglich ein entsprechender Informationsaustausch zwischen den Behörden der Mitgliedstaaten gewährleistet wird.

Eine weitere Neuerung sieht Art. 16 Richtlinie 2011/93/EU vor, wonach Berufsgruppen, mit direktem Bezug zu Kindern, das Recht zugestanden werden muss, eine entsprechende Meldung des Verdachts des sexuellen

---

661 KOM(2010) 94 endg. v. 29. März 2010, S. 3.

Missbrauchs oder der sexuellen Ausbeutung an die für Kinderschutz zuständigen Stellen der Mitgliedstaaten zu machen.

Während Art. 9 Rahmenbeschluss 2004/68/JI zumindest tendenziell Vorgaben zum Opferschutz machte, verlangen Art. 18 bis Art. 20 Richtlinie 2011/93/EU dies nun in Form von Unterstützungs-, Betreuungs- und Schutzmaßnahmen. Zudem sieht Art. 22 Richtlinie 2011/93/EU präventive Interventionsprogramme für Personen vor, die befürchten, dass sie zu einer entsprechenden Tatbegehung fähig sind. Art. 23 Richtlinie 2011/93/EU sieht solche Programme für die Zeit während und nach einem Strafverfahren vor.

b) Cybergrooming

Art. 6 Richtlinie 2011/93/EU stellt einen Meilenstein dar, da nunmehr alle Mitgliedstaaten den Straftatbestand des Cybergroomings vorsehen müssen. Gemäß Art. 6 Abs. 1 Richtlinie 2011/93/EU liegt der Straftatbestand des Cybergroomings vor, wenn ein Erwachsener zu einem Kind, was das Alter sexueller Mündigkeit noch nicht erreicht hat, über die Möglichkeiten der Informations- und Kommunikationstechnologien Kontakt aufnimmt, in der Absicht, das Kind zu missbrauchen oder zur Herstellung von Kinderpornographie zu bewegen. Auf den Vorschlag eines Treffens müssen hinführende konkrete Handlungen folgen.[662] Gemäß Art. 6 Abs. 2 Richtlinie 2011/93/EU ist der Versuch nur im Hinblick auf die Absicht der Herstellung von Kinderpornographie zu kriminalisieren. Die Kontaktanbahnung in der realen Welt („Grooming") ist nicht Bestandteil der Richtlinie 2011/93/EU.[663] Von den Mitgliedstaaten wird lediglich gefordert, dass das sexuell motivierte Ansprechen von Kindern in der realen Welt im nationalen Strafrecht zu berücksichtigen oder nationales Strafrecht erforderlichenfalls zu korrigieren ist.[664] Es mangelt indes hierzu an einer sekundärrechtli-

---

[662] Der Begriff Cybergrooming wird in der Richtlinie 2011/93/EU nicht verwendet. Lediglich im Erwägungsgrund Nr. 19 der englischsprachigen Fassung der Richtlinie und in dem Richtlinienvorschlag der Europäischen Kommission wird die Bezeichnung des Groomings verwendet. Siehe KOM(2010) 94 endg. v. 29. März 2010, S. 8.

[663] Wohl auch *Huber*, in: Sieber/Satzger/Heintschel-Heinegg (Hrsg.), Europäisches Strafrecht, § 23 Rn. 50.

[664] Legislative Entschließung des Europäischen Parlaments vom 27. Oktober 2011 zu dem Vorschlag für eine Richtlinie des Europäischen Parlaments und des Rates zur Bekämpfung des sexuellen Missbrauchs und der sexuellen Ausbeutung

chen Verpflichtung.[665] Im Übrigen kann hierfür auch Erwägungsgrund Nr. 19 herangezogen werden, der auf die Besonderheit des Cybergroomings im Hinblick auf die Anonymitätskomponente und der damit einhergehenden Verschleierung der Identität hinweist.[666]

Während die Europäische Kommission ein Mindesthöchststrafmaß von zwei Jahren forderte[667], sieht Art. 6 Abs. 1 UAbs. 2 Richtlinie 2011/93/EU nunmehr ein Mindesthöchststrafmaß von einem Jahr vor. Die Herabsenkung ist allerdings darauf zurückzuführen, dass der Kommissionsvorschlag noch ein tatsächlich stattfindendes Treffen zwischen Täter und Opfer als Tatbestandsmerkmal forderte. Das Europäische Parlament strich indes die Voraussetzung mit dem Ziel einer Vorfeldstrafbarkeit zum Schutz des Kindes, was Art. 23 des Lanzarote-Übereinkommens entspricht.[668] Anders aber als das Lanzarote-Übereinkommen, sieht Art. 9 Richtlinie 2011/93/EU erschwerende Umstände für die in Art. 3 bis 7 genannten Straftaten vor, wenn es sich bei dem Opfer um ein Kind in einer besonders schwachen Position im Rahmen einer geistigen oder körperlichen Behinderung (Art. 9 lit. a)), bei dem Täter um ein Familienmitglied oder eine Vertrauensperson handelt (Art. 9 lit. b) 1., 3. Alt.) oder die Straftat in Gemeinschaft begangen wurde (Art. 9 lit. c)).

c) Kinderpornographie

In Art. 2 lit. c) der Richtlinie 2011/93/EU wird an das Verständnis des Rahmenbeschlusses 2004/68/JI und somit auch an Art. 9 Abs. 3 des Übereinkommens gegen Computerkriminalität, was als kinderpornographisch zu verstehen ist, angeknüpft. Es wird lediglich dahingehend abgewichen, dass nicht mehr von „echten" Kindern gesprochen wird und die Darstellung

---

von Kindern sowie der Kinderpornografie und zur Aufhebung des Rahmenbeschlusses 2004/68/JI des Rates (KOM(2010)0094 – C7-0088/2010 – 2010/0064(COD)), ABl. EU C 131 E/270 v. 8. Mai 2013, S. 2 und *Europäisches Parlament*, EP-PE_TC1-COD(2010)0064 v. 27. Oktober 2011, S. 40.

665 Die Erklärung des Europäischen Parlaments übersehen *Ziemann/Ziethen*, ZRP 2012, 168, 169. Richtigerweise für den Ausschluss der Offline-Tatbegehung: *Eisele*, in: Hilgendorf/Rengier (Hrsg.), FS Heinz, S. 697 (709).
666 ABl. EU L 335/1 v. 17. Dezember 2011, Erwägungsgrund Nr. 19.
667 KOM(2010) 94 endg. v. 29. März 2010, S. 18.
668 Kritisch zur Vorfeldstrafbarkeit: *Eisele*, in: Hilgendorf/Rengier (Hrsg.), FS Heinz, S. 697 (710).

der Geschlechtsorgane eines Kindes für primär sexuelle Zwecke eine separate Nummerierung erhalten hat.

Im Hinblick auf die Strafrechtsangleichung der Real-, Fiktiv- und virtuellen Kinderpornographie, haben sich nur im Bereich der Realkinderpornographie maßgebliche Neuerungen ergeben. Während Art. 3 Abs. 2 lit. b) Rahmenbeschluss 2004/68/JI es den Mitgliedstaaten ermöglichte, von einer Pönalisierung von Handlungen im Bereich der Realpornographie abzusehen, wenn das abgebildete Kind die sexuelle Mündigkeit erreicht und ihre Zustimmung zu der Herstellung und zum Besitz der Bilder gegeben hat, ist diese Ausschlussklausel in der Richtlinie 2011/93/EU nicht mehr vorgesehen. Eine Kriminalisierung von Handlungen nach Art. 5 Abs. 2 bis Abs. 6 Richtlinie 2011/93/EU ist daher ausnahmslos verpflichtend.

Art. 2 lit. c) Richtlinie 2011/93/EU geht im Rahmen der Fiktivkinderpornographie über die Vorgaben des Rahmenbeschlusses 2004/68/JI dahingend hinaus, dass nunmehr auch die Darstellung der Geschlechtsorgane einer Person mit kindlichem Erscheinungsbild als kinderpornographisch zu deklarieren ist. Allerdings wurde die überaus kritisch zu bewertende Ausweichklausel aus Art. 3 Abs. 2 lit. a) Rahmenbeschluss 2004/68/JI übernommen. Hiernach ist es den Mitgliedstaaten überlassen, ob sie die Fiktivkinderpornographie unter Strafe stellen, wenn das Alter der Person zum Zeitpunkt der Abbildung in Wirklichkeit 18 Jahre oder älter war. Das Bestreben einen umfassenden Kriminalisierungsansatz zu schaffen, geht damit ins Leere und im Bereich der Fiktivpornographie verbleibt es bei dem zurückhaltenden Ansatz des Rahmenbeschlusses 2004/68/JI.

Auch die Vorgaben zur virtuellen Kinderpornographie wurden wortwörtlich aus dem Rahmenbeschluss 2004/68/JI übernommen, wonach grundsätzlich sämtliche Handlungen im Zusammenhang mit der virtuellen Kinderpornographie unter Strafe zu stellen sind. Im Ermessen der Mitgliedstaaten liegt lediglich, ob die Herstellung und der Besitz von virtueller Kinderpornographie für den persönlichen Gebrauch kriminalisiert werden.[669]

Während Art. 5 Abs. 1 Rahmenbeschluss 2004/68/JI ein Mindesthöchststrafmaß von einem bis drei Jahren vorsah, ist dies nunmehr konkretisiert worden. Die Herstellung von Kinderpornographie muss beispielsweise von allen Mitgliedstaaten mit einem Mindesthöchstmaß von drei Jahren sanktioniert werden. Der überaus weitgehende Umsetzungsspielraum des Rahmenbeschlusses 2004/68/JI ist damit ebenso hinfällig.

---

669 Eine diesbezügliche tabellarische Übersicht, um die Entwicklung zu veranschaulichen, ist als Anlage I beigefügt.

B. Maßnahmen gegen Computerkriminalität

Auch die Vorgaben zur Anstiftung und Beihilfe gemäß Art. 7 Abs. 1 Richtlinie 2011/93/EU wurden vollumfänglich aus Art. 4 Abs. 1 Rahmenbeschluss 2004/68/JI übernommen. Die Mitgliedstaaten haben daher alle erforderlichen Maßnahmen zu treffen, um sicherzustellen, dass die Anstiftung oder Beihilfe zur Begehung einer Straftat nach Art. 5 Abs. 2 bis Abs. 6 Richtlinie 2011/93/EU unter Strafe gestellt werden. Erweitert wurde indes die Vorgabe zur Strafbarkeit des Versuchs. Während noch Art. 4 Abs. 2 i. V. m. Art. 3 Abs. 1 lit. a) und lit. b) Rahmenbeschluss 2004/68/JI die Strafbarkeit des Versuchs der Herstellung und des Vertriebs, der Verbreitung und Weitergabe von Kinderpornographie forderten, ist nunmehr auch eine Strafbarkeit des Versuchs des Anbietens, Lieferns und sonstigen Zugänglichmachens von Kinderpornographie, gemäß Art. 7 Abs. 2 i. V. m. Art. 5 Abs. 5 Richtlinie 2011/93/EU, zwingend.

Neu hinzugekommen ist auch, dass, gemäß Art. 25 Richtlinie 2011/93/EU, Maßnahmen gegen Websites, die Kinderpornographie enthalten oder verbreiten, ergriffen werden müssen, sobald sich die Website auf einem Server im Hoheitsgebiet des Mitgliedstaats befindet. Befindet sich die Website auf einem Server im Hoheitsgebiet des Mitgliedstaats, ist dieser verpflichtet die Website zu entfernen (Art. 25 Abs. 1). Die Möglichkeit des Geoblockings ist in Art. 25 Abs. 2 Richtlinie 2011/93/EU nur restriktiv vorgesehen, da die Sperrung nur gestattet sein soll, wenn der Mitgliedstaat ein transparentes Verfahren und Sicherheitsvorkehrungen gewährleistet, um sicherzustellen, dass die Einschränkung auf das Notwendige reduziert und verhältnismäßig ist. Während der Kommissionsentwurf noch das Geoblocking als zwingend umzusetzende Maßnahme vorsah, führten die Lesungen im Europäischen Parlament zu einer fakultativen Vorgabe, wonach die Mitgliedstaaten das Sperren von Websiten vorsehen können.[670]

Die im Jahr 2018 erlassene Richtlinie (EU) 2018/1808[671] flankiert die bis dato aufgenommen Maßnahmen im Kampf gegen die Verbreitung von Kinderpornographie. Art. 28b Abs. 1 lit. c) Richtlinie (EU) 2018/1808 verlangt von den Mitgliedstaaten dafür Sorge zu tragen, dass Video-Sharing-Plattform-Anbieter angemessene Maßnahmen zu treffen haben, um die Allgemeinheit vor Sendungen, nutzergenerierten Videos und audiovisuel-

---

670 Siehe KOM(2010) 94 endg. v. 29. März 2010, S. 26; *Europäisches Parlament*, EP-PE_TC1-COD(2010)0064 v. 27. Oktober 2011, S. 37.
671 Richtlinie (EU) 2018/1808 des Europäischen Parlaments und des Rates vom 14. November 2018 zur Änderung der Richtlinie 2010/13/EU zur Koordinierung bestimmter Rechts- und Verwaltungsvorschriften der Mitgliedstaaten über die Bereitstellung audiovisueller Mediendienste im Hinblick auf sich verändernde Marktgegebenheiten, ABl. EU L 303/69 v. 28. November 2018.

ler kommerzieller Kommunikation zu schützen, deren Verbreitung nach den Vorgaben des Sekundärrechts eine Straftat darstellt. Letzteres umfasse auch Straftaten im Zusammenhang mit Kinderpornographie gemäß Art. 5 Abs. 4 Richtlinie 2011/93/EU. Die Grundsätze der Richtlinie 2000/31/EG[672] müssten aber von den Maßnahmen unberührt bleiben.

II. Cyberbullying

Während dem Mobbing umfassend Forschung zugrunde liegt, hat das Cyberbullying erst im Zuge von Medienberichterstattung von Einzelfällen[673] wissenschaftliche Prägnanz erhalten, indes aber bisher wenig Beachtung von den Mitgliedstaaten gefunden.[674] Aufgrund der möglichen Auswirkungen im Rahmen von Cyberbullying-Attacken und unter Berücksichtigung fehlender, beziehungsweise unzureichender strafrechtlicher Bestimmungen in den Mitgliedstaaten, wird neben der Pönalisierung, ein effektiver Sanktionsmechanismus wie auch umfangreiche Präventivmaßnahmen gefordert.[675] Während bereits Österreich[676] und Italien[677] einen Straftatbestand für das Cyberbullying vorsehen, sieht die deutsche Bundesregierung diesbezüglich keinen Handlungsbedarf[678].[679] Die Ablehnung der Bundesregierung beruht indes nicht auf einem Herabstufen der Schwere des Cy-

---

672 Richtlinie 2000/31/EG des Europäischen Parlaments und des Rates vom 8. Juni 2000 über bestimmte rechtliche Aspekte der Dienste der Informationsgesellschaft, insbesondere des elektronischen Geschäftsverkehrs, im Binnenmarkt (sog. e-Commerce-Richtlinie), ABl. EU L 178/1 v. 17. Juli 2000.
673 Vgl. *Tokunaga*, Computers in Human Behaviour 2010, 277, 277.
674 Eine kurze Untersuchung nationaler Maßnahmen gegen Cyberbullying bietet *Deutscher Bundestag*, Regelungen zum Thema Cybermobbing in anderen Staaten, S. 6 ff.
675 *Katzer*, Digital Risks Survey, S. 17 f. Siehe *Europäisches Parlament*, Cyberbullying among young people, S. 12 f.; 109.
676 Hierzu *Reisinger*, jusIT 2015, 169, 169 ff.
677 *Deutscher Bundestag*, Regelungen zum Thema Cybermobbing in anderen Staaten, S. 18; *Deutscher Bundestag*, Regulierung von Hate Speech and Fake News in sozialen Netzwerken durch EU-Mitgliedstaaten, S. 5 f.
678 BT-Drs. 19/6174, S. 5. Eine Betrachtung *de lege lata* bieten *Cornelius*, ZRP 2014, 164, 165 ff. und *Preuß*, KriPoz 2019, 97, 100 ff.
679 Siehe hierzu *Jülicher*, NJW 2019, 2801, 2802. Des Weiteren auch *Hilgendorf*, ZIS 2010, 208, 215; *Krischker*, JA 2013, 488, 492. Etwas restriktiver im Hinblick auf das *ultima ratio*-Prinzip: *Cornelius*, ZRP 2014, 164, 167. Kritsch im Hinblick auf den unzureichenden Rechtsschutz: *Giebel*, NJW 2017, 977, 977 ff. *Reum* sieht lediglich Handlungsbedarf für die Schaffung eines Straftatbestands, der den Iden-

berbullyings, sondern vielmehr auf der phänomenologischen Betrachtung, die ein umfassendes und vielschichtiges Kriminalitätsfeld aufzeigt. Ein ganzheitliches Konzept gegen Cyberbullying würde eine Reihe von Angleichungsmaßnahmen in materiell-strafrechtlicher Hinsicht notwendig machen, um abstrakt und umfassend dieser Form der Viktimisierung im Internet zu begegnen. Zahlreiche Suizide in Folge des Cyberbullyings führten jedoch dazu, dass im Februar 2015 die Abgeordnete des Europäischen Parlaments, Mara *Bizzotto*, einen Entschließungsantrag vorlegte, in dem sie die Europäische Kommission auffordert, Harmonisierungsmaßnahmen zur Bekämpfung von Cyberbullying zu ergreifen[680], was allerdings von der Europäischen Kommission in der Legislaturperiode 2014-2019 nicht aufgegriffen wurde[681]. Auf Unionsebene geht es bisher nicht über den Erlass von Präventionsprogrammen hinaus.[682]

Obwohl das Cyberbullying nicht Bestandteil der Auflistung in Art. 83 Abs. 1 UAbs. 2 AEUV ist, kommen im Hinblick auf eine mögliche strafrechtliche Angleichungskompetenz vier Überlegungen in Betracht. Den Überlegungen einer strafrechtlichen Mindestangleichung gemäß Art. 83 Abs. 1 AEUV wird vorangestellt, dass die Richtlinie eine strafrechtliche Mindestangleichung in den Bereichen der Ehrverletzung einer Person[683], der Verletzung des höchstpersönlichen Lebensbereichs durch das Anfertigen und Verbreiten von Bildaufnahmen des Opfers und des Rechts der Selbstdarstellung durch die Veröffentlichung von Bildaufnahmen unter

---

titätsdiebstahl im Internet zugunsten einer Ehrverletzung unter Strafe stellt. So ihre Ausführungen: *Reum*, Cybermobbing, S. 246 ff.

680 *Europäisches Parlament*, Entschließungsantrag Nr. B8-0207/2015 v. 17. Februar 2015, S. 2.
681 Seitens der Europäischen Kommission existieren lediglich Initiativen, die von Internetdienstanbietern ein sicheres Internet für Kinder und Jugendliche verlangen. Beispielhaft ist zum einem die Selbstverpflichtungserklärung „Safer Social Networking Principles for the EU" genannt, der sich eine Vielzahl von sozialen Netzwerken angeschlossen hat. Siehe *Deutscher Bundestag*, Regelungen zum Thema Cybermobbing in anderen Staaten, S. 19. Anderseits existiert auch eine Kampagne der Europäische Kommission, die Mitgliedstaaten bei der Einrichtung entsprechender Hotlines unterstützt. Siehe *Europäische Kommission*, MEMO/09/58 v. 10. Februar 2009.
682 *Deutscher Bundestag*, Regelungen zum Thema Cybermobbing in anderen Staaten, S. 19.
683 In diesem Kontext besteht bereits eine rechtswissenschaftliche Diskussion, ob das Drücken des „Gefällt mir"-Buttons oder das Teilen eines entsprechenden Inhalts eine täterschaftliche Beleidigung darstellt: *Krischker*, JA 2013, 488, 489 ff. Es empfiehlt sich, entsprechende Überlegungen in einer Richtlinie nach Art. 83 Abs. 1 AEUV einzubeziehen.

Verwendung eines Computersystems beabsichtigt.[684] Das Ziel der Mindestangleichung sollte sein, die genannten Handlungen mit einem Mindestmaß an wirksamen, angemessenen und abschreckenden Sanktionen zu begegnen.

1. Art. 83 Abs. 1 UAbs. 1 AEUV

Zum einen kommt eine strafrechtliche Angleichungskompetenz im Anwendungsbereich von Art. 83 Abs. 1 UAbs. 1 AEUV in Frage, wenn Cyberbullying als Ausprägungsform der Computerkriminalität verstanden wird[685]. Die Täter nutzen die Möglichkeiten der Informations- und Kommunikationstechnologien, um ihre Opfer zu diffamieren, was durch Äußerungen und durch die Verbreitung von Bild- oder Videoaufnahmen erfolgen kann. Hierbei kann es sich beispielsweise um intime Aufnahmen aus einer früheren Beziehung handeln oder um heimlich erstellte Bilder im höchstpersönlichen Bereich einer Person, die im Internet verbreitet werden.[686]

Die Handlungsform des Cyberbullyings ist, nach der hier vertretenen Ansicht, der Kategorisierung der Computerkriminalität im weiteren Sinn zuzuordnen. Wird eine entsprechende Zuordnung angenommen, erübrigt sich an dieser Stelle die Prüfung des Subsidiaritätsprinzips, da dies sich sodann aus der Systematik von Art. 83 Abs. 1 AEUV herleitet. Indes darf die Maßnahme, gemäß Art. 5 Abs. 4 UAbs. 1 EUV, nicht über das zur Erreichung der Unionsverträge erforderliche Maß hinausgehen. Eine Regelung muss daher geeignet und erforderlich sein. Zudem muss die Maßnahme in einem angemessenen Verhältnis zu dem Ziel der Maßnahme stehen.[687]

---

[684] Aufzählung nach *Cornelius*, ZRP 2014, 164, 165 und *Preuß*, KriPoz 2019, 97, 100 f. Allerdings wird sich der Ansicht von *Cornelius* angeschlossen, dass Cyberstalking, demnach das permanente Nachstellen einer Person per Informations- und Netzwerktechnik, nicht als Handlungsform des Cyberbullying zu definieren.

[685] So *Europäisches Parlament*, Cyberbullying among young people, S. 8, 42 f. In der Literatur auch *Wernert*, Internetkriminalität, S. 27.

[686] *Cornelius*, ZRP 2014, 164, 164.

[687] Schwarze/Hatje/Schoo/Becker/*Lienbacher*, Art. 5 EUV Rn. 38. Wie bereits erwähnt, nimmt der EuGH nur in wenigen Fällen eine Überprüfung des Angemessenheitsgrundsatzes vor und auch der Unionsgesetzgeber reduziert die Verhältnismäßigkeitsprüfung auf die Geeignetheit und Erforderlichkeit. Allerdings sollte vor allem im Bereich strafrechtlicher Harmonisierung und der Sensibilität

Für das Vorliegen der Geeignetheit genügt es bereits, wenn die Maßnahme für das Erreichen des Ziels nicht offensichtlich ungeeignet ist.[688] Im Rahmen strafrechtlicher Angleichung ist eine Maßnahme geeignet, wenn dem Unionsgesetzgeber Erkenntnisse vorliegen, dass die Maßnahme zu einer „Einschränkung des zu verhindernden Verhaltens"[689] führen kann. Für letzteres sprechen die jüngst eingefügten Strafbarkeitstatbestände in einzelnen Mitgliedstaaten sowie die lauter gewordene Forderung für einen Cyberbullying-Straftatbestand. Des Weiteren muss die Maßnahme erforderlich sein. Im Hinblick auf eine strafrechtliche Mindestangleichung gemäß Art. 83 Abs. 1 AEUV wird vorgeschlagen, für die Erfüllung der Erforderlichkeit zwei Prüfungsschritte voranzustellen. Hiernach ist eine Maßnahme nicht erforderlich, wenn es sich um eine Straftat handelt, der es an jedem „inter-, beziehungsweise transnationalen Aspekt" mangelt[690]. Eine politische Willensbekundung genügt nicht.

In einem zweiten Schritt müssen zwei Aspekte berücksichtigt werden. Einerseits muss die „Eingriffsdichte" der Maßnahme betrachtet werden[691], die möglichst gering zu halten ist. Ebenfalls muss geprüft werden, ob eine Regelungsalternative existiert, die autonomieschonender als die in Frage stehende Maßnahme ist.[692] Das Ziel der Richtlinie, nämlich die Bekämpfung des Cyberbullyings, kann von den Mitgliedstaaten nicht ausreichend verwirklicht werden. Letzteres ergibt sich vor allem bei Betrachtung der Phänomenologie des Cyberbullyings, da die Einbeziehung von Informations- und Netzwerktechnologien, insbesondere der sozialen Medien, für die Tatbegehung prägnant sind. Das Ziel kann auf Unionsebene besser verwirklicht werden. Einzelstaatliche Initiativen sind einerseits begrüßenswert, andererseits können sie sehr unterschiedlich ausgestaltet sein, was der Zielstellung aus Art. 67 AEUV zuwiderlaufen würde.

Die Eigenheit einer Richtlinie, lediglich hinsichtlich des zu erreichenden Ziels verbindlich zu sein, als auch bereits die Reduktion im Bereich

---

des Strafrechts zwingend der Grundsatz der Angemessenheit einbezogen werden. Ähnlich auch *Satzger*, Neue Kriminalpolitik 2007, 93, 97.
688 M. V. a. die umfassende Rechtsprechung des EuGH, der für das Vorliegen der Geeignetheit einen schwachen Maßstab heranzieht: Calliess/Ruffert, Art. 5 EUV Rn. 44; Schwarze/Hatje/Schoo/Becker/*Lienbacher*, Art. 5 EUV Rn. 41.
689 *Satzger*, Neue Kriminalpolitik 2007, 93, 97.
690 *Heger*, ZIS 2009, 406, 412.
691 Siehe Schwarze/Hatje/Schoo/Becker/*Böse*, Art. 83 AEUV Rn. 29.
692 Grabitz/Hilf/Nettesheim/*Bast*, Art. 5 EUV Rn. 71. A. A. *Satzger*, Neue Kriminalpolitik 2007, 93, 97, der die Erforderlichkeitsprüfung am *ultima ratio*-Grundsatz festmacht.

strafrechtlicher Harmonisierungsbestrebungen auf eine Mindestangleichung zugunsten einer niedrigeren Regelungsdichte, gewähren den Mitgliedstaaten Freiräume, was nicht nur für die Erfüllung der Erforderlichkeit spricht, sondern auch im Rahmen der Angemessenheitsprüfung positiv zum Tragen kommt.[693] Die Möglichkeit der intergouvernementalen Zusammenarbeit kann nicht als Negativ-Argument im Rahmen der Verhältnismäßigkeitsprüfung vorgebracht werden, da es sich zutreffend andernfalls um ein milderes Mittel „außerhalb der Unionsstrukturen" handeln würde[694]. Die strafrechtliche Mindestangleichung mittels einer Richtlinie gewährt den Mitgliedstaaten entsprechende Freiräume und wirkt autonomieschonend. Der Grundsatz der Erforderlichkeit ist erfüllt.

Zuletzt muss eine Richtlinie gegen Cyberbullying auch angemessen sein. Hierbei wird gefordert, dass das zu pönalisierende Verhalten besonders sozialschädlich ist. Zu berücksichtigen sei hierbei, dass „grundlegende Werte und Interessen" verletzt werden, „die die europäische Rechtsordnung als schutzwürdig" erachtet[695]. Für die möglichen Auswirkungen des Cyberbullyings liegen eingehende Forschungen zu Grunde. Cyberbullying stellt eine ehrverletzende Handlung dar und greift in die Persönlichkeitsrechte des Betroffenen ein. Während die meisten Mitgliedstaaten keinen Straftatbestand für Cyberbullying vorsehen, sehen andere Mitgliedstaaten unterschiedliche Pönalisierungsansätze vor. Unzureichende Maßnahmen können allerdings dazu führen, dass die Opfer nicht adäquat geschützt werden. Diese Argumente gebündelt, können die Ziele einer effektiven Rechtsdurchsetzung gefährden und stehen der Zielvorstellung in Art. 67 AEUV entgegen. Eine Richtlinie gegen Cyberbullying würde Rechtssicherheit und gegenseitiges Vertrauen i. S. v. Art. 82 AEUV schaffen.[696] Es ist daher anzunehmen, dass eine Richtlinie, mit dem Ziel Cyberbullying zu bekämpfen, einer Verhältnismäßigkeitsprüfung standhält.

---

693 Siehe hierzu Streinz/*ders.*, Art. 5 EUV Rn. 48.
694 So die h. A. *Calliess*/Ruffert, Art. 5 EUV Rn. 52; *Vedder*/Heintschel von Heinegg, Art. 5 EUV Rn. 37. A. A. Grabitz/Hilf/Nettesheim/*Bast*, Art. 5 EUV Rn. 72; Streinz/*ders.*, Art. 5 EUV Rn. 48. Letztere mit dem Hinweis, dass das gewählte Rechtsinstrument nichts über die Regelungsdichte aussagt. In dem hier untersuchten Kontext spricht aber bereits die teleologische Betrachtung von Art. 83 Abs. 1 AEUV für den Wunsch nach einem autonomieschonenden Regelungsmechanismus.
695 *Satzger*, Neue Kriminalpolitik 2007, 93, 97.
696 Siehe *Europäisches Parlament*, Cyberbullying among young people, S. 43.

2. Art. 83 Abs. 1 UAbs. 3 AEUV

Des Weiteren kommt die Erweiterung der in Art. 83 Abs. 1 UAbs. 2 AEUV genannten Kriminalitätsbereiche in Betracht. Die Erweiterungsklausel kommt indes nur dann in Frage, wenn entgegen der hier vertretenen Ansicht Cyberbullying nicht als Computerkriminalität im weiteren Sinn klassifiziert wird. Unter Berücksichtigung des Subsidiaritätsprinzips müssen zudem die Voraussetzungen aus Art. 83 Abs. 1 UAbs. 1 AEUV vorliegen. Es wird vorgebracht, dass es sich bei Cyberbullying, aufgrund der möglichen psychischen und physischen Schäden, um eine besonders schwere Kriminalitätsform handle und zudem eine grenzüberschreitende Dimension aufweise. Eine Achtung des Subsidiaritätsprinzips wäre somit gegeben.[697]

Wie bereits erörtert, ist die grenzüberschreitende Dimension unstrittig, da Handlungen im Cyberraum grundsätzlich von Transnationalität geprägt sind. Allerdings muss die besondere Schwere hinterfragt werden. Wie oben dargelegt, muss der Nachweis besonders schwerer Kriminalität empirisch nachgewiesen werden. Hierfür genügt es nicht, dass ein Mitgliedstaat länderspezifische Studien erhebt. Es kommt vielmehr auf die kollektive Gefahr an, der im Verbund entgegengewirkt werden muss. Hieraus ergeben sich bereits Zweifel, ob eine diesbezügliche Kompetenzerweiterung dem Gebot der Subsidiarität standhalten kann. Die Europäische Union wird nur dann tätig, wenn die Ziele der in Betracht stehenden Maßnahme von den Mitgliedstaaten weder auf zentraler noch auf regionaler oder lokaler Ebene ausreichend verwirklicht werden können (Erforderlichkeitskriterium), sondern vielmehr wegen ihres Umfangs oder ihrer Wirkungen auf Unionsebene besser zu verwirklichen sind (Effizienzkriterium).

Das Fehlen einer Maßnahme muss gegen die Unionsziele verstoßen, andererseits muss die Maßnahme erhebliche Vorteile für die Mitgliedstaaten bieten. Sowohl Positiv- als auch Negativkriterium seien nach Ansicht des Europäischen Parlaments bereits durch die teilweise gänzlich fehlenden und der andererseits teilweise weit auseinandergehenden Bestimmungen in den Mitgliedstaaten gegeben. Zudem würde das Fehlen einer Richtlinie die Effektivität bestehender Angleichungsmaßnahmen, wie im Bereich des Datenschutzes, gefährden[698], wobei das Europäische Parlament eine diesbezügliche Konkretisierung unterlässt. Zumindest ist dem Europäischen Parlament dahingehend zuzustimmen, dass die Divergenz und das Fehlen

---

697 *Europäisches Parlament*, Cyberbullying among young people, S. 42.
698 *Europäisches Parlament*, Cyberbullying among young people, S. 43.

eines diesbezüglichen Straftatbestands eine effektive polizeiliche und justizielle Zusammenarbeit innerhalb der Europäischen Union behindern kann. Indes fehlt es nach wie vor an einer empirischen Studie, die ein ganzheitliches und europäisches Bild der Gefahren des Cyberbullyings aufzeigt, das ein gemeinsames Handeln im Rahmen des RFSR notwendig macht.

3. Art. 83 Abs. 2 AEUV

Erweist sich die Angleichung der strafrechtlichen Rechtsvorschriften der Mitgliedstaaten als unerlässlich für die wirksame Durchführung der Politik der Europäischen Union auf einem Gebiet, auf dem Harmonisierungsmaßnahmen erfolgt sind, so können durch Richtlinien Mindestvorschriften für die Festlegung von Straftaten und Strafen auf dem betreffenden Gebiet festgelegt werden. Wie bereits dargelegt, ist die Voraussetzung der Unerlässlichkeit im Anwendungsbereich der Annexkompetenz als strenger Ausdruck des Subsidiaritätsprinzips zu begreifen. Anders als im Rahmen des Prüfungsmaßstabs in Art. 83 Abs. 1 UAbs. 3 AEUV, muss es sich bei der strafrechtlichen Angleichungsmaßnahme gemäß Art. 83 Abs. 2 AEUV, um das letztlich verbliebene Mittel für die effektive Durchsetzung der Maßnahme handeln. Indes scheitert die Anwendung der Annexkompetenz bereits an der Voraussetzung, dass auf dem Gebiet bereits Harmonisierungsmaßnahmen erfolgt sein müssen. Eine Anwendung von Art. 83 Abs. 2 AEUV kommt daher nicht in Betracht.

4. Art. 83 Abs. 3 AEUV

Zuletzt ist eine Verstärkte Zusammenarbeit von mindestens neun Mitgliedstaaten möglich, wobei die Voraussetzungen gemäß Art. 326 AEUV zu beachten sind. In diesem Kontext verbleibt der Vorwurf einer weitergehenden differenzierten Integration, die durch die Möglichkeit einer Verstärkten Zusammenarbeit vorangetrieben wird.[699]

---

699 Siehe *Tekin*, integration 2017, 263, 270.

III. Fälschung und Betrug von unbaren Zahlungsmitteln

1. Rahmenbeschluss 2001/413/JI

Der Rahmenbeschluss zur Bekämpfung von Betrug und Fälschung im Zusammenhang mit unbaren Zahlungsmitteln[700] stellt das erste sekundärrechtliche Rechtsinstrument dar, das explizit strafrechtliche Maßnahmen zur Computerkriminalität enthält[701]. Dies ist dahingehend als weitreichender Schritt zu sehen, besaßen doch die Europäische Union bis dato über keinerlei Zuständigkeitsbefugnisse in diesem Bereich. Wie bereits erörtert, sah ex. Art. 31 lit. e) EUV lediglich eine schrittweise Annahme von Maßnahmen in den Bereichen der organisierten Kriminalität, des Terrorismus und illegalen Drogenhandels vor. Indes wurde auch hier das Argument herangezogen, dass die Maßnahme der Bekämpfung der organisierten Kriminalität diene.[702] Ziel des Rahmenbeschlusses war, dass die vielen Formen von Betrugshandlungen und der Fälschung im Zusammenhang mit dem bargeldlosen Zahlungsverkehr als strafbare Handlungen in den Mitgliedstaaten vorgesehen werden. Unter einem Zahlungsinstrument wurde, gemäß Art. 1 Rahmenbeschluss 2001/413/JI, ein körperliches Instrument mit Ausnahme gesetzlicher Zahlungsmittel verstanden, das aufgrund seiner besonderen Beschaffenheit allein oder in Verbindung mit einem anderen Zahlungsinstrument den Inhaber oder Benutzer in die Lage versetzt, Geld oder einen monetären Wert zu übertragen. Während Art. 2 Rahmenbeschluss 2001/413/JI den Diebstahl, die Fälschung und Hehlerei von unbaren Zahlungsmitteln kriminalisierte, waren Art. 3 und Art. 4 Rahmenbeschluss 2001/413/JI als Ausdruck der Technologisierung im Bereich der Betrugshandlungen zu verstehen. Art. 4 Rahmenbeschluss 2001/413/JI nahm eine Pönalisierung von Vorbereitungshandlungen vor, die die Herstellung, Beschaffung und Weitergabe von Technologien als spezielles Tatmittel umfassten. Beinahe deckungsgleich im Wortlaut mit dem computerbezogenen Betrug gemäß Art. 8 des Übereinkommens über Computerkrimina-

---

700 Rahmenbeschluss 2001/413/JI des Rates v. 28. Mai 2001 zur Bekämpfung von Betrug und Fälschung im Zusammenhang mit unbaren Zahlungsmitteln, ABl. EG L 149/1 v. 2. Juni 2001.
701 A. A. *Haase*, Computerkriminalität im Europäischen Strafrecht S. 133, der von einer Analogie und lediglich von einer „computerstrafrechtlichen Dimension" ausgeht. Jedoch sodann einwendet auf S. 138.
702 So auch *Haase*, Computerkriminalität im Europäischen Strafrecht, S. 131 und 133.

lität, wurde nunmehr der Computerbetrug als ‚Computerstraftat' in Art. 3 Rahmenbeschluss 2001/413/JI vorgesehen.

2. Richtlinie (EU) 2019/713

Die Richtlinie (EU) 2019/713 zur Bekämpfung von Betrug und Fälschung im Zusammenhang mit unbaren Zahlungsmitteln[703] ersetzte den Rahmenbeschluss 2001/413/JI und nimmt strafrechtliche Mindeststrafrechtsangleichungen auf Grundlage von Art. 83 Abs. 1 AEUV vor. Der „Betrug und die Fälschung im Zusammenhang mit unbaren Zahlungsmitteln stellen eine Bedrohung für die Sicherheit dar, da sie eine Einnahmequelle für die organisierte Kriminalität sind und somit anderen kriminellen Aktivitäten wie Terrorismus, Drogenhandel und Menschenhandel Vorschub leisten"[704]. Grundsätzlich bezieht sich die Richtlinie (EU) 2019/713 auf die Betrugs- und Fälschungshandlung, den Diebstahl und der widerrechtlichen Aneignung gemäß Art. 4 Richtlinie (EU) 2019/713. Allerdings wird nunmehr die Verlagerung der ‚klassischen' Handlungen in die virtuelle Welt umfassend berücksichtigt, indem ein konkreter Bezug auf die strafbaren Handlungen gemäß Art. 3 bis Art. 6 der Richtlinie 2013/40/EU genommen wird. Grundlegende Neuerungen finden sich bereits in den Begriffsbestimmungen gemäß Art. 1 Richtlinie (EU) 2019/713, wonach nunmehr auch „nichtkörperliche unbare Zahlungsinstrumente" in Form digitaler Tauschmittel und virtueller Währungen vom Anwendungsbereich der Richtlinie erfasst sind. Während Straftaten im Zusammenhang mit körperlichen unbaren Zahlungsmitteln aus Art. 2 Rahmenbeschluss 2001/413/JI in Art. 4 Richtlinie (EU) 2019/713 inhaltlich übertragen worden sind, sieht Art. 5 Richtlinie (EU) 2019/713 einen umfassenden Strafbarkeitsansatz für Straftaten im Zusammenhang mit der betrügerischen Verwendung von nichtkörperlichen unbaren Zahlungsmitteln vor. Art. 5 lit. a), 1. Var. Richtlinie (EU) 2019/713 verlangt eine Kriminalisierung der widerrechtlichen Erlangung eines nichtkörperlichen unbaren Zahlungsinstruments, wenn damit die Begehung einer Straftat nach Art. 3 bis Art. 6 der Richtlinie 2013/40/EU verbunden ist. Der Unionsgesetzgeber stellt damit eine Synop-

---

703 Richtlinie 2019/713 des Europäischen Parlaments und des Rates vom 17. April 2019 zur Bekämpfung von Betrug und Fälschung im Zusammenhang mit unbaren Zahlungsmitteln und zur Ersetzung des Rahmenbeschlusses 2001/413/JI des Rates, ABl. EU L 123/18 v. 10. Mai 2019.
704 ABl. EU L 123/18 v. 10. Mai 2019, Erwägungsgrund Nr. 1.

se zwischen Betrugshandlungen und Handlungsformen der Computerkriminalität im engeren Sinn her. Hierbei geht es primär um den Schutz der Integrität und Unversehrtheit solcher Daten, weshalb ein Vermögensverlust und eine Vermögensvorteilsverschaffung nicht Voraussetzung für eine Strafbarkeit sind.

Art. 6 Richtlinie (EU) 2019/713 ist als zentrale Maßnahme der zu kriminalisierenden Betrugshandlung zu betrachten. Es muss nunmehr jede Form der Zahlungsinstrumente, als auch konkret die Möglichkeiten der Datenmanipulation und Datenstörung, mit der Absicht der Vermögensvorteilsverschaffung, im Rahmen des Tatbestands der Betrugshandlung berücksichtigt werden. Demnach ist die vorsätzliche Durchführung oder Veranlassung einer Übertragung von Geld, monetären Werten oder virtuellen Währungen, durch das eine andere Person einen unrechtmäßigen Vermögensverlust erleidet, mit der Absicht, der handelnden Person oder einem Dritten einen unrechtmäßigen Vermögensvorteil zu verschaffen, als Straftat zu ahnden, wenn die Handlung entweder die Störung eines Informationssystems oder einen unrechtmäßigen Dateneingriff inkludiert. Anders als Art. 3 Rahmenbeschluss 2001/413/JI, der die Handlung als ‚Computerstraftat' bezeichnete, wird nun mehr von einer Betrugshandlung im Zusammenhang mit Informationssystemen gesprochen.

Das Bestreben des Unionsgesetzgebers, jegliche Formen technischer Hilfsmittel, die der Begehung strafbarer Handlungen dienen, zu pönalisieren, zeigt sich in der Reformierung der Vorbereitungshandlung gemäß Art. 7 Richtlinie (EU) 2019/713. Während Art. 4 Rahmenbeschluss 2001/413/JI noch die Bezeichnungen Geräte und Computerprogramme verwendete, sieht Art. 7 Richtlinie (EU) 2019/713 einen umfassenden Anwendungsbereich vor, wodurch zukünftigen technologischen Entwicklungen, zum Zweck des Betrugs, Rechnung getragen werden soll. Hiernach ist nunmehr die Herstellung, die Beschaffung, die Ein- und Ausfuhr, der Verkauf, die Beförderung, Verbreitung und Bereitstellung einer Vorrichtung, eines Instruments, von Computerdaten oder anderer Mittel, die für die Betrugshandlungen der Richtlinie konzipiert sind, zu kriminalisieren.

IV. Cyberlaundering

Die Bekämpfung der Geldwäsche ist seit Ende der 1990er Jahre eines der kriminalpolitischen Ziele der Europäischen Union. Die erste Gemeinsame

Kapitel 3: Maßnahmen der Europäischen Union

Maßnahme 98/699/JI[705] wurde im Hinblick auf die Bekämpfung der organisierten Kriminalität erlassen, da die Geldwäschehandlung als zentrales Instrument der Funktionsfähigkeit organisierter Kriminalität galt. Mit dem Rahmenbeschluss 2001/500/JI[706] folgte eine Überarbeitung der Gemeinsamen Maßnahme 98/699/JI, indem eine Angleichung einschlägiger Strafrechtsbestimmungen in den Mitgliedstaaten gefordert wurde. Hierunter fielen auch Vorbereitungshandlungen, um Aktivitäten der organisierten Kriminalität frühzeitig einzudämmen.[707] Zum Schutz der Wirtschafts- und Währungsunion wurde im Jahr 2005 die Verordnung (EG) 1889/2005[708] erlassen, die die Einrichtung von Überwachungsmechanismen von Bargeldtransaktionen seitens der Mitgliedstaaten verlangte[709]. Am gleichen Tag folgte die Richtlinie 2005/60/EG[710] zur Verhinderung der Nutzung des Finanzsystems zum Zwecke der Geldwäsche und der Terrorismusfinanzierung, die die Mitgliedstaaten dazu verpflichtete, für Kredit- und Finanzinstitute Sorgfaltspflichten vorzusehen. Zwar galt die Terrorismusbekämpfung nach den Anschlägen vom 11. September 2001 zu den Prioritäten der Europäischen Union, doch fokussierte sich die Richtlinie auf den Schutz des Wirtschaftsbinnenmarktes, da „Schwarzgeldströme [...] die Stabilität [...] des Finanzsektors schädigen und [...] eine Bedrohung für den Binnenmarkt"[711] darstellen.

---

705 Gemeinsame Maßnahme 98/699/JI vom 3. Dezember 1998 - vom Rat aufgrund von Art. K.3 des Vertrags über die Europäische Union angenommen - betreffend Geldwäsche, die Ermittlung, das Einfrieren, die Beschlagnahme und die Einziehung von Tatwerkzeugen und Erträgen aus Straftaten, ABl. EG L 333/1 v. 9. Dezember 1998.
706 Rahmenbeschluss des Rates vom 26. Juni 2001 über Geldwäsche sowie Ermittlung, Einfrieren, Beschlagnahme und Einziehung von Tatwerkzeugen und Erträgen aus Straftaten, ABl. EG L 182/1 v. 5. Juli 2001.
707 ABl. EG L 182/1 v. 5. Juli 2001, Erwägungsgründe Nr. 4, 6.
708 Verordnung (EG) 1889/2005 des Europäischen Parlaments und des Rates vom 26. Oktober 2005 über die Überwachung von Barmitteln, die in die Gemeinschaft oder aus der Gemeinschaft verbracht werden, ABl. EU L 309/9 v. 25. November 2005.
709 ABl. EU L 309/9 v. 25. November 2005, Erwägungsgrund Nr. 2.
710 Richtlinie 2005/60/EG des Europäischen Parlaments und des Rates vom 26. Oktober 2005 zur Verhinderung der Nutzung des Finanzsystems zum Zwecke der Geldwäsche und der Terrorismusfinanzierung, ABl. EU L 309/15 v. 25. November 2005.
711 ABl. EU L 309/15 v. 25. November 2005, Erwägungsgrund Nr. 1.

Die Richtlinie (EU) 2015/849[712] ersetzte die Richtlinie 2005/60/EG und trug der Digitalisierung dahingehend Rechnung, dass fortan auch Internetdiensteanbieter i. S. v. Art. 2 Abs. 1 Richtlinie (EU) 2015/849 den Verpflichtungen unterworfen werden.[713] Hierzu zählen nunmehr auch Online-Gambling-Anbieter[714] gemäß Art. 2 Abs. 1 Nr. 3 lit. f) der Richtlinie (EU) 2015/849. Die Verpflichtungen umfassen Sorgfaltspflichten gegenüber Kunden (Kapitel II), Meldepflichten (Kapitel IV), eine Aufbewahrungspflicht (Art. 40) und interne Kontrollverpflichtungen (Art. 45 f.).

Die Richtlinie (EU) 2015/849 bezweckte jedoch auch grundlegende Aufgabenübertragungen an die Mitgliedstaaten, bestehende Risiken im Zusammenhang mit der Geldwäsche und der Terrorismusfinanzierung zu ermitteln, zu analysieren und zu mindern.[715]

Mit der Richtlinie (EU) 2018/843[716] erfolgte abermals eine Reformierung, die in Folge der terroristischen Anschläge in Europa, neben dem Antiquitätenhandel, auch die technologische Komponente zugunsten der Geldwäsche berücksichtigt.[717] Letzteres ist vor allem auf die Möglichkeit zurückzuführen, dass terroristische Organisationen Gelder mittels virtueller Währungen in die Europäische Union transferieren. Dienstleister, die den Tausch virtueller Währungen ermöglichen, mangelte es an staatlicher Kontrolle. Zudem unterlagen sie keiner Sorgfalts-[718] oder Meldepflicht[719]. Die Mitgliedstaaten mussten nunmehr Guthabenkarten[720] und virtuelle

---

712 Richtlinie (EU) 2015/849 des Europäischen Parlaments und des Rates vom 20. Mai 2015 zur Verhinderung der Nutzung des Finanzsystems zum Zwecke der Geldwäsche und der Terrorismusfinanzierung, zur Änderung der Verordnung (EU) 648/2012 des Europäischen Parlaments und des Rates und zur Aufhebung der Richtlinie 2005/60/EG des Europäischen Parlaments und des Rates und der Richtlinie 2006/70/EG der Kommission, ABl. EU L 141/73 v. 5. Juni 2015.
713 ABl. EU L 141/73 v. 5. Juni 2015, Erwägungsgrund Nr. 18.
714 Bei Online-Gambling-Anbietern handelt es sich um Betreiber von Online-Glücksspielen.
715 ABl. EU L 156/43 v. 19. Juni 2018, Erwägungsgrund Nr. 1.
716 Richtlinie (EU) 2018/843 des Europäischen Parlaments und des Rates vom 30. Mai 2018 zur Änderung der Richtlinie (EU) 2015/849 zur Verhinderung der Nutzung des Finanzsystems zum Zwecke der Geldwäsche und der Terrorismusfinanzierung und zur Änderung der Richtlinien 2009/138/EG und 2013/36/EU, ABl. EU L 156/43 v. 19. Juni 2018.
717 ABl. EU L 156/43 v. 19. Juni 2018, Erwägungsgrund Nr. 3.
718 Die Sorgfaltspflicht der Verpflichteten gem. Art. 2 der Richtlinie (EU) 2015/849 ist Art. 11 der Richtlinie (EU) 2015/849 zu entnehmen.
719 ABl. EU L 156/43 v. 19. Juni 2018, Erwägungsgrund Nr. 8.
720 ABl. EU L 156/43 v. 19. Juni 2018, Erwägungsgründe Nr. 14 f.

Währungen[721] als potentielles Zahlungsmittel im Rahmen der Terrorismusfinanzierung berücksichtigen.

Neben einer gemeinsamen Definition der virtuellen Währung nach Art. 1 Nr. 2 lit. d) Richtlinie (EU) 2018/843, müssen Anbieter, die den Tausch virtueller Währungen anbieten, nunmehr auch den Verpflichtungen der Richtlinie (EU) 2015/849 unterworfen werden. Die Art. 58 bis Art. 62 Richtlinie (EU) 2018/843 verlangen von den Mitgliedstaaten zudem die Implementierung eines effektiven verwaltungsrechtlichen Sanktionsmechanismus für den Fall eines Verstoßes gegen diese Verpflichtungen.

Obwohl Geldwäschepraktiken über virtuelle Währungen nunmehr durch Unionsvorgaben aufgefangen werden, mangelt es vollumfänglich an Verhinderungsmaßnahmen der Geldwäsche innerhalb virtueller Welten. Anbieter solcher Spiele sind nicht Bestandteil der Reformierungen durch die Richtlinie (EU) 2018/843, obwohl diese Spiele zumeist über ein eigenes Währungs- und Zahlungssystem verfügen. Aus den Transferkanälen virtueller Welten ergeben sich Missbrauchsmöglichkeiten zugunsten der Terrorismusfinanzierung und der organisierten Kriminalität. Eine entsprechende Verpflichtungsübertragung auf Anbieter virtueller Welten durch den Unionsgesetzgeber ist daher geboten.

V. Terrorismus

1. Terrorismus im Internet

a) Rahmenbeschluss 2008/919/JI

Der aus der Digitalisierung entstandene Mehrwert für terroristische Aktivitäten sollte mit den im Rahmenbeschluss 2008/919/JI[722] enthaltenen Änderungen in den bestehenden Rahmenbeschluss 2002/475/JI[723] eingearbeitet werden. Das Internet diene nicht nur der Beeinflussung und Mobilisierung von Gruppen und Einzelpersonen in Europa, sondern darüber hi-

---

721 ABl. EU L 156/43 v. 19. Juni 2018, Erwägungsgrund Nr. 10.
722 Rahmenbeschluss 2008/919/JI des Rates vom 28. November 2008 zur Änderung des Rahmenbeschluss 2002/475/JI zur Terrorismusbekämpfung, ABl. EU L 330/21 v. 9. Dezember 2008.
723 Rahmenbeschluss 2002/475/JI des Rates vom 13. Juni 2002 zur Terrorismusbekämpfung, ABl. EU L 164/3 v. 22. Juni 2002.

naus als „virtuelles Trainingscamp", indem Informationen über Mittel und Methoden des Terrorismus über das Internet verbreitet werden[724]. Die Europäische Union sieht das Internet als zentrales Instrument für die Verbreitung extremistischer Ideologien, weshalb ein umfassender Strafbarkeitsansatz verlangt wird. Um einen umfassenden Pönalisierungsgrad weiterer Handlungssphären zu erreichen, sind nunmehr auch Handlungen dem Terrorismus zuzuordnen, die im Zusammenhang mit terroristischen Aktivitäten stehen.[725] Hierzu zählen die öffentliche Aufforderung zur Begehung einer terroristischen Straftat[726], das Anwerben und die Ausbildung für terroristische Zwecke[727], als auch der schwere Diebstahl, Erpressung und die Dokumentenfälschung[728] gemäß Art. 1 Nr. 1 Rahmenbeschluss 2008/919/JI, mit der Absicht, terroristische Handlungen durchzuführen.

Die mit dem Rahmenbeschluss 2008/919/JI erfolgten Änderungen innerhalb des Rahmenbeschlusses 2002/475/JI führten zu einer massiven Erweiterung der zu kriminalisierenden Handlungssphären unter Berücksichtigung der Vorzüge der Digitalisierung für den Terrorismus, indem nunmehr ebenso Handlungen der ersten Phase des terroristischen Akts von den Mitgliedstaaten unter Strafe zu stellen waren. Im Hinblick auf die Löschung terroristischer Inhalte wurde für eine Selbstverpflichtung der Internetanbieter plädiert. Dass bedeutet, dass terroristischen Onlineinhalten mittels freiwilliger Maßnahmen der Internetdienstanbieter und durch Kooperation zwischen der Internetbranche und der Europäischen Union begegnet werden sollte.[729] Im Hinblick auf eine Selbstregulierung gegenüber terroristischen Onlineinhalten, erklärten im Jahr 2016 Facebook, Microsoft, Twitter und YouTube in einer gemeinsamen Presseerklärung, dass sie eine gemeinsame Datenbank einrichten würden, die terroristische Inhalte speichert und den Austausch der Informationen ermöglichen soll.[730]

---

724 ABl. EU L 330/21 v. 9. Dezember 2008, Erwägungsgrund Nr. 4.
725 ABl. EU L 330/21 v. 9. Dezember 2008, Erwägungsgrund Nr. 7.
726 Von einer zu weiten Fassung der öffentlichen Aufforderung spricht *Weißer*. Gem. des Wortlauts könne bereits die bloße Diskussion strafbar sein. Des Weiteren sei der Versuch des Unionsgesetzgebers, Grundrechte wie Meinungs- und Pressefreiheit zu berücksichtigen, zu schwach ausgeprägt. Siehe *Weißer*, in: Böse (Hrsg.), EU-Strafrecht, § 9 Rn. 88.
727 Kritisch hierzu *Gercke*, ERA Forum 2009, 409, 414.
728 Die Handlungen des Diebstahls, der Erpressung und der Dokumentenfälschung waren bereits in Art. 3 Rahmenbeschluss 2002/475/JI als Straftaten im Zusammenhang mit terroristischen Aktivitäten einzustufen.
729 Vgl. COM(2018) 640 final v. 12. September 2019, S. 1.
730 Siehe die Presseerklärung *Twitter Public Policy*, „Partnering to help curb the spread of terrorist content online" v. 5. Dezember 2016, abrufbar unter https://b

b) Richtlinie (EU) 2017/541

aa) Terroristische Aktivitäten und terroristische Vereinigungen

In Anbetracht der Bedrohung durch den globalen Terrorismus wurde die Richtlinie (EU) 2017/541 zur Terrorismusbekämpfung[731] erlassen, die den Rahmenbeschluss 2002/475/JI ersetzte. Auf Grundlage von Art. 83 Abs. 1 AEUV sieht die Richtlinie Mindestvorschriften für die Definition von Straftatbeständen und für die Festlegung von Sanktionen auf dem Gebiet terroristischer Straftaten, Straftaten im Zusammenhang mit einer terroristischen Vereinigung und Straftaten im Zusammenhang mit terroristischen Aktivitäten gemäß Art. 1 Richtlinie (EU) 2017/541 vor. Anhand der weitreichenden Auflistung terroristischer Straftaten in Art. 3 der Richtlinie (EU) 2017/541, zeigt sich der globale und zugleich dynamisch flexible Handlungsansatz terroristischer Gruppierungen, dem gemeinschaftlich und umfassend begegnet werden soll.[732]

Im Kontext der Straftaten im Zusammenhang mit terroristischen Aktivitäten, sind die Straftaten aus dem Handlungskatalog gemäß Art. 1 Nr. 1 Rahmenbeschluss 2008/919/JI übernommen worden, haben aber jeweils eigene Artikelnummerierungen erhalten, was eine Konkretisierung der strafbaren Handlungen zugunsten der Rechtssicherheit und der Vereinheitlichung ermöglicht. So sind beispielsweise nunmehr ausdrücklich die Verherrlichung und Rechtfertigung terroristischer Handlungen als Straftaten im Zusammenhang mit terroristischen Aktivitäten zu bewerten. Der Strafbarkeitskatalog wurde zudem um Handlungen, die im Zusammenhang mit ausländischen terroristischen Kämpfern nach Art. 8 f. Richtlinie (EU) 2017/541 und der Terrorismusfinanzierung gemäß Art. 11 Richtlinie (EU) 2017/541 stehen, erweitert. Die strafrechtliche Angleichung der Terrorismusfinanzierung flankiert nunmehr die bereits seit dem Jahr 2005 bestehenden Verpflichtungen gegenüber dem Privatsektor zum Schutz des Binnenmarkts.

Während bereits der Rahmenbeschluss 2008/919/JI eine Erweiterung der Straftaten im Zusammenhang mit terroristischen Aktivitäten vornahm,

---

log.twitter.com/en_us/a/2016/partnering-to-help-curb-the-spread-of-terrorist-content-online.html (zuletzt abgerufen am 15. Juni 2020).
731 Richtlinie (EU) 2017/541 des Europäischen Parlaments und des Rates vom 15. März 2017 zur Terrorismusbekämpfung und zur Ersetzung des Rahmenbeschlusses 2002/475/JI des Rates und zur Änderung des Beschlusses 2005/671/JI des Rates, ABl. EU L 88/6 v. 31. März 2017.
732 Hierzu ABl. EU L 88/6 v. 31. März 2017, Erwägungsgründe Nr. 8 ff.

müssen die Mitgliedstaaten nunmehr auch über Art. 3 Rahmenbeschluss 2002/475/JI hinausgehende Handlungen im Zusammenhang mit einer terroristischen Vereinigung gemäß Art. 4 Richtlinie (EU) 2017/541 als Straftat ahnden. Der vom Unionsgesetzgeber weite Pönalisierungsansatz ist notwendig, da die Handlungen zwar außerhalb des terroristischen Akts liegen, letzteren aber erst ermöglichen. Art. 4 Richtlinie (EU) 2017/541 nimmt indes eine abschließende Aufzählung vor, wonach das Führen und die Beteiligung an den Handlungen einer terroristischen Vereinigung zu kriminalisieren sind. Letzteres umfasst auch die Bereitstellung von Informationen und jegliche Art der Finanzierung.

Bereits Art. 1 Nr. 1 Rahmenbeschluss 2008/919/JI verlangte die Strafbarkeit der öffentlichen Aufforderung zur Begehung einer terroristischen Straftat, was die öffentliche Verbreitung oder das sonstige Zugänglichmachen einer Botschaft mit dem Vorsatz, zur Begehung einer terroristischen Straftat anzustiften, wenn dieses Verhalten, unabhängig davon, ob dabei terroristische Straftaten unmittelbar befürwortet werden, eine Gefahr begründet, dass eine terroristische Straftat begangen wird. Der überaus weite Ansatz wurde in Art. 5 der Richtlinie (EU) 2017/541 übernommen, wonach die direkte und indirekte Aufforderung unter Strafe zu stellen ist. Unter einer indirekten Aufforderung ist beispielsweise die Verherrlichung einer terroristischen Straftat zu verstehen.

Obwohl auch der Rahmenbeschluss 2008/919/JI auf den Nutzen des Internets und neuer Technologien hinwies, kommen den Missbrauchsmöglichkeiten des Internets für den Terrorismus eine übergeordnete Rolle in den Erwägungsgründen der Richtlinie (EU) 2017/541 zu. Die strafbaren Handlungen im Zusammenhang mit terroristischen Aktivitäten aus Art. 5 bis Art. 12 Richtlinie (EU) 2017/541 sind weit auszulegen, indem die Mitgliedstaaten die Rolle des Internets sowie die Möglichkeiten der Informations- und Netzwerktechnologien als zentrales Handlungs-, beziehungsweise Kommunikationsmedium berücksichtigen müssen. Dies ist vor allem hinsichtlich der öffentlichen Aufforderung zur Begehung einer terroristischen Straftat (Art. 5 Richtlinie (EU) 2017/541), der Anwerbung (Art. 6 Richtlinie (EU) 2017/541), Durchführung einer Ausbildung für terroristische Zwecke (Art. 7 Richtlinie (EU) 2017/541) als auch für die Organisation von Reisen für terroristische Zwecke (Art. 10 Richtlinie (EU) 2017/541) und der Terrorismusfinanzierung (Art. 11 Richtlinie (EU) 2017/541) relevant.

Im Kontext der Radikalisierungshandlung sieht Art. 6 Richtlinie (EU) 2017/541 eine strafbare Handlung seitens des Anwerbenden vor. Hinsichtlich des Anzuwerbenden verhält der Unionsgesetzgeber sich zurückhaltender. Eine Strafbarkeit, beispielsweise des Betrachtens von verherrlichen Videos oder Kommentaren, unterliegt keinem Kriminalisierungsansatz. Überlegenswert ist in diesem Zusammenhang, wie das Betätigen des „Gefällt mir"-Buttons oder das Folgen entsprechender Nutzerkonten in den sozialen Medien zu bewerten ist. Entsprechende Überlegungen könnten in diesem Zusammenhang auch im Kontext von Art. 5 Richtlinie (EU) 2017/541 gestellt werden. Der überaus weite Anwendungsrahmen könnte die Möglichkeit eröffnen, durch das Nutzen von Sharing-Funktionen oder durch das Betätigen des „Gefällt mir"-Buttons eine Verherrlichung anzunehmen, was eine Strafbarkeit implizieren könnte.

Hingegen ist nunmehr gemäß Art. 8 Richtlinie (EU) 2017/541 das Selbststudium und die Aneignung von praktischen Fähigkeiten, die der Begehung einer terroristischen Straftat dienlich sind, unter Strafe zu stellen. Eine entsprechende Kriminalisierung der „Online-Aneignung" ist daher nur im Kontext von Art. 8 Richtlinie (EU) 2017/541 denkbar. Im Übrigen sah Art. 1 Nr. 1 Rahmenbeschluss 2008/919/JI die Ausbildung für terroristische Zwecke als strafbare Handlung vor, jedoch erstreckte sich der Anwendungsbereich ausdrücklich auf die Strafbarkeit des Ausbilders. Art. 8 Richtlinie (EU) 2017/541 stellt dementsprechend eine maßgebliche Neuerung dar, die vor allem im Hinblick auf die Aneignung von Wissen und praktischen Fähigkeiten über das Internet zu erklären ist.[733]

bb) Onlineinhalte

Art. 21 Richtlinie (EU) 2017/541 verlangt, dass die Mitgliedstaaten die erforderlichen Maßnahmen zu treffen haben, um sicherzustellen, dass Onlineinhalte, die eine öffentliche Aufforderung zur Begehung einer terroristischen Straftat darstellen und sich auf Servern in ihrem Hoheitsgebiet befinden, unverzüglich entfernt werden. Hieraus kann indes keine Konstituierung einer Löschverpflichtung gegenüber Internetdienstanbietern abgeleitet werden, da es an einer konkreten Umsetzungsvorschrift mangelt.[734] Weil in den meisten Fällen die genutzten Server außerhalb der Europäischen Union liegen, wird eine enge Kooperation mit Drittstaaten vorausgesetzt. Sollte eine Zusammenarbeit mit dem betreffenden Drittstaat scheitern, kann indes eine Zugriffssperre im Zuge eines unionsweiten Geo-Blocking gemäß Art. 21 Abs. 2 Richtlinie (EU) 2017/541 erfolgen. Inwieweit

---

733 Siehe ABl. EU L 88/6 v. 31. März 2017, Erwägungsgrund Nr. 11.
734 COM(2018) 640 final v. 12. September 2018, S. 3 f.

die Mitgliedstaaten dieser Aufforderung nachkommen und inwieweit der Privatsektor freiwillige Schutzmaßnahmen errichtet, ist den Mitgliedstaaten grundsätzlich überlassen. Allerdings sollen die Mitgliedstaaten ein „angemessenes Maß an Rechtssicherheit und Vorhersehbarkeit" berücksichtigen[735]. Den Internetdienstanbietern soll ebenfalls keine Kontrollverpflichtung auferlegt werden, die im Zuge ihres Dienstes verarbeiteten Informationen zu überwachen. Solange ein Internetdienstanbieter nicht in Kenntnis über entsprechende Inhalte ist, die über den Dienst veröffentlicht werden, sieht die Richtlinie (EU) 2017/541 einen Haftungsausschluss vor.[736] Letzteres deckt sich mit der Haftungsausschlussklausel gemäß Art. 14 Abs. 1 lit. a) der Richtlinie 2000/31/EG.

cc) Verordnungsvorschlag gegen terroristische Onlineinhalte

Einen Monat nach Verabschiedung der Richtlinie (EU) 2017/541 folgte ein Aufruf des Europäischen Rats an Internetdienstanbieter, automatisierte Filtertechnologien zu entwickeln und innerhalb ihres Internetdienstes anzuwenden, um terroristische Inhalte zu erkennen. In diesem Zusammenhang wurde bereits angekündigt, Verpflichtungen gegenüber Internetdienstanbieter zu erlassen, sollte eine dahingehende Selbstregulierung den Ansprüchen nicht genügen.[737]

Im September 2017 veröffentliche die Europäische Kommission eine Orientierungshilfe sowie Grundsätze für Internetdienstanbieter, „um ein vermehrt proaktives Vorgehen bei der Verhinderung, Erkennung und Entfernung illegaler Inhalte, die zu Hass, Gewalt und Terrorismus aufstacheln", zu erreichen. Die Notwendigkeit, verpflichtende Maßnahmen gegenüber Betreibern von Internetplattformen zu ergreifen, wurde davon abhängig gemacht, ob und wie effektiv die Anbieter gegen illegale Onlineinhalte vorgehen würden.[738] Was folgte war, dass die angestrebte Selbstregulierung im Kampf gegen terroristische und extremistische Onlineinhalte als unzureichend eingestuft wurde.[739] Unzureichend dahingehend, dass eine Selbstverpflichtung nicht von allen Anbietern angenommen und zum anderen, dass eine Fragmentierung an nationalen Initiativen festgestellt

---

735 ABl. EU L 88/6 v. 31. März 2017, Erwägungsgrund Nr. 22.
736 ABl. EU L 88/6 v. 31. März 2017, Erwägungsgrund Nr. 23.
737 Siehe *Europäischer Rat*, Dok. EUCO 8/17 v. 23. Juni 2017, S. 2.
738 *Europäische Kommission*, Pressemitteilung IP/17/3493 v. 28. September 2017.
739 *Tsesis*, Fordham Law Review 2017, 606, 631.

Kapitel 3: Maßnahmen der Europäischen Union

wurde. Die Europäische Kommission nimmt daher an, dass eine Verordnung das einzig verbleibende Rechtsmittel sei, um effektiv terroristische Onlineinhalte zu bekämpfen.[740] Im September 2018 folgte ein entsprechender Verordnungsvorschlag (im Folgenden: VO-E) zur Verhinderung der Verbreitung terroristischer Onlineinhalte auf Grundlage von Art. 114 AEUV. Mit der unmittelbaren Wirkung der Verordnung als Rechtsinstrument soll deutlich gemacht werden, dass Internetdienstanbieter „dafür zuständig sind, alle angemessenen, sinnvollen und verhältnismäßigen Maßnahmen zu ergreifen, die zur Gewährleistung der Sicherheit ihrer Dienste und für eine rasche und wirksame Erkennung und Entfernung terroristischer Online-Inhalte notwendig sind"[741]. Der Verordnungsvorschlag sieht einen umfassenden Anwendungsbereich vor, indem jeder Internetdienstanbieter verpflichtet werden soll, unabhängig von dessen Unternehmenssitz oder Unternehmensgröße. Zudem sollen die neuen Verpflichtungen auch auf Internetdienstanbieter mit Hauptsitz in einem Drittstaat angewendet werden, die ihre Dienste innerhalb der Europäischen Union anbieten (Art. 2 Abs. 3 lit. c) i. V. m. Art. 1 Nr. 2 VO-E).[742] In seinen Änderungsvorschlägen nimmt das Europäische Parlament lediglich dahingehend eine Konkretisierung vor, wonach die Verordnung auf Internetdienstanbieter Anwendung findet, die der Öffentlichkeit ihre Dienstleistung auf der Anwenderoberfläche anbieten.[743] Die von der Europäischen Kommission vorgeschlagenen Verpflichtungen umfassen neben Speicherpflichten, vor allem Sorgfaltspflichten und die Verpflichtung zur Etablierung proaktiver Maßnahmen. Im Zuge der Lesungen des Europäischen Parlaments folgten allerdings massive Änderungen des Verordnungsentwurfs, die die vorgesehenen Verpflichtungen maßgeblich abschwächen. Zudem spiegeln die Änderungen die Ansicht des Europäischen Parlaments, stützend auf den Grundsätzen der e-Commerce-Richtlinie, wider, dass Internetdienstanbieter keine Überwachungspflichten übertragen werden dürften.

(a) Sorgfaltspflicht

Gemäß Art. 3 VO-E müssen Internetdienstanbieter nunmehr geeignete, angemessene und verhältnismäßige Maßnahmen ergreifen, um die Verbrei-

---

740 COM(2018) 640 final v. 12. September 2018, S. 7 f.
741 COM(2018) 640 final v. 12. September 2018, S. 2.
742 COM(2018) 640 final v. 12. September 2018, S. 4 f.
743 *Europäisches Parlament*, Dok. P8_TA-PROV(2019)0421, Abänderung Nr. 44, 49.

tung terroristischer Inhalte zu verhindern. Von einer allumfassenden Abschaffung der Selbstregulierung kann indes nicht ausgegangen werden. Nach Art. 3 Nr. 1 VO-E müssen Internetdienstanbieter geeignete, angemessene und verhältnismäßige Maßnahmen ergreifen, um die Verbreitung terroristischer Inhalte zu verhindern und die Nutzer vor terroristischen Inhalten zu schützen. Die Internetdienstanbieter müssen dabei mit der gebotenen Sorgfalt, verhältnismäßig und ohne Diskriminierung handeln. Zudem müssen die Anbieter vor allem die Grundrechte ihrer Nutzer und die Bedeutung der Meinungs- und Informationsfreiheit gebührend berücksichtigen. Eine Konkretisierung, inwieweit ein solcher Bewertungsmechanismus durch Internetdienstanbieter gewährleistet und ausgestaltet werden muss, ist dem Verordnungsentwurf nicht zu entnehmen. Das Risiko eines unverhältnismäßigen Grundrechtseingriffs durch die Löschung oder Sperrung eines Onlineinhalts ist entsprechend hoch.

Das Europäische Parlament hat jedoch umfassende Änderungen von Art. 3 VO-E vorgenommen. Die Verpflichtung gegenüber Internetdienstanbieter zur Ergreifung von geeigneten, angemessenen und verhältnismäßigen Maßnahmen fällt gänzlich weg. Zudem wird die Formulierung des Anwendungsrahmens dahingehend umgekehrt, dass es nicht „die Verbreitung terroristischer Inhalte zu verhindern" gilt, sondern, dass zu verhindern ist, „dass Inhalte nicht terroristischer Art entfernt werden"[744]. Zudem spiegelt sich die Negativierung dahingehend wider, dass die „Sorgfaltspflichten [...] weder auf eine allgemeine Verpflichtung [...] zur Überwachung der von ihnen übertragenen oder gespeicherten Informationen, noch auf eine allgemeine Verpflichtung zur aktiven Suche nach Fakten oder Umständen, die auf illegale Aktivitäten hindeuten", führen dürfen, was als Art. 3 Abs. 1 lit. a) eingefügt worden ist.[745] Es entfällt ebenso die Pflicht entsprechende Maßnahmen in den Geschäftsbestimmungen aufzunehmen. Deckend mit den Vorgaben der Richtlinie 2000/31/EG, sind die Internetdienstanbieter nach Kenntniserlangung allerdings verpflichtet, die zuständigen Behörden zu informieren und entsprechende Inhalte „rasch" zu entfernen[746]. Gegenüber Video-Sharing-Plattformen verhält sich anders, was der Hinweis auf die Richtlinie (EU) 2018/1808 suggeriert. Im Hinblick auf die ‚Verbreitung terroristischer Inhalte' werden Video-Sharing-Plattformbetreiber verpflichtet, verhältnismäßige Maßnahmen zu ergreifen, um

---

744 *Europäisches Parlament*, P8_TA-PROV(2019)0421-Verhinderung der Verbreitung terroristischer Online-Inhalte, Abänderung Nr. 61.
745 *Europäisches Parlament*, P8_TA-PROV(2019)0421, Abänderung Nr. 62.
746 *Europäisches Parlament*, P8_TA-PROV(2019)0421, Abänderung Nr. 63.

Kapitel 3: Maßnahmen der Europäischen Union

eine Verbreitung zu verhindern. Letzteres entspricht einerseits Art. 6 Abs. 1 lit. b) der Richtlinie (EU) 2018/1808, zeigt aber andererseits, dass an Betreiber von Video-Sharing-Plattformen höhere Anforderungen gestellt werden, indem auf die Schutzmaßnahmen gemäß Art. 3 Abs. 2 lit. b) VO-E i. V. m. Art. 28b Abs. 1 lit. c), Abs. 3 der Richtlinie (EU) 2018/1808[747] verwiesen wird. Gleichzeitig verlangt Art. 28b Abs. 1 lit. c) Richtlinie (EU) 2018/1808, dass die Grundsätze aus Art. 12 bis 15 der Richtlinie 2000/31/EG von den zu ergreifenden Maßnahmen unberührt bleiben müssen.[748] Auch an dieser Stelle zeigt sich abermals, dass auch der Unionsgesetzgeber zwischen dem Bestreben nach einem umfassenden Schutz vor dem Terrorismus und dem grundsätzlichen Gedanken der Selbstregulierung von Internetdienstanbietern schwankt.

(b) Entfernungsanordnung

Art. 4 Nr. 1 VO-E befähigt die zuständigen nationalen Behörden, Entfernungsanordnungen zu erlassen, mit denen Internetdienstanbieter verpflichtet werden, terroristische Inhalte zu entfernen oder in allen Mitgliedstaaten zu sperren. Ein Musterformular ist als Anhang I dem VO-E beigefügt. Während der Verordnungsentwurf der Europäischen Kommission dahingehend unbestimmt formuliert war, konkretisiert das Europäische Parlament die Befugnis der Entfernungsanordnung auf die jeweilige zuständige Behörde in dem Mitgliedstaat, in dem sich auch die Hauptniederlassung des Internetdienstanbieters befindet[749]. Befindet sich der Hauptsitz in einem anderen Mitgliedstaat, kann die zuständige Behörde eines Mitgliedstaats, gemäß Art. 4 Nr. 1 lit. a) VO-E, dennoch den Internetdienstanbieter um Löschung oder Sperrung ersuchen[750]. Im Zuge einer Sperrverfügung würde diese ihre Wirksamkeit in allen Mitgliedstaaten der Europäischen Union entfalten. Die Sperrverfügung erreicht somit ein unionsweites Geo-Blocking. Im Rahmen von Art. 4 Nr. 1 lit. a) VO-E muss eine Kopie des Ersuchens an die zuständige Behörde des Mitgliedstaats übermittelt werden, in dem sich der Hauptsitz des Internetdienstanbieters befindet. Sieht dieser Mitgliedstaat durch das Ersuchen grundlegende Interessen betroffen, genügt eine Mitteilung an den Absender der Verfügung. Die Be-

---

747 Siehe hierzu ABl. EU L 303/69 v. 28. November 2018, Erwägungsgrund Nr. 18.
748 Entsprechend auch Art. 28b Abs. 3 UAbs. 2 der Richtlinie (EU) 2018/1808.
749 *Europäisches Parlament*, Dok. P8_TA-PROV(2019)0421, Abänderung Nr. 66.
750 *Europäisches Parlament*, Dok. P8_TA-PROV(2019)0421, Abänderung Nr. 67.

hörde hat dann zu entscheiden, ob das Ersuchen zurückgezogen oder entsprechend geändert wird[751].

Die Ermittlungsanordnung muss unter anderem, gemäß Art. 4 Nr. 3 VO-E, die zuständige Behörde bezeichnen, die Gründe für die Anordnung darlegen, die genaue URL[752] nennen und gegebenenfalls weitere Angaben machen, -die die Identifizierung der gemeldeten Inhalte ermöglicht-, einen Verweis auf die EU-Verordnung und eine entsprechende Rechtsbehelfsbelehrung enthalten. Auch in diesem Zusammenhang nahm das Europäische Parlament Änderungen vor, die strengere formelle Anforderungen an die zuständigen Behörden stellen. So genügt nicht die Skizzierung der Gründe, weshalb der in Frage stehende Onlineinhalt als ‚terroristisch' eingestuft wird, sondern es bedarf einer detaillierten Begründung und einen Verweis auf die in Art. 2 Abs. 5 VO-E aufgeführten Kategorien[753]. Auf der anderen Seite entfällt die Möglichkeit des Internetdienstanbieters und des Inhalteanbieters, eine ausführliche Begründung für die Entfernungsanordnung zu verlangen[754]. Nach Ansicht des Europäischen Parlaments genügt es indes nicht, Informationen über Rechtsbehelfe zur Verfügung zu stellen, sondern es bedarf „leicht verständliche[r] Informationen über Rechtsbehelfe, [...], einschließlich Rechtsbehelfen bei der zuständigen Behörde sowie der Möglichkeit der Befassung eines Gerichts, und über die für die Einlegung von Rechtsbehelfen geltenden Fristen"[755]. Sobald der Internetdienstanbieter die Entfernungsanordnung erhalten hat, hat dieser eine Stunde Zeit, den betreffenden Inhalt zu entfernen oder zu sperren. Das Zeitfenster von einer Stunde hat auch nach den Änderungen durch das Europäische Parlament Bestand, doch wurde der Wortlaut dahingehend abgeschwächt, dass innerhalb einer Stunde nach Erhalt der Entfernungsanordnung die terroristischen Onlineinhalte „schnellstmöglich" zu entfernen oder zu sperren sind[756]. Dass das Europäische Parlament keine Änderung hinsichtlich des Zeitfensters vorgenommen hat, ist mutmaßlich darauf zurückzuführen, dass, im Fall einer erstmaligen Entfernungsanordnung, die zuständige Behörde mindestens zwölf Stunden vor Ausstellung der Anordnung Kontakt zu dem Internetdienstanbieter aufzunehmen und ihn über die Verfahrensweisen und Fristen zu informieren hat[757]. Ist es dem Internetdienstanbieter

---

751 *Europäisches Parlament*, Dok. P8_TA-PROV(2019)0421, Abänderung Nr. 81.
752 *Europäisches Parlament*, Dok. P8_TA-PROV(2019)0421, Abänderung Nr. 72.
753 *Europäisches Parlament*, Dok. P8_TA-PROV(2019)0421, Abänderung Nr. 71.
754 *Europäisches Parlament*, Dok. P8_TA-PROV(2019)0421, Abänderung Nr. 75.
755 *Europäisches Parlament*, Dok. P8_TA-PROV(2019)0421, Abänderung Nr. 73.
756 *Europäisches Parlament*, Dok. P8_TA-PROV(2019)0421, Abänderung Nr. 69.
757 *Europäisches Parlament*, Dok. P8_TA-PROV(2019)0421, Abänderung Nr. 68.

nicht möglich, eine rechtszeitige Löschung oder Sperrung vorzunehmen, ist dies der ausstellenden Behörde mitzuteilen. Letzteres soll indes nur in den Fällen höherer Gewalt oder aufgrund einer faktischen Unmöglichkeit möglich sein (Art. 4 Nr. 7 VO-E). Das Europäische Parlament erweiterte die Rechtfertigungsmöglichkeiten jedoch maßgeblich, indem der Internetdienstanbieter auch auf „technische oder betriebliche Gründe" verweisen kann[758]. Andernfalls ist der Anbieter, gemäß Art. 4 Nr. 6 VO-E, verpflichtet, die Löschung oder Sperrung unverzüglich der zuständigen Behörde mitzuteilen. Dem Internetdienstanbieter steht zuletzt ein Verweigerungsrecht nach Art. 4 Nr. 8 VO-E zu, wenn die Entfernungsanordnung offensichtliche Fehler oder unzureichende Informationen enthält.

(c) Spezielle Maßnahmen

Die Möglichkeit einer Entfernungsanordnung durch die zuständigen nationalen Behörden wird flankiert von Maßnahmen, die von den Internetdienstanbietern zu ergreifen sind. Während die Europäische Kommission diese noch als ‚proaktive Maßnahmen' bezeichnete, hat das Europäische Parlament diese Bezeichnung durch die Bezeichnung ‚spezifische Maßnahmen' ersetzt. Es kann davon ausgegangen werden, dass die überarbeitete Wortwahl den Gedanken einer Überwachungsverpflichtung vermeiden soll. Dennoch werden, unbeschadet der Richtlinie (EU) 2018/1808 und der Richtlinie 2000/31/EG, die Internetdienstanbieter verpflichtet, spezifische Maßnahmen zu ergreifen, um ihre Dienste vor der öffentlichen Verbreitung terroristischer Inhalte zu schützen. Allerdings verbleibt die Verantwortlichkeit bei den Internetdienstanbietern, selbst zu bewerten, ob ihre Maßnahmen das Grundrecht der Informations- und Meinungsfreiheit verhältnismäßig berücksichtigen[759]. Zudem verlangte die Europäische Kommission umfassende Berichtspflichten von den Internetdienstanbietern, sobald sie einmal Adressat einer Entfernungsanordnung waren. Sollten die Maßnahmen den Anforderungen nicht entsprechen, hätte die zuständige Behörde zudem Verbesserungsanordnungen erlassen können, nach der zusätzliche, notwendige und verhältnismäßige proaktive Maßnahmen auferlegt hätten werden können[760]. Im Übrigen haben die geforderten Verbesserungsmechanismen auch ausdrücklich die Installation eines Upload-Fil-

---

758 *Europäisches Parlament*, Dok. P8_TA-PROV(2019)0421, Abänderung Nr. 78.
759 *Europäisches Parlament*, Dok. P8_TA-PROV(2019)0421, Abänderung Nr. 85.
760 *Europäisches Parlament*, Dok. P8_TA-PROV(2019)0421, Abänderung Nr. 88.

ters[761], gemäß Art. 6 Nr. 2 lit. a) VO-E, beinhalten können. Letzteres wäre einer umfassenden Überwachung von Onlineinhalten gleichgekommen, was einer „Ablösung von Freiheit durch technisch gewährleistete Sicherheit"[762] entsprechen würde. Allerdings entsprach das Europäische Parlament dem nicht und strich Art. 6 Nr. 2 VO-E gänzlich. Der Vorbehalt spiegelt sich auch in Art. 6 Nr. 4 VO-E wider. Nach der Feststellung, dass Entfernungsanordnung in großer Zahl an einen Internetdienstanbieter ergangen sind, kann die zuständige Behörde dem Internetdienstanbieter eine Aufforderung übermitteln, weitere spezielle Maßnahmen zu ergreifen. Die zuständige Behörde darf aber weder eine allgemeine Überwachungspflicht noch die Verwendung automatischer Filtersysteme fordern. Für jeden Fall sind dabei die technische Umsetzbarkeit der Maßnahmen, die Unternehmensgröße und die wirtschaftliche Leistungsfähigkeit des Internetdienstanbieters zu berücksichtigen. Damit verneint das Europäische Parlament ausdrücklich die Möglichkeit eines Upload-Filters. Jedoch hält sich das Europäische Parlament dahingehend zurück, eine Konkretisierung vorzunehmen, was als ‚spezifische Maßnahme' zu verstehen ist und hat eine Definitionslücke hinterlassen. Letzteres wiegt aufgrund der Unmittelbarkeit der Verordnung umso schwerer. Es liegt nun eine offene, aber unkonkrete, mit Rechtsunsicherheit gespickte Verpflichtung vor, spezifische Maßnahmen zu ergreifen. Der VO-E impliziert lediglich, dass die Maßnahme ihre Grenzen einerseits an dem Verbot eines Upload-Filters und andererseits einer internen Abwägung der betroffenen Interessen und Rechte durch den Internetdienstanbieter finden muss.

(d) Speicherpflicht

Zudem sieht Art. 7 VO-E eine Aufbewahrungspflicht gegenüber dem Internetdienstanbieter vor. Hiernach sind terroristische Inhalte, die in Folge

---

761 Der Upload-Filter dient als proaktive Maßnahme von Internetdienstanbietern, „die mittels maschineller Entscheidungsverfahren anstreben", illegale Onlineinhalte zu erkennen und den Upload zu verhindern. Im Zusammenhang mit Art. 17 der Richtlinie (EU) 2019/790 des Europäischen Parlaments und des Rates vom 17. April 2019 über das Urheberrecht und die verwandten Schutzrechte im digitalen Binnenmarkt und zur Änderung der Richtlinien 96/9/EG und 2001/29/EG, ABl. EU L 130/92 v. 17. Mai 2019: *Gerpott*, MMR 2019, 420, 422.
762 Vgl. *Becker*, ZUM 2019, 636, 636 im Zusammenhang mit der Richtlinie (EU) 2019/790.

einer Entfernungsanordnung oder einer spezifischen Maßnahme entfernt oder gesperrt worden sind, aufzubewahren, beziehungsweise zu speichern. Die terroristischen Onlineinhalte und die dazugehörigen Daten müssen für einen Zeitraum von sechs Monaten aufbewahrt werden. Auf Anordnung der zuständigen Behörde oder des zuständigen Gerichts müssen die terroristischen Inhalte für einen längeren Zeitraum aufbewahrt werden, wenn und solange dies für laufende Verfahren erforderlich ist. Die Speicherung der Daten soll einerseits bestehenden Verfahren, andererseits aber auch der Verhinderung, Erkennung, Untersuchung und Verfolgung von terroristischen Straftaten dienen.

dd) Synopse zur Richtlinie 2000/31/EG

Die Richtlinie 2000/31/EG gilt bis heute als Grundgerüst für das Handeln von Internetdienstanbieter, die ihre Dienste innerhalb der Europäischen Union anbieten. Während der Verordnungsvorschlag der Europäischen Kommission eine maßgebliche Wende für Internetdienstanbieter bedeutet hätte, hat das Europäische Parlament die Auswirkung der Verordnung maßgeblich abgeschwächt. Art. 15 Abs. 1 der Richtlinie 2000/31/EG normiert ausdrücklich keine allgemeine Überwachungspflicht gegenüber Internetdienstanbietern. Bereits in den Entscheidungen *Scarlet/SABAM*[763] und *Sabam/Netlog*[764] sah der EuGH in der generellen Verpflichtung zum Einsatz von Filtermechanismen einen Verstoß gegen Art. 15 der Richtlinie 2000/31/EG. Zwar wurde in der Entscheidung *L'Oreal/Ebay* ausgeführt, dass Internetdienstanbieter nicht nur zur Beendigung hervorgerufener Verletzungen, sondern auch wirksam zur Vorbeugung gegen erneute Verletzungen beitragen müssen[765], weshalb auch im Zuge der europäischen Urheberrechtsreform lediglich von einer gesetzgeberischen Ummünzung des Upload-Filters ausgegangen wurde[766]. Doch müssen die nationalen Behörden und Gerichte ein angemessenes Gleichgewicht zwischen den betroffenen Rechten und Interessen finden.[767]

---

763 EuGH, *Scarlet/SABAM*, Rs. C-70/10, ECLI:EU:C:2011:771 Rn. 46.
764 EuGH, *Sabam/Netlog*, Rs. C-360/10, ECLI:EU:C:2012:85 Rn. 45 f.
765 EuGH, *L'Oréal/eBay*, Rs. C-324/09, ECLI:EU:C:2011:474 Rn. 131.
766 *Nordemann*, International Review of Intellectual Property and Competition Law 2019, 275, 276.
767 EuGH, *Scarlet/SABAM*, Rs. C-70/10, ECLI:EU:C:2011:771 Rn. 46; EuGH, *Sabam/Netlog*, Rs. C-360/10, ECLI:EU:C:2012:85 Rn. 44.

Demnach dürfen Mitgliedstaaten Anbieter eben nicht verpflichten, die übermittelten oder gespeicherten Informationen zu überwachen oder aktiv nach Umständen zu forschen, die auf eine rechtswidrige Tätigkeit hinweisen. Ein aktives Handeln wurde von den Internetdienstanbietern lediglich dahingehend verlangt, dass sie entsprechende Tätigkeiten oder Informationen an die zuständigen Behörden weiterleiten.

Art. 14 Abs. 2 Richtlinie 2000/31/EG sieht eine unverzügliche Löschpflicht seitens des Internetdienstanbieters vor, sobald dieser Kenntnis über die Information erlangt. Der in Art. 14 Abs. 1 lit. a) Richtlinie 2000/31/EG niedergelegte Grundsatz des Haftungsausschlusses sollte allerdings grundsätzlich in der Verordnung gegen terroristische Onlineinhalte bestehen bleiben.[768] Hiernach haftet der Anbieter nicht, wenn er keine Kenntnis von der rechtswidrigen Tätigkeit oder Information hatte.

Der EuGH reduzierte den Haftungsausschluss dahingehend, dass nur solche Fälle erfasst sein können, in denen die Tätigkeit des Internetdienstanbieters „rein technischer, automatischer und passiver Art" ist, was bedeutet, dass der Anbieter „weder Kenntnis noch Kontrolle über die weitergeleitete oder gespeicherte Information besitzt"[769], was die Voraussetzung der Neutralität statuiert und in der Entscheidung *L'Oreal/Ebay* konkretisiert worden ist[770].[771] Dennoch ist es den Mitgliedstaaten weiterhin überlassen, ob ein Gericht oder eine Verwaltungsbehörde vom Internetdienstanbieter verlangt, die Rechtsverletzung abzustellen oder zu verhindern. Zudem können die Mitgliedstaaten, gemäß Art. 14 Abs. 3 Richtlinie 2000/31/EG, geeignete Verfahren für die Entfernung entsprechender Inhalte oder auch die Sperrung des Zugangs zum Inhalt festlegen. In diesem Zusammenhang sind die betreffenden Inhalte aber bereits hochgeladen und unterlagen keiner vorherigen Filterung.

Nach der EuGH Entscheidung *Glawischnig-Piescek/Facebook*, könne der Haftungsausschluss indes nicht dazu führen, dass ein nationales Gericht oder die zuständige Behörde gehindert wird, den Internetdienstanbieter die von ihm gespeicherten Informationen, die den wort- und sinngleichen Inhalt haben wie Informationen, die zuvor für rechtswidrig erklärt worden sind, zu entfernen oder den Zugang zu ihnen zu sperren, unabhängig da-

---

[768] COM(2018) 640 final v. 12. September 2018, Erwägungsgrund Nr. 5.
[769] EuGH, *Google/Louis Vuitton*, Rs. C-236/08, *Google/Viaticum*, Rs. C-237/08, *Google/CNRRH*, Rs. C-238/08, ECLI:EU:C:2010:159 Rn. 114.
[770] EuGH, *L'Oréal/eBay*, Rs. C-324/09, ECLI:EU:C:2011:474 Rn. 112 ff.
[771] Umfassend *Volkmann*, in: Spindler/Schuster (Hrsg.), Recht der elektronischen Medien, § 1004 BGB Rn. 21.

Kapitel 3: Maßnahmen der Europäischen Union

von, wer den Auftrag für die Speicherung der Informationen gegeben hat. Nach Ansicht des EuGH handelt es sich um eine sinngleiche Information, wenn die Information eine Aussage vermittelt, deren Inhalt im Wesentlichen unverändert bleibt und daher sehr wenig von dem Inhalt abweicht, der zur Feststellung der Rechtswidrigkeit geführt hat.[772] Für das Suchen von sinngleichen Informationen verlangt der EuGH entsprechende automatisierte Filtermechanismen, da er von den Anbietern keine autonome Inhaltsbeurteilung abfordern möchte.[773] Der hierfür zu programmierende Suchalgorithmus muss einerseits entsprechende sinngleiche Informationen herausfiltern können, muss jedoch wiederum seine Grenzen in dem weiterhin bestehenden Verbot der allgemeinen Überwachung aus Art. 15 Abs. 1 der Richtlinie 2000/31/EG finden. Der EuGH gestattet nur Filtermechanismen auf bereits hochgeladene Onlineinhalte. Dies soll nochmals dadurch beschränkt werden, dass der Überwachungs-, beziehungsweise Suchalgorithmus auf die Informationen explizit zu programmieren ist, die in der Anordnung benannt sind.[774]

Anders als Generalanwalt *Szpunar*, konkretisiert der EuGH die Lösch- und Sperrpflicht von sinngleichen Inhalten nicht auf Einträge eines Nutzers[775], sondern erweitert die Verpflichtungen auf alle entsprechenden sinngleichen Einträge unabhängig vom Auftraggeber. Dies wird dahingehend begründet, dass vor allem soziale Netzwerke eine schnelle Übermittlung von gespeicherten Informationen ermöglichen und daher die Gefahr bestehe, dass die Informationen, die als rechtswidrig eingestuft wurden, zu einem späteren Zeitpunkt von einem anderen Nutzer dieses Netzwerks wiedergegeben und geteilt werden können[776]. Des Weiteren hat der EuGH keine Bedenken hinsichtlich einer weltweiten Wirkung einer Anordnung, da bereits Art. 18 Abs. 1 der Richtlinie 2000/31/EG keine (geografischen) Beschränkungen vorsieht.[777] Die Rechtsprechung des EuGH stellt somit auch dem Verordnungsentwurf entsprechende Gleisen. Bisher wird in Art. 4 Nr. 1 lit. a) VO-E lediglich ein unionsweites Geo-Blocking vorgesehen.

---

772 EuGH, *Glawischnig-Piescek/Facebook*, Rs. C-18/18, ECLI:EU:C:2019:821 Rn. 39, 45.
773 EuGH, *Glawischnig-Piescek/Facebook*, Rs. C-18/18, ECLI:EU:C:2019:821 Rn. 45 f.
774 EuGH, *Glawischnig-Piescek/Facebook*, Rs. C-18/18, ECLI:EU:C:2019:821 Rn. 46.
775 Schlussanträge des Generalanwalts *Szpunar* v. 4. Juni 2019, Rs. C-18/18 Nr. 55.
776 EuGH, *Glawischnig-Piescek/Facebook*, Rs. C-18/18, ECLI:EU:C:2019:821 Rn. 37.
777 EuGH, *Glawischnig-Piescek/Facebook*, Rs. C-18/18, ECLI:EU:C:2019:821 Rn. 48 ff.

ee) Synopse zur Richtlinie (EU) 2017/541

Zum Zweck der Strafrechtsangleichung innerhalb der Mitgliedstaaten im Bereich des Terrorismus, greift der Verordnungsvorschlag im Zuge der Begriffsbestimmung einer terroristischen Handlung auf die Definition der terroristischen Straftat aus Art. 3 der Richtlinie (EU) 2017/541 zurück. Hingegen zeigt sich im Vergleich von Art. 21 und Art. 5 der Richtlinie (EU) 2017/541 mit Art. 2 Abs. 5 des VO-E ein weitergehender Ansatz. Art. 5 Richtlinie (EU) 2017/541 kriminalisiert die öffentliche Aufforderung zur Begehung einer terroristischen Straftat im Internet und nimmt sodann einen Verweis auf die Definition gemäß Art. 3 Richtlinie (EU) 2017/541 vor. Die Kriminalisierung gemäß Art. 5 Richtlinie (EU) 2017/541 findet sich sodann in Art. 21 Abs. 1 Richtlinie (EU) 2017/541 wieder, wonach die Mitgliedstaaten alle erforderlichen Maßnahmen zu treffen haben, um eine Entfernung entsprechender Onlineinhalte zu erreichen. Wie bereits dargelegt, wird im Rahmen von Art. 5 der Richtlinie (EU) 2017/541 eine breite Anwendung von den Mitgliedstaaten im Hinblick auf die öffentliche Aufforderung gefordert.[778]

Art. 2 Abs. 5 VO-E geht nunmehr über Art. 5 Richtlinie (EU) 2017/541 hinaus und nimmt, anders als Art. 5 Richtlinie (EU) 2017/541, eine konkrete und abschließende Auflistung vor, was als ‚terroristischer Inhalt' zu klassifizieren ist. Ein Onlineinhalt ist demnach zu entfernen, wenn es den Aufruf zu[779] oder die Befürwortung von terroristischen Straftaten, die Verherrlichung terroristischer Akte (Art. 2 Abs. 5 lit. a)), eine gezielte Aufforderung, eine terroristische Straftat zu begehen oder an ihr mitzuwirken (Art. 2 Abs. 5 lit. b)), die Aufforderung, sich im Rahmen einer terroristischen Vereinigung zu beteiligen (Art. 2 Abs. lit. c)) oder Unterweisungen in der Herstellung oder im Gebrauch von Sprengstoffen, Schuss- oder sonstigen Waffen oder gefährlichen Stoffen, beziehungsweise Unterweisungen in anderen spezifischen Methoden oder Verfahren mit dem Ziel, eine terroristische Straftat zu begehen (Art. 2 Abs. 5 lit. d)), enthält[780]. Im Vergleich zum VO-E der Europäischen Kommission zeigt sich in den Änderungen ein verhaltener, restriktiver Ansatz. Während im Zuge des VO-E

---

778 A. A. COM(2018) 640 final v. 12. September 2018, S. 3 f.
779 Während sich in der englischsprachigen Fassung die Bezeichnung „inciting" (Art. 2 Abs. 5 lit. a) VO-E) oder auch „incites" (COM(2018) 640 final v. 12. September 2018, S. 10) findet, wird an den entsprechenden Passagen der deutschsprachigen Fassung sowohl von Aufruf (Art. 2 Abs. 5 lit. a) VO-E) als auch von Anstiftung (COM(2018) 640 final v. 12. September 2018, S. 12) gesprochen.
780 *Europäisches Parlament*, Dok. P8_TA-PROV(2019)0421, Abänderung Nr. 53 ff.

der Europäischen Kommission auch solche Onlineinhalte zu entfernen waren, die Rekrutierungs- und Schulungsmaßnahmen für terroristische Zwecke beinhalten[781], konkretisiert das Europäische Parlament die zu entfernenden Onlineinhalte auf eindeutige Aufforderungen (Art. 2 Abs. 5 lit. b), lit. c)) und Unterweisungen (Art. 2 Abs. 5 lit. d)), die dem Ziel dienen, eine terroristische Straftat zu begehen oder zu derer Begehung beizutragen. Gegenüber der Richtlinie (EU) 2017/541 kann daher nur im Hinblick auf den VO-E der Europäischen Kommission von einer umfassenden Erweiterung, was als terroristischer Onlineinhalt zu qualifizieren ist, gesprochen werden. Aufgrund der hinzugefügten Voraussetzung einer ‚konkreten Aufoderung' wird der weite Anwendungsbereich aufgelöst. Im Hinblick auf Art. 2 Abs. 5 lit. d) VO-E ist es zumindest dahingehend nachvollziehbar, da die „technische Anleitungen oder Methoden für das Begehen terroristischer Straftaten", sämtliche Anleitungen, wie beispielsweise Do-it-Yourself-Videos, einschließen würde. Das Europäische Parlament übernimmt damit weitestgehend den Wortlaut aus Art. 7 der Richtlinie (EU) 2017/541, der die Durchführung von Ausbildungsmaßnahmen für terroristische Zwecke umfasst.

Aufgrund des Anschlags von *Christchurch* erweiterte das Europäische Parlament die Auflistung jedoch dahingehend, dass ein Onlineinhalt zu entfernen ist, wenn es die Darstellung der Begehung einer, in Art. 3 Abs. 1 lit. a) bis lit. i) der Richtlinie (EU) 2017/541 terroristischen Straftat zeigt (Art. 2 Abs. 5 lit. e)).[782]

c) Projekte

aa) EU-Internetforum

Auf Basis einer freiwilligen Zusammenarbeit wurde im Dezember 2015 das EU-Internetforum gegründet. Das Forum besteht aus den Innenministern der Mitgliedstaaten, Vertretern von „führenden Unternehmen der Internetbranche"[783], von Europol und dem Europäischen Parlament sowie dem EU-Koordinator für Terrorismusbekämpfung Gilles *de Kerchove*. Das EU-Internetforum wurde im Zuge der europäischen Sicherheitsstrategie

---

781 COM(2018) 640 final v. 12. September 2018, S. 3.
782 *Europäisches Parlament*, Dok. P8_TA-PROV(2019)0421, Abänderung Nr. 153.
783 Teilnehmer sind u. a. Facebook, Microsoft, Twitter und YouTube.

eingerichtet.⁷⁸⁴ Vordergründig dient es der engen Zusammenarbeit mit der Internetbranche, um gegen terroristische und extremistische Inhalte im Internet vorzugehen und um das öffentliche Bewusstsein über die Gefahren terroristischer Inhalte zu stärken.

bb) EU-Projekt Clean IT

Bei Clean IT handelte es sich um ein von der Europäischen Union gefördertes Projekt, das von den Niederlanden bei der Europäischen Kommission eingereicht und unter der Beteiligung von Deutschland, dem Vereinigten Königreich, Belgien und Spanien durchgeführt wurde⁷⁸⁵. Ziel war die Etablierung einer öffentlich-privaten Partnerschaft zum Thema Terrorismus im Internet⁷⁸⁶ und die gemeinsame Festlegung von Leitlinien zum Umgang mit terroristischen und extremistischen Onlineinhalten.⁷⁸⁷ Bereits die Empfehlungen des Clean IT-Projekts sprechen für einen Filtermechanismus, für den der Internetdienstanbieter verantwortlich sein müsse.⁷⁸⁸ Zudem wurde vorgeschlagen, Internetdienstanbietern Lösch- und Meldepflichten aufzuerlegen.⁷⁸⁹

cc) EU-Meldestelle für Onlineinhalte

Im März 2015 vereinbarten die Justiz- und Innenminister der Mitgliedstaaten die Errichtung einer zentralen Meldestelle für terroristische, extremistische und gewaltverherrlichende Onlineinhalte (sog. EU- Internet Referral Unit (EU-IRU)).⁷⁹⁰ Die EU-IRU wurde bereits zum 1. Juli 2015 bei Europol in Den Haag eingerichtet.⁷⁹¹ Neben dem Aufbau von Partnerschaften

---

784 Vgl. COM(2015) 185 final v. 28. April 2015, S. 2.
785 BT-Drs. 17/11238, S. 1, 3.
786 Zur kritischen Auseinandersetzung, dass das Projekt auf weitere Bereiche erstreckt wird: BT-Drs. 17/11238, S. 1 f.
787 *Clean IT*, Reducing terrorist use of the Internet, S. 5.
788 *Clean IT*, Detailed recommendations document, S. 8.
789 *Clean IT*, Detailed recommendations document, S. 10.
790 Die Einrichtung der Meldestelle geht vordergründig auf den „Erfolg" der Propagandatätigkeit des sog. Islamischen Staates in den sozialen Medien zurück.
791 Die nationale Meldestelle für illegale Onlineinhalte in Deutschland liegt beim BKA. Seit dem 1. Januar 2019 liegt eine direkte Verbindung zu IRMA der EU-IRU vor. Siehe BT-Drs. 19/9623, S. 3.

mit dem Privatsektor und der Unterstützung der nationalen Behörden, ist die Identifizierung und Markierung von entsprechenden Onlineinhalten Aufgabe der Meldestelle (sog. „flagging"[792]).[793] Hierfür wird eine „Internet Referral Management Application" (IRMA) von Europol betrieben. Bei der Anwendung handelt es sich um eine Datenbank, die dazu dient, bereits gemeldete terroristische Inhalte zu listen und für mitgliedstaatliche Polizeibehörden sichtbar zu machen. Dies diene vordergründig einer effektiven Strafverfolgung und Gefahrenabwehr.[794] IRMA umfasst jedoch nunmehr auch Onlineinhalte zum illegalen Migrationsschmuggel. Letzteres umfasst Onlinebeiträge, die illegale Einwanderungsdienste im Internet anbieten.[795] Zudem bietet die Meldestelle einen Check-the-Web-Dienst (CTW) an. Es handelt sich hierbei um ein Analyseportal[796], auf das berechtigte Behörden der Mitgliedstaaten sowie autorisierte Behörden aus Drittstaaten Zugriff haben. Bei dem Portal handelt es sich um ein elektronisches Referenzsystem, dass sich auf den dschihadistischen Terrorismus im Internet fokussiert. Es enthält unter anderem gesammelte Publikationen, Video- und Audiodateien, die von terroristischen Gruppen oder ihren Anhängern im Internet veröffentlicht wurden.[797]

dd) EU-Projekt Tensor

Zum 1. September 2016 begann das EU-Projekt Tensor („Terrorist Activity Recognition"), das unter dem Forschungsrahmenprogramm ‚Horizont 2020' gefördert wird. Koordiniert wird das Projekt von der Polizei in Nordirland, in Zusammenarbeit mit der englischen *Sheffield Hallam*-Universität.[798] Ziel des Projekts ist die Entwicklung einer Plattform, die terroristische und extremistische Inhalte im gesamten Cyberspace erkennt, fil-

---

[792] Europol wird bei Internetfirmen wie Goodle und YouTube als sog. „trusted flagger" geführt, d. h. Meldungen von Europol werden bevorzugt bearbeitet. Siehe *Europäisches Parlament*, Dok. E-000025/2018(ASW) v. 30. März 2018.
[793] *Europol*, EU Internet Referral Unit, S. 3 f.
[794] BT-Drs. 19/9623, S. 1.
[795] *Europäisches Parlament*, Dok. E-000025/2018(ASW) v. 30. März 2018.
[796] BT-Drs. 19/1493, S. 7.
[797] *Europol*, EU Internet Referral Unit, S. 6.
[798] Das Tensor-Projekt besteht aus einem Konsortium und einem Beirat. Das Konsortium setzt sich aus mehreren mitgliedstaatlichen Polizeibehörden und Forschungseinrichtungen zusammen. Hierzu zählt auch die bayerische Fachhochschule für Öffentliche Verwaltung und Rechtspflege. Siehe *Tensor-Projekt*, „Consortium", abrufbar unter: https://tensor-project.eu/partners/consortium/ (zuletzt

tert und analysiert. Hierfür wird von einer Internetdurchdringung durch Bots („internet penetration through intelligent dialogue-empowered bots") gesprochen. Dabei sollen indes mitgliedstaatliche Datenschutzstandards Berücksichtigung finden, was im Zuge des privacy-by-design-Konzepts von Beginn an angewandt werden soll.[799] Konkrete technische Umsetzungsmaßnahmen sind allerdings nicht bekannt.[800]

2. Cyberterrorismus

Während für die Bekämpfung von terroristischen Onlineinhalten eine Mindeststrafrechtsangleichung gemäß Art. 83 Abs. 1 AEUV möglich ist, ist der Cyberterrorismus erst in den letzten Jahren in den (rechts-)politischen Diskurs der Europäischen Union gerückt. Im Folgenden wird dargelegt, dass der Unionsgesetzgeber richtigerweise die Bereiche ‚Cyberterrorismus' und ‚Terror im Internet' unterscheidet. Es wird zudem aufgezeigt, dass der Schutz vor cyberterroristischen Angriffen dem Politbereich der GASP unterfällt, andererseits aber die Bekämpfung des Cyberterrorismus dem Politbereich des RFSR zuzuordnen ist. Während seit Langem dem Terrorismus mit Hilfe von Strafrechtsangleichung gemeinschaftlich begegnet wird, ist die Sicherheitspolitik nicht vergemeinschaftet worden. Aufgrund der zunehmenden IT-Vernetzung im öffentlichen und privaten Bereich, stellt die Abwehr von Cyberangriffen, die dem Cyberterrorismus zuzurechnen sind, jedoch einen bedeutenden Faktor für die Gewährleistung eines funktionierenden, europäischen Binnenmarkts dar. Das Funktionieren des Binnenmarkts und die Gewährleistung seiner Grundfreiheiten sind grundlegende Aufgaben der Europäischen Union. Mögliche Zuständigkeitsquerschnitte bergen die Gefahr von unklaren Kompetenzüberlappungen zwischen den

---

abgerufen am 15. Juni 2020). Im Beirat hingegen sind auch Repräsentanten der Vereinten Nationen, Industrievertreter (z. B. SAP) und Interpol vertreten. Siehe *Tensor-Projekt*, „Adivsory Board", abrufbar unter: https://tensor-project.eu/partners/advisory-board/ (zuletzt abgerufen am 15. Juni 2020). Im Übrigen ist auch hier wieder die Position des Vereinigten Königreichs nach Austritt aus der Europäischen Union als Drittstaat relevant, da das Projekt dem Vereinigten Königreich als Mitgliedstaat der Europäischen Union zugesprochen wurde.

799 Siehe *Tensor-Projekt*, „Aims & Objectives", abrufbar unter: https://tensor-project.eu/overview/aims-and-objectives/ (zuletzt abgerufen am 15. Juni 2020).
800 BT-Drs. 19/8573, S. 6.

Kapitel 3: Maßnahmen der Europäischen Union

Akteuren in horizontaler und vertikaler Hinsicht.[801] Es ist daher grundsätzlich zu hinterfragen, inwieweit der Europäischen Union eine Regelungskompetenz im Bereich des Cyberterrorismus zukommt, ohne dabei das Subsidiaritätsprinzip zu missachten. Hierfür wird ein kurzer Überblick über etwaige Unionskompetenzen im Bereich der Cybersicherheit gegeben. Sodann folgt eine Untersuchung von diesbezüglichen Unionsmaßnahmen.

a) Cyberterrorismus als Teil der EU-Sicherheitspolitik

aa) Cybersicherheit

Der europäische Binnenmarkt und die Grundfreiheiten sind maßgeblich von sicheren und geschützten Informations- und Kommunikationssystemen abhängig. Im Zuge der Digitalisierung und der Interkonnektivität im privaten wie öffentlichen Bereich, sind es die Informations- und Kommunikationstechnologien, die einen reibungslosen Waren- und Dienstleistungsverkehr sowie die Personenfreizügigkeit innerhalb des europäischen Binnenmarkts effizient ermöglichen. Jedoch sind die Informationssysteme vermehrt Cyberangriffen ausgesetzt, was sich hemmend auf die Funktionalität des Binnenmarkts und somit auch auf die Gewährleistung der Grundfreiheiten auswirkt.[802] Evaluierungen haben gezeigt, dass die Sicherheitsvorkehrungen der Mitgliedstaaten erheblich voneinander variieren.[803] Doch ist der Politbereich GASP intergouvernemental geregelt und der Europäischen Union mangelt es an Regelungskompetenz.

Obwohl sich die Europäische Kommission bereits zu Beginn der 2000er Jahre mit der Bedeutung und den Chancen der Digitalisierung befasste[804], war es erst die ‚Cybersicherheitsstrategie 2013'[805], die einen gemeinsamen Standpunkt der Europäischen Union in Fragen der Cybersicherheit festleg-

---

801 Die Zuständigkeitsbereiche „verschwimmen" und es entsteht ein „Kompetenzmix": *Bendiek*, SWP-Studie 2012, S. 6 und *Berger*, Integration 2013, 307, 308.
802 *Bastl/Mareš/Tvrdá*, in: Lange/Bötticher (Hrsg.), Cyber-Sicherheit, S. 45 (59).
803 Richtlinie (EU) 2016/1148 des Europäischen Parlaments und des Rates vom 6. Juli 2016 über Maßnahmen zur Gewährleistung eines hohen gemeinsamen Sicherheitsniveaus von Netz- und Informationssystemen in der Union, ABl. EU L 194/1 v. 19. Juli 2016, Erwägungsgrund Nr. 5. Einen kurzen Vergleich vor Umsetzung der Richtlinie bieten *Witt/Freudenberg*, CR 2016, 657, 658.
804 KOM(2000) 890 endg. v. 26. Januar 2001, sog. eEurope 2002-Agenda.
805 JOIN(2013) 1 final v. 7. Februar 2013.

te. Die Cybersicherheit umfasste hiernach „die Sicherheitsfunktionen und Maßnahmen, die sowohl im zivilen als auch im militärischen Bereich zum Schutz des Cyberraums vor Bedrohungen eingesetzt werden können, die im Zusammenhang mit seinen voneinander abhängigen Netzen und Infrastrukturen stehen oder diese beeinträchtigen können". Das Ziel der Agenda war es, „die Verfügbarkeit und Integrität von Netzen und Infrastrukturen sowie die Vertraulichkeit der darin enthaltenen Informationen zu erhalten"[806].

Im Rahmen der „Digital Market"-Agenda folgte das Reformpaket ‚Cybersicherheitsstrategie 2017'[807]. Das Reformpaket enthält eine umfassende Mitteilung, einen Evaluierungsbericht zur Europäischen Agentur für Netz- und Informationssicherheit (ENISA)[808] und einen Verordnungsentwurf zur Reformierung der Agentur[809]. Zudem werden die Errichtung eines Kompetenzzentrums und der Ausbau eines Kompetenznetzes für Cybersicherheit vorgeschlagen.[810]

In Folge der vorgeschlagenen Maßnahmen folgte im Jahr 2019 eine Reformumsetzung. Das Europäische Parlament und der Rat haben weitestgehend die Vorschläge der Europäischen Kommission angenommen. Dies betrifft den Reformvorschlag zu ENISA und die Einführung eines Zertifi-

---

806 JOIN(2013) 1 final v. 7. Februar 2013, S. 3 Fn. 4.
807 In Form einer gemeinsamen Mitteilung der Europäischen Kommission JOIN(2017) 450 final v. 13. September 2017. Die Mitteilung umfasst den aktuellen Stand zur Umsetzung der NIS-Richtlinie, Vorschläge zum Kapazitätsausbau von ENISA, die Einführung eines unionsweiten Zertifikationssystems für Informations- und Kommunikationstechnologien, eine gemeinsame Initiative der Europäischen Kommission und der Industrie, hinsichtlich Sorgfaltspflichten und vorinstallierter Sicherheitsmaßnahmen sowie Evaluierungen von bestehenden Kooperation und erlassenen Maßnahmen.
808 COM(2017) 478 final v. 13. September 2017.
809 COM(2017) 477 final v. 4. Oktober 2017.
810 Für diese Initiative liegt bereits ein Verordnungsentwurf vor. Siehe COM(2018) 630 final v. 12. September 2018. Die weitreichenden Ansätze sind u. a. auf die signifikante Gefahr von Cyberangriffen auf Infrastruktursysteme zurückzuführen. Die Europäische Kommission erkennt zwar die Souveränitätsvorbehalte der Mitgliedstaaten an, fordert jedoch ein geschlossenes Vorgehen in cybersicherheitspolitischen Fragen. Siehe hierzu JOIN(2017) 450 final v. 13. September 2017, S. 4. Des Weiteren verweist die Europäische Kommission auf die Möglichkeit des Cyberkriegs („At the same time, state actors are increasingly meeting their geopolitical goals not only through traditional tools like military force, but also through more discreet cyber tools" und weiter "the use of cyberspace as a domain of warfare"), siehe JOIN(2017) 450 final v. 13. September 2017, S. 2 m. V. a. COM(2017) 315 final v. 7. Juni 2017.

Kapitel 3: Maßnahmen der Europäischen Union

zierungssystems zur Cybersicherheit der Informations- und Kommunikationstechnik[811], die Errichtung des Kompetenzzentrums und die Einrichtung eines Kompetenznetzes für Cybersicherheit auf Basis nationaler Koordinierungszentren.[812] Auch kommt der Rat der Europäischen Union der Forderung nach, gemeinsame Leitlinien in cybersicherheitspolitischen Fragen zu erlassen. Auf Grundlage der Agenda über einen Rahmen für eine gemeinsame diplomatische Reaktion der Europäischen Union auf böswillige Cyberaktivitäten (sog. „Cyber Diplomacy Toolbox")[813], kann die Europäische Union nunmehr gemeinsame Sanktionen gegen einschlägige Personen erlassen.[814]

bb) Richtlinie (EU) 2016/1148

Die Richtlinie (EU) 2016/1148[815] wurde auf Grundlage von Art. 114 AEUV erlassen und sieht gemeinsame Sicherheitsstandards im Bereich der Netz- und Informationssicherheit (sog. NIS-Richtlinie) vor. Neben der Etablierung eines gemeinsamen Mindestschutzniveaus und der Festlegung einer gemeinsamen Definition des ‚Betreibers wesentlicher Dienste', verlangt Art. 1 Abs. 2 der Richtlinie (EU) 2016/1148, einen effizienteren Kapazitätsausbau und eine systematische Kapazitätsplanung. Dies spiegelt sich vor allem in der Kooperationsverpflichtung zwischen den Mitgliedstaaten, gemäß Art. 11 Abs. 1 Richtlinie (EU) 2016/1148, und der Schaffung eines

---

811 Verordnung (EU) 2019/881 des Europäischen Parlaments und des Rates vom 17. April 2019 über die ENISA und über die Zertifizierung der Cybersicherheit von Informations- und Kommunikationstechnik und zur Aufhebung der Verordnung (EU) 526/2014, ABl. EU L 151/15 v. 7. Juni 2019.
812 Siehe hierzu *Rat der Europäischen Union*, Pressemitteilung v. 13. März 2019: Cybersicherheit: EU-Kompetenz soll gebündelt und vernetzt werden – Rat legt Standpunkt zu Cybersicherheitszentren fest, Nr. 184/19.
813 *Rat der Europäischen Kommission*, Dok. 9916/17 v. 7. Juni 2017: Entwurf von Schlussfolgerungen des Rates über einen Rahmen für eine gemeinsame diplomatische Reaktion der EU auf böswillige Cyberaktivitäten („Cyber Diplomacy Toolbox") – Annahme.
814 So die Ankündigung *Rat der Europäischen Kommission*, Pressemitteilung v. 17. Mai 2019: Cyberangriffe: Rat kann jetzt Sanktionen verhängen, Nr. 367/19.
815 Richtlinie (EU) 2016/1148 des Europäischen Parlaments und des Rates vom 6. Juli 2016 über Maßnahmen zur Gewährleistung eines hohen gemeinsamen Sicherheitsniveaus von Netz- und Informationssystemen in der Union, ABl. EU L 194/1 v. 19. Juli 2016.

Netzwerks von Computer-Notfallteams (sog. CSIRTs[816]) innerhalb der Mitgliedstaaten, gemäß Art. 9 i. V. m. Art. 1 Abs. 2 lit. c) Richtlinie (EU) 2016/1148, wider.

Ein ‚Betreiber wesentlicher Dienste'[817] definiert sich nach Art. 4 Nr. 4 i. V. m. Art. 5 Abs. 2 und Anhang II der Richtlinie (EU) 2016/1148. Es handelt sich demnach um eine öffentliche oder private Einrichtung, die einer der Bereiche der kritischen Infrastruktursektoren Energie, Verkehr, Bank- und Finanzwesen, Gesundheitswesen, Wasserwirtschaft und digitalen Infrastruktur, zugehörig ist. Zudem müssen die Voraussetzungen aus Art. 5 Abs. 2 Richtlinie (EU) 2016/1148 kumulativ vorliegen. Hiernach muss die Einrichtung einen Dienst bereitstellen, der für die Aufrechterhaltung kritischer gesellschaftlicher oder wirtschaftlicher Tätigkeiten unerlässlich (lit. a); die Bereitstellung dieses Dienstes von Netz- und Informationssystemen abhängig ist (lit. b), und wenn ein dortiger Sicherheitsvorfall eine erhebliche Störung des Dienstes bewirken würde (lit. c). Im Rahmen der Beurteilung muss indes die Erheblichkeit der Störung gemäß Art. 6 Richtlinie (EU) 2016/1148 besondere Berücksichtigung finden.

Art. 14 Richtlinie (EU) 2016/1148 sieht die Einrichtung von ‚technischen und organisatorischen Maßnahmen' zugunsten der internen Sicherheitsstrukturen und eine Meldepflicht gegenüber Betreibern wesentlicher Dienste vor[818]. Die Meldepflicht ist überaus begrüßenswert, da Unternehmen in Angst vor Imageschäden häufig von einer Strafanzeige beziehungsweise einer Meldung an die entsprechenden Sicherheitsbehörden absehen.[819]

Neben den Betreibern kritischer Infrastruktursysteme werden nunmehr auch Anbieter von digitalen Diensten, gemäß Art 4 Nr. 6 i. V. m. Anhang

---

816 Die Aufgaben sind dem Anhang I Nr. 2 der Richtlinie (EU) 2016/1148 zu entnehmen. Grundsätzlich obliegt ihnen die Überwachung von Sicherheitsvorfällen auf nationaler Ebene. Zudem soll die jeweilige Einheit Kooperationsbeziehungen zu Privatakteuren innerhalb ihres jeweiligen Mitgliedstaats aufbauen, Anhang I Nr. 2 lit. b) der Richtlinie (EU) 2016/1148.
817 Im Richtlinienentwurf noch als Betreiber kritischer Infrastrukturen bezeichnet.
818 Mit Blick auf das deutsche IT-Sicherheitsgesetz (BGBl. 2015 I Nr. 31 v. 24. Juli 2015, S. 1324) *Gehrmann/Voigt*, CR 2017, 93, 95 ff.
819 *Sowa/Silberbach*, in: Rüdiger/Bayerl (Hrsg.), Digitale Polizeiarbeit, S. 109 (114).

III der Richtlinie (EU) 2016/1148, den Pflichten unterworfen[820], wodurch der Anwendungsbereich maßgeblich erweitert wird.[821]

b) Cyberterrorismus als Teil der EU-Kriminalpolitik

aa) Rahmenbeschluss 2002/475/JI

Die Terrorismusbekämpfung ist nicht erst seit den Anschlägen vom 11. September 2001 Priorität der europäischen Kriminal- und Sicherheitspolitik.[822] Dennoch führten erst jene Terroranschläge dazu, gemeinsame Leitlinien im Kampf gegen den Terrorismus zu erlassen und die Kooperation im polizeilichen und justiziellen Bereich zu fördern.[823] Im Juni 2002 erließ der Rat den Rahmenbeschluss 2002/475/JI. Während für die gemeinsame Terrorismusbekämpfung der Rahmenbeschluss 2002/475/JI als Meilenstein gesehen werden kann, fehlte es dem Rahmenbeschluss vollumfänglich an einer Berücksichtigung informationstechnischer Aspekte. Zwar sah Art. 1 Abs. 1 lit. d) des Rahmenbeschlusses 2002/475/JI die Zerstörung von Infrastruktur- oder Computersystemen vor, jedoch war dies grundlegend auf die physikalische Zerstörungskomponente bezogen.[824]

---

820 Es wird darauf hingewiesen, dass der Anwendungsbereich der Richtlinie restriktiver gefasst ist als im Vergleich zum IT-Sicherheitsgesetz. Das IT-Sicherheitsgesetz war bereits vor Richtlinienerlass in Deutschland verabschiedet worden. Zwar bestand hierdurch nur noch wenig Handlungsbedarf, doch wurden etwaige Lücken mit dem NIS-UmsetzungsG (BGBl. 2017 I Nr. 40 v. 29. Juni 2017) ausgeglichen. Hierzu *Gehrmann/Voigt*, CR 2017, 93, 94 f.; *Schallbruch*, CR 2016, 663, 666. Allgemein *Klett/Ammann*, CR 2014, 93, 96 ff. (auf Basis des Richtlinienvorschlags).
821 Siehe auch *Schallbruch*, CR 2016, 663, 663.
822 Dies zeigen auch die Erwägungsgründe Nr. 2 ff. zum Rahmenbeschluss 2002/475/JI deutlich.
823 *Weißer*, in: Böse (Hrsg.), EU-Strafrecht, § 9 Rn. 77.
824 Durch den Wortlaut fand zudem eine Eingrenzung von Art. 1 Abs. 1 3. Spiegelstrich des Rahmenbeschlusses statt, wo von „Destabilisierung und Zerstörung" gesprochen wird.

bb) Rahmenbeschluss 2005/222/JI

Im Jahr 2005 wurde der Rahmenbeschluss 2005/222/JI[825] über Angriffe auf Informationssysteme erlassen. Die Initiative für einen Rahmenbeschluss war die Reaktion auf vermehrte Cyberangriffe auf Informationssysteme, die vor allem der organisierten Kriminalität zugerechnet worden waren. Zudem wuchs die Besorgnis über potentielle terroristische Angriffe auf Informationssysteme, die Teil der kritischen Infrastruktur der Mitgliedstaaten sind. Das Ziel einer sichereren Informationsgesellschaft und eines Raums der Sicherheit würde hierdurch gefährdet werden, weshalb es gemeinsamer Maßnahmen bedurfte.[826] Trotz des Übereinkommens gegen Computerkriminalität sah der Rat der Europäischen Union den Rahmenbeschluss als Ergänzung zu den bestehenden internationalen Vorgaben[827], da auch der Ausbau polizeilicher und justizieller Zusammenarbeit zwischen den Mitgliedstaaten vorangetrieben werden sollte[828]. Mittels wirksamer und abschreckender Sanktionen erging mit dem Rahmenbeschluss 2005/222/JI ebenso ein präventiver Ansatz.[829]

(a) Begriffe

Art. 1 Rahmenbeschluss 2005/222/JI konstituierte die Definitionen für die Begriffe ‚Informationssystem' und ‚Computerdaten', die grundsätzlich wortwörtlich aus Art. 1 Übereinkommen gegen Computerkriminalität übernommen worden waren. Grundsätzlich, da der Europarat die Bezeichnung Computersystem anstatt Informationssystem verwendet. Allerdings zeigt sich in einem Vergleich der verschiedenen Sprachfassungen, dass hierin kein Unterschied gesehen wird. So wird einerseits in der englischsprachigen Fassung des Übereinkommens gegen Computerkriminalität von „computer system", in der französischen Fassung wiederum von „systéme informatique" gesprochen.

Aus dem Übereinkommen gegen Computerkriminalität wurden auch bestimmte illegale Handlungsformen beinahe wort-, beziehungsweise in-

---

825 Rahmenbeschluss 2005/222/JI des Rates vom 24. Februar 2005 über Angriffe auf Informationssysteme, ABl. EU L 69/67 v. 16. März 2005.
826 ABl. EU L 69/67 v. 16. März 2005, Erwägungsgrund Nr. 2.
827 ABl. EU L 69/67 v. 16. März 2005, Erwägungsgründe Nr. 6 f.
828 ABl. EU L 69/67 v. 16. März 2005, Erwägungsgründe Nr. 5, 8
829 ABl. EU L 69/67 v. 16. März 2005, Erwägungsgrund Nr. 14.

haltsgleich in den Rahmenbeschluss übernommen. Dies umfasste den rechtswidrigen Zugang zu Informationssystemen (Art. 2) sowie den rechtswidrigen Daten- (Art. 4) und Systemeingriff (Art. 3).

(b) Rechtswidriger Zugang

Wie bereits im Zuge des Art. 2 des Übereinkommens gegen Computerkriminalität, sollte die Pönalisierung des rechtswidrigen Zugangs nach Art. 2 des Rahmenbeschlusses 2005/222/JI der Bekämpfung des Hackens dienen[830], was durch unterschiedliche Handlungsmethoden, wie beispielsweise dem „social engieering", durchgeführt werden kann. Die bereits angesprochene Kritik, dass die Kriminalisierung des bloßen Zugangs zu einem Informationssystem einer Überkriminalisierung entspreche, wurde mit der Handlungsvorverlagerung aus Art. 2 Übereinkommen gegen Computerkriminalität und Art. 2 Rahmenbeschluss 2005/222/JI im Hinblick auf die Wahrung des Vertraulichkeitsgrundsatz hinfällig. Anders jedoch als das Übereinkommen, stellte Art. 2 Rahmenbeschluss 2005/222/JI es den Mitgliedstaaten frei, ob sie den rechtswidrigen Zugang auch dann kriminalisieren, wenn kein leichter Fall vorliegt. Allerdings glichen sich die beiden Vorgaben wiederum dahingehend, dass beide Vorgaben es den Mitgliedstaaten, beziehungsweise Vertragsstaaten, überließen, ob sie die Strafbarkeit an den Umstand anknüpfen, dass der rechtswidrige Zugang durch die Überwindung von Sicherheitsvorkehrungen erfolgt ist. Während aber der Rahmenbeschluss 2005/222/JI bei diesem Relativierungsansatz verblieb, knüpfte der Europarat die Kriminalisierung an zusätzliche Voraussetzungen[831].

Für die strafbare Handlung gemäß Art. 2 Rahmenbeschluss 2005/222 hätte auch angenommen werden können, dass ein schwerer Fall vorliegt, wenn Sicherheitsmaßnahmen i. S. v. Art. 2 Abs. 2 Rahmenbeschluss 2005/222 durchbrochen werden würden. Letzteres würde jedoch der Dogmatik von Art. 2 Rahmenbeschluss 2005/222/JI zuwiderlaufen. Zudem würde dieser Ansatz eine überaus niedrige Stufe für die Anwendbarkeit ei-

---

830 *Hecker*, Europäisches Strafrecht, § 11 Rn. 102.
831 Art. 2 Übereinkommen gegen Computerkriminalität nennt hierfür ausdrücklich die Absicht, Computerdaten zu erlangen, in anderer unredlicher Absicht oder in Zusammenhang mit einem Computersystem, das mit einem anderen Computersystem verbunden ist.

nes schwerwiegenden Falls implizieren, da bereits die Überwindung der passwortbasierten Barriere den Straftatbestand erfüllt hätte.

Im Hinblick auf die Einstufbarkeit eines „leichten Falls" fehlte es dem Rahmenbeschluss gänzlich einer Konkretisierung. Vor allem im Rahmen des bloßen Zugangs kam wiederum der Kritikpunkt einer Überkriminalisierung zum Tragen. Beispielhaft sei ein Hacker genannt, der sich mittels „social engieering" bei einem Unternehmen Zugang zum Informationssystem verschafft. Es stellte sich die Frage nach der Messbarkeit des Schadens, der als Tatbestandsmerkmal herangezogen werden sollte. Der Schaden tritt mitunter erst dann ein, wenn der Hacker die Zugriffsmöglichkeit publik macht. Dem betroffenen Unternehmen entsteht ein Imageschaden, der zudem von unterschiedlichen Faktoren abhängig und schwer messbar ist.[832]

Wie auch Art. 11 Übereinkommen gegen Computerkriminalität, sah auch Art. 5 Abs. 1, 2 Rahmenbeschluss 2005/222/JI, die Pönalisierung von Beihilfe und Anstiftung des rechtswidrigen Zugangs vor. Während das Übereinkommen gegen Computerkriminalität die Möglichkeit der Strafbarkeit des Versuchs des rechtswidrigen Zugangs nicht erwähnte, sah Art. 5 Abs. 3 Rahmenbeschluss 2005/222/JI zumindest eine diesbezügliche fakultative Umsetzung der Kriminalisierung vor.

(c) Rechtswidriger System- und Dateneingriff

Wie bereits erwähnt, wurden der rechtswidrige System- und Dateneingriff beinahe wortwörtlich aus dem Übereinkommen gegen Computerkriminalität übernommen. Art. 3 und Art. 4 des Rahmenbeschlusses 2005/222/JI unterschieden sich lediglich hinsichtlich des Tatobjekts. Allerdings wurde die praktische Relevanz in Frage gestellt, da mit dem Systemeingriff automatisch ein Dateneingriff stattfände.[833]

---

832 Daher wird die Möglichkeit einer Schadensmessung abgelehnt. Diese Ansicht geht auf *Haase*, Computerkriminalität im Europäischen Strafrecht, S. 150, in Zusammenhang mit der Richtlinie 2013/40/EU, zurück.
833 *Sieber*, in: Sieber/Satzger/Heintschel-Heinegg (Hrsg.), Europäisches Strafrecht, § 24 Rn. 79.

(d) „Leichte Fälle" und Sanktionen

Wie erwähnt, sind alle drei Handlungen zumindest dann unter Strafe zu stellen, wenn kein leichter Fall vorliegt. Dem Rahmenbeschluss mangelt es jedoch an einer etwaigen Konkretisierung oder Differenzierung von leichten und nicht-leichten Fällen, was wiederum in divergierenden Umsetzungsansätzen der Mitgliedstaaten resultiert ist[834].

Die Pönalisierung der in Art. 2 bis Art. 4 Rahmenbeschluss 2005/222/JI genannten Handlungen sollte von einem wirksamen, verhältnismäßigen und abschreckenden Sanktionsmechanismen gemäß Art. 6 Rahmenbeschluss 2005/222/JI flankiert werden. Für den rechtswidrigen System- und Dateneingriff wurde eine Freiheitsstrafe im Höchstmaß von mindestens einem bis zu drei Jahren gefordert. Wurden die Handlungen gemäß Art. 2 bis Art. 4 Rahmenbeschluss 2005/222/JI im Rahmen krimineller Vereinigungen durchgeführt, musste dies als erschwerender Umstand i. S. v. Art. 7 Rahmenbeschluss 2005/222/JI gewertet werden[835].

cc) Richtlinie 2013/40/EU

Die Richtlinie 2013/40/EU über Angriffe auf Informationssysteme[836] hat den Rahmenbeschluss 2005/222/JI ersetzt. Obwohl das Legislativrecht nun nicht mehr auf Gründen zur Bekämpfung der organisierten Kriminalität oder des Terrorismus aufgebaut werden musste, wurden diesbezügliche Zusammenhänge aus dem Rahmenbeschluss übernommen und in der Präambel der Richtlinie eingearbeitet.

(a) Präambel

Die Erwägungsgründe unterstreichen vordergründig das Bedrohungspotential von Cyberangriffen, da Informationssysteme für das politische, gesellschaftliche und wirtschaftliche Zusammenleben unverzichtbar seien.

---

834 KOM(2008) 448 endg. v. 14. Juli 2008, S. 3 f. Allerdings *Sieber*, in: Sieber/Satzger/Heintschel-Heinegg (Hrsg.), Europäisches Strafrecht, § 24 Rn. 74 Fn. 149.
835 Siehe auch ABl. EU L 69/67 v. 16. März 2005, Erwägungsgrund Nr. 15.
836 Richtlinie 2013/40/EU des Europäischen Parlaments und des Rates vom 12. August 2013 über Angriffe auf Informationssysteme und zur Ersetzung des Rahmenbeschlusses 2005/222/JI des Rates, ABl. EU L 218/8 v. 14. August 2013.

Zudem habe ein Wandel zur Informationsgesellschaft stattgefunden, was umfassend zu schützen sei. Dies wird unter anderen dahingehend verdeutlicht, dass eine starke Abhängigkeit der Gesellschaft von funktionierenden Informationssystemen vorliege und somit eine erhöhte Verwundbarkeit entstanden sei. Das reibungslose Funktionieren und die Sicherheit von Informationssystemen seien entscheidend für die Weiterentwicklung des europäischen Binnenmarkts und für die Beständigkeit einer wettbewerbsfähigen und innovativen Wirtschaft.[837] Der unerlaubte Zugriff auf Informations- und Kommunikationssysteme könne zu erheblichen wirtschaftlichen Schäden weltweit führen.[838] Die Gefahr von Cybergroßangriffen, die vor allem kritische Infrastruktursysteme treffen können, wurde wahrgenommen und daher gemeinsame, den Rahmenbeschluss 2005/222/JI ergänzende Maßnahmen, als notwendig erachtet. Während sich das Vereinigte Königreich und Irland an der Richtlinie beteiligen, entschied sich Dänemark gegen ein ‚opt-in'.[839]

(b) Neuerungen

Die Richtlinie 2013/40/EU übernimmt alle grundlegenden Bestimmungen des Rahmenbeschlusses 2005/222/JI. So werden die Begriffsbestimmungen aus Art. 1 Rahmenbeschluss 2005/222/JI in Art. 2 Richtlinie 2013/40/EU, die strafbaren Handlungen aus Art. 2 bis Art. 4 Rahmenbeschluss 2005/222/JI in Art. 3 bis Art. 5 Richtlinie 2013/40/EU, die Vorschriften zum Versuch, der Beihilfe und Anstiftung aus Art. 5 Rahmenbeschluss 2005/222/JI in Art. 8 Richtlinie 2013/40/EU, die Verantwortlichkeit und Sanktionierung juristischer Personen aus Art. 8 f. Rahmenbeschluss 2005/222/JI in Art. 10 f. Richtlinie 2013/40/EU, die gerichtliche Zuständigkeit aus Art. 10 Rahmenbeschluss 2005/222/JI in Art. 12 Richtlinie 2013/40/EU und der Informationsaustausch zwischen den zuständigen Behörden aus Art. 11 Rahmenbeschluss 2005/222/JI in Art. 13 Richtlinie 2013/40/EU übertragen.

Im Rahmen des Informationsaustausches, hinsichtlich der in Art. 3 bis Art. 8 Richtlinie 2013/40/EU festgelegten Straftaten, hat jedoch dahingehend eine Anpassung stattgefunden, dass nunmehr die Möglichkeit eines

---

837 ABl. EU L 218/8 v. 14. August 2013, Erwägungsgrund Nr. 2.
838 ABl. EU L 218/8 v. 14. August 2013, Erwägungsgrund Nr. 6.
839 ABl. EU L 218/8 v. 14. August 2013, Erwägungsgründe Nr. 31 f.

Eilverfahrens in den Mitgliedstaaten vorgesehen sein muss.[840] Zudem zeigen sich bei näherer Betrachtung weitere, wenn auch minimale Änderungen, die darauf zurückzuführen sind, dass Art. 6 Richtlinie 2013/40/EU nunmehr auch die Pönalisierung des Datenabfangens vorsieht. Der Begriff Informationssystem umfasst auch solche Vorrichtungen, die das Abrufen von Daten ermöglichen. Auch der Missbrauch von Vorrichtungen ist, unter Berücksichtigung der dual-use-Problematik, nunmehr unter Strafe zu stellen[841].[842] Zwar waren die strafbaren Handlungen nach Art. 6 und Art. 7 Richtlinie 2013/40/EU bereits Bestandteil des Übereinkommens gegen Computerkriminalität, doch sah der Rahmenbeschluss 2005/222/JI eine Kriminalisierung dieser Handlungen nicht vor. Im Hinblick auf Art. 7 Richtlinie 2013/40/EU geht die Intention des Unionsgesetzgebers vor allem auf den Einsatz von Botnetzen zurück, die für kritische Infrastruktursysteme eine besondere Bedrohung darstellen. Mit Hilfe der Vorverlagerung der Strafbarkeit auf das Herstellen entsprechender Softwareprogramme soll frühzeitig der Gefahr begegnet werden.[843]

Wie bereits erwähnt, sehen Art. 6 und Art. 7 Richtlinie 2013/40/EU eine strafrechtliche Mindestangleichung des rechtswidrigen Datenabfangens und Missbrauchs von technischen Vorrichtungen vor. Damit zwingt der Unionsgesetzgeber nunmehr alle Mitgliedstaaten zur Pönalisierung aller der bereits im Übereinkommen gegen Computerkriminalität vorgesehenen strafbaren Handlungen. Art. 6 Richtlinie 2013/40/EU stellt das vorsätzliche und unbefugte, mit technischen Hilfsmitteln bewirkte Abfangen nichtöffentlicher Computerdatenübermittlungen an ein Informationssystem, aus einem Informationssystem oder innerhalb eines Informationssystems unter Strafe, wenn kein leichter Fall vorliegt. Das Abfangen umfasse auch das Abhören, die Überwachung und Kontrolle des Inhalts von Kommunikation sowie das Ausforschen des Dateninhalts.[844] Die Pönalisierung des unbefugten Datenabfangens füllt somit, unionsrechtlich, die Strafbarkeitslücke, die dadurch entsteht, dass weder ein Datenzugang noch ein Sys-

---

840 *Sieber*, in: Sieber/Satzger/Heintschel-Heinegg (Hrsg.), Europäisches Strafrecht, § 24 Rn. 70.
841 ABl. EU L 218/8 v. 14. August 2013, Erwägungsgrund Nr. 6.
842 *Sieber*, in: Sieber/Satzger/Heintschel-Heinegg (Hrsg.), Europäisches Strafrecht, § 24 Rn. 81.
843 Siehe ABl. EU L 218/8 v. 14. August 2013, Erwägungsgrund Nr. 5. Der Straftatbestand müsse erfüllt sein, wenn „die Einrichtung einer ferngesteuerten Kontrolle über eine bedeutende Anzahl von Computern" erfolgt ist. Siehe auch *Haase*, Computerkriminalität im Europäischen Strafrecht, S. 149.
844 ABl. EU L 218/8 v. 14. August 2013, Erwägungsgrund Nr. 9.

temeingriff vorliegt. Zudem verlangt der Unionsgesetzgeber, anders als im Fall des rechtswidrigen Zugangs, keine Überwindung von Sicherheitsmaßnahmen für das Vorliegen einer Strafbarkeit.[845] Im Hinblick auf Art. 3 des Übereinkommens gegen Computerkriminalität, das es den Vertragsstaaten überlässt, ob sie die Straftat an weitere Voraussetzungen anknüpfen, verlangt Art. 6 Richtlinie 2013/40/EU lediglich, dass kein leichter Fall vorliegt. An dieser Stelle ist allerdings überlegenswert, im Rahmen der Implementierung in nationales Recht, sich an den qualifizierenden Umständen aus Art. 3 des Übereinkommens gegen Computerkriminalität zu orientieren.

Art. 7 Richtlinie 2013/40/EU wurde, mit minimalen Abänderungen, wortwörtlich aus Art. 6 Übereinkommen gegen Computerkriminalität übernommen. Die Vorfeldstrafbarkeit dient als vorzeitiger Schutzschirm[846] zugunsten der Integritätsinteressen und stellt eine maßgebliche Reformierung im Hinblick auf den Rahmenbeschluss 2005/222/JI dar, da dieser die Vorfeldstrafbarkeit nicht vorgesehen hatte[847]. Demnach haben die Mitgliedstaaten sicherzustellen, dass das vorsätzliche und unbefugte Herstellen, Verkaufen, Beschaffen zwecks Gebrauchs, Einführen, Verbreiten und anderweitigem Verfügbarmachen eines Computerprogramms oder eines Computerpassworts, das mit der Absicht erfolgt, eine Straftat nach Art. 3 bis Art. 6 Richtlinie 2013/40/EU zu begehen, unter Strafe zu stellen, wenn kein leichter Fall vorliegt. Während der Unionsgesetzgeber eine Strafbarkeit abermals an das Schadensmaß anknüpft, sah Art. 6 Übereinkommen gegen Computerkriminalität eine solche Beschränkung nicht vor. Indes wenden sich beide Vorgaben der dual-use-Problematik zu, indem eine diesbezügliche Strafbarkeit ausdrücklich vom Anwendungsbereich ausgeklammert wird.[848]

Im Hinblick auf den rechtswidrigen Zugang zu Informationssystemen nach Art. 3 Richtlinie 2013/40/EU ist nunmehr Pflicht, anders als in der fakultativ ausgestalteten Bestimmung von Art. 2 Rahmenbeschluss 2005/222/JI, die Strafbarkeit an die Überwindung von Sicherheitsvorkehrungen zu knüpfen.

---

845 Ähnlich *Sieber*, in: Sieber/Satzger/Heintschel-Heinegg (Hrsg.), Europäisches Strafrecht, § 24 Rn. 76.
846 Siehe auch *Gröseling/Höfinger*, MMR 2007, 626, 628.
847 Auch *Cornelius*, CR 2007, 682, 683.
848 ABl. EU L 218/8 v. 14. August 2013, Erwägungsgründe Nr. 16 f. Auch *Sieber*, in: Sieber/Satzger/Heintschel-Heinegg (Hrsg.), Europäisches Strafrecht, § 24 Rn. 81. Konkret zur Umsetzung *Gröseling/Höfinger*, MMR 2007, 626, 628 f.

Des Weiteren ist festzustellen, dass es der Unionsgesetzgeber auch weiterhin den Mitgliedstaaten überlässt, was sie als „leichten Fall" definieren, was sodann im Rahmen aller Handlungen nach Art. 3 bis Art. 7 Richtlinie 2013/40/EU keiner Strafbarkeit unterstehen muss.[849] Lediglich die Präambel weist auf die Möglichkeit hin, dass ein leichter Fall vorliegt, wenn der durch die Handlung verursachte Schaden oder die Gefahr für öffentliche oder private Interessen, wie etwa die Integrität eines Computersystems, von Computerdaten oder auch die Eingriffsintensität in die Integrität, der Rechte einer Person oder anderer Interessen, geringfügig ist.[850]

Wie bereits Art. 5 Abs. 1 Rahmenbeschluss 2005/222/JI sieht auch Art. 8 Richtlinie 2013/40/EU vor, dass die Anstiftung und Beihilfe zur Begehung einer Straftat nach Art. 3 bis Art. 7 Richtlinie 2013/40/EU, unter Strafe gestellt werden. Während aber noch Art. 5 Abs. 2 Rahmenbeschluss 2005/222/JI und Art. 11 Abs. 2, Abs. 3 des Übereinkommens gegen Computerkriminalität es den Mitgliedstaaten, beziehungsweise Vertragsstaaten überließ, ob sie auch den Versuch kriminalisierten, verlangt Art. 8 Abs. 2 der Richtlinie 2013/40/EU von den Mitgliedstaaten eine zwingende Strafbarkeit des Versuchs des rechtswidrigen System- und Dateneingriffs. Dadurch aber, dass die Vorbereitungshandlung i. S. v. Art. 7 Richtlinie 2013/40/EU zwingend unter Strafe zu stellen ist, jedoch aber nicht zwingend die Versuchshandlung des rechtswidrigen Zugangs oder Abfangens, wird die Dogmatik als Paradoxon gewertet.[851]

(c) Sanktionen

Art. 9 Richtlinie 2013/40/EU sieht eine deutliche Verschärfung des Sanktionsapparats vor. Während Art. 6 Abs. 1 Rahmenbeschluss 2005/222/JI zumindest im Hinblick auf den rechtswidrigen System- und Dateneingriff eine Freiheitsstrafe im Höchstmaß von mindestens einem bis drei Jahren forderte, hebt Art. 9 Abs. 3 Richtlinie 2013/40/EU diese nunmehr auf mindestens drei Jahre an. Letzteres wird allerdings an die Voraussetzungen geknüpft, dass die Tat vorsätzlich erfolgt ist und eine beträchtliche Anzahl

---

849 So auch *Summers/Schwarzenegger/Ege/Young*, The Emergence of EU Criminal Law, S. 69.
850 ABl. EU L 218/8 v. 14. August 2013, Erwägungsgrund Nr. 11.
851 Vgl. *Haase*, Computerkriminalität im Europäischen Strafrecht S. 153, allerdings noch m. V. a. die Diskussion im Zuge des 41. StÄG v. 7. August 2007 (BGBl. 2007 I Nr. 38 v. 10. August 2007, S. 1786).

von Informationssystemen betroffen war, womit vordergründig dem Einsatz von Botnetzen begegnet werden soll[852]. Zudem sieht Art. 9 Abs. 4 Richtlinie 2013/40/EU ein höheres Strafmaß von mindestens fünf Jahren vor, wenn die Tat im Rahmen einer kriminellen Vereinigung i. S. d. Rahmenbeschlusses 2008/841/JI begangen wird, einen schweren Schaden verursacht oder der Angriff auf ein Informationssystem der kritischen Infrastruktur begangen worden ist. Die Beurteilung, was als ‚schwerer Schaden' zu bewerten ist, ist weiterhin Ermessen der Mitgliedstaaten. Beispielhaft wird „die Störung von Systemdiensten von erheblicher, öffentlicher Bedeutung oder die Verursachung größerer finanzieller Kosten oder der Verlust personenbezogener Daten oder vertraulicher Informationen" genannt.[853] Des Weiteren haben die Mitgliedstaaten die erforderlichen Maßnahmen zu treffen, um sicherzustellen, dass der Identitätsmissbrauch als erschwerender Umstand im Rahmen des rechtswidrigen System- und Dateneingriffs gewertet wird, wenn der betreffende Umstand nicht bereits eine andere Straftat i. S. d. nationalen Rechts darstellt. In diesem Zusammenhang stellt der Unionsgesetzgeber die Überlegung einer Richtlinie im Hinblick auf die strafrechtliche Mindestangleichung des Identitätsdiebstahls und Identitätsmissbrauchs auf Grundlage von Art. 83 Abs. 1 AEUV an.[854]

(d) Kooperation und Informationsaustausch

Bereits Art. 11 Abs. 1 des Rahmenbeschlusses 2005/222/JI forderte einen effizienten Informationsaustausch, der mit Hilfe von 24/7-Kontaktstellen erreicht werden sollte. Dieser Ansatz wurde in Art. 13 der Richtlinie 2013/40/EU übernommen. Der Europäischen Kommission muss die entsprechende nationale Kontaktstelle mitgeteilt werden, die die Information sodann an die anderen Mitgliedstaaten und an die spezialisierten Einrichtungen der Europäischen Union weiterleitet. Bei den ‚spezialisierten' EU-Einrichtungen handelt es sich beispielsweise um ENISA und Europol. Es ist zudem die Möglichkeit eines Eilverfahrens vorzusehen, wonach dringende Ersuchen der Mitgliedstaaten binnen acht Stunden zu beantworten sind.

---

852 *Sieber*, in: Sieber/Satzger/Heintschel-Heinegg (Hrsg.), Europäisches Strafrecht, § 24 Rn. 84.
853 ABl. EU L 218/8 v. 14. August 2013, Erwägungsgrund Nr. 5.
854 ABl. EU L 218/8 v. 14. August 2013, Erwägungsgrund Nr. 14.

Kapitel 3: Maßnahmen der Europäischen Union

dd) Richtlinie (EU) 2017/541

Die Richtlinie (EU) 2017/541[855] verwendet die Bezeichnung ‚Cyerterrorismus' nicht. Dennoch sieht die Auflistung in Art. 3 der Richtlinie (EU) 2017/541 als ‚terroristisch' einzustufende Handlungen vor, in denen die Informationstechnik als zentrales Handlungsinstrument fungiert. Als zentrale Rechtsgrundlage ist Art. 3 Abs. 1 lit. i) Richtlinie (EU) 2017/541 zu betrachten, der allerdings nicht Bestandteil des Richtlinienentwurfs[856] der Europäischen Kommission war, sondern erst in Folge der ersten Lesung des Europäischen Parlaments eingebracht wurde[857]. Die Strafbarkeit eines cyberterroristischen Angriffs ist nunmehr in allen Mitgliedstaaten vorzusehen.

Art. 3 Abs. 1 lit. i) Richtlinie (EU) 2017/541 sieht vier Fallkonstellationen vor, die den Straftatbestand des ‚cyberterroristischen Angriffs' erfüllen. Im Rahmen der ersten Fallkonstellation liegt eine terroristische Straftat vor, wenn es sich um einen rechtswidrigen und vorsätzlichen Systemeingriff auf eine „beträchtliche Anzahl" von Informationssystemen handelt, der mit Hilfe eines Computerprogramms oder Zugangscodes durchgeführt wurde (Art. 3 Abs. 1 lit. i) Richtlinie (EU) 2017/541 i. V. m. Art. 4, 9 Abs. 3 Richtlinie 2013/40/EU). Die zweite Fallkonstellation ordnet Cyberangriffe als terroristische Straftat ein, die einen „schweren Schaden" verursachen (Art. 3 Abs. 1 lit. i) Richtlinie 2017/541/EU i. V. m. Art. 4, 9 Abs. 4 lit. b) Richtlinie 2013/40/EU). Die dritte und vierte Fallkonstellation umfassen den rechtswidrigen System- (3. Fall) und Dateneingriff (4. Fall) auf ein Informationssystem der kritischen Infrastruktur, die stets als terroristische Straftat zu pönalisieren sind (Art. 3 Abs. 1 lit. i) Richtlinie 2017/541/EU i. V. m. Art. 4, 9 Abs. 4 lit. c) Richtlinie 2013/40/EU, beziehungsweise Art. 3 Abs. 1 lit. i) Richtlinie 2017/541/EU i. V. m. Art. 5, 9 Abs. 4 lit. c) Richtlinie 2013/40/EU).

Während die dritte und vierte Fallkonstellation aufgrund ihres eindeutig vorgegebenen Tatobjekts den nationalen Gesetzgebern nur wenig Umsetzungsspielräume bieten, ermöglichen die ersten beiden Fallkonstellationen einen breiten Umsetzungsrahmen aufgrund des Ermessensspielraums

---

855 Richtlinie (EU) 2017/541 des Europäischen Parlaments und des Rates vom 15. März 2017 zur Terrorismusbekämpfung und zur Ersetzung des Rahmenbeschlusses 2002/475/JI des Rates und zur Änderung des Beschlusses 2005/671/JI des Rates, ABl. EU L 88/6 v. 31 März 2017.
856 COM(2015) 625 final v. 2. Dezember 2015.
857 *Rat der Europäischen Union*, Dok. 6338/17 v. 21. Februar 2017, S. 32.

C. Maßnahmen innerhalb des Verwaltungsapparats der Europäischen Union

hinsichtlich der Tatbestandsmerkmale der „beträchtlichen Anzahl" und des „schweren Schadens". Wie oben bereits aufgezeigt, zieht sich dieser unklare und äußerst variable Bewertungsmaßstab durch die Unionsmaßnahmen, die auf Grundlage von Art. 83 Abs. 1 AEUV erlassen worden sind.

Rechtsgrundlage	Tathandlung
Art. 3 Abs. 1 lit. i) Richtlinie 2017/541/EU i. V. m. Art. 4, 9 Abs. 3 Richtlinie 2013/40/EU	Rechtswidriger Systemeingriff auf eine „beträchtliche Anzahl" von Informationssystemen mittels hierfür programmierter Software
Art. 3 Abs. 1 lit. i) Richtlinie 2017/541/EU i. V. m. Art. 4, 9 Abs. 4 lit. b) Richtlinie 2013/40/EU	Rechtswidriger Systemeingriff, der einen „schweren Schaden" verursacht
Art. 3 Abs. 1 lit. i) Richtlinie 2017/541/EU i. V. m. Art. 4, 9 Abs. 4 lit. c) Richtlinie 2013/40/EU	Rechtswidriger Systemeingriff in ein Informationssystem der kritischen Infrastruktur
Art. 3 Abs. 1 lit. i) Richtlinie 2017/541/EU i. V. m. Art. 5, 9 Abs. 4 lit. c) Richtlinie 2013/40/EU	Rechtswidriger Dateneingriff in ein Informationssystem der kritischen Infrastruktur

Übersicht 3: Eigene Darstellung

C. Maßnahmen innerhalb des Verwaltungsapparats der Europäischen Union

I. Integration durch Institutionen

Die europäischen Verträge sind die Pfeiler der Entwicklung der europäischen Institutions- und Verwaltungsstruktur. Veränderte Politiken innerhalb der Europäischen Gemeinschaft führten zu neuen europäischen Vertragsgrundlagen, was wiederum notwendige institutionelle Anpassungen mit sich brachte. Die Entwicklung von Unionseinrichtungen war daher von Diskontinuität geprägt. Der Schuman-Plan baute zwar grundsätzlich auf dem Grundsatz einer intergouvernementalen Zusammenarbeit auf. Im Zuge der Idee einer überstaatlichen, integrierten Politik- und Rechtsausübung ist es grundlegend jedoch die Supranationalität, die den europäischen Integrationsprozess mit dem Vertrag von Maastricht vorantrieb. Der institutionelle Ausbau innerhalb der Europäischen Gemeinschaft und späteren Europäischen Union unterlag somit einem dynamischen Prozess,

Kapitel 3: Maßnahmen der Europäischen Union

wozu auch die Gründungen spezialisierter Agenturen zählen, die als maßgeblicher Bestandteil des Integrationsprozesses zu betrachten sind[858].

Die europäischen Institutionen bilden für den europäischen Integrationsprozess das Handlungs- und Koordinationszentrum der Europäischen Union. Nach Art. 13 EUV verfügt die Europäische Union über einen institutionellen Rahmen, der die Verkörperung der gemeinsamen europäischen Idee und der europäischen Werte bezweckt. Durch die Entsendung von Staatsbürgern der Mitgliedstaaten zu den europäischen Institutionen findet eine Bündelung von Wissen, gemeinsamer Werte und Ideen statt. Als Ergebnis dieser Bündelung werden gemeinsame Probleme der Mitgliedstaaten erkannt, im Kollektiv Lösungsansätze erarbeitet und sodann kompensiert[859].

II. Agenturen als Bestandteil europäischer Integration

Zum Gesamtgebilde europäischer Institutionen und maßgeblicher Bestandteil des europäischen Integrationsprozesses gehören mittlerweile fast 50 Agenturen.[860] Einerseits sind sie, gemäß Art. 298 Abs. 1 AEUV, zwar Teil der offenen, effizienten und unabhängigen europäischen Verwaltung[861], andererseits ist im weiten Umfang ihre Gründung primärrechtlich nicht vorgesehen. Eine der Besonderheiten europäischer Agenturen ist es, dass sie grundsätzlich an unterschiedlichen Standorten innerhalb der Europäischen Union angesiedelt werden, was in symbolischer Weise als Unabhängigkeitsmerkmal gegenüber den europäischen Institutionen gewertet wird.[862] Für alle Agenturen der Europäischen Union gilt gleicher-

---

858 *Wallace*, in: Jachtenfuchs/Kohler-Koch (Hrsg.), Europäische Integration, S. 255 (255, 257).
859 *Kohler-Koch/Conzelmann/Knodt*, Europäische Integration, S. 106 f.
860 *Kaeding*, in: Weidenfeld/Wessels (Hrsg.), Jahrbuch der Europäischen Integration 2018, S. 131 (131). *Priebe* spricht von „Agenturisierung": *Priebe*, EuZW 2015, 268, 268. Im Sinne eines „agencification phenomenon" auch *Egeberg/Trondal*, Journal of Common Market Studies 2017, 675, 675.
861 Hierzu *Görisch*, JURA 2012, 42, 42 f.; *Groenleer*, The autonomy of European Union agencies, S. 15 ff.
862 Nur wenige Agenturen sind in Brüssel (bspw. die Europäische Verteidigungsagentur EDA und die Europäische Sicherheits- und Verteidigungsakademie ESDC) und Luxemburg (Übersetzungszentrum CdT) angesiedelt. Eine Übersicht der Agenturen und ihren Standorten findet sich bei *Calliess*/Ruffert, Art. 13 EUV, Rn. 38 ff. Aufgrund des Prestiges, das mit der Vergabe von Agenturstandorten verbunden ist, werden die Debatten als „politisches Tauziehen" beschrie-

maßen, dass sie per Verordnung errichtet werden, eigene Rechtspersönlichkeit besitzen und unabhängig arbeiten[863]. Sie sind daher eigenständige Verwaltungseinheiten innerhalb der Europäischen Union.[864]

Die Komplexität bestimmter Politbereiche der Europäischen Union erfordert ein vertieftes Fachwissen, das aus Personal der 28 Mitgliedstaaten in den Agenturen gebündelt wird. Die Aufgabe von Agenturen ist es grundsätzlich in bestimmten Themenbereichen gegenüber den Institutionen der Europäischen Union und den Mitgliedstaaten beratend und unterstützend tätig zu werden. Allerdings nehmen Agenturen zunehmend auch Exekutiv-[865] und Legislativhandlungen wahr.[866]

Die Themenbereiche der Agenturen sind aufgrund der sukzessiven Kompetenzerweiterung der Europäischen Union im Zuge der Vertragsreformen sehr vielfältig. Während die ersten Agenturen sich im Wesentlichen auf Fragen der Marktökonomie zu Gunsten des Binnenmarkts fokussierten, existiert nunmehr mitunter eine Agentur zum Schutz von Grundrechten und eine Agentur für Sicherheit und Gesundheitsschutz am Arbeitsplatz.[867]

Die Einrichtungen von Agenturen gelten der Entlastung der Europäischen Kommission[868] und dienen als Konglomerat von Expertenwissen aus den Mitgliedstaaten, was wiederum die Entscheidungsprozesse der europäischen Institutionen effizienter gestalten lässt, zu einer stärken Handlungsfähigkeit der Europäischen Kommission führt und die Kooperation zwischen Europäischer Union und den Mitgliedstaaten fördert[869]. Die Agenturen nehmen indirekt am politischen Entscheidungsprozess teil[870],

---

ben: *Orator*, Möglichkeiten und Grenzen der Einrichtung von Unionsagenturen, S. 59.

863 Hierzu *Weißgräber*, Die Legitimation unabhängiger europäischer und nationaler Agenturen, S. 39 f. und *Wentzel*, DÖV 2010, 736, 767. Zur Frage nach der Unabhängigkeit von Agenturen gegenüber Dritten *Vos*, EU agencies, S. 26.

864 *Fischer-Appelt*, Agenturen der europäischen Gemeinschaft, S. 38 ff.; *Gundel*, EuR 2001, 776, 776.

865 Zu den sog. Exekutivorganen, die in Brüssel angesiedelt sind und nur für einen begrenzten Zeitraum errichtet werden: Schöbener/*Will*, Europarecht, Rn. 606 ff.

866 Hierzu *Orator*, Möglichkeiten und Grenzen der Einrichtung von Unionsagenturen, S. 97 ff. und ausführlich anhand der Agenturen S. 154 ff.

867 Vgl. *Eckhardt*, Die Akteure des außergerichtlichen Grundrechtsschutzes, S. 280.

868 *Priebe*, EuZW 2015, 268, 272.

869 *Priebe*, EuZW 2015, 268, 269.

870 *Busuioc*, Journal of European Public Policy 2012, 719, 719 ff.; *Craig*, EU Administrative Law, S. 105 f.; *Egeberg/Trondal*, Journal of Common Market Studies 2017, 675, 677 f.; *Weiß*, EuR 2016, 631, 634 ff.

Kapitel 3: Maßnahmen der Europäischen Union

indem sie ihr gebündeltes Fachwissen nutzen, um Impulse für die Lösung gemeinsamer Probleme der Mitgliedstaaten zu geben.[871]

Die Tätigkeiten europäischer Agenturen, mit Ausnahme der Agenturen aus dem Bereich GASP, stehen, gemäß Art. 263 Abs. 1 AEUV, unter der Aufsicht des EuGH.[872] Der rasante Ausbau von Agenturen stand allerdings seit jeher auch unter den Vorwürfen der Überbürokratisierung[873], hoher Haushaltskosten[874], rechtswidriger Kompetenzausdehnung[875] und fehlender demokratischer Legitimität[876].

Seit dem Vertrag von Lissabon wird die Errichtung weiterer Agenturen entweder auf die sog. Flexibilitäts- oder Kompetenzergänzungsklausel gemäß Art. 352 AEUV, auf die Rechtsangleichungskompetenz gemäß Art. 114 AEUV oder auf spezielle materiell-rechtliche Kompetenzartikel gestützt. Fehlt es der Europäischen Union an einer ausdrücklichen Ermächtigung und ist zugunsten der Unionsziele eine Maßnahme aber erforderlich, kann Art. 352 AEUV für die Errichtung von Agenturen herangezogen werden. Art. 114 AEUV gestattet die Harmonisierung von Rechts- und Verwaltungsvorschriften der Mitgliedstaaten zugunsten der Ausgestaltung des Binnenmarkts, auf deren Grundlagen die „Schaffung von Gemeinschaftseinrichtungen" möglich ist. Hierfür genügt es bereits, wenn „die Gemeinschaftseinrichtung den nationalen Behörden und/ oder Wirtschaftsteilnehmern Dienstleistungen erbringt, die sich auf die einheitliche Durchführung der Harmonisierungsmaßnahmen auswirken und deren Anwendung erleichtern können"[877]. Eine dritte Möglichkeit bieten spezielle materiell-

---

871 Siehe auch *Kaeding*, in: Weidenfeld/Wessels (Hrsg.), Jahrbuch der Europäischen Integration 2018, S. 131 (131).
872 Anders verhält es sich indes bei Fragen einer möglichen Kompetenzausdehnung: *Kietz/Ondarza*, SWP-Studie 2016, S. 14.
873 Hierzu *Toggenburg*, MRM 2007, 86, 88 f. und *Wittinger*, EuR 2008, 609, 609 f.
874 So *Kaeding*, in: Weidenfeld/Wessels (Hrsg.), Jahrbuch der Europäischen Integration 2018, S. 131 (131).
875 Ausschlaggebend hierfür EuGH, Meroni/EGKS – Meroni I, Rs. 9/56, Slg. 1958, S. 44. Im Detail zu der Meroni-Doktrin „Rücksicht auf das institutionelle Gleichgewicht": *Görisch*, Demokratische Verwaltung, S. 362 f.; *Orator*, Möglichkeiten und Grenzen der Einrichtung von Unionsagenturen, S. 228 ff.; *Vos*, EU agencies S. 29 f.
876 *Eckhardt*, Die Akteure des außergerichtlichen Grundrechtsschutzes, S. 284 f.; *Fischer-Appelt*, Agenturen der europäischen Gemeinschaft, S. 184 f.; *Görisch*, JURA 2012, 42, 43.
877 EuGH, Vereinigtes Königreich/Europäisches Parlament und Rat – ENISA, Rs. 217/04, Slg. 2006, I-03789 Rn. 44 f.; bestätigt in EuGH, Vereinigtes Königreich/Europäisches Parlament und Rat - ESMA, Rs. C-270/12, ECLI:EU:C:2014: 18 Rn. 102 ff.

rechtliche Kompetenzartikel in den Verträgen. Innerhalb ausgewählter Politbereiche wird es der Europäischen Union ausdrücklich gestattet, Maßnahmen zu erlassen, die der Ausgestaltung des betreffenden Politbereichs dienen, worunter die Errichtung von diesbezüglich spezialisierten Agenturen zählt.[878]

Trotz ihrer Bedeutung für den politischen Gestaltungsprozess, nennen die Verträge der Europäischen Union ausdrücklich nur ausgewählte Agenturen, die den sensiblen Bereichen der Gemeinsamen Sicherheits- und Verteidigungspolitik (Europäische Verteidigungsagentur EDA, Art. 42 Abs. 3 i. V. m. Art. 45 AEUV) und des RFSR (Europol, Art. 88 AEUV und Eurojust, Art. 85 AEUV) zuzuordnen sind. Die primärrechtliche Normierung sieht neben der Kompetenz gleichlaufend auch Schranken vor.

III. Agenturen im Politbereich des RFSR

Die primärrechtliche Nennung der Agenturen im Politbereich des RFRS in Art. 67 bis 89 AEUV zeigt nicht nur den hohen Stellenwert der Agenturen, sondern auch die signifikante Bedeutung, die die polizeiliche Zusammenarbeit zwischen den Mitgliedstaaten gewonnen hat. Es wird davon ausgegangen, dass in keinem anderen Bereich „die Institutionen eine derart breite fachliche, technische und operative Unterstützung"[879] erhalten, was unter anderem auf die Dynamik transnationaler (organisierter) Kriminalität zurückzuführen ist. Doch anders als in anderen Politbereichen der Europäischen Union, beabsichtigen die Mitgliedstaaten die Fortentwicklung der polizeilichen und justiziellen Zusammenarbeit. Das Primat einer ‚Zusammenarbeit' wird bereits aufgrund des eindeutigen Wortlauts der Abschnitte „Justizielle Zusammenarbeit in Strafsachen" (Art. 82 ff. AEUV) und „Polizeiliche Zusammenarbeit in Strafsachen" (Art. 87 ff. AEUV) deutlich. Dass die Mitgliedstaaten anstelle des Integrationsansatzes den Kooperationsansatz in Angelegenheiten der inneren Sicherheit bevorzugen, liegt grundlegend in der Sensibilität des Politbereichs, die wiederum auf nationale Souveränitätsvorbehalte und die Grundrechtssensibilität des Straf-

---

878 Schöbener/*Will*, Europarecht, Rn. 609. Ausführlich hierzu *Sölter*, Rechtsgrundlagen europäischer Agenturen im Verhältnis vertikaler Gewaltenteilung, S. 197 ff.

879 *Priebe*, in: Becker/Hatje/Potacs/Wunderlich (Hrsg.), FS Schwarze, S. 394 (408)

Kapitel 3: Maßnahmen der Europäischen Union

rechts zurückzuführen ist.[880] Die Agenturen werden daher fälschlicherweise auf den Ausdruck der „Kooperationsinstrumente"[881] reduziert.

Obwohl mit dem Vertrag von Lissabon eine Auflösung der Drei-Säulen-Struktur folgte, ist es dennoch, gemäß Art. 87 AEUV, als Ziel deklariert, die ‚Zusammenarbeit' zwischen den nationalen Strafverfolgungsbehörden zu verbessern. Neben den primärrechtlich verankerten Kompetenzen werden die Vorbehalte der Mitgliedstaaten unmittelbar deutlich, in dem gleichlaufend Kompetenzschranken statuiert wurden.

Zugunsten der in Art. 87 AEUV geforderten, effektiven Zusammenarbeit folgt in Art. 88 AEUV der Auftrag an Europol, die Tätigkeit der Polizeibehörden und anderer Strafverfolgungsbehörden der Mitgliedstaaten sowie deren gegenseitige Zusammenarbeit zu unterstützen und zu verstärken. Europol nimmt somit als Agentur der Europäischen Union eine zentrale Position in der europäischen Kriminalpolitik ein. Für die Verwaltung politischer Maßnahmen im Politbereich RFSR, dienen neben Europol indes weitere Agenturen. Hierzu zählen die Europäische Polizeiakademie (CEPOL) in Budapest, die Einheit für justizielle Zusammenarbeit (Eurojust) in Den Haag, die Agentur der Europäischen Union für Grundrechte (FRA) in Wien, die Europäische Beobachtungsstelle für Drogen und Drogensucht (EMCDDA) in Lissabon, die Europäische Grenz- und Küstenwache (Frontex) in Warschau, das Europäische Unterstützungsbüro für Asylfragen (EASO) in Valletta und die Europäische Agentur für das Management von IT-Großsystemen innerhalb des RFSR (eu-LISA) in Tallinn. Trotz der verschiedenen Schwerpunkte arbeiten die Agenturen zusammen und ergänzen sich gegenseitig. Innerhalb des Politbereichs RFSR wurde nunmehr die Errichtung der Europäischen Staatsanwaltschaft (EuStA) im Rahmen der Verstärkten Zusammenarbeit zwischen 20 Mitgliedstaaten beschlossen. Aufgrund der elementaren Bedeutung europäischer Agenturen in Fragen der inneren Sicherheit, werden diese nachfolgend dargestellt und ihre Bemühungen gegen Computerkriminalität analysiert.

---

880 Hierzu auch *Monar*, in: Würtenberger/Gusy/Lange (Hrsg.), Innere Sicherheit im europäischen Vergleich, S. 33 (41).
881 Vgl. *Haase*, Computerkriminalität im Europäischen Strafrecht, S. 3.

IV. Europäisches Polizeiamt (Europol)

1. Entstehung

a) Die Gruppe Trevi

In Angesicht der zunehmenden Zusammenarbeit von internationalen Organisationen, stieg in den 1960er Jahren das Verlangen nach einer ebenfalls enger werdenden Kooperation und verbesserten Kommunikation hinsichtlich der polizeilichen Zusammenarbeit innerhalb der Europäischen Gemeinschaft.[882] Dieses Bestreben wurde unter anderem durch die verschiedenen Terrorismusbewegungen der Roten Brigade in Italien, der Gruppierung Baskenland und Freiheit in Spanien, der Roten Armee Fraktion in Deutschland und der Beginn der Terrbewegung der Irisch-Republikanischen Armee (IRA) Ende der 1960er und zu Beginn der 1970er Jahre im Vereinigten Königreich deutlich. Hinzukamen Anschläge palästinischer Gruppierungen, wie dem Attentat der Organisation Schwarzer September bei den Olympischen Spielen 1972 in München, weshalb eine effektive polizeiliche Zusammenarbeit zwischen den Mitgliedstaaten fokussiert wurde. Am 1. und 2. Dezember 1975, ein Jahr nach einer Anschlagsserie der IRA im Vereinigten Königreich, hat auf Vorschlag des damaligen britischen Premierministers *Wilson*[883] der Europäische Rat eine engere Zusammenarbeit durch regelmäßige Treffen der Innenminister der Mitgliedstaaten beschlossen.[884] Die Zusammenarbeit erfolgte auf intergouvernementaler Grundlage. Sie stand somit außerhalb des Vertrags von Rom und war dementsprechend auch keiner Institution der Europäischen Gemeinschaft unterworfen. Die Gruppe Trevi war entstanden, deren erstes Treffen bereits am 29. Juni 1976 stattfand.[885]

Der Ursprung des Begriffs Trevi ist umstritten. Die h. A. plädiert dafür, dass es sich bei dem Begriff Trevi um ein Akronym handelt und sich von „Terrorisme, Radicalisme, Extremisme et Violence International" herleiten

---

[882] Ausführlich auch zu der Entwicklung mit Beginn des ersten Weltkrieges: *Fijnaut*, in: Aden (Hrsg.), Police Cooperation in the EU under the Treaty of Lisbon, S. 25 (26, 30 ff.)
[883] Hierzu *Dietrichs*, Cilip 1991, 35, 35.
[884] *Europäischer Rat*, Zusammenfassung der Tagung des Europäischen Rates am 1./2. Dezember 1975, S. 10
[885] *Dietrichs*, Cilip 1991, 35, 35.

Kapitel 3: Maßnahmen der Europäischen Union

lasse.[886] Eine a. A. hingegen vertritt, dass sich ‚Trevi' von dem in Rom befindlichen Brunnen *Fontana di Trevi* ableite, -denn Rom war eben auch Ort der Entscheidung für die Erschaffung einer solchen Gruppe.[887] Für letztere Ansicht sprach in der Vergangenheit, dass sich die Gruppe erst Mitte der 1980er Jahre mit den Themen Radikalismus und Extremismus intensiv auseinandersetzen und Teil ihres Aufgabenbereichs werden sollte, was auf die rasant gestiegende Anzahl an Hooligan-Gruppen zurückzuführen war. Die Erweiterung der Zuständigkeitsbereiche in Bezug auf bestimmte Kriminalitätsformen, wurde je nach Aktualität im *ad hoc*-Verfahren bestimmt. Aus heutiger Perspektive kann der h. A. daher restriktiv zugestimmt werden.[888]

Die Gruppe Trevi kann in mehrere Organisationsebenen gegliedert werden. Die oberste Organisationsebene bestand aus den Ministern, die für Fragen der inneren Sicherheit zuständig waren (sog. Trevi-Minister[889]).[890] Darunter folgte der Ausschuss der Hohen Beamten, bei denen es sich um ranghohe Angehörige der nationalen Polizeibehörden und um Beamte handelte, die ebenfalls für Fragen der inneren Sicherheit zuständig waren.[891] Der Ausschuss war für die Vorbereitung der Agenda, die Treffen der Trevi-Minister und für die Koordinierung der Arbeitsgruppen I bis III verantwortlich.[892] Die Arbeitsgruppen I und II wurden im Mai 1977 gegründet. Während die Arbeitsgruppe II sich mit grundlegenden Fragen der Polizei, wie beispielsweise den nationalen Ausbildungsstrukturen und Ausrüstungsfragen der Polizeibehörden auseinandersetzte[893], hatte sich die Arbeitsgruppe I auf den Informationsaustausch im Bereich des Terrorismus fokussiert. Trotz der Bedrohung durch den Terrorismus, stellte sich eine grenzüberschreitende Kooperation zwischen den nationalen Ermittlungs- und Strafverfolgungsbehörden als diffizil dar, weshalb „neue Impul-

---

886 Schwarze/Hatje/Schoo/Becker/*Böse*, Art. 82 AEUV Rn. 1; *Hof*, Staat und Terrorismus in Italien 1969 – 1982, S. 268; *Kohler-Koch/Conzelmann/Knodt*, Europäische Integration – Europäisches Regieren, S. 134 Fn. 2; *Occhipinti*, The Politics of EU Police Cooperation, S. 31.
887 *Woodward*, European Journal on Criminal Policy and Research 1993, 7, 9 Fn. 2.
888 Vgl. auch *Occhipinti*, The Politics of EU Police Cooperation, S. 31.
889 *Woodward*, European Journal on Criminal Policy and Research 1993, 7, 14.
890 *Occhipinti*, The Politics of EU Police Cooperation, S. 32.
891 *Ellermann*, Europol und FBI, S. 35; *Woodward*, European Journal on Criminal Policy and Research 1993, 7, 10.
892 *Woodward*, European Journal on Criminal Policy and Research 1993, 7, 10. Auch als TREVI-Gruppen bezeichnet: *Ellermann*, Europol und FBI, S. 35
893 *Ellermann*, Europol und FBI, S. 34.

se"[894] geschaffen werden mussten, um eine effizientere Zusammenarbeit zu gewährleisten. Der Europäische Rat beschloss im Juni 1983 die „Feierliche Deklaration zur Europäische Union", die die Ziele der damaligen Staats- und Regierungschefs manifestierte, um den „Gefahren der internationalen Lage" als „Schicksalsgemeinschaft" zu begegnen[895]. Letzteres sollte vordergründig ein kollektives Vorgehen der Mitgliedstaaten im Bereich schwerer Gewalttaten und transnationaler organisierter Kriminalität umfassen.[896] Im Jahr 1985 wurde der Zuständigkeitsbereich der Arbeitsgruppe II auf den Extremismus erweitert, was auf die Massenpanik im Brüsseler *Heysel*-Stadium zurückzuführen war.[897] Noch im selben Jahr wurde die Arbeitsgruppe III gegründet, die sich auf die Kriminalitätsbereiche Geldwäsche, Umweltverbrechen, Kunstdiebstahl, Internetkriminalität und organisiertes Verbrechen fokussieren sollte.[898]

b) Die Initiativen von Helmut Kohl und Trevi

In Anbetracht der Bedrohung durch die transnationale organisierte Kriminalität innerhalb der Europäischen Gemeinschaft, erforderte es einer zentralen Stelle, die mit den einzelnen Ermittlungs- und Strafverfolgungsbehörden der Mitgliedstaaten kooperieren und kommunizieren sollte. Einerseits kamen bilaterale Absprachen der Souveränität der Mitgliedstaaten zugute, brachten jedoch den Nachteil mit sich, dass organisatorische Aspekte, wie beispielsweise die Organisation von Gipfeltreffen und die damit einhergehenden Verzögerungen, die später getroffenen Entscheidungen uneffektiv werden ließen. Es wurde deutlich, dass rein zwischenstaatliche Absprachen für die Bekämpfung transnationaler organisierter Kriminalität nicht mehr genügen sollten. Bis zur Entstehung Europols mussten die Ermittlungs- und Strafverfolgungsbehörden der Mitgliedstaaten auf die eigenen Datenarchive und somit nur auf landesinterne Sachverhalte zurückgreifen, was wiederum die transnationale und organisierte Kriminalität für sich nutzte. Hinzu kam, dass sich zwar die Treffen der Trevi-Minister und der Arbeitsgruppen häuften und auch *ad hoc*-Treffen möglich waren, je-

---

894 *Siegele*, in: Morié/Murck/Schulte, Auf dem Weg zur europäischen Polizei, S. 132 (133).
895 Bulletin EG, 06/1983 Nr. 6, S. 26.
896 Bulletin EG, 06/1983 Nr. 6, S. 27.
897 *Woodward*, European Journal on Criminal Policy and Research 1993, 7, 10.
898 *Woodward*, European Journal on Criminal Policy and Research 1993, 7, 10 f.

doch festgestellt wurde, dass es einer permanenten Einrichtung bedarf, die ohne zeitliche Lücken agieren konnte.[899] Helmut *Kohl* schlug daher eine Organisation vor, die ähnlich wie das „Federal Bureau of Investigation" in den Vereinigten Staaten konstruiert werden sollte. Auf dem Treffen des Europäischen Rates im Juni 1991 präsentierte die deutsche Delegation, unter der Federführung *Kohls*, einen Vorschlag zur Errichtung eines Europäischen Polizeiamtes namens Europol. Die Organisation sollte grundsätzlich der Bekämpfung der organisierten Kriminalität und des Drogenhandels dienen. Mit Abschluss des Treffens wurde der Stichtagstermin des 31. Dezembers 1993 festgelegt. Bis dahin sollten etwaige rechtliche Rahmenbedingungen zur Errichtung Europols festgelegt worden sein, die in zwei Phasen unterteilt werden können. In der ersten Phase bis zum 31. Dezember 1992, sollte Europol als zentrale Anlaufstelle für den Informationsaustausch eingerichtet werden und bereits als Informationssammelstelle fungieren. In einer zweiten Phase sollte Europol weitergehende Befugnisse zugesprochen werden, in dem die Einrichtung auch innerstaatlich tätig hätte werden können.[900] Letzteres umfasste auch das Recht zu Gerichtsbarkeit und Exekutivgewalt im Bereich der Drogenkriminalität und organisierten Kriminalität. Die vorgeschlagenen Befugnisse widersprachen allerdings den Vorstellungen des Vereinigten Königreiches, die primär auf eine polizeiliche Zusammenarbeit auf Basis des Intergouvernementalismus bauten.[901] Doch neben der Initiative *Kohls* wuchs auch innerhalb der Trevi-Gruppe das Bestreben nach einer effektiver arbeitenden und vor allem permanenten Einrichtung für die polizeiliche Zusammenarbeit zwischen den Mitgliedstaaten. Die Arbeitsgruppe III schlug eine Einheit von Verbindungsbeamten vor, die außerhalb Europas Informationen über Herstellungs- und Transitländer von Drogenhändlerringen sammeln sollte können. Auf diesen Vorschlag einigten sich die Minister von Trevi auf ihrem Treffen in Kopenhagen im Jahr 1987.[902]

---

899 *Ellermann*, Europol und FBI, S. 36.
900 *Europäischer Rat*, Dok. SN 151/3/91, S. 20.
901 *Woodward*, European Journal on Criminal Policy and Research 1993, 7, 12 f.
902 *Occhipinti*, The Politics of EU Police Cooperation, S. 32 f.; *Woodward*, European Journal on Criminal Policy and Research 1993, 7, 14.

c) Ad hoc-Gruppen für ein Mehr an Flexibilität

Auf einer Sitzung der Ministerkonferenz in Madrid im Jahr 1989 wurde dem Wunsch nach einem Mehr an Flexibilität Folge geleistet und eine *ad hoc*-Gruppe gegründet, die als Arbeitsgruppe IV oder auch Trevi 92[903] bekannt ist. Die Arbeitsgruppe IV setzte sich mit „Ausgleichsmaßnahmen für mögliche Sicherheitsverluste durch den Abbau der Grenzkontrollen im Zuge der Vollendung des EG-Binnenmarktes"[904] auseinander.[905] Das Ergebnis war, dass die Arbeitsgruppe bereits im Herbst 1989 ein Grundsatzpapier erarbeitet hatte, das sich mit dem Aufbau eines Europäischen Informationssystems und der Schaffung von Drogen-Intelligence-Einheiten in den Mitgliedstaaten befasste, die wiederum als Verbindungsstellen zugunsten der polizeilichen Zusammenarbeit fungieren sollten. Weitere Ereignisse führten zur Schaffung weiterer *ad hoc*-Gruppen, die sich aus Experten der jeweiligen aktuell diskutierten Kriminalitätsbereiche zusammensetzen. So wurde unter anderem kurz nach den Anschlägen auf die italienischen Staatsanwälte Giovanni *Falcone* und Paolo *Borsellino* im Sommer 1992 ein Expertenteam zum Internationalen Organisierten Verbrechen gegründet.[906] Doch die Bildung zahlreicher *ad hoc*-Gruppen und Untergruppen führten nicht zu der gewünschten effektiveren Zusammenarbeit. Vielmehr lag dem Bild der grenzüberschreitenden polizeilichen Zusammenarbeit ein Flickenteppich an Expertengruppen zu Grunde, deren Zuständigkeitsbereiche an Transparenz verlor.

---

903 Siehe auch *Canu*, Der Schutz der Demokratie, S. 298 Fn. 98; *Oberloskamp*, Codenmane Trevi, S. 100.
904 *Ellermann*, Europol und FBI, S. 36.
905 *Ellermann*, Europol und FBI, S. 36; *Occhipinti*, The Politics of EU Police Cooperation, S. 32; *Siegele*, in: Morié/Murck/Schulte, Auf dem Weg zur europäischen Polizei, S. 132 (135).
906 Beide waren aktive Ermittlungsrichter gegen die italienische Mafia, u.a. gegen die sizilianische Cosa Nostra. Siehe hierzu ausführlich *Benyon*, International Journal of the Sociology of Law 1996, 353, 362. Auf weitere ad hoc-Gruppen hinweisend *Kohler-Koch/Conzelmann/Knodt*, Europäische Integration – Europäisches Regieren, S. 134.

Kapitel 3: Maßnahmen der Europäischen Union

d) Die Europäische Drogeneinheit als Vorreiter

Im August 1991 wurde eine Untergruppe zur Arbeitsgruppe III gebildet[907], die sich mit dem Aufbau einer Europäischen Drogeninformationsstelle (EDIU) beschäftigte. Die EDIU lag zwar unter dem von Helmut *Kohl* vorgeschlagenen Kompetenzen, ging jedoch über den ausgearbeiteten Vorschlag der Arbeitsgruppe III hinaus und berücksichtigte die Vorbehalte des Vereinigten Königreichs.[908] Bei einem Treffen im Dezember 1991 einigten sich die Trevi-Minister auf die Schaffung einer europäischen Polizeibehörde. Bereits eine Woche später erklärten sich der Europäische Rat der damaligen zwölf Mitgliedstaaten mit dem Vorschlag einverstanden. Der Gruppe war zunächst die Aufgabe übertragen worden, den Informationsaustausch im Kriminalitätsbereich ‚Drogenhandel' zu organisieren, da der Drogenhandel zum größten und herausforderndsten Kriminalitätsproblem im Zuge fehlender innereuropäischen Grenzkontrollen erklärt worden war.[909] Im Juni 1992 forderte der Europäische Rat die Ausarbeitung eines Europol-Übereinkommens. Da das Europol-Übereinkommen einer langen Ausarbeitungszeit bedürfen werden würde, akzeptierten die Staats- und Regierungschefs die „Einsetzung einer Projektgruppe, um die rasche Einrichtung einer Europäischen Informationsstelle für Suchtstoffe"[910] zu ermöglichen. Bei einem Treffen der Trevi-Minister im Juni 1993 wurde sich auf die Funktion, Personalbesetzung, den Kompetenzbereich und Haushalt geeinigt. Da dies noch vor Inkrafttreten des Vertrags von Maastricht umgesetzt werden sollte, aber „in Anbetracht der dringenden Probleme, die sich aus dem internationalen illegalen Drogenhandel, der damit verbundenen Geldwäsche und dem organisierten Verbrechen ergeben"[911], sollte erst einmal eine Ministervereinbarung genügen. Die Europol-Drogeneinheit (EDU) nahm im Februar 1994 ihre Arbeit auf[912] und setzte sich aus Verbindungsbeamten zusammen, die über Zugriffsrechte auf die entsprechen-

---

907 *Benyon*, International Journal of the Sociology of Law 1996, 353, 362; *Ellermann*, Europol und FBI, S. 37.
908 *Benyon*, International Journal of the Sociology of Law 1996, 353, 366; *Woodward*, European Journal on Criminal Policy and Research 1993, 7, 14.
909 Schlussfolgerungen des Vorsitzes des Europäischen Rates, Dok. SN/271/1/91 v. 11. Dezember 1991, S. 5.
910 Schlussfolgerung des Vorsitzes des Europäischen Rates, Dok. SN/3321/1/92 v. 26./27. Juni 1992, S. 14.
911 BGBl. Teil II 1995 Nr. 6 S. 154 (155).
912 *Benyon*, International Journal of the Sociology of Law 1996, 353, 367.

C. Maßnahmen innerhalb des Verwaltungsapparats der Europäischen Union

den nationalen Informationssysteme verfügten[913]. Die Überführung in das Unionsrecht folgte erst durch die Gemeinsame Maßnahme 95/73/JI[914] als eine Angelegenheit gemeinsamen Interesses. Der Aufgabenbereich der EDU erstreckte sich nunmehr auf die Bereiche des illegalen Handels mit radioaktiven und nuklearen Materialien, der Schleuserkriminalität, illegalen Verschiebung von Kraftfahrzeugen und der Geldwäsche.[915] Die Gemeinsame Maßnahme 95/73/JI wird heutzutage als restriktives Vorabübereinkommen für Europol gewertet.[916]

Die EDU war bis zur Tätigkeitsaufnahme Europols im Jahr 1999 aktiv. Das zentrale Arbeitsinstrument der EDU war eine Datenbank, mit derer die Analysetätigkeit der Gruppe überhaupt erst möglich werden sollte. Die Datenbank war erweiterungsfähig und konnte, in Folge einer möglichen Kompetenzerweiterung zugunsten der EDU, ausgebaut werden.[917] Die Datenbank war gefüllt mit Informationen über Personen der organisierten Kriminalität und verarbeitete dementsprechend auch personenbezogene Daten. Wie erwähnt, setzte sich die EDU aus Verbindungsbeamten der Mitgliedstaaten mit entsprechenden Zugriffsrechten zusammen. Es waren die entsandten Verbindungsbeamten, die die Datenbank mit Informationen aus den jeweiligen nationalen Informationssystemen speisten, was wiederum seine Grenzen an den innerstaatlichen Rechtsvorschriften finden musste. Der Austausch personenbezogener Daten konnte allerdings an Bedingungen geknüpft werden.[918] Hatte ein Verbindungsbeamte bedeutende Informationen im Zusammenhang mit einer Straftat im Deliktsbereich Drogenkriminalität, so war der Verbindungsbeamte befugt, diese Informationen an den davon betroffenen Mitgliedstaat weiterzuleiten. Die Weitergabe personenbezogener Daten an Drittstaaten oder internationale Organisation war ausdrücklich untersagt. Eine diesbezügliche Kontrollbefugnis und Obhutspflicht lag allerdings nicht bei einem übergeordneten

---

913 *Kugelmann*, Polizei- und Ordnungsrecht, Kap. 14 Rn. 134. In dem Bestreben nach einer effektiveren Kooperation zwischen den Mitgliedstaaten, existierten zu Beginn der 1990er Jahre in Frankreich, Spanien, Italien und dem Vereinigten Königreich 70 Verbindungsbeamte. Siehe *Block*, Journal of Contemporary European Research 2010, 194, 199.
914 Gemeinsame Maßnahme 95/73/JI vom 10. März 1995 bezüglich der Europol-Drogenstelle, vom Rat aufgrund von Artikel K.3 des Vertrags über die Europäische Union beschlossen, ABl. EG L 62/1 v. 20. März 1995.
915 *Benyon*, International Journal of the Sociology of Law 1996, 353, 367.
916 *Verbruggen*, in: Albrecht/Klip (Hrsg.), Crime, Criminal Law and Criminal Justice in Europe, S. 461 (464 f.).
917 *Bunyan*, in: *ders.* (Hrsg.), Statewatching the new Europe, S. 15 (30 ff.).
918 BGBl. Teil II 1995 Nr. 6 S. 154 (156).

Kapitel 3: Maßnahmen der Europäischen Union

Organ, sondern waren Aufgabe der nationalen Datenschutzbehörden.[919] Letzteres entsprach dem Grundsatz intergouvernementaler Kooperation innerhalb der ‚dritten Säule'. Die EDU war bis zur offiziellen Tätigkeitsaufnahme des Europäischen Polizeiamtes als Übergangslösung zu betrachten. Rechtsgrundlage für die Gründung Europols war ex. Art. K.1. Nr. 9 EUV, der die „polizeiliche Zusammenarbeit zur Verhütung und Bekämpfung des Terrorismus, des illegalen Drogenhandels und sonstiger schwerwiegender Formen der internationalen Kriminalität, erforderlichenfalls einschließlich bestimmter Aspekte der Zusammenarbeit im Zollwesen, in Verbindung mit dem Aufbau eines unionsweiten Systems zum Austausch von Informationen im Rahmen eines Europäischen Polizeiamtes" vorsah. Europol sollte eine Wissens- und Informationsbündelung ermöglichen. Aus dieser Bündelung von Informationen sollte sich ein Gesamtbild von transnationalen Zusammenhängen ergeben und dadurch der Kriminalität effizient entgegengewirkt werden.[920] Mit dem Vertrag von Amsterdam wurde eine Beratungs- und Unterstützungsfunktion auf Europol übertragen, doch unterstand Europol auch weiterhin dem Rechtskleid der ‚dritten Säule'.

e) Übereinkommen und Ratsbeschluss

Im Juli 1995 folgte die Unterzeichnung des Übereinkommens über die Errichtung eines Europäischen Polizeiamts[921] als internationale Organisati-

---

919 BGBl. Teil II 1995 Nr. 6 S. 154 (157).
920 *Schwaighofer/Ebensperger*, Internationale Rechtshilfe in strafrechtlichen Angelegenheiten, S. 484.
921 Rechtsakt des Rates vom 26. Juli 1995 über die Fertigstellung des Übereinkommens aufgrund von Artikel K.3 des Vertrages über die Europäische Union über die Errichtung eines Europäischen Polizeiamtes (Europol-Übereinkommen), ABl. EG C 361/1 v. 27. November 1995. Ergänzt durch den Rechtsakt des Rates vom 23. Juli 1996 über die Ausarbeitung des Protokolls aufgrund von Artikel K.3 des Vertrags über die Europäische Union betreffend die Auslegung des Übereinkommens über die Errichtung eines Europäischen Polizeiamts durch den Gerichtshof der Europäischen Gemeinschaft im Wege der Vorabentscheidung, ABl. EG C 299/1 v. 9. Oktober 1996 dem Rechtsakt des Rates vom 19. Juni 1997 über die Fertigstellung aufgrund von Artikel K.3 des Vertrags über die Europäische Union und von Artikel 41 Absatz 3 des Europol-Übereinkommens des Protokolls über die Vorrechte und Immunitäten für Europol, die Mitglieder der Organe, die stellvertretenden Direktoren und die Bediensteten von Europol, ABl EG C 221/1 v. 19. Juli 1997.

on[922]. Umfangreichster Diskussionspunkt war die Ausgestaltung der Befugnis des EuGH. Während sich das Vereinigte Königreich gegen eine Gerichtsbarkeit durch den EuGH aussprach, befürworteten dies alle anderen vierzehn Mitgliedstaaten. Das Problem war allerdings die geforderte Einstimmigkeit im Bereich der PJZS. Ein Jahr nach Unterzeichnung des Europol-Übereinkommens wurde dem Vereinigten Königreich diesbezüglich eine ‚opt-out'-Möglichkeit zugesprochen.[923]

Seit Inkrafttreten des Ratsbeschlusses[924] im April 2009, gilt Europol als Agentur der Europäischen Union. Ziel war eine Flexibilisierung und Vereinfachung der inneren Organisationsstrukturen[925], was vor allem zu einer Zeitersparnis führen sollte, weil sodann keine langwierigen Ratifizierungsprozesse von Änderungsprotokollen durch die Mitgliedstaaten mehr erfolgen musste[926]. Zudem wurde Europols Unterstützungsfunktion dahingehend ausgebaut worden, dass Europol auch eine leitende Koordinierungsfunktion im Zusammenhang mit Fällen, die mindestens zwei Mitgliedstaaten betreffen, übernehmen konnte. Als Agentur der Europäischen Union wird Europol aus dem Gesamthaushaltsplan finanziert, was zumindest eine Gewährung von restriktiven Kontrollbefugnissen zugunsten des Europäischen Parlaments implizierte. An darüber hinausgehenden Kontrollbefugnissen sollte es indes auch zukünftig mangeln. Zwar konnte das Europäische Parlament in Folge des Ratsbeschlusses Vorschläge unterbreiten, diese hatten allerdings nur berücksichtigenden Charakter. An einem Mechanismus zur Durchsetzung parlamentarischer Interessen fehlte es gänzlich. Auch die Informationspflicht basierte lediglich auf einem jährlichen Sonderbericht an das Europäische Parlament.[927] Aufgrund der Intransparenz und der mangelhaften demokratischen Kontrolle wurde Europol überaus kritisch betrachtet.[928]

Mit Inkrafttreten des Vertrags von Lissabon sollte die mangelhafte parlamentarische Kontrollbefugnis hinfällig werden. Art. 88 Abs. 2 AEUV sieht ausdrücklich vor, dass das Europäische Parlament und der Rat im ordentli-

---

922 Siehe *Hecker*, Europäisches Strafrecht, § 5 Rn. 59.
923 Hierzu *Benyon*, International Journal of the Sociology of Law 1996, 353, 367.
924 Beschluss 2009/371/JI des Rates vom 6. April 2009 zur Errichtung des Europäischen Polizeiamts (Europol); ABl. EU L 121/37 v. 15. Mai 2009.
925 ABl. EU L 121/37 v. 15. Mai 2009, Erwägungsgrund Nr. 3.
926 *Hecker*, Europäisches Strafrecht, § 5 Rn. 59; *Niemeier/Walter*, Kriminalistik 2010, 17, 17; *Satzger*, Internationales und Europäisches Strafrecht, § 10 Rn. 3.
927 *Hecker*, Europäisches Strafrecht, § 5 Rn. 61.
928 *Hecker*, Europäisches Strafrecht, § 5 Rn. 61; *Heilig*, Freiheit und Sicherheit in Europa, S. 19 f.

chen Gesetzgebungsverfahren eine Verordnung zu konstruieren haben, die unter anderem den Aufbau und den Tätigkeitsbereich von Europol festlegen. Zudem muss in der Verordnung detailliert die Möglichkeiten parlamentarischer Kontrolle manifestiert werden (Art. 88 Abs. 2 S. 3 AEUV). Bis zum September 2010 sollte, nach Ansicht des Europäischen Parlaments, die Europäische Kommission einen entsprechenden Verordnungsvorschlag ausarbeiten. Im Dezember 2010 kündigte die Europäische Kommission allerdings an, dass sie für die Ausarbeitung eines Entwurfs den gesamten Übergangszeitraum von fünf Jahren ausnutzen möchte.[929]

Der Ratsbeschluss wurde zum 1. Mai 2017 durch die Verordnung (EU) 2016/794 ersetzt. Sie berücksichtigt maßgebliche Kritikpunkte im Zusammenhang mit der vorgeworfenen „Entparlamentisierung" und dem damit einhergehenden Demokratiedefizit. Bisherige Mängel in Form von fehlenden Rechenschaftspflichten und ungenügenden Kontrollbefugnissen zugunsten des Europäischen Parlaments und der nationalen Parlamente, sollte durch die Verordnung (EU) 2016/794 beseitigt werden.

2. Verordnung (EU) 2016/794

a) Verordnungsvorschlag

Im Zuge des Aktionsplans zur Umsetzung des Stockholmer Programms kündigte die Europäische Kommission eine Europol-Verordnung für das Jahr 2013 an.[930] Der Verordnungsvorschlag verfolgte die Verschmelzung von Europol und Europäischer Polizeiakademie. Die Fusionierung sollte vor allem Vorteile für Haushalt und Forschung mit sich bringen.[931] Zudem wurde eine Verschmelzung aufgrund der signifikant steigenden Fallzahlen transnationaler Kriminalität, der immer effizienter werdenden organisierten Kriminalität, der Bedrohung durch den Terrorismus und durch großangelegte Cyberangriffe befürwortet. Die Hauptziele des Verordnungsvorschlages waren:
– die (Neu-)Ausrichtung Europols an die Anforderungen des Vertrages von Lissabon durch Ausgestaltung des rechtlichen Rahmens von Europol innerhalb der Verordnung und durch die Einführung eines Mechanismus, dienend der Kontrolle durch das Europäische Parlament

---

929 Ausführlich *Albrecht/Janson*, EuR 2012, 230, 230 f.
930 KOM(2010) 171 endg. v. 20. April 2010, S. 33.
931 COM(2013) 173 final v. 27. März 2013, S. 13 f. und S. 121.

- Schaffung von Ausbildungsplänen und Austauschprogrammen für alle Mitarbeiter von nationalen und supranationalen Strafverfolgungsbehörden
- Erweiterung der Kompetenzen und Verantwortlichkeiten von Europol mit dem Ziel einer umfassenden Unterstützung der Strafverfolgungsbehörden der Mitgliedstaaten. Letzteres beinhaltet die Übernahme von CEPOL im Bereich der Ausbildung von Mitarbeitern der Strafvollzugsbehörden und der Entwicklung von Ausbildungsplänen
- Verbesserung der Datenschutzvorgaben für Europol, die garantieren, dass der Datenschutzbeauftragte Europols vollständig unabhängig ist und somit effektiver arbeiten kann

b) Umsetzung

Zum 1. Mai 2017 wurde der Ratsbeschluss durch die Verordnung (EU) 2016/794 (im folgendem: Europol-VO) ersetzt.[932] Die von der Europäischen Kommission eingebrachte Initiative und die verabschiedete Europol-VO weichen grundlegend voneinander ab. So weist bereits die Kürzung des Titels der Verordnung auf die vorgenommenen Änderungen durch das Europäische Parlament hin. Auf Grundlage der von der Europäischen Kommission vorgeschlagenen Ausrichtung, bezog sich der ursprüngliche Titel konkret auf die Verschmelzung von Europol mit der Europäischen Polizeiakademie.[933] Bereits im Zuge des ersten Änderungsantrags und der darauffolgenden ersten Lesung des Europäischen Parlaments, wurde die Europäische Polizeiakademie nicht nur aus dem Titel, sondern vollumfänglich aus dem Verordnungsvorschlag entfernt.[934] Durch

---

[932] Verordnung (EU) 2016/794 des Europäischen Parlaments und des Rates vom 11. Mai 2016 über die Agentur der Europäischen Union für die Zusammenarbeit auf dem Gebiet der Strafverfolgung (Europol) und zur Ersetzung und Aufhebung der Beschlüsse 2009/371/JI, 2009/934/JI, 2009/936/JI und 2009/968/JI des Rates, ABl. EU L 135/53 v. 24. Mai 2016.
[933] Vorschlag für eine Verordnung des Europäischen Parlaments und des Rates über die Agentur der Europäischen Union für die Zusammenarbeit und die Aus- und Fortbildung auf dem Gebiet der Strafverfolgung (Europol) und zur Aufhebung der Beschlüsse 2009/371/JI und 2005/681/JI des Rates, siehe COM(2013) 173 final v. 27. März 2013.
[934] *Europäisches Parlament*, Dok. P7_TA(2014)0121 v. 25. Februar 2014, Abänderung Nr. 1. Allerdings hatte sich neben der Europäischen Kommission auch der Haushaltsausschuss des Europäischen Parlamentes für eine Zusammenlegung ausgesprochen, siehe dazu die Plenardebatte v. 24. Februar 2014 zum Verfahren

Kapitel 3: Maßnahmen der Europäischen Union

die Streichung projiziert sich die Verordnung nunmehr auf die verbesserte Zusammenarbeit zwischen Europol mit Eurojust und dem Europäischen Amt für Betrugsbekämpfung (OLAF).

c) Aufgaben und Zuständigkeiten

Im Vergleich von Europol-Übereinkommen und Europol-VO zeigt sich eine auffällige Entwicklung von Aufgaben und Befugnissen. Europol diente von Beginn an als zentrale Anlaufstelle für die Zusammenarbeit und den Informationsaustausch zwischen den nationalen Strafverfolgungsbehörden. Nunmehr ist Europol auch Ansprechpartner für Drittstaaten und internationale Organisationen, wie beispielsweise für Interpol und den Internationalen Strafgerichtshof in Den Haag. Zudem fallen nunmehr mitunter auch Straftaten in Europols Zuständigkeit, die sich gegen die finanziellen Interessen der Europäischen Union richten, Insidergeschäfte und Finanzmarktmanipulation, der sexuelle Kindesmissbrauch von Kindern und Kinderpornographie, sowie Völkermord, Verbrechen gegen die Menschlichkeit und Kriegsverbrechen. Die Projizierung auf die Bekämpfung des Drogenhandels, der organisierten Kriminalität und des Terrorismus ist mit der Europol-VO hinfällig geworden. Wie bereits aber im Europol-Ratsbeschluss, ist die Auflistung der Kriminalitätsbereiche nicht abschließend zu verstehen. Gemäß Art. 3 Abs. 2 Europol-VO fallen auch solche Straftaten in die Zuständigkeit von Europol, wenn die Straftat lediglich im Zusammenhang mit den ausdrücklich genannten Kriminalitätsbereichen steht. Europol dient auch weiterhin als zentrale Datensammelstelle gemäß Art. 4 Abs. 1 lit. a) Europol-VO. Zudem koordiniert und organisiert Europol Ermittlungen und operative Maßnahmen, um die nationalen Be-

---

A7-0096/2014. Hingegen sprach sich der Ausschuss für konstitutionelle Fragen des Europäischen Parlaments gegen eine Zusammenlegung aus, da die Aufgaben der beiden Agenturen zu unterschiedlich seien. Des Weiteren finden sich in den Ausführungen des Berichterstatters vor der ersten Lesung Stellungnahmen der Fraktionen des Europäischen Parlaments, der Direktoren und Vorsitzenden der Verwaltungsräte von CEPOL und Europol und seitens Vertreter der Mitgliedstaaten, die sich gegen eine Zusammenführung beider Agenturen aussprechen. Siehe die Ausführungen des Berichterstatters *de Mera García Consuegra*: *Europäisches Parlament*, Dok. A7-0096/2014 v. 7. Februar 2014. Die Mitgliedstaaten machten deutlich, dass das Konzept einer gemeinsamen Agentur von operativer Polizei und einem Polizeiausbildungszentrum nicht umgesetzt werden sollte, da eine Vernachlässigung der Polizeiausbildung angenommen wurde. So *Priebe*, EuZW 2016, 894, 895.

C. Maßnahmen innerhalb des Verwaltungsapparats der Europäischen Union

hörden der Mitgliedstaaten zu unterstützen und zu stärken. Europol ist es allerdings nicht gestattet, isoliert zu agieren, sondern ermittelt gemeinsam mit den jeweiligen mitgliedstaatlichen Behörden gemäß Art. 4 Abs. 1 lit. c) i) Europol-VO, oder im Zusammenhang mit gemeinsamen Ermittlungsgruppen gemäß Art. 4 Abs. 1 lit. c) ii), lit. d) Europol-VO. Die Bündelung von Informationen führt konsequenterweise zu einem exponentiellen Informations- und Wissensvolumen. Das Know-how verpflichtet Europol zur Erstellung von Analysen und Lageberichten, zur Weitergabe von Fachwissen in den Bereichen der Beratung, Strafprävention, des Ermittlungsverfahrens und -methodik. Das gebündelte, exponentielle Wissen führt automatisch zur Befähigung, europäische Kriminal- und Sicherheitspolitik mitzugestalten. Dies stellt Art. 4 Abs. 2 S. 1 Europol-VO ausdrücklich klar, wonach Europol strategische Analysen und Bedrohungsanalysen erstellt, um europäische Institutionen bei der Festlegung strategischer und operativer Unionsziele zu unterstützen. Im Hinblick auf den Bereich der Computerkriminalität stellt zudem Art. 4 Abs. 1 lit. m) Europol-VO ausdrücklich klar, dass Europol Maßnahmen der Mitgliedstaaten im Kampf gegen jede Form der Computerkriminalität zu unterstützen hat. Hierzu zählt auch der Ausbau von Partnerschaften mit Internetdienstanbietern im Zusammenhang mit illegalen Onlineinhalten, um Internetdienstanbieter auf freiwilliger Basis zu bewegen, ihre Geschäftsbedingungen anzupassen und entsprechende Onlineinhalte zu entfernen. In Anbetracht der aktuellen Rechtsprechung des EuGH und des Verordnungsvorschlags gegen terroristische Onlineinhalte, ist anzunehmen, dass Europol die Mitgliedstaaten entsprechend unterstützen, aber auch zukünftig seine Kooperationsbeziehungen mit dem Privatsektor ausbauen und verfestigen wird. Zudem hat Europol die Weiterentwicklung von Zentren der Europäischen Union, die auf die Bekämpfung von Straftaten spezialisert sind, die in Europols Zuständigkeit fallen, insbesondere des Europäischen Zentrums zur Bekämpfung der Computerkriminalität (EC3), zu gewährleisten (Art. 4 Abs. 1 lit. l)).

d) Befugniserweiterung

Art. 88 Abs. 1 AEUV statuiert die zentrale Aufgabe, dass Europol die Tätigkeiten der nationalen Polizeibehörden und anderer Strafverfolgungsbehörden sowie deren gegenseitige Zusammenarbeit bei der Verhütung und Bekämpfung der, zwei oder mehr Mitgliedstaaten betreffenden, schweren Kriminalität, des Terrorismus und der Kriminalitätsformen, die ein gemeinsames Interesse verletzen, zu unterstützen und zu verstärken hat. Art. 3 Abs. 2 Europol-VO erweitert Europols Zuständigkeit auf Straftaten, die mit einer der in Art. 88 Abs. 1 AEUV oder in Anhang I der Europol-VO gelisteten Kriminalitätsformen in Verbindung stehen. Europols Zuständigkeit erstreckt sich sodann auch auf solche Straftaten, die begangen werden, um die Mittel zur Begehung von, in den Zuständigkeitsbereich von Europol fallenden, Handlungen zu beschaffen (Art. 3 Abs. 2 lit. a)), Straftaten, die begangen werden, um die in den Zuständigkeitsbereich von Europol fallende Handlungen zu erleichtern oder durchzuführen (Art. 3 Abs. 2 lit. b)) und solche Straftaten, die begangen werden, um dafür zu sorgen, dass die in den Zuständigkeitsbereich von Europol fallenden Straftaten straflos bleiben (Art. 3 Abs. 2 lit. c)). Während die EDU grundsätzlich dem Drogenhandel Einhalt gebieten, sowie den Gefahren durch den Terrorismus und durch die organisierte Kriminalität begegnen sollte, kennzeichnet vor allem der Anhang I zur Europol-VO die beinahe allumfassende Zuständigkeit[935]. Neben der neuen Kriminalitätsbereiche münzt die Europol-VO die Agentur zu einer operativ agierenden Behörde. Europols Aufgabe ist zukünftig die Koordinierung, Organisation und Durchführung von Ermittlungs- und operativen Maßnahmen, um die Tätigkeit von Ermittlungs- und Strafverfolgungsbehörden zu unterstützen und zu stärken. Die Maßnahmen werden gemeinsam mit den zuständigen Behörden der Mitgliedstaaten, -oder im Zusammenhang mit gemeinsamen Ermittlungsgruppen oder gegebenenfalls in Verbindung mit Eurojust-, durchgeführt. Trotz der Wortwahl einer ‚kooperativen' Tätigkeit wird Europol zu einer Strafverfolgungsbehörde auf Unionsebene. Die Verordnung legt die Überlegung nahe, Europol zukünftig als ‚supranationale Polizeibehörde' zu umschreiben.

---

935 Der Anhang I der Europol-VO listet die Kriminalitätsbereiche auf. Hiernach fallen ausdrücklich Terrorismus, organisierte Kriminalität, Drogenhandel, Geldwäsche, Kriminalität im Zusammenhang mit nuklearen und radioaktiven Substanzen, Schleuserkriminalität, Menschenhandel, Kfz-Kriminalität, vorsätzliche Tötung und schwere Körperverletzung, illegaler Organhandel, Entführung und Geiselnahme, Rassismus und Fremdenfeindlichkeit, Raub und schwerer Diebstahl, illegaler Handel mit Kulturgütern, Betrug, gegen die finanziellen Interessen der Europäischen Union gerichtete Straftaten, Insidergeschäfte und Finanzmarktmanipulation, Erpressung und Schutzgelderpressung, Verletzung von Schutzrechten, Geld- und Dokumentenfälschung, Computerkriminalität, Korruption, illegaler Waffen- und Sprengstoffhandel, illegaler Handel mit bedrohten Tieren, Pflanzen- und Baumarten, Umweltkriminalität, illegaler Handel mit Hormonen und Wachstumsförderung, sexueller (Kindes-)Missbrauch und Kinderpornographie, Völkermord, Verbrechen gegen die Menschlichkeit und Kriegsverbrechen in Europols Zuständigkeit.

C. *Maßnahmen innerhalb des Verwaltungsapparats der Europäischen Union*

Anzumerken ist, dass trotz der massiven Erweiterung von Befugnissen und Zuständigkeiten, das Europäische Parlament diesbezüglich keinerlei Änderungen vorgenommen hat.

3. Europols Informationssystem - TECS

Seit jeher ist es die zentrale Aufgabe von Europol, Daten zu verarbeiten und zu analysieren. Die Informationssysteme Europols sind daher als „Kernstück"[936] der Tätigkeit zu betrachten. Bereits aufgrund von Art. 6 Europol-Übereinkommen kann Europol auf das Computersystem TECS („The Europol Computer System") zurückgreifen[937], was sich wiederum aus drei Datenbanken zusammensetzt. TECS umfasst das Registersystem EIS („European Information System") gemäß Art. 6 Abs. 1 Nr. 1 Europol-Übereinkommen, das Europäische Analysesystem EAS gemäß Art. 6 Abs. 1 Nr. 2 Europol-Übereinkommen, und ein Indexsystem gemäß Art. 6 Abs. 1 Nr. 3 Europol-Übereinkommen.[938] Der Datentransfer zwischen Europol und den Mitgliedstaaten findet über die Kommunikationsplattform SIENA („Secure Information Exchange Network Application") statt.[939] Die Trennung von Informations- und Analysesystem innerhalb der Systemarchitektur TECS ist auf die Kategorisierung von „harten" und „weichen" Daten zurückzuführen[940]. Harte Daten umfassen Fahndungsdaten[941], -wie beispielsweise Name, Anschrift, Internetverbindungen, Aussehen, Stimmenprofil oder Zahnzustand-, das Beschäftigungsverhältnis, die berufliche Qualifikation, Gewohnheiten, Reise- und Finanzdaten und Verbindungen zu Unternehmen. Es handelt sich demnach um nachprüfbare Informationen.[942] Die weichen Daten umfassen hingegen Einschätzungen und Mutmaßungen, die im Analysesystem verarbeitet werden. Während ex. Art. 12

---

936 *Rudolf*, ZEuS 2003, 217, 225.
937 Ausführlich zu TECS auf Grundlage des Europol-Übereinkommens: *Heußner*, Informationssysteme im Europäischen Verwaltungsverbund, S. 119 ff.
938 Hierzu *Fehérváry*, in: ders./Stangl (Hrsg.), Polizei zwischen Europa und den Regionen, S. 36 (48); *Rauchs/Koenig, in: Koenig/Dilip*, International police cooperation, S. 43 (57);
939 *Aden*, in: Lisken/Denninger (Hrsg.), Hdb. PolizeiR, Kap. N Rn. 108.
940 Zur Entstehung dieser Systemsystematik innerhalb Europols *Knelangen*, Das Politikfeld innere Sicherheit im Integrationsprozess, S. 225 f.
941 *Aden*, Polizeipolitik in Europa, S. 99.
942 Vor Einteilung in verschiedene Datenverarbeitungssysteme noch auf Grundlage des Europol-Übereinkommens: *de Busser*, Data protection in EU and US criminal cooperation, S. 143 f.

Kapitel 3: Maßnahmen der Europäischen Union

Europol-Ratsbeschluss unter anderem das EIS noch ausdrücklich nannte, lässt die Europol-VO die informationstechnischen Arbeitsstrukturen nicht mehr erkennen[943], weshalb von einer „technikneutralen Regelungsstrategie"[944] gesprochen wird.

a) Europol-Informationssystem - EIS

Art. 18 Europol-VO übernimmt deckungsgleich die Vorgaben aus ex. Art. 12 Europol-Ratsbeschluss, die konkret den Personenkreis benennen, deren personenbezogene Daten in EIS verarbeitet werden dürfen. Während zudem ex. Art. 12 Abs. 2 Europol-Ratsbeschluss auch unmittelbar die Art der personenbezogenen Daten nannte, die verarbeitet werden durften, werden diese im Anhang II zur Europol-VO aufgelistet. Die Daten umfassen unter anderem Name, Wohnort, Identitätspapiere, -wie Führerschein und Reisepass-, als auch Fingerabdrücke und DNS-Daten.[945] EIS dient der Verarbeitung von personenbezogenen Daten von Verurteilten, Verdächtigen und Personen, bei denen „faktische Anhaltspunkte oder triftige Gründe" vorliegen, dass sie eine in Europols Zuständigkeitsbereich fallende Straftat begehen werden (Art. 18 Abs. 2 i. V. m. Anhang II A Abs. 1 Europol-VO).[946] Während im Vergleich zur früheren Rechtslage der Personenkreis nicht erweitert wurde, kam es indes zu einer massiven Erweiterung der Befugnis weitere Arten personenbezogener Daten zu verarbeiten.

Das Informationssystem dient den Mitgliedstaaten, Europol selbst und dessen Kooperationspartnern[947]. Zudem haben Verbindungsbeamte, abgesandte nationale Sachverständige und Angehörige der nationalen Außenstellen Europols[948] ein Zugriffsrecht auf das Informationssystem. Im Jahr 2015 haben 4.569 Personen Zugriff auf das Informationssystem erhalten.

---

[943] Daher wird im Zuge der Beschreibung der Informationssysteme Europols auf das Europol-Übereinkommen zurückgegriffen. Anders aber *Ahlbrecht*/Böhm/ Esser/Eckelsmann, Internationales Strafrecht, § 4 Rn. 1479, der fälschlicherweise auf Art. 17 ff. Europol-VO verweist.
[944] *Aden*, in: Lisken/Denninger (Hrsg.), Hdb. PolizeiR, Kap. N Rn. 108.
[945] Art. 8 Europol-Übereinkommen nannte lediglich Name, Geburtsname, Vorname, ggf. Aliasname, Geburtsdaten, Nationalität, Geschlecht, sowie andere Identitätsfeststellungen soweit erforderlich.
[946] Siehe Schwarze/Hatje/Schoo/Becker/*Böse*, Art. 88 AEUV Rn. 6.
[947] Europol, Jahresbericht 2011, S. 18.
[948] Siehe *Europol*, „Europol Information System (EIS)", abrufbar unter: https://ww w.europol.europa.eu/activities-services/services-support/information-exchange/e uropol-information-system (zuletzt abgerufen am 15. Juni 2020).

Insgesamt wurden über 633.000 Suchen durchgeführt, was im Vergleich zum Jahr 2014 einer Steigerung von 62% entsprach.

b) Indexsystem

Das Indexsystem dient der vereinfachten Suche mit Hilfe einer Stichwortsuche. Der Suchende kann allerdings nur feststellen, ob zu seinem Suchbegriff Informationen innerhalb des Europol-Informationssystems existieren. Das Indexsystem stellt somit kein detailliertes Auskunftssystem dar.[949] Inhaltliche und konkrete Ergebnisse zum Suchbegriff bleiben dem Suchenden verweigert, da diese den Analysten von Europol vorbehalten sind.[950]

c) Europäisches Analysesystem - EAS - und Analysedateien – AWF -

aa) Funktion

Während EIS als Register- oder Referenzsystem den Mitgliedstaaten und operativen Partnern dient[951], handelt es sich beim Analysesystem um ein operatives Informationssystem. Bei den Analysedateien (‚Analyse Work File' - AWF) handelt es sich um einzelne Datenbanken, konzentriert jeweils auf einen bestimmten Kriminalitätsbereich, der in die Zuständigkeit Europols fällt. Europol bezeichnet die Analyseeinheiten als ihr einziges ‚Tool', um Daten zu speichern, zu verarbeiten und zu analysieren[952]. Die Analyse innerhalb eines AWF speist sich aus einer Vielzahl von Informationsvariablen, die aus Art. 18 Abs. 2 lit. c), Abs. 3 Europol-VO herzuleiten sind.[953] Zu diesen Informationenvariablen zählen die Informationen aus EIS[954] und die personenbezogenen Daten der Personengruppen entsprechend dem Anhang II B zur Europol-VO. Nur aus dieser Vielzahl von Informationen ist es Europol möglich, Hypothesen aufzustellen, Zusammen-

---

949 *Lütgens*, Das Demokratieprinzip als Auslegungsgrundsatz und Norm im Integrationskontext, S. 34; *Wagner*, Halt, Europol, S. 11.
950 *Harings*, Grenzüberschreitende Zusammenarbeit der Polizei- und Zollverwaltung, S. 122; *Viethen*, Datenschutz als Aufgabe der EG, S. 58.
951 *Europol*, Jahresbericht 2011, S. 18.
952 *Europol*, Frequently Asked Questions (FAQ) on the association of Third Parties to Europol's AWFs, S. 3.
953 Siehe Schwarze/Hatje/Schoo/Becker/*Böse*, Art. 88 AEUV Rn. 6.
954 *Occhipinti*, The Politics of EU Police Cooperation, S. 61.

hänge und Muster zu erkennen, die im Rahmen der Kriminalitätsprävention und Strafverfolgung angewandt werden können.[955] Aufgrund der Sensibilität der in den Analysedateien verarbeiteten Informationen, bedurfte es im Zuge der Einrichtung eines AWF einem langwierigen Genehmigungsverfahrens[956]. Der rechtliche Rahmen des Analysesystems richtet sich nunmehr nach Art. 18 Abs. 2 lit. c), Abs. 3 i. V. m. Anhang II B Europol-VO.

bb) Focal Points

Es existierten ehemals 21 Analysedateien, die jedoch erst auf 20 und am 31. August 2011 auf zwei AWF reduziert wurden.[957] Die Änderungen der Strukturen wurden erst mit Veröffentlichung eines internen Papiers[958] durch die Bürgerrechtsorganisation statewatch.org bekannt.[959] Die Reduzierung der Anzahl der Analysedateien sollte demnach eine flexiblere Arbeitsweise ermöglichen.[960] Die vorherigen Analysedateien wurden zusammengeführt und nicht komprimiert. Bei den ‚verbleibenden' Analysedateien handelt es sich um die Analysedatei SOC („Serious Organised Crime") und um die Analysedatei CT („Counter Terrorism")[961]. Unter diese beiden Analysedateien werden 24 Auswertungsschwerpunkte (sog. „Focal Points") gegliedert. Die Focal Points orientieren sich an ein bestimmtes Produkt, ein bestimmtes Thema oder an einer bestimmten Region. Die Neustrukturierung lässt sich wie folgt darstellen:

AWF SOC	MTIC	Umsatzsteuerbetrug ("missing trader intra-community fraud")
	SUSTRANS	Geldwäsche („suspicpicious transactions")
	MONITOR	Organisierte Kriminalität innerhalb des Rockermilieus („outlaw motorcycle gangs")

---

955 *De Buck*, ERA Forum 2007, 253, 262.
956 Gem. ex. Art. 5 Ratsbeschluss 2009/936/JI bedurfte es einer Errichtungsanordnung, was federführend dem Direktor unterstand, ex. Art. 16 Europol-Ratsbeschluss.
957 BT-Drs. 18/414, S. 3.
958 *Europol*, New AWF Concept. Guide for MS and Third Parties, S. 4
959 BT-Drs. 18/414, S. 1.
960 *Europol*, New AWF Concept. Guide for MS and Third Parties, S. 4.
961 Den Bezeichnung Staatsschutz wird von der Bundesregierung verwendet. Siehe BT-Drs. 18/414, S. 3.

C. Maßnahmen innerhalb des Verwaltungsapparats der Europäischen Union

	SOYA	Falschgeld
	CANNABIS	Cannabis
	PHOENIX	Menschenhandel
	TWINS	Kinderpornographie
	SYNERGY	Synthetische Drogen und Grundstoffe
	COPPER	Organisierte Kriminalität ethnisch-albanischer Herkunft
	TERMINAL	Zahlungsbetrug/ Kreditkartenbetrug
	CYBORG	Computerkriminalität
	FURTUM	Eigentumskriminalität
	HEROIN	Heroin
	CHECK POINT	Schleusung
	COPY	Verstöße gegen das geistige Eigentum
	COLA	Kokain
	SMOKE	Illegaler Handel mit Zigaretten, Alkohol und Öl
	EEOC	Osteuropäische organisierte Kriminalität
	GNST	Allgemeine Informationen
	FIREARMS	Illegaler Waffenhandel
	ITOC	Italienische organisierte Kriminalität
AWF CT	HYDRA	Weltweiter islamistischer Terror
	DOLPHIN	Terrorismus innerhalb der Europäischen Union
	TFTP	Austausch von Zahlungsverkehrsdaten zwischen der Europäischen Union und den USA im Rahmen des Abkommens „Terrorist Financing Tracking Program"
	CHECK the WEB	Propaganda des islamistischen Terrors im Internet
	PIRACY	Seepiraterie

Hierbei zeigt sich, dass die frühere AWF-Kategorisierung strukturell grundsätzlich weiterhin Bestand hat. Es ist aber zu einer Zusammenlegung der Informationen gekommen, wodurch Europol eine umfassende Analysetätigkeit ermöglicht werden soll. Denn der Analysealgorithmus wurde jeweils nur isoliert innerhalb einer Analysedatei angewandt, weshalb mögliche Querschnitte unerkannt blieben.

Aufgrund des breitgefächerten Themengebiets, das bereits ein Focal Point umfassen kann, können innerhalb eines Focal Points weitere Untergruppen gebildet werden. Beispielsweise finden sich innerhalb des Focal

Kapitel 3: Maßnahmen der Europäischen Union

Point CYBORG, die Untergruppen ‚E-banking', ‚Attacken durch Malware' und ‚EMule'.[962]

4. Datenverarbeitung

Wie dargelegt, ist die Kernaufgabe von Europol die ‚Intelligence'-Tätigkeit, die das Sammeln, Verarbeiten und die Analyse von Informationen umfasst.[963] Im Hinblick auf die „Dreifachverankerung" des Datenschutzes in Art. 16 AEUV, Art. 8 GRCh und Art. 8 EMRK[964], muss die ‚Intelligence'-Tätigkeit ebendort seine Grenzen finden. Kapitel VI der Europol-VO statuiert die, hinsichtlich der Tätigkeit von Europol, einschlägigen Datenschutzgarantien. Diese enthalten unter anderem Datenschutzstandards, Grundsätze der Datenverarbeitung und Rechtsschutzmöglichkeiten für Betroffene.

a) Grundsätze

Art. 28 Abs. 1 Europol-VO statuiert die Grundsätze der Verarbeitung personenbezogener Daten. Personenbezogene Daten müssen nach den Grundsätzen Treu und Glauben und auf rechtmäßige Weise (Art. 28 Abs. 1 lit. a)), für genau festgelegte, eindeutige und rechtmäßige Zwecke erhoben (Art. 28 Abs. 1 lit. b)), dem Zweck angemessen, für diesen sachlich relevant und auf das notwendige Maß beschränkt (Art. 28 Abs. 1 lit. c)), sowie sachlich richtig und aktuell sein (Art. 28 Abs. 1 lit. d)). Zudem muss Europol, gemäß Art. 28 Abs. 2 Europol-VO, ein Dokument veröffentlichen, in dem die Bestimmungen für die Verarbeitung personenbezogener Daten und die Rechtsschutzmöglichkeiten Betroffener verständlich dargelegt werden. Für die Einhaltung dieser Grundsätze ist Europol, gemäß Art. 38 Abs. 4 Europol-VO, vollumfänglich verantwortlich. Dem Grundsatz der Datensicherheit gemäß Art. 28 Abs. 1 lit. f) Europol-VO entsprechend, ist Europol verpflichtet, geeignete technische und organisatorische Maßnahmen zu er-

---

962 *Europol*, New AWF Concept. Guide for MS and Third Parties, S. 5.
963 Bereits umfassend vor der Europol-VO diskutiert von *Gusy*, in: Wolter/Schenke/Hilger/Ruthig/Zöller (Hrsg.), Alternativentwurf Europol und europäischer Datenschutz, S. 265 (265 ff.); *Ruthig*, in: Böse (Hrsg.), Europäisches Strafrecht, § 20 Rn. 64 ff.; *Weßlau*, in: Wolter/Schenke/Hilger/Ruthig/Zöller (Hrsg.), Alternativentwurf Europol und europäischer Datenschutz, S. 318 (318 ff.).
964 *Ruthig*, in: Böse (Hrsg.), Europäisches Strafrecht, § 20 Rn. 64.

greifen, um jedwede zufällige oder widerrechtliche Manipulation, Löschung oder Weitergabe personenbezogener Daten zu verhindern. Art. 32 Abs. 2 Europol-VO sieht umfassende Verpflichtungen zum Schutz des unbefugten Datenzugriffs und der Datenmanipulation vor. Die Verpflichtungen umfassen unter anderem eine Zugangs-, Zugriffs-, Speicher- und Benutzerkontrolle, flankiert von Protokollierungspflichten nach Art. 40 Europol-VO und Meldepflichten nach Art. 34 f. Europol-VO. Der Datenschutz soll daher primär durch Datensicherheit sichergestellt werden, was in Art. 33 Europol-VO ausdrücklich konstituiert ist. Kommt es im Rahmen der Tätigkeit von Europol zu einer Verletzung des Schutzes personenbezogener Daten, obliegt Europol eine unverzügliche Meldepflicht an den EDSB und die zuständige mitgliedstaatliche Behörde (Art. 32 Abs. 1), sowie eine diesbezügliche Dokumentationspflicht (Art. 32 Abs. 3). Art. 34 Abs. 2 Europol-VO sieht für die Meldung einen inhaltlichen Mindestmaßstab vor, nach derer eine detaillierte Beschreibung der Datenschutzverletzung und eine Folgenabschätzung vorgelegt werden müssen.

b) Speicher- und Löschfristen

Art. 31 Abs. 1 Europol-VO statuiert die Speicher- und Löschfristen für personenbezogene Daten. Diese dürfen grundsätzlich nur so lange gespeichert und verarbeitet werden, wie es für die Aufgabenerfüllung von Europol erforderlich und verhältnismäßig ist. Wie auch bereits in ex. Art. 20 Europol-Ratsbeschluss, ist weiterhin eine grundsätzliche Speicherfrist von drei Jahren vorgesehen. Nach Ablauf der Frist steht es im Ermessen von Europol, ob die betreffenden, personenbezogenen Daten für weitere drei Jahren gespeichert werden sollen, wenn es für die Aufgabenerfüllung von Europol erforderlich ist. Andernfalls müssen die Daten nach Ablauf der Speicherfrist automatisch gelöscht werden. Entschließt sich Europol indes für eine Verlängerung, müssen die Entscheidungsgründe protokolliert werden. Werden personenbezogene Daten länger als fünf Jahre gespeichert, ist dies, gemäß Art. 31 Abs. 5 Europol-VO, dem EDSB mitzuteilen. Anders als es noch ex. Art. 20 Abs. 1 Europol-Ratsbeschluss vorgesehen hat, unterliegt Europol keiner Mitteilungspflicht mehr über den Ablauf der Speicherfrist gegenüber dem datenübermittelnden Mitgliedstaat. Ist jedoch seitens des Datenübermittlers eine vorzeitige Löschung vorgesehen, ist Europol an die vorzeitige Löschfrist gebunden, kann aber, gemäß Art. 31 Abs. 4 Europol-VO, den Datenlieferanten um Genehmigung für eine etwaige Verlängerung ersuchen. Nimmt ein Datenlieferant eine Löschung personenbezoge-

Kapitel 3: Maßnahmen der Europäischen Union

ner Daten vor, die bereits an Europol übermittelt worden sind, muss die Datenlöschung gegenüber Europol mitgeteilt werden. Allerdings obliegt es in einem solchem Fall Europol, ob die betreffenden Daten weiterhin gespeichert und verarbeitet werden. Wird die weitere Speicherung als notwendig erachtet, hat Europol die Entscheidung gegenüber dem Datenlieferanten, gemäß Art. 31 Abs. 5 Europol-VO, zu begründen. Eine Grundsatznorm stellt Art. 31 Abs. 6 Europol-VO dar, wonach personenbezogene Daten in bestimmen Fällen nicht gelöscht werden dürfen. Zwar ist diese Norm bereits Bestandteil des Europol-Ratsbeschlusses gewesen, doch mangelte es ex. Art. 20 Abs. 4 Europol-Ratsbeschluss an einer Konkretisierung, was als „schutzwürdiges Interesse" zu bewerten ist. Art. 31 Abs. 6 Europol-VO nimmt hierfür eine entsprechende Auflistung vor, wonach personenbezogene Daten nicht zu löschen sind, wenn die Löschung dem Schutzinteresse einer betroffenen Person entgegensteht, die Richtigkeit der Daten von der betroffenen Person bestritten wird, die betreffende Person Einspruch gegen die Löschung erhebt oder die Daten Beweiszwecken oder Rechtsansprüchen dienlich sind.

c) Meldepflicht

Art. 34 Europol-VO sieht eine umfangreiche Meldepflicht vor. Kommt es zu einer Verletzung des Schutzes personenbezogener Daten, hat Europol unverzüglich den EDSB und die betreffenden zuständigen Behörden der Mitgliedstaaten zu informieren. Stellt die Verletzung eine schwere Beeinträchtigung der Grundrechte und Grundfreiheiten der betroffenen Personen dar, hat Europol, gemäß Art. 35 Europol-VO, auch diese Person unverzüglich über die Verletzung zu informieren. Während indes die Behörden stets zu informieren sind, enthält Art. 35 Abs. 4 Europol-VO Gründe, wonach eine entsprechende Mitteilung an die betroffene Person unterbleiben kann. Eine Meldepflicht ist demnach nicht erforderlich, wenn Europol darlegen kann, geeignete Schutzmaßnahmen ergriffen zu haben, Europol im Nachhinein sichergestellt hat, dass die Rechte und Freiheiten der betroffenen Person „aller Wahrscheinlichkeit nach nicht mehr erheblich beeinträchtigt werden" oder die Benachrichtigung, aufgrund unter anderem der Anzahl Betroffener, einen unverhältnismäßigen Aufwand darstellen würde.

d) Verantwortlichkeit

aa) Aufteilung

Art. 38 Europol-VO statuiert die datenschutzrechtliche Verantwortlichkeit. Ähnlich wie bereits ex. Art. 29 Europol-Ratsbeschluss, sieht auch Art. 38 Abs. 2 Europol-VO eine Aufteilung der Verantwortung, einerseits auf Europol, andererseits auf die Mitgliedstaaten und Unionseinrichtungen[965] vor. Anders aber als der Europol-Ratsbeschluss, wird die Verantwortung hinsichtlich Qualität und Rechtmäßigkeit der Daten, von der Konstellation des Datentransfers abhängig gemacht. Grundsätzlich gilt, dass Europol für die sachliche Richtigkeit und Aktualität personenbezogener Daten verantwortlich ist, wenn es sich bei dem Datenübermittler, um einen Drittstaat, eine internationale Organisation oder Privatperson gehandelt hat (Art. 38 Abs. 2 lit. b)). Europol ist demnach für die Qualität der Daten verantwortlich, wenn er der Datenempfänger ist. Übermittelt jedoch ein Mitgliedstaat oder eine Unionseinrichtung personenbezogene Daten, sind diese für die Richtigkeit und Aktualität der Daten verantwortlich (Art. 38 Abs. 2 lit. a)). Die Qualität der übermittelten Daten ist auf den Grundsatz gemäß Art. 28 Abs. 1 lit. d) Europol-VO zu beziehen, wonach personenbezogene Daten stets richtig und aktuell sein müssen, andernfalls müssten sie unverzüglich gelöscht werden. Stellt Europol im Rahmen der Qualitätsprüfung fest, dass die ihm übermittelten Informationen falsch oder die Daten unrechtmäßig gespeichert worden sind, muss dies dem Datenübermittler mitgeteilt werden. Lediglich Privatpersonen sind, gemäß Art. 38 Abs. 3 Europol-VO, von dieser Informationspflicht ausgenommen.

Im Hinblick auf die Verantwortung für die Rechtmäßigkeit der Datenübermittlung, teilt sich die Verantwortung ebenso auf die Mitgliedstaaten und Europol auf, je nachdem, wer von beiden der Datenabsender ist (Art. 38 Abs. 5). Während im Fall der Qualitätsprüfung auch Unionseinrichtungen Verantwortung übertragen worden ist, ist dieser Grundsatz im Rahmen der Rechtmäßigkeitsprüfung hinfällig, da Art. 38 Abs. 6 Europol-VO ausdrücklich Europol eine diesbezügliche Verantwortung überträgt. Unbeschadet dessen, sind sowohl Europol als auch die Unionseinrichtung für die Rechtmäßigkeit der Datenübermittlung verantwortlich, wenn Eu-

---

965 Die datenschutzrechtliche Verantwortung für Fälle, in denen Unionseinrichtungen entsprechende Daten übermitteln, war nicht Bestandteil von ex. Art. 29 Abs. 1 Europol-Ratsbeschluss.

Kapitel 3: Maßnahmen der Europäischen Union

ropol auf Ersuchen der betreffenden Unionseinrichtung personenbezogene Daten übermittelt (Art. 38 Abs. 6 UAbs. 2).

bb) Bewertungskodes

Die Verantwortung von Qualität und Rechtmäßigkeit personenbezogener Daten, die von einem Mitgliedstaat an Europol übermittelt werden, liegen vollumfänglich beim Mitgliedstaat. Übermittelt ein Mitgliedstaat Informationen an Europol, ist die Zuverlässigkeit der Quelle der übermittelten Information anhand des Quellenbewertungskodes und die Richtigkeit der Information anhand eines Informationsbewertungskodes gemäß Art. 29 Abs. 1, Abs. 2 Europol-VO zu bewerten. Fehlt es den übermittelten Daten an einer solchen Bewertung oder ist Europol der Ansicht, dass die Bewertung fehlerhaft ist, kann Europol eine entsprechende Bewertung, beziehungsweise Änderung, im Einvernehmen mit dem betreffenden Mitgliedstaat, anhand vorhandener Information selbstständig vornehmen (Art. 29 Abs. 3, Abs. 4). Lediglich im Rahmen der Informationsbeschaffung aus öffentlich zugänglichen Quellen übernimmt Europol selbstständig eine Qualitätsbewertung (Art. 29 Abs. 6).

e) Aufsicht

Aus finanziellen Gründen hat die Europol-VO die Abschaffung der Gemeinsamen Kontrollinstanz bewirkt[966], die bereits im Zuge des Europol-Übereinkommens errichtet und deren Befugnisse mit dem Europol-Ratsbeschluss erweitert worden waren.[967] Die Überwachungslücke soll durch

---

966 COM(2013) 173 final v. 27. März 2013, S. 13.
967 Bereits der Europol-VO-E wurde vom Europäischen Parlament aufgrund von fehlenden und mangelhaften datenschutzrechtlichen Garantien Betroffener kritisiert. Zudem mangelte es dem Europol-VO-E an etwaigen Kontrollbefugnissen zugunsten nationaler Datenschutzbehörden, sind diese jedoch bis dato in der Gemeinsamen Kontrollinstanz vertreten gewesen. Letzteres wiege umso schwerer, da es vordergründig die Mitgliedstaaten seien, die die Masse an personenbezogenen Daten übermitteln. Auf Vorschlag der Konföderalen Fraktion der Vereinten Europäischen Linken und Nordischen Grünen Linken im Europäischen Parlament sollten die Gemeinsame Kontrollinstanz und der Europäische Datenschutzbeauftragte gleichwertige (Kontroll-)Befugnisse erhalten oder in Form eines gemeinsamen Aufsichtsorgans auftreten. Letztendlich kam es zur Auflösung der Gemeinsamen Kontrollinstanz, deren Aufgaben auf den EDSB übertragen

C. Maßnahmen innerhalb des Verwaltungsapparats der Europäischen Union

den EDSB und dem bereits existierenden Datenschutzbeauftragten innerhalb der Agentur ausgefüllt werden.[968] Die Bestimmungen zum Datenschutzbeauftragten wurden aus ex. Art. 28 Europol-Ratsbeschluss grundlegend übernommen. Dies bezieht sich sowohl auf administrative[969] und organisatorische[970] Punkte, als auch auf dessen Befugnisse und Aufgaben. Der Datenschutzbeauftragte ist weiterhin der Personalstruktur von Europol untergliedert (Art. 41 Abs. 1), allerdings agiert dieser unabhängig (Art. 41 Abs. 6 lit. a)) und ist nicht weisungsgebunden (Art. 41 Abs. 5). Der Datenschutzbeauftragte ist verpflichtet, Datenschutzeingriffe zu dokumentieren und in einem Register festzuhalten (Art. 41 Abs. 6 lit. g)). Der Datenschutzbeauftragte hat den Exekutivdirektor über jeden Datenschutzeingriff zu informieren. Unterlässt letzterer Abhilfe innerhalb einer gesetzten Frist, ist der Verwaltungsrat mit der Angelegenheit zu betrauen, dem ebenfalls eine Frist gesetzt wird. Kommt auch dieser der Aufforderung nicht nach, wird, gemäß Art. 41 Abs. 9 Europol-VO, der EDSB mit der Angelegenheit betraut. Des Weiteren muss der Datenschutzbeauftragte einen Jahresbericht erstellen, der dem Verwaltungsrat und dem EDSB vorgelegt werden muss. Auch die nach Feststellung eines Datenschutzeingriffs aufzunehmenden Arbeitsschritte durch den Datenschutzbeauftragten sind vollumfänglich aus ex. Art. 28 Abs. 4 Europol-Ratsbeschluss in Art. 41 Abs. 9 Europol-VO übernommen worden.

Die Kontrollbefugnis gegenüber Europol in Fragen des Datenschutzes, zum Schutz der Grundrechte und Grundfreiheiten, kommt dem EDSB zu (Art. 43 Abs. 1, Abs. 2 lit. c)). Europol ist verpflichtet, einen jährlichen Bericht zu allen Verarbeitungsprozessen im Bezug auf personenbezogene Daten von Opfern, Zeugen, Informanten und Kindern zu übermitteln (Art. 30 Abs. 6). Der Bericht flankiert somit den Bericht des Datenschutzbeauftragten. Die Beziehung zwischen Datenschutzbeauftragtem und dem

---

worden sind. Siehe Europäisches Parlament, Dok. A7-0096/235 v. 19. Februar 2014, Abänderung Nr. 235.
968 Die Einbindung des EDSB in die Kontrollmechanismen von Europol wird als Ausdruck des Supranationalisierungsvorgangs verstanden. Siehe *Aden*, in: Lisken/Denninger (Hrsg.), Hdb. PolizeiR, Kap. N Rn. 142.
969 Art. 41 Abs. 10 sieht eine Durchführungsbestimmung betreffend Auswahlverfahren und personalrechtlicher Vorgaben vor, die vom Verwaltungsrat Europols erarbeitet werden sollen. Selbiges galt bereits mit ex. Art. 28 Abs. 5 Europol-Rahmenbeschluss.
970 Vgl. als Beispiel der vollumfängliche Zugang zu Räumlichkeiten und den Informationssystemen ex. Art. 28 Abs. 3 Europol-Rahmenbeschluss und Art. 41 Abs. 8 Europol-VO.

EDSB kann als kooperativ eingestuft werden, da auch der Datenschutzbeauftragte, trotz seiner Personalzugehörigkeit zum Personalstamm Europols, unabhängig tätig ist. Die noch im Europol-Rahmenbeschluss existierende Gemeinsame Kontrollinstanz, die die Funktion der unabhängigen Stelle i. S. v. Art. 8 Abs. 3 GRCh wahrnahm[971], wird in ihren Kontrollbefugnissen durch den EDSB ersetzt. Die grundsätzliche Überwachung verbleibt indes beim Datenschutzbeauftragten, der allerdings in letzter Instanz verordnungswidriger, personenbezogener Datenverarbeitung den EDSB berufen kann. Der EDSB überprüft Beschwerden, kann in Folge von Beschwerden Untersuchungen durchführen und übernimmt eine Beratungsfunktion in datenschutzrechtlichen Belangen, die die Verarbeitung personenbezogener Daten mit sich bringt (Art. 43 Abs. 2 lit. a), lit. b), lit. d)). Die Kontrollbefugnis erfasst auch das Recht, Europol zu ermahnen, anzuweisen, Maßnahmen zur Behebung einer unrechtmäßigen Datenverarbeitung zu ergreifen und bestimmte Verarbeitungsvorgänge innerhalb von Europol zu verbieten (Art. 43 Abs. 3 lit. d), lit. e), lit. f)). Darüber hinaus kann die unrechtmäßige Datenverarbeitung zur Konsultation des Europäischen Parlaments, des Rats und der Europäischen Kommission, gemäß Art. 43 Abs. 3 lit. g), Europol-VO, führen, die sich fortführend mit dem Fall befassen können. Begrüßenswert ist die Möglichkeit des EDSB, gemäß Art. 43 Abs. 3 lit. h) Europol-VO, im Fall einer unrechtmäßigen Datenverarbeitung den EuGH einzubeziehen. Kommt es zu neuartigen Verarbeitungsmethoden, sind diese dem EDSB zu melden, der diese wiederum, gemäß Art. 43 Abs. 2 lit. e) Europol-VO, dokumentieren muss.

5. Verarbeitung personenbezogener Daten

a) Zweckausrichtung

Für die Kategorisierung von Zugriffsberechtigungen und der Legitimation zur Verarbeitung personenbezogener Daten unterscheidet der Unionsgesetzgeber, ob Daten für strategische oder operative Analysezwecke verarbeitet werden. Es bedarf daher zunächst einer Klarstellung der Begrifflichkeiten. Gemäß Art. 2 lit. b) Europol-VO umfasst die strategische Analyse alle Methoden und Techniken, mit deren Hilfe Informationen erhoben, gespeichert, verarbeitet und bewertet werden, mit dem Ziel, eine Kriminal-

---

[971] So in ex. Art. 34 Abs. 1 Europol-Rahmenbeschluss. Vgl. auch Vedder/Heintschel v. Heinegg/*Rosenau/Petrus*, EU-Recht HdK, Art. 88 AEUV Rn. 12.

politik zu fördern und zu entwickeln, die zu einer effizienten und wirksamen Verhütung und Bekämpfung von Straftaten beiträgt. Die operative Analyse umfasst, gemäß Art. 2 lit. c) Europol-VO, indes alle Methoden und Techniken, mit deren Hilfe Informationen erhoben, gespeichert, verarbeitet und bewertet werden, mit dem Ziel, strafrechtliche Ermittlungen zu unterstützen. Beide Kategorien umfassen auch die Verarbeitung personenbezogener Daten. Wie bereits erwähnt, wird in der Europol-VO eine Kategorisierung anhand der drei Informationssysteme vermieden, da die Vorgaben ‚technikneutral' formuliert sind. Die Kategorisierung erfolgt nunmehr nach dem Zweck der Datenübermittlung. Gemäß Art. 18 Abs. 2 Europol-VO darf die Verarbeitung personenbezogener Daten ausschließlich zum Zweck des Datenabgleichs, der strategischen oder themenbezogenen Analyse, der operativen Analyse und der Erleichterung des Informationsaustauschs zwischen den Mitgliedstaaten, Europol, weiteren Unionseinrichtungen, Drittstaaten und internationalen Organisationen erfolgen. Europols Möglichkeiten personenbezogene Daten zu verarbeiten, sind sowohl in inhaltlicher wie auch in personeller Hinsicht weitreichend. Die folgende Skizzierung soll die diffizil gestalteten Vorgaben im Bereich der personenbezogenen Datenverarbeitung veranschaulichen. Die Vorgaben orientieren sich grundsätzlich an Personenkategorisierungen, die nachfolgend verwendet wird.

b) Verdächtige, Verurteilte und Gefährder

aa) Personenkreis

Der Unionsgesetzgeber nimmt eine oberflächliche Unterteilung in zwei Personengruppen vor, die jedoch bei näherer Betrachtung fadenscheinlich ist, da die einschlägigen Vorgaben beide Personengruppen im gleichen Maß und Umfang betreffen. Art. 18 Abs. 2 lit. a) Europol-VO weist grundsätzlich auf eine differenzierte Anwendung hin, die hinsichtlich des Umfangs der zu verarbeitenden personenbezogenen Daten gemäß Anhang II A und B Europol-VO zu beachten ist. Zum einen sind es Personen, die wegen einer Straftat oder der Beteiligung an einer Straftat verurteilt worden sind (Art. 18 Abs. 2 lit. a) i)). Zum anderen können auch Daten über solche Personen verarbeitet werden, in deren Fall faktische Anhaltspunkte oder triftige Gründe vorliegen, dass sie Straftaten begehen werden, die in den Zuständigkeitsbereich von Europol fallen (Art. 18 Abs. 2 lit. a) ii)). Letztere Gruppe erinnert an die, wenn auch in Deutschland bis heute nicht legal definierte Definition, der Gefährder. Während diese Personengruppe im Kontext politisch motivierter Straftaten in Deutschland diskutiert wird[972], nimmt die Europol-VO eine solche Eingrenzung nicht vor. Im Lichte der umfassenden Erweiterungen der Kriminalitätsbereiche, für die Europol nunmehr zuständig ist, erhält die (rechts-)wissenschaftliche Diskussion ein neues Ausmaß. Welche konkreten Informationen gespeichert und verarbeitet werden dürfen, ist Anhang II A Abs. 2, Abs. 3 der Europol-VO zu entnehmen. Neben persönlichen Angaben, einer Personenbeschreibung und des DNS-Profils, können mitunter auch Angaben bisheriger Verurteilungen und der Verdacht der Zugehörigkeit zu einer kriminellen Organisation gespeichert werden.

bb) Strategische und operative Analyse

Anhang II B Abs. 2 der Europol-VO sieht eine, über die in Anhang II A Abs. 2, Abs. 3 Europol-VO hinausgehende, weitere detaillierte Auflistung von personenbezogenen Daten vor, die von Europol für strategische und operative Analysen sowie zugunsten der Erleichterung des Informationsaustauschs verarbeitet werden dürfen. Neben weiteren Angaben zur Person, können auch Angaben zur Personenbeschreibung, Identifizierungsmittel, Beruf und spezielle Fähigkeiten, Informationen über wirtschaftliche und finanzielle Verhältnisse, Informationen zum Verhalten, verwendete Kommunikations- und Verkehrsmittel sowie Informationen über Vorstrafen verarbeitet werden. Wird das Verfahren gegen den Betroffenen endgültig eingestellt oder die Person rechtskräftig freigesprochen, so sind die Daten, die von dieser Entscheidung betroffen sind, zu löschen (Anhang II A Abs. 5). Die Europol-VO ebnet somit Raum für verfassungsrechtliche Untersuchungen, da dies eine Verletzung der in Art. 20 Abs. 3 i. V. m. Art. 28 Abs. 1 S. 1 GG und in Art. 6 Abs. 2 EMRK konstituierten Unschuldsvermutung darstellen kann. Denn nach Art. 18 Abs. 2 lit. a) i) 1. Alt., lit. a) ii) und Anhang II A Abs. 1 lit. a) 1. Alt. Europol-VO wird ein Verdächtiger unmittelbar einer rechtskräftig verurteilten Person gleichge-

---

972 *Austermann/Schlichte*, KJ 2018, 479, 479 ff.; *Kulick*, AöR 2018, 175, 186 f. Bereits im Hinblick auf den gleichklingenden ex. § 20g Abs. 1 Nr. 2 BKAG, hielt das BVerfG die Norm hinsichtlich der Prognoseanforderungen für nicht hinreichend bestimmt, weshalb die Norm für verfassungswidrig erklärt worden war. Siehe BVerfGE 141, 220 (291).

stellt. Entsprechend können, ebenso umfassend, personenbezogene Daten verarbeitet werden.

c) Andere Personengruppen

aa) Strategische und operative Analyse

Europol darf personenbezogene Daten über Zeugen, (potentielle) Opfer und Informanten sowie Begleit- und Kontaktpersonen für strategische und operative Analysen sowie zum Zwecke der Erleichterung des Informationsaustauschs verarbeiten (Anhang II B Abs. 1 lit. c) bis lit. f)). Die Datenverarbeitung steht jedoch, gemäß Art. 30 Abs. 1 Europol-VO, unter dem Primat, dass die Verarbeitung unbedingt notwendig und verhältnismäßig ist. Grundsätzlich ist jedoch die Verarbeitung personenbezogener Daten, aus denen die rassische oder ethnische Herkunft, politische Meinungen, religiöse oder philosophische Überzeugungen oder eine Gewerkschaftszugehörigkeit einer Person hervorgehen, sowie die Verarbeitung genetischer Daten und Daten, welche die Gesundheit oder das Sexualleben betreffen, verboten (Art. 30 Abs. 2). Es sei denn, auch diese Datenverarbeitung ist unbedingt notwendig und verhältnismäßig.

bb) Begleit- und Kontaktpersonen

Diese Grundsätze erstrecken sich indes nur auf Opfer, Zeugen, Informanten und auf Kinder. Begleit- und Kontaktpersonen werden im Zusammenhang mit diesen Grundsätzen nicht genannt, sondern einer umfassenden Datenverarbeitung freigegeben. Für die genannten Personengruppen können Angaben zur Person, Personenbeschreibungen und dokumentarische Identifizierungsmittel, -wie beispielsweise Führerscheine oder Reisepässe-, gespeichert werden. Zusätzlich sind im Anhang II B zur Europol-VO weitere Datenkategorien vorgegeben, die, je nach Personengruppe, verarbeitet werden dürfen. So ist die Berechtigung zur Verarbeitung von personenbezogenen Daten von Begleit- und Kontaktpersonen, gemäß Anhang B Abs. 1 lit. e) Europol-VO, überaus weitgehend. In personeller Hinsicht ist lediglich die Frage von Bedeutung, ob die Person relevante Informationen für die Analyse erbringen kann. Zudem darf sie nicht einer anderen in Anhang II B Abs. 1 Europol-VO genannten Personengruppe zugehörig sein. Während eine Kontaktperson als Person definiert wird, die sporadisch mit einem Verurteilten oder Verdächtigen in Kontakt steht, steht eine Begleitperson in regelmäßigem Kontakt mit einem Verurteilten oder Verdächtigen. Obwohl der Unionsgesetzgeber diese Personengruppe per Definition trennt, gestattet er es Europol dennoch, all die in Anhang II B Abs. 2 Europol-VO aufgelisteten Informationen über Begleit- und Kontaktpersonen gleichermaßen wie im Zusammenhang mit Verurteilten, Verdächtigen und Gefährdern zu verarbeiten und klammert die Grundsätze aus Art. 30 Europol-VO für diese Personengruppen aus. In diesem weitreichenden Kontext scheint der Restriktionsversuch in Anhang II B Abs. 3 lit. a) bis lit. e) Europol-VO äußerst schwach. Zudem ist festzustellen, dass einerseits eine gesonderte Auflistung spezifischer Informationen im Anhang II A und Anhang II B Europol-VO vorgenommen wird, die eine Restriktion der Informationsverarbeitung über Opfer, Zeugen und Informanten suggerieren soll. Jedoch fehlt es der Europol-VO gänzlich einer Reduktion von diesbezüglichen personenbezogenen Daten, da Art. 2 lit. h) Europol-VO unter personenbezogenen Daten sämtliche Informationen definiert, die sich auf eine Person beziehen. Somit ist fraglich, welche inhaltlichen Schranken Europol im Zusammenhang mit der Verarbeitung von personenbezogenen Daten von Opfern, Zeugen und Informanten gesetzt werden.

cc) Schranken-Schranken

Auch im Zusammenhang mit den in Art. 30 Europol-VO genannten Personengruppen, sind Ausnahmeregelungen vorgesehen, die das oberflächliche Schutzinteresse aufheben. Während einerseits nur eine begrenzte Anzahl an Europol-Mitarbeitern auf die personenbezogenen Daten Zugriff haben soll, erfolgt in Art. 30 Abs. 5 Europol-VO unmittelbar eine Relativierung. Hiernach können die personenbezogenen Daten auch an Mitgliedstaaten, Unionseinrichtungen, Drittstaaten oder internationale Organisationen übermittelt werden, wenn diese Übermittlung unbedingt notwendig und verhältnismäßig ist. Eine Konkretisierung der von Europol verwendeten personenbezogenen Daten im Hinblick auf die in Art. 30 Europol-VO gesondert erwähnten Personengruppen, ist in Anhang II B Abs. 4 bis Abs. 6 Europol-VO niedergelegt. Während über Opfer von Straftaten Informationen über die Gründe der Viktimisierung oder auch der Möglichkeit der Teilnahme an einer Gerichtsverhandlung gespeichert werden können, können, hinsichtlich der Personengruppe der Zeugen, Informationen über

C. Maßnahmen innerhalb des Verwaltungsapparats der Europäischen Union

das Erfordernis der Wahrung der Anonymität und Informationen über die neue Identität verarbeitet werden.

Zweck	Personengruppe	Rechtsgrundlage
Operativ und strategisch (Art. 18 Abs. 2 lit. b), c) i. V. m. Art. 2 lit. b), c) Europol-VO)	Verdächtige + Verurteilte	Art. 18 Abs. 2 lit. b) i. V. m. Art. 2 lit. b) sowie Anhang II B Abs. 1 lit. a), Abs. 2 Europol-VO (strategische Analyse) Art. 18 Abs. 2 lit. c) i. V. m. Art. 2 lit. c) sowie Anhang II B Abs. 1 lit. a), Abs. 2 Europol-VO (operative Analyse)
	Gefährder	Art. 18 Abs. 2 lit. b) i. V. m. Art. 2 lit. b) sowie Anhang II B Abs. 1 lit. b), Abs. 2 Europol-VO (strategische Analyse) Art. 18 Abs. 2 lit. c) i. V. m. Art. 2 lit. c) sowie Anhang II B Abs. 1 lit. b), Abs. 2 Europol-VO (operative Analyse)
	Zeugen	Art. 18 Abs. 2 lit. b) i. V. m. Art. 2 lit. b) sowie Anhang II B Abs. 1 lit. c) Europol-VO (strategische Analyse) Art. 18 Abs. 2 lit. c) i. V. m. Art. 2 lit. c) sowie Anhang II B Abs. 1 lit. c) Europol-VO (operative Analyse)
	Opfer	Art. 18 Abs. 2 lit. b) i. V. m. Art. 2 lit. b) sowie Anhang II B Abs. 1 lit. d) Europol-VO (strategische Analyse) Art. 18 Abs. 2 lit. c) i. V. m. Art. 2 lit. c) sowie Anhang II B Abs. 1 lit. d) Europol-VO (operative Analyse)
	Kontakt- und Begleitpersonen	Art. 18 Abs. 2 lit. b) i. V. m. Art. 2 lit. b) sowie Anhang II B Abs. 1 lit. c) Europol-VO (strategische Analyse) Art. 18 Abs. 2 lit. c) i. V. m. Art. 2 lit. c) sowie Anhang II B Abs. 1 lit. c) Europol-VO (operative Analyse)
	Informanten	Art. 18 Abs. 2 lit. b) i. V. m. Art. 2 lit. b) sowie Anhang II B Abs. 1 lit. f) Europol-VO (strategische Analyse) Art. 18 Abs. 2 lit. c) i. V. m. Art. 2 lit. c) sowie Anhang II B Abs. 1 lit. f) Europol-VO (operative Analyse)
Datenabgleich (Art. 18 Abs. 2 lit. a) Europol-VO)	Verdächtige + Verurteilte	Art. 18 Abs. 2 lit. a) i) i. V. m. Anhang II A Abs. 1 lit. a) Europol-VO
	Gefährder	Art. 18 Abs. 2 lit. a) ii) i. V. m. Anhang II A Abs. 1 lit. b) Europol-VO

Übersicht 4: Eigene Darstellung

Kapitel 3: Maßnahmen der Europäischen Union

6. Zugriffsberechtigung

a) Europolbedienstete

Art. 30 Abs. 3 S. 1 Europol-VO sieht ein alleiniges, unmittelbares und vollumfängliches Zugriffsrecht auf personenbezogene Daten zugunsten von Europol vor. Allerdings ist dieses Zugriffsrecht jenen Europol-Bediensteten vorbehalten, die vom Exekutivdirektor explizit bestimmt worden sind und für deren Aufgaben der Datenzugriff erforderlich ist. Dies trifft nicht nur für den Zugriff auf personenbezogene Daten zu, sondern gilt für alle von Europol verarbeiteten Daten (Art. 30 Abs. 3 i. V. m. Art. 20 Abs. 4).

b) Behörden der Mitgliedstaaten

Die Zugriffsberechtigung zugunsten der Mitgliedstaaten richtet sich nach Art. 20 Europol-VO. Etwaige Zugriffsberechtigungen hängen davon ab, welchen Übermittlungszweck der datenübertragende Mitgliedstaat angegeben hat. Hat ein Mitgliedstaat die operative Analyse als Zweck der übermittelten personenbezogenen Daten angegeben, reduziert sich die Zugriffsberechtigung auf das Treffer-/Kein-Treffer-Verfahren zugunsten anderer Mitgliedstaaten (Art. 20 Abs. 2 i. V. m. Art. 18 Abs. 2 lit. c)). Kommt es hierbei zu einem Treffer, ersucht Europol um Weitergabe der Information beim Absender (Art. 20 Abs. 2 UAbs. 2). Wurden Daten für den Zweck des Informationsabgleichs oder der strategischen, beziehungsweise thematischen Analyse übermittelt, erhalten die Mitgliedstaaten grundsätzlich vollständigen Zugriff auf die Informationen (Art. 20 Abs. 1 i. V. m. Art. 18 Abs. 2 lit. a), lit. b)), was weitreichend ist und über die bisherigen Zugriffsrechte hinausgeht.[973] Es sei denn, der Absender hat die Datenweitergabe an bestimmte Voraussetzungen geknüpft (Art. 20 Abs. 1 S. 2). Hierbei entsteht ein fragwürdiges Szenario. Wie oben dargelegt, können Mitgliedstaaten personenbezogene Daten auch von Opfern, Zeugen, Informanten sowie Begleit- und Kontaktpersonen für strategische Zwecke übermitteln. Eine ausdrückliche Begrenzung des Umfanges personenbezogener Daten ist in der Europol-VO in diesem Zusammenhang nicht vorgesehen. Werden die personenbezogenen Daten übermittelt, ist Europol, gemäß Art. 30 Abs. 1 Europol-VO, sodann verpflichtet zu überprüfen, ob die Datenverar-

---

[973] Gem. ex. Art. 14 Abs. 4 Europol-Ratsbeschluss erhielten Mitgliedstaaten lediglich über Verbindungsbeamte Erkenntnisse aus den strategischen Analysen.

beitung notwendig und verhältnismäßig ist. Dies sollte zwar grundsätzlich im Zuge einer strategischen Planung i. S. v. Art. 2 lit. b) Europol-VO zu verneinen sein, fällt jedoch die Prüfung positiv aus und Europol bejaht Notwendigkeit und Verhältnismäßigkeit, werden die personenbezogenen Daten innerhalb des Informationssystems verarbeitet. Gemäß Art. 20 Abs. 1 Europol-VO stehen sodann die Daten allen 28 Mitgliedstaaten zur unmittelbaren Einsicht zur Verfügung. Erst wenn die betreffenden Daten für die weitere Analysetätigkeit nicht mehr benötigt werden, müssen die Daten gelöscht werden.

c) Eurojust und OLAF

Gemäß Art. 21 Abs. 1 UAbs. 1 Europol-VO muss Europol zugunsten von Eurojust und OLAF die Zugriffsmöglichkeit in Form des Treffer-/Kein-Treffer-Verfahrens sicherstellen, was gegebenenfalls durch die Mitgliedstaaten als Übermittler der Daten eingeschränkt werden kann (Art. 21 Abs. 6). Kommt es zu einem Treffer, muss Europol die Zustimmung zur Informationsweitergabe beim datenübermittelnden Mitgliedstaat einholen. Auch hier steht die Datenweitergabe unter dem Vorbehalt, dass die angefragte Information für die Tätigkeit der ersuchenden Einrichtung erforderlich ist (Art. 21 Abs. 1 UAbs. 2). Lediglich im Zuge einer Arbeitsvereinbarung zwischen Europol und Eurojust soll ein direkter Zugriff auf das Referenzsystem i. S. v. Art. 18 Abs. 2 lit. a) Europol-VO möglich sein.

7. Datenaustausch mit Dritten

a) Drittstaaten und internationale Organisationen

Art. 88 Abs. 2 lit. a) AEUV gestattet Europol ausdrücklich, die Zusammenarbeit mit Drittstaaten und Stellen außerhalb der Europäischen Union. Die Möglichkeit des Informationsaustauschs war Europol bereits seit dem Europol-Übereinkommen gestattet und wurde durch die zwei Rechtsakte im Jahr 1998 und im Jahr 1999 konkretisiert. Letztere beinhalteten detail-

Kapitel 3: Maßnahmen der Europäischen Union

liert Vorgaben zum Datenempfang[974] und zur Datenübermittlung[975] im Zusammenhang mit den Kooperationsbeziehungen zu Drittstaaten und Drittstellen.[976] Dem Datenaustausch wurde jedoch Unübersichtlichkeit, Konturlosigkeit und mangelnde Rechtsschutzmöglichkeiten vorgeworfen.[977] Ex. Art. 23 Abs. 2 Europol-Ratsbeschluss eröffnete Europol sodann die Möglichkeit, Abkommen über den Austausch operativer, strategischer oder technischer Informationen, einschließlich personenbezogener Daten, zu schließen. Aufgrund der Befugnis schloss Europol zahlreiche operative[978] und strategische[979] Kooperationsabkommen. Beide Kategorien fokus-

---

[974] Rechtsakt des Rates vom 3. November 1998 über Bestimmungen über die Entgegennahme der von Dritten gelieferten Informationen durch Europol, ABl. EG C 26/17 v. 20. Januar 1999.

[975] Rechtsakt des Rates vom 12. März 1999 zur Festlegung der Bestimmungen über die Übermittlung von personenbezogenen Daten durch Europol an Drittstaaten und Drittstellen, ABl. EG C 88/1 v. 30. März 1999.

[976] *Gleß/Zerbes*, in: Wolter/Schenke/Hilger/Ruthig/Zöller (Hrsg.), Alternativentwurf Europol und europäischer Datenschutz, S. 346 (346 f.).

[977] *Gleß/Zerbes*, in: Wolter/Schenke/Hilger/Ruthig/Zöller (Hrsg.), Alternativentwurf Europol und europäischer Datenschutz, S. 346 (361 f.).

[978] Operative Abkommen wurden mit Albanien, Australien, Bosnien und Herzegowina, Kanada, Kolumbien, Mazedonien, Georgien, Island, Liechtenstein, Moldawien, Monaco, Montenegro, Norwegen, Serbien, Schweiz, Ukraine und den U.S.A. geschlossen. Die Staaten haben entsprechende Möglichkeiten Verbindungsbeamte zu Europol zu entsenden. Des Weiteren wurden operative Abkommen mit Eurojust, FRONTEX und Interpol geschlossen. Siehe *Europol*, „Operational Agreements", abrufbar unter: https://www.europol.europa.eu/partners-agreements/operational-agreements?page=1 (zuletzt abgerufen am 15. Juni 2020).

[979] Strategische Abkommen wurden mit den Staaten China, Russland, Türkei und den Arabischen Emiraten geschlossen. Zudem bestehen strategische Abkommen zwischen Europol und OLAF, der EZB, der Europäischen Kommission, dem ECDC, CEPOL, EUIPO und ENISA. Ebenso wurden strategische Abkommen mit dem United Nations Office on Drugs and Crime (UNODC) und der World Customs Organisation (WCO) geschlossen. Siehe *Europol*, „Strategic Agreements", abrufbar unter: https://www.europol.europa.eu/partners-agreements/strategic-agreements?page=1 (zuletzt abgerufen am 15. Juni 2020). Die Schwelle zwischen strategischen und operativen Abkommen im Hinblick auf die Handhabung personenbezogener Daten wurde als relativ niedrig eingestuft. So war es u. a. dem Kooperationspartner möglich Verbindungsbeamte nach Den Haag zu entsenden. In praktischer Hinsicht erscheint es überaus fraglich, dass es im Zuge der Tätigkeit nicht zu einem Einblick in die Informationssysteme gekommen und lediglich ein Wissensaustausch stattgefunden haben soll. Kritisch *Blasi Casagran*, Global Data Protection in the Field of Law Enforcement, S. 147.

C. Maßnahmen innerhalb des Verwaltungsapparats der Europäischen Union

sierten eine enge Zusammenarbeit an, unterscheiden sich allerdings inhaltlich weitgehend voneinander. Während sich strategische Abkommen auf den Austausch genereller Informationen und dem Austausch von Knowhow in strategischer und informationstechnischer Hinsicht erstreckten, umfassten operative Abkommen auch den Austausch von (personenbezogenen) Daten.[980] Seit dem Vertrag von Lissabon ist es Europol grundsätzlich nicht mehr gestattet, Kooperationsabkommen abzuschließen. Dies ist,

---

[980] Drittstaaten und Drittstellen, die für ein Abkommen in Frage kamen, mussten vom Verwaltungsrat gelistet und vom Rat überprüft und festgelegt werden (ex. Art. 23 Abs. 2 i. V. m. Art. 26 Abs. 1 lit. a) Europol-Ratsbeschluss). Die Liste wurde in dem Beschluss 2009/935/JI des Rates vom 30. November 2009 zur Festlegung der Liste der Drittstaaten und dritten Organisationen, mit denen Europol Abkommen schließt (ABl. EU L 325/12 v. 11. Dezember 2009) festgehalten. Dem Europäischen Parlament kam lediglich ein Anhörungsrecht zu (ex. Art. 26 Abs. 1 Europol-Ratsbeschluss). War indes der Abschluss eines operativen Abkommens vorgesehen, wurde der Rat in einer zweiten Prüfungsstufe verpflichtet, den Verwaltungsrat anzuhören und die Stellungnahme der gemeinsamen Kontrollinstanz abzuwarten (ex. Art. 23 Abs. 2 S. 3 Europol-Ratsbeschluss). Existierte indes ein operatives Abkommen nicht, wurden zwei Fälle unterschieden. Demnach war es Europol möglich, personenbezogene Daten und Verschlusssachen unmittelbar entgegenzunehmen, wenn dies erforderlich war (ex. Art. 23 Abs. 3 Europol-Ratsbeschluss). Die Weitergabe personenbezogener Daten und Verschlusssachen war allerdings auch weiterhin grundsätzlich nicht möglich, es sei denn, der datenübermittelnde Mitgliedstaat stimmte der Weitergabe zu (ex. Art. 23 Abs. 4, 6 Europol-Ratsbeschluss). Nur im Rahmen von Ausnahmesituationen war der Exekutivdirektor befugt, die Weitergabe von personenbezogenen Informationen an einen Drittstaat oder Drittstelle weiterzuleiten, wenn dies der Abwehr einer unmittelbaren Gefahr diente und daher unbedingt erforderlich war (ex. Art. 23 Abs. 8 Europol-Ratsbeschluss). Ex. Art. 26 Abs. 1 lit. b) Europol-Ratsbeschluss forderte zudem konkrete Durchführungsbestimmungen zur Kooperationsbeziehung zwischen Europol und Dritten, die aber erst am 30. November 2009 folgten (Beschluss 2009/934/JI des Rates vom 30. November 2009 zur Festlegung der Durchführungsbestimmungen zur Regelung der Beziehungen von Europol zu anderen Stellen einschließlich des Austauschs von personenbezogenen Daten und Verschlusssachen, ABl. EU L 325/6 v. 11. Dezember 2009). Grundsätzlich galt es, zuerst strategische Abkommen und zu einem späteren Zeitpunkt operative Abkommen zu schließen, was sodann den personenbezogenen Datenaustausch ermöglichen sollte. Dieser „Übergangszeitraum" sollte es Partnern ermöglichen, das vom Rat geforderte Datenschutzniveau zu erreichen. Neben den Möglichkeiten einer Europol-Nebenstelle in den jeweiligen Partnerstaaten, sowie auf der anderen Seite der Entsendung von Verbindungsbeamten nach Den Haag, war ein Zugriff auf die AWF und Focal Points gestattet. Der Zugriff auf diese Informationen verlangt daher ein äquivalentes und weniger ein angemessenes Datenschutzniveau.

gemäß Art. 218 AEUV, Aufgabe des Rats.[981] Der Regelungsbereich des RFSR ist nach wie vor mit Vorbehalten und Restriktionen gespickt, wonach Rechtsakte, die vor dem Vertrag von Lissabon verabschiedet worden sind, so lange ihre Rechtswirkung behalten sollten, bis sie geändert, für nichtig erklärt oder aufgehoben werden.[982] Zwar wurde in Art. 88 AEUV bereits eine Europol-VO angekündigt, doch benötigte der Unionsgesetzgeber Jahre bis zur Verabschiedung, weshalb Europol zwischen Inkrafttreten des Vertrags von Lissabon und des Inkrafttretens der Europol-VO, weiterhin Kooperationsabkommen abschließen konnte. Die zwischen Europol und Drittstaaten auf Basis des Europol-Ratsbeschlusses geschlossenen Abkommen sind auch nach Inkrafttreten der Europol-VO wirksam, was auch anhand von Art. 25 Abs. 1 lit. c) Europol-VO deutlich wird.

aa) Datenempfang

Gemäß Art. 17 Abs. 1 lit. b) Europol-VO ist es Europol gestattet, Informationen von Unionseinrichtungen, Behörden von Drittstaaten, internationalen Organisationen und privaten Parteien zu empfangen. Die Entgegennahme personenbezogener Daten steht allerdings unter dem Vorbehalt der Erforderlichkeit (Art. 23 Abs. 5) Des Weiteren dürfen Informationen, gemäß Art. 23 Abs. 9 Europol-VO, nicht verarbeitet werden, die „unter offenkundiger" Menschenrechtsverletzung erlangt worden sind. Inwieweit Europol dies zu prüfen vermag, bleibt offen.

bb) Datenweitergabe

(a) Grundsätze

Gemäß Art. 23 Abs. 6 Europol-VO ist es Europol nur dann gestattet, personenbezogene Daten an Drittstaaten und internationale Organisationen weiterzuleiten, wenn dies für die Verhütung und Bekämpfung von Straftaten erforderlich ist. Die Berechtigung umfasst auch personenbezogene Daten über Opfer, Zeugen, Informanten und Kinder (Art. 30 Abs. 5). Der

---

981 ABl. EU L 59/53 v. 7. März 2017, Erwägungsgrund Nr. 35. Siehe auch Lenz/Borchardt/*Zerdick*, Art. 88 AEUV Rn. 13; zudem Schwarze/Hatje/Schoo/Becker/*Terhechte*, Art. 218 AEUV Rn. 40.
982 ABl. EU C 326/322 v. 26, Oktober 2012, Art. 9.

C. Maßnahmen innerhalb des Verwaltungsapparats der Europäischen Union

Empfänger muss lediglich „zusagen", dass die Daten explizit nur für den Zweck verwendet werden, die die betreffende Behörde angibt. Lediglich Art. 23 Abs. 8 Europol-VO deutet darauf hin, dass entsprechende Gründe für das Ersuchen vorgebracht werden müssen. Da die übermittelten Informationen regelmäßig personenbezogene Daten beinhalten, ist dieser ungenaue Ansatz, in Anbetracht des Verhältnismäßigkeitsgrundsatzes, überaus kritisch zu betrachten. Zudem liegt es nicht in Europols Machtbereich, eine Datenverarbeitung im Drittstaat oder bei der betreffenden internationalen Organisation zu überprüfen. Wie mit den personenbezogenen Daten verfahren wird, fällt aus der Zugriffsphäre von Europol heraus. Im Zuge der weit auseinandergehenden Datenschutzniveaus ist diese Befugnis zur Informationsweitergabe ebenfalls umfassend auf den Prüfstand zu stellen. Zweifelhaft erscheint auch Art. 23 Abs. 7 Europol-VO, wonach die Weitergabe der Informationen durch Drittstaaten und internationale Organisationen nur mit vorheriger Zustimmung durch Europol zulässig sein soll. Abermals lässt sich hinterfragen, inwieweit Europol dies zu überprüfen vermag.

(b) Angemessenheitsbeschluss

Gemäß Art. 25 Abs. 1 Europol-VO ist es Europol gestattet, personenbezogene Daten an einen Drittstaat oder an eine internationale Organisation weiterzuleiten, wenn dies der Erfüllung der Aufgaben von Europol dient. Der Vorschrift mangelt es ebenfalls an einer Konkretisierung, inwieweit die Weitergabe Europol dienen soll. Mutmaßlich ist die Formulierung der Bestimmung auf das Prinzip des ‚Gebens und Nehmens', zugunsten der polizeilichen Zusammenarbeit, zurückzuführen. Rechtsgrundlage für die Datenübermittlung kann ein Angemessenheitsbeschluss der Europäischen Kommission oder ein internationales Abkommen sein. Zudem darf Europol auf Grundlage von Kooperationsabkommen zwischen der Europäischen Union und dem betreffenden Drittstaat, die vor dem 1. Mai 2017 geschlossen worden sind, Informationen übermitteln. In dem Fall eines Kooperationsabkommens ist die Europäische Kommission, gemäß Art. 25 Abs. 4 Europol-VO, verpflichtet, bis zum 14. Juni 2021 eine Evaluierung unter besonderer Berücksichtigung des dort geltenden Datenschutzniveaus durchzuführen. Die Evaluierungspflicht wurde unmittelbar in der ersten Lesung durch das Europäische Parlament hinzugefügt, da im Verordnungsentwurf der Europäischen Kommission die Kooperationsvereinbarungen ohne jedwede Überprüfung des Datenschutzreglements weiterhin

Bestand haben sollten.[983] Findet eine Übermittlung von personenbezogenen Daten im Zuge von Angemessenheitsbeschlüssen statt, ist der Exekutivdirektor verpflichtet, gemäß Art. 25 Abs. 2 Europol-VO, den Verwaltungsrat hierüber zu informieren. Eine Zustimmungserfordernis ist der Europol-VO nicht zu entnehmen. Ein Angemessenheitsbeschluss ist durch die Europäische Kommission zu fassen, wonach der betreffende Partner ein angemessenes Datenschutzniveau gewährleistet[984], was wiederum dehnbar ist. Zudem ist als ungenügend zu bewerten, dass der Unionsgesetzgeber mutmaßlich von vornherein davon ausgeht, dass das Datenschutzniveau des Partners unterhalb dessen der Europäischen Union liegt. Auch das Verhältnis des in Frage stehenden Drittstaats zu Grund- und Menschenrechten wird ebenfalls nicht erwähnt.[985] Andernfalls hätte in der Europol-VO von einem gleichwertigen, dem Mindeststandard der Europäischen Union entsprechenden Datenschutzniveau gesprochen werden können. Diesem Vorwurf kommt erschwerend hinzu, dass eine (praktische) Überprüfbarkeit höchstwahrscheinlich nicht gegeben sein wird. Europol wird lediglich verpflichtet, gemäß Art. 25 Abs. 3 Europol-VO, ein aktuelles Verzeichnis über Angemessenheitsbeschlüsse, Abkommen, Verwaltungsvereinbarungen oder sonstiger Rechtsinstrumente auf ihrer Website bereitzustellen.[986]

Zudem wird es in Ausnahmefällen dem Exekutivdirektor gestattet, personenbezogene Daten an Drittstaaten oder internationale Organisationen weiterzuleiten, auch wenn keine Vereinbarung vorliegt. Art. 25 Abs. 5 Europol-VO sieht eine abschließende Auflistung von entsprechenden Ausnahmesituationen vor, die jedoch überaus weitreichend sind. Die Weitergabe von personenbezogenen Daten ist demnach gestattet, wenn es für die Wahrung lebenswichtiger Interessen der betroffenen Person oder einer anderen Person erforderlich (Art. 25 Abs. 5 lit. a)), es für die Wahrung berechtigter Interessen der betroffenen Person oder einer anderen Person

---

983 Siehe *Europäisches Parlament*, Dok. P7_TA(2014)0121 v. 25. Februar 2014, Abänderung Nr. 136.
984 ABl. EU L 135/53 v. 24. Mai 2016, Erwägungsgrund Nr. 35.
985 Vgl. auch *Lauer*, Informationshilfe im Rahmen der polizeilichen und justiziellen Zusammenarbeit in Strafsachen, S. 363, im Hinblick auf den Rahmenbeschluss zum Schutz personenbezogener Daten im Rahmen polizeilicher und justizieller Zusammenarbeit. Die Kritik kann indes auf die Vorgaben der Europol-VO übertragen werden.
986 Die Veröffentlichung kommt damit dem Transparenzgebot entgegen, wurde aber erst durch das Europäische Parlament eingefügt. Siehe *Europäisches Parlament*, Dok. P7_TA(2014)0121 v. 25. Februar 2014, Abänderung Nr. 137.

C. Maßnahmen innerhalb des Verwaltungsapparats der Europäischen Union

notwendig ist (Art. 25 Abs. 5 lit. b)) oder der Abwehr unmittelbaren und ernsthafter Gefahren der öffentlichen Sicherheit eines Mitgliedstaats oder eines Drittstaats dient (Art. 25 Abs. 5 lit. c)). Im Fall von Art. 25 Abs. 5 lit. c) Europol-VO, setzte noch Art. 31 Nr. 2 lit. b) des Europol-VO-E eine konkrete Bedrohung in Form einer „unmittelbaren kriminellen oder terroristischen Bedrohung" voraus. Alle drei Rechtfertigungsgründe haben jedoch gemein, dass sie der Gefahrenabwehr dienen.

Im Hinblick auf die ersten beiden Rechtfertigungsmöglichkeiten, wirft der Vergleich mit den englisch-, französisch- und spanischen Sprachfassungen Ungereimtheiten auf. Während die deutsche Sprachfassung, zweckausgerichtet an die lebensbedrohliche Lage, lediglich die Erforderlichkeit und, im Fall eines berechtigten Interesses, die über die Erforderlichkeit hinausgehende Notwendigkeit knüpft, verschwimmt dieser Ansatz in anderen Sprachfassungen, da dort selbiges Adjektiv verwendet (eng: „necessary", frz: „nécessaire", esp: „necesaria").

Des Weiteren können personenbezogene Daten auch in Fällen weitergegeben werden, wenn es für die Verhütung, Aufdeckung, Untersuchung oder Verfolgung von Straftaten oder zur Vollstreckung strafrechtlicher Sanktionen erforderlich (Art. 25 Abs. 5 lit. d)) oder in Einzelfällen für die Rechtsdurchsetzung notwendig ist (Art. 25 Abs. 5 lit. e). Abermals wird in den drei Sprachfassungen der Europol-VO, anders als in der deutschsprachigen Fassung, das selbe Adjektiv verwendet.

In Anbetracht, dass es gerade Sinn und Zweck der Vereinbarungen zwischen Europol und Drittstaaten oder internationalen Organisationen ist, den in Art. 25 Abs. 5 lit. d), lit. e) Europol-VO verfolgten Zielen unter Sicherstellung eines angemessenen Datenschutzniveaus nachzukommen, kommen die Rechtfertigungsgründe einer Aushöhlung von Art. 25 Abs. 1 Europol-VO gleich. Es wird einerseits bevorzugt Kooperationsabkommen zugunsten der Rechtsklarheit und Rechtssicherheit abzuschließen, andererseits lösen die Rechtfertigungsmöglichkeiten nach Art. 25 Abs. 5 Europol-VO die Zielsetzung sodann wieder auf. Die Breite versucht Art. 25 Abs. 5 UAbs. 2 Europol-VO wettzumachen, wonach der Exekutivdirektor die Übermittlung personenbezogener Daten verhindern muss, wenn der Grundrechtseingriff der betroffenen Person unverhältnismäßg ist (Art. 25 Abs. 5 lit. d), lit. e)).[987] Eine Konsultationspflicht gegenüber dem Europäischen Datenschutzbeauftragten (EDSB) oder dem Mitgliedstaat, dessen Bürger die Weitergabe personenbezogener Daten betrifft, besteht indes

---

[987] Diese Schranke wurde erst in der Gesetzgebungsverfahren hinzugefügt, vgl. COM(2013) 173 final v. 27. März 2013, Art. 31 Europol-VO-E.

nicht. Während Art. 25 Abs. 5 UAbs. 3 Europol-VO im Fall einer Anwendung einer Ausnahmesituation die systematische, massive oder strukturelle Übermittlung personenbezogener Daten verbietet, wird dieser Grundsatz mit Art. 25 Abs. 6 Europol-VO ebenfalls hinfällig. Art. 25 Abs. 6 Europol-VO gestattet, dass der Verwaltungsrat im Einvernehmen mit dem EDSB, bei entsprechenden Datenschutzgarantien und der Würdigung der Menschen- und Grundrechte, die Übermittlungen von personenbezogenen Daten für einen Zeitraum von bis zu einem Jahr, ohne ein Abkommen nach Art. 25 Abs. 1 Europol-VO zulassen darf.

b) Private Parteien und Privatpersonen

Europols Informationsquellen umfassen, gemäß Art. 17 Abs. 1 lit. c) Europol-VO, ausdrücklich auch private Parteien und Privatpersonen. Während es sich bei Privatpersonen um natürliche Personen handelt (Art. 2 lit. g)), umfassen ‚private Parteien' Stellen und Einrichtungen, die nach dem Recht eines Mitgliedstaats oder eines Drittstaats errichtet worden sind, insbesondere Gesellschaften, sonstige Unternehmen und Wirtschaftsverbände (Art. 2 lit. f)).

Für eine effektive, internationale Strafverfolgung ist eine Kooperation mit privaten Akteuren unerlässlich geworden. Informationen über Geldtransaktionen oder Internetverbindungen werden benötigt, um Zusammenhänge zu erkennen, Analysen zu erstellen oder um als Indiz, beziehungsweise als Beweismittel zu dienen. Es handelt sich um sensible Daten, die ohne ein gesichertes Datenschutzniveau nicht ausgetauscht werden dürfen. Der digitale Fußabdruck, der für die Strafverfolgung vor allem in dem Bereich der Computerkriminalität wesentlich ist, ist daher oftmals nur in Zusammenarbeit mit privaten Akteuren festzustellen. In diesem Zusammenhang wird die notwendige Zusammenarbeit mit privaten Parteien in Art. 4 Abs. 1 lit. m) Europol-VO verdeutlicht. Europol hat, im Zuge der Unterstützungsfunktion gegenüber den Mitgliedstaaten und zugunsten einer effektiven Bekämpfung der Computerkriminalität, mit privaten Parteien zusammenzuarbeiten.[988] Die Ermächtigung bezieht sich vor allem auf den Bereich der illegalen Onlineinhalte.

Nach Art. 23 Abs. 1, Abs. 2 Europol-VO ist es Europol gestattet, Kooperationsbeziehungen mit privaten Parteien zu führen. Der Aufbau einer Ko-

---

988 Siehe auch *Blasi Casagran*, Global Data Protection in the Field of Law Enforcement, S. 148.

C. Maßnahmen innerhalb des Verwaltungsapparats der Europäischen Union

operationsbeziehung schließt den Abschluss einer Arbeitsvereinbarung gemäß Art. 23 Abs. 4 Europol-VO, zugunsten eines effektiven Informationsaustauschs, ein. Es ist vor allem die Bekämpfung der Computerkriminalität zugunsten derer eine Vielzahl von Absichtserklärungen („Memorandum of Understanding") zwischen Europol und privaten Parteien geschlossen wurde. Ein Genehmigungserfordernis für den Abschluss einer Vereinbarung ist der Europol-VO nicht zu entnehmen, sondern lediglich, gemäß Art. 23 Abs. 3 Europol-VO, eine Informationspflicht des Exekutivdirektors gegenüber dem Verwaltungsrat über etwaige Kooperationsbeziehungen.

aa) Datenempfang

Beinhalten die Informationen personenbezogene Daten, steht der Datenempfang unter dem Vorbehalt der Erforderlichkeit und Verhältnismäßigkeit (Art. 17 Abs. 1 lit. c) i. V. m. Art. 23 Abs. 5). Art. 26 Abs. 1 Europol-VO sieht indes restriktivere Vorgaben für den Empfang von Daten vor, die von privaten Parteien übermittelt werden. Es gilt grundsätzlich, dass Europol die Daten nicht direkt empfangen darf, sondern der Datentransfer über eine nationale Stelle, einen Drittstaat oder eine internationale Organisation zu erfolgen hat. Erhält Europol direkt Informationen von privaten Parteien, können diese indes für den Zweck gespeichert werden, dass Europol feststellt, welcher Behörde oder Einrichtung die Informationen dienen und leitet diese sodann an diese Stelle weiter (Art. 26 Abs. 2). Eine interne Datenverarbeitung ist Europol, gemäß Art. 26 Abs. 2 S. 3 Europol-VO, ausdrücklich untersagt, es sei denn, Europol erhält die Informationen von der betreffenden Stelle für Verarbeitungszwecke wieder zurück. Verarbeitet Europol personenbezogene Daten, die von einer privaten Partei stammen, darf Europol diese nur an Drittstaaten und internationale Organisationen weiterleiten, über die ein Angemessenheitsbeschluss vorliegt oder mit denen ein entsprechendes Abkommen geschlossen wurde (Art. 26 Abs. 4). Das Prozedere der Annahme von Daten von Privatpersonen, gemäß Art. 27 Abs. 1 Europol-VO, gleicht Art. 26 Abs. 1 Europol-VO. Offener verhält es sich indes mit der Verarbeitung von Daten, wenn die Information von einer Person mit Wohnsitz in einem Drittstaat stammt, mit welchem kein Abkommen geschlossen wurde oder für den kein Angemessenheitsbeschluss vorliegt. Anders als im Fall von Art 26 Abs. 2 Europol-VO, kann Europol die erhaltenen Daten speichern und verarbeiten, darf jedoch die

Kapitel 3: Maßnahmen der Europäischen Union

Daten nur Mitgliedstaaten oder einem Drittstaat weiterleiten. Indes muss mit dem Drittstaat ein Abkommen bestehen.

bb) Datenweitergabe an private Parteien

Art. 26 Abs. 5 Europol-VO sieht ausdrücklich die Möglichkeit vor, Informationen an private Parteien erforderlichenfalls zu übermitteln. Die Erforderlichkeit liegt vor, wenn die Übermittlung zweifelsfrei im Interesse der betroffenen Person liegt und die Einwilligung der betroffenen Person erteilt wurde oder die Umstände eine Einwilligung eindeutig vermuten lassen (Art. 26 Abs. 5 lit. a)) oder die Übermittlung der Daten zur Verhinderung einer unmittelbar bevorstehenden Begehung einer Straftat absolut erforderlich ist (Art. 26 Abs. 5 lit. b)). Der Bekämpfung der Computerkriminalität kommt in diesem Zusammenhang dahingehende Bedeutung zu, dass die Weitergabe personenbezogener Daten erforderlich ist, wenn es der Unterstützung von Maßnahmen der Mitgliedstaaten bei der Verhütung und Bekämpfung der in Anhang I aufgeführten Kriminalitätsformen, die mithilfe des Internets erleichtert, gefördert oder begangen werden, dient. Letzteres schließt auch die Bekämpfung von illegalen Onlineinhalten ein. Eine Weitergabe von personenbezogenen Daten an entsprechende Unternehmen ist gestattet, wenn die Datenübermittlung einen konkreten Fall betreffen und der Grundrechtseingriff verhältnismäßig ist (Art. 26 Abs. 5 lit. c)). Im letzteren Fall ist es irrelevant, in welchem Staat sich der Sitz der privaten Partei befindet und ob mit dem Sitzstaat ein entsprechendes Abkommen besteht oder ein Angemessenheitsbeschluss gemäß Art. 25 Abs. 1 Europol-VO vorliegt. Anders verhält es sich hinsichtlich der oben genannten Ausnahmegründe aus Art. 26 Abs. 5 lit. a), lit. b) Europol-VO, die eine detaillierte Begründung anhand des Katalogs in Art. 26 Abs. 6 Europol-VO voraussetzen. Trotz der in Art. 26 Europol-VO weitreichenden Befugnisse, ist, gemäß Art. 26 Abs. 7, Abs. 8 Europol-VO, lediglich eine Informationspflicht gegenüber dem EDSB und dem betreffenden Mitgliedstaat vorgesehen. Einem Zustimmungserfordernis mangelt es Art. 26 Europol-VO gänzlich. Eine Evaluierung der Zusammenarbeit von Europol und privaten Parteien war von der Europäischen Kommission bis zum 1. Mai 2019 durchzuführen (Art. 26 Abs. 10).

8. Nationale Datenschutzbehörden

Neben der Aufsicht durch EDSB und den internen Datenschutzbeauftragten ist eine Überwachung durch die nationalen Datenschutzkontrollbehörden vorgesehen[989]. Allerdings konkretisiert sich die Überwachungsbefugnis auf den Datentransfer an Europol durch den Mitgliedstaat und auf die Tätigkeit des entsandten nationalen Verbindungsbeamten (Art. 42 Abs. 1). Die Mitgliedstaaten sind verpflichtet, jede nationale Maßnahme, die den Datentransfer von personenbezogenen Daten zwischen den nationalen Behörden und Europol tangiert, dem EDSB, gemäß Art. 42 Abs. 3 Europol-VO, mitzuteilen. Die nationale Kontrollbehörde ist zudem, gemäß Art. 42 Abs. 4 Europol-VO, Ansprechpartner für Personen, die die Überprüfung der Rechtmäßigkeit der sie betreffenden Datenübermittlung einfordern.

Auch das Verhältnis zwischen EDSB und den nationalen Kontrollbehörden ist als kooperativ einzustufen. Gemäß Art. 44 Abs. 1 Europol-VO wird von einer „eng[en]" Arbeitsbeziehung ausgegangen, die auch den Austausch von Know-how umfasst (Art. 44 Abs. 2). Art. 45 Europol-VO verlangt einen Beirat, der sich aus dem EDSB und je einen Entsandten der nationalen Kontrollbehörden eines Mitgliedstaats zusammensetzt. Die Aufgaben des Beirats erstrecken sich mitunter auf (unions-)politische und strategische Entwicklungen im Bereich des Datenschutzrechts (Art. 45 Abs. 3 lit. a)), der Sensibilisierung für Datenschutzrechte (Art. 45 Abs. 3 lit. g)) und der Überprüfung von Anwendungsschwierigkeiten der Europol-VO (Art. 45 Abs. 3 lit. b)).

9. Parlamentarische Kontrolle

Die veränderten Kontrollstrukturen umfassen auch die parlamentarische Kontrolle. Bis zum Inkrafttreten der Europol-VO verfügte das Europäische Parlament lediglich über sehr restriktiv ausgestaltete Befugnisse, wie beispielsweise das Recht zur Einsicht in die Haushaltspläne und Jahresabschlüsse[990] sowie das Recht über Angelegenheiten, die Europol betreffen,

---

989 Bereits Bestandteil in ex. Art. 33 Europol-Rahmenbeschluss. In Deutschland wird diese Aufgabe vom Bundesbeauftragten für den Datenschutz und der Informationsfreiheit übernommen. Siehe Vedder/Heintschel v. Heinegg/*Rosenau/ Petrus*, EU-Recht HdK, Art. 88 AEUV Rn. 12.

990 Vgl. ex. Art. 42 Abs. 1, 43 Abs. 3, 4 Europol-Rahmenbeschluss. Kritisch im Hinblick auf das Europol-Übereinkommen *Hirsch*, ZRP 1998, 10, 11 ff.; *Ostendorf*, NJW 1997, 3418, 3419 f.

Kapitel 3: Maßnahmen der Europäischen Union

unterrichtet zu werden.[991] Die Verankerung einer effektiven parlamentarischen Kontrolle zugunsten des Europäischen Parlaments, unter Beteiligung nationaler Parlamente, soll gemäß Art. 88 Abs. 2 S. 3 AEUV per Sekundärrecht ausgestaltet werden, wobei Art. 12 lit. c) EUV bereits die Beteiligung nationaler Parlamente konstituiert[992]. Den primärrechtlichen Anforderungen entsprechend, sieht Art. 51 Abs. 2 Europol-VO eine gemeinsame parlamentarische Kontrolle in Form eines ‚Gemeinsamen parlamentarischen Kontrollausschusses' vor.

Die Befugnis, eine Unterrichtung über Angelegenheiten betreffend Europol einzufordern, wurde aus ex. Art. 48 Europol-Rahmenbeschluss in Art. 51 Abs. 2 lit. a) Europol-VO übernommen. Demnach sind der Verwaltungsrat, der Exekutivdirektor oder ihre Stellvertreter gegenüber dem Gemeinsamen parlamentarischen Kontrollausschuss über ihre Tätigkeiten und Haushaltsfragen rechenschaftspflichtig. Selbige Verpflichtung erstreckt sich, gemäß Art. 51 Abs. 2 lit. b) Europol-VO, nunmehr auch auf den EDSB.

Die Einsichtsbefugnis hat sich indes deutlich erweitert. Sie erstreckt sich, gemäß Art. 51 Abs. 3, 4 Europol-VO, nunmehr mitunter auf Risikobewertungen, strategische Analysen, allgemeine Lageberichte und Evaluationsergebnisse, Verwaltungsvereinbarungen, Programmplanung und Arbeitsprogramme, jährliche Tätigkeitsberichte und den Evaluierungsbericht der Europäischen Kommission hinsichtlich der Tätigkeiten von Europol. Als maßgebliche Erweiterung parlamentarischer Kontrolle kann die Zugriffsermächtigung des Europäischen Parlaments auf die von Europol verarbeiteten Daten, mit Ausnahme von Verschlusssachen, bewertet werden. Eine konkrete Ausgestaltung des Zugriffsrechts soll allerdings, gemäß Art. 52 Abs. 3 Europol-VO, im Zuge einer Arbeitsvereinbarung zwischen Europol und Europäischen Parlament festgelegt werden.

---

991 Siehe Calliess/Ruffert/*Suhr*, Art. 88 AEUV Rn. 24.
992 Eingehend zu der Rolle nationaler Parlamente im RFSR, als Antwort auf die Vorwürfe der Entparlamentisierung durch Harmonisierung, des Demokratiedefizits sowie Missachtung des Subsidiaritätsprinzips: Blanke/Mangiameli/*Olivetti*, TEU, Art. 12 Rn. 20 ff. und *Baumeister*, in: Wolter/Schenke/Hilger/Ruthig/Zöller (Hrsg.), Alternativentwurf Europol und europäischer Datenschutz, S. 158 (164 ff.).

10. Ansprüche

a) Auskunftspflicht

Jede betroffene Person hat ein Auskunftsanspruch gemäß Art. 36 Abs. 1 Europol-VO darüber, ob die sie betreffenden personenbezogenen Daten von Europol verarbeitet werden. Erhält Europol ein Auskunftsersuchen, ist Europol, gemäß Art. 36 Abs. 2 Europol-VO, verpflichtet, der betroffenen Person mitzuteilen, ob sie betreffende Daten verarbeitet werden oder nicht. Gegebenenfalls muss Europol Angaben zum Zweck, Gegenstand der Datenverarbeitung und zur Herkunft der Daten machen. Zudem muss die Antwort Angaben über die Rechtsgrundlage der Datenverarbeitung, Speicherfristen und über den Lösch-, beziehungsweise Berichtigungsanspruch nach Art. 37 Europol-VO machen sowie eine Rechtsbehelfsbelehrung beinhalten. Der Antrag kann bei einer zuständigen nationalen Behörde eingereicht werden und muss innerhalb von einem Monat an Europol weitergeleitet werden (Art. 36 Abs. 3). Für die Beantwortung des Auskunftsersuchens wird Europol eine Frist von drei Monaten gewährt (Art. 36 Abs. 4).

Art. 36 Abs. 6 Europol-VO eröffnet Europol ein Auskunftsverweigerungsrecht, beziehungsweise die Möglichkeit, nur begrenzt Informationen i. S. v. Art. 36 Abs. 2 Europol-VO über die Datenverarbeitung preiszugeben. Europol kann von dem Auskunftsverweigerungsrecht Gebrauch machen, wenn die Verweigerung, beziehungsweise Einschränkung, der Aufrechterhaltung der Sicherheit und öffentlichen Ordnung oder der Bekämpfung von Straftaten dient sowie für die Gewährleistung, dass keine nationalen Ermittlungen beeinträchtigt werden, oder es für den Schutz der Rechte und Freiheiten Dritter erforderlich ist. Art. 36 Abs. 6 Europol-VO stellt Europol überaus dehnbare und breite Verweigerungsgründe zur Verfügung. Zumal sich aus Art. 36 Abs. 6 lit. a), lit. b) Europol-VO und dem Löschgrundsatz gemäß Art. 31 Abs. 1 Europol-VO ein konträres Verhältnis ergibt. Gemäß Art. 31 Abs. 1 Europol-VO hat Europol Daten nur dann zu verarbeiten und so lange zu speichern, wie es für die Aufgabenerfüllung Europols erforderlich ist. Sodann sieht Art. 36 Abs. 6 lit. a), lit. b) Europol-VO das Auskunftsverweigerungsrecht vor, das die ordnungsmäßige Aufgabenerfüllung von Europol und Gründe der Bekämpfung von Straftaten voraussetzt. Personenbezogene Daten dürfen einerseits demnach nur solange gespeichert werden, wie sie für die Tätigkeit Europols benötigt werden, andererseits darf Europol ein Auskunftsersuchen ablehnen, wenn es eben diesem Zweck dient. Es lässt sich somit die Effektivität des Auskunftsrechts hinterfragen, da Art. 36 Abs. 6 lit. a), lit. b) Europol-VO, für jede noch im Informationssystem befindlichen personenbezogenen Daten herangezogen werden kann.

Art. 36 Abs. 7 Europol-VO verlangt, dass Europol in jedem Fall die betroffene Person über die Zugangsverweigerung, beziehungsweise -einschränkung, Ablehnungsgründe und über das Beschwerderecht beim EDSB zu informieren hat. Würde die Bereitstellung dieser Informationen wiederum aber dazu führen, dass die Verweigerungsmöglichkeit nach Art. 36 Abs. 6 Europol-VO ausgehöhlt werden würde, genügt es, dass Europol der betroffenen Person lediglich mitteilt, dass eine Überprüfung stattgefunden hat. Ob Europol nun tatsächlich personenbezogene Daten der betroffenen Person verarbeitet, muss in der Mitteilung nicht zum Ausdruck kommen. Während Art. 36 Abs. 6 Europol-VO als limitiertes Auskunftsverweigerungsrecht zu bewerten ist, ist Art. 36 Abs. 7 S. 2 Europol-VO als absolutes Auskunftsverweigerungsrecht zu begreifen. Das absolute Auskunftsverweigerungsrecht war bereits Bestandteil des Verordnungsvorschlags (Art. 39 Nr. 6 Europol-VO-E). Allerdings bezog sich die Einschränkung lediglich auf die Ablehnungsgründe, nicht jedoch auch auf die Informationspflicht über die Existenz des EDSB als Beschwerdeinstanz.[993]

b) Berichtigungs- und Löschanspruch

Auch der bereits in ex. Art. 31 Europol-Ratsbeschluss statuierte Lösch-, beziehungsweise Berichtigungsanspruch, der aus Art. 7 und Art. 8 GRCh abzuleiten ist[994], wurde in Art. 37 Europol-VO nunmehr konkretisiert. Während Art. 37 Abs. 1 Europol-VO den Berichtigungsanspruch und Art. 37 Abs. 2 Europol-VO den Anspruch auf Löschung statuieren, sind beide Anspruchsgrundlagen zwar weitestgehend wortgleich, müssen indes grundsätzlich an verschiedenen Maßstäben gemessen werden.

Der Berichtigungsanspruch aus Art. 37 Abs. 1 Europol-VO ist an den Qualitätsgrundsätzen gemäß Art. 29 Abs. 2 Europol-VO zu messen. Der Löschanspruch gemäß Art. 37 Abs. 2 Europol-VO hingegen, richtet sich

---

993 Hiernach heißt es, dass „Informationen über die tatsächlichen und rechtlichen Gründe [...] nicht mitgeteilt werden [müssen]". Anders Art. 36 Abs. 7 Europol-VO, wonach die Phrase, „Bereitstellung dieser Informationen", sich auf die Gründe der Zugangsverweigerung oder Zugangseinschränkung und das Recht auf Beschwerde beim EDSB bezieht.
994 *Aden*, in: Lisken/Denninger (Hrsg.), Hdb. PolizeiR, Kap. N Rn. 146.

vor allem an die Einhaltung der Lösch- und Speicherfristen aus Art. 31 Europol-VO und den Grundsätzen der Verarbeitung personenbezogener Daten bestimmter Personenkategorien gemäß Art. 30 i. V. m. Anhang II B der Europol-VO. Beide Ansprüche müssen sich indes stets an den allgemeinen Grundsätzen gemäß Art. 28 Europol-VO messen lassen. Konträr ist allerdings der Vorbehalt, wonach die Löschung nur vollzogen werden soll, wenn die betreffenden Daten von Europol nicht mehr benötigt werden. In Anbetracht dessen, dass mit Art. 31 Abs. 2 Europol-VO ein Rechtsschutzbegehren einhergehen soll, weckt die Phrase Ungereimtheiten und bedarf einer Klarstellung. In diesem Zusammenhang ist auch Art. 37 Abs. 3 Europol-VO zu hinterfragen, der im Fall eines berechtigten Grundes ermöglicht, dass die Löschung in eine Zweckänderung durch Europol gewandelt werden kann. Die Europol zugesprochenen Vorbehalte kommen somit einer Aushöhlung des Rechtsschutzgedankens hinsichtlich der Löschpflicht gleich.

c) Beschwerderecht

Betroffene kommt ein besonderes Beschwerderecht gemäß Art. 47 Abs. 1 Europol-VO zu. Ist demnach eine Person der Ansicht, dass die Verarbeitung der sie betreffenden, personenbezogenen Daten durch Europol gegen die Grundsätze aus Art. 28 Europol-VO verstoßen, kann sie Beschwerde beim EDSB einreichen.[995] Das Beschwerderecht kommt dann zum Tragen, wenn das Auskunftsrecht gemäß Art. 36 Abs. 1 Europol-VO, das Recht auf Berichtigung und Einschränkung der Daten gemäß Art. 37 Abs. 1 Europol-VO und das Recht auf Löschung gemäß Art. 37 Abs. 2 Europol-VO gegenüber Europol für den Betroffenen ohne Erfolg war. In jedem Fall hat der EDSB die nationalen Kontrollbehörden des Mitgliedstaats über die Beschwerde zu informieren, von dem die betreffenden Daten stammen (Art. 47 Abs. 2). Betrifft die Beschwerde allerdings die Verarbeitung personenbezogener Daten, die ein Mitgliedstaat an Europol übermittelt hat, müssen der EDSB und die jeweilige nationale Kontrollbehörde, gemäß Art. 47 Abs. 3 Europol-VO, im Rahmen ihrer jeweiligen Zuständigkeiten die Rechtmäßigkeit der Datenverarbeitung überprüfen. Gegen die Ent-

---

995 Im Hinblick auf den Europol-Ratsbeschluss: *Gärditz*, in: Böse (Hrsg.), Europäisches Strafrecht, § 24 Rn. 56; *Ruthig*, in: Böse (Hrsg.), Europäisches Strafrecht, § 20 Rn. 77 f.

Kapitel 3: Maßnahmen der Europäischen Union

scheidung des EDSB kann, gemäß Art. 48 Europol-VO, Klage beim EuGH erhoben werden.

d) Schadenersatzanspruch

In dem Fall einer widerrechtlichen Verarbeitung von personenbezogenen Daten kommt Betroffenen, Art. 340 Abs. 2 AEUV entsprechend, ein außervertraglicher Schadenersatzanspruch gemäß Art. 50 Abs. 1 Europol-VO zu. Art. 50 Abs. 1 S. 2 Europol-VO sieht vor, dass der Betroffene die Klage gegen Europol beim EuGH, wiederum Art. 268 AEUV entsprechend, einreicht. Richtet sich der Vorwurf indes gegen einen Mitgliedstaat, sind im Zuge der in der Europol-VO niedergelegten Verantwortlichkeitsaufteilung die nationalen Gerichte zuständig. Ist nicht eindeutig, wer für die rechtswidrige Datenverarbeitung zuständig ist und wer der Adressat der Klage sein muss, wird der Verwaltungsrat von Europol mit dem Fall betraut, der im Zuge einer Zweidrittelmehrheit abstimmt (Art. 50 Abs. 2).[996] Im Zuge des primärrechtlich konstituierten Rechtsschutzes kann gegen die Entscheidung des Verwaltungsrates eine Nichtigkeitsklage gemäß Art. 263 Abs. 1 S. 2 AEUV eingereicht werden. Allerdings werden zurecht die praktische Relevanz und Bedeutung angezweifelt. Zwar sind Betroffene nunmehr theoretisch bessergestellt, als im Vergleich zum Europol-Ratsbeschluss, doch wird eine fehlerhafte Datenverarbeitung erst durch ein gezieltes Anfragen mutmaßlich Betroffener oder aufgrund einer konkreten Überprüfung durch den EDSB deutlich.[997]

11. Justizielle Kontrolle und Rechtsschutz

Sind Unionseinrichtungen mittelbar oder unmittelbar an Ermittlungen oder Strafverfahren beteiligt, ergeben sich gesonderte Probleme hinsichtlich der Rechtsschutzmöglichkeiten Betroffener.[998] Das Rechtsschutzverlangen ist vor allem im Hinblick auf das Recht auf informationelle Selbst-

---

996 Die Eigenschaft des Schiedsgerichts war dem Verwaltungsrat bereits aufgrund von ex. Art. 52 Abs. 3 Europol-Beschluss zugesprochen worden. Wie oben erwähnt, mangelte es allerdings an der ausdrücklichen Möglichkeit der Nichtigkeitsklage. Vgl. *Gärditz*, in: Böse (Hrsg.), Europäisches Strafrecht, § 24 Rn. 57.
997 *Aden*, in: Lisken/Denninger (Hrsg.), Hdb. PolizeiR, Kap. N Rn. 147.
998 Hierzu *Gärditz*, in: Böse (Hrsg.), Europäisches Strafrecht, § 24 Rn. 54 ff. Vor der Europol-VO *Saurer*, EuR 2010, 51, 63 f.

C. Maßnahmen innerhalb des Verwaltungsapparats der Europäischen Union

bestimmung von außerordentlicher Bedeutung. Die in der Europol-VO statuierten Verpflichtungen bedürfen aufgrund der Sensibilität der Verarbeitung personenbezogener Daten ein geeignetes und transparentes Rechtsschutzsystem.[999] Eine justizielle Kontrolle von Europol war weder im Primärrecht noch im Europol-Ratsbeschluss vorgesehen, was im Hinblick auf das Grundrecht auf effektiven Rechtsschutz gemäß Art. 6 Abs. 1 EUV i. V. m. Art. 47 Abs. 1 GRCh und Art. 13 EMRK kritisiert wurde.[1000] Zwar existierte die Gemeinsame Kontrollinstanz als Beschwerdeinstanz[1001], doch konnten Betroffene gegen Entscheidungen der Gemeinsamen Kontrollinstanz nicht gerichtlich vorgehen[1002], was auch für den Zeitraum der Übergangsfrist angenommen wurde[1003]. Seit dem 1. Dezember 2014[1004] unterliegt Europol dem europäischen Rechtsschutzsystem und der justiziellen Kontrolle durch den EuGH nach Art. 263 Abs. 1 S. 2

---

999 Siehe *Saurer*, EuR 2010, 51, 63.
1000 *Beaucamp*, DVBl. 2007, 802, 802 ff.; *Frowein/Kirsch*, JZ 1998, 589, 592 f.; *Kistner-Bahr*, Die Entwicklungstendenzen Europols im europäischen Integrationsprozess, S. 157 f.; Mayer/Stöger/*Murschetz*, AEUV, Art. 88 Rn. 17. Kritisch auch im Hinblick auf Art. 6 ERMK; Grabitz/Hilf/Nettesheim/*Röben*, Das Recht der EU, Art. 88 AEUV Rn. 26; Vedder/Heintschel v. Heinegg/*Rosenau/Petrus*, EU-Recht HdK, Art. 88 AEUV Rn. 12. Zur ehemals fehlenden justiziellen Kontrolle durch den EuGH im rechtspolitischen und -historischen Kontext: *Gleß/Grote/Heine*, Justizielle Einbindung und Kontrolle von Europol durch Eurojust, S. 16.
1001 Weshalb *Albrecht* und *Janson* von einem „gewissen Individualrechtsschutz" sprechen: *Albrecht/Janson*, EuR 2012, 230, 232.
1002 Mayer/Stöger/*Murschetz*, AEUV, Art. 88 Rn. 17.
1003 Grabitz/Hilf/Nettesheim/*Röben*, Das Recht der EU, Art. 88 AEUV Rn. 27. A. A. Schwarze/Hatje/Schoo/Becker/*Böse*, Art. 88 AEUV Rn. 9.
1004 Der Termin ergibt sich aus der fünfjährigen Übergangszeit, wonach die justizielle Kontrolle gem. Art. 10 Abs. 1, 3 Protokoll Nr. 36 über die Übergangsbestimmungen (ABl. EU C 115/322 v. 9. Mai 2008) durch den EuGH auf Maßnahmen im Bereich der ehemaligen PJZS erweitert wurde. Vor Ablauf der Übergangsfrist und unter der Maßgabe, dass Rechtsakte noch nicht durch Neuerungen des Vertrages von Lissabon ersetzt bzw. geändert worden waren, waren Vertragsverletzungsverfahren oder Schadensersatzklagen nicht und ein Vorabentscheidungsverfahren zudem nur unter bestimmten Voraussetzungen möglich. Vgl. hierzu *Suhr*, ZEuS 2009, 687, 695 f.; *Hecker*, Europäisches Strafrecht, § 5 Rn. 61. Wäre der Ratsbeschluss vor dem 1. Dezember 2014 durch eine Verordnung ersetzt worden, hätte die justizielle Kontrolle gem. Art. 10 Abs. 2 Prokoll Nr. 36 bereits vor Ablauf der Frist Anwendung gefunden. Richtigerweise *Suhr*, ZEuS 2009, 687, 696. A. A. Vedder/Heintschel v. Heinegg/*Rosenau/Petrus*, EU-Recht HdK, Art. 88 AEUV Rn. 13, die davon ausgehen, dass die Frist das Erfordernis einer Verordnung voraussetzt.

AEUV.[1005] Art. 263 Abs. 5 AEUV gestattet eine konkrete Ausgestaltung im Sekundärrecht, was jedoch nicht zu einer Aushöhlung des Art. 263 Abs. 1 2. S AEUV führen darf[1006]. Gemäß Art. 263 Abs. 1 S. 2 AEUV überwacht der EuGH die Rechtmäßigkeit der Handlungen der Einrichtungen und sonstigen Stellen der Europäischen Union, mit Rechtswirkung gegenüber Dritten, was die Rechtsschutzmöglichkeiten gegenüber den Agenturen der Europäischen Union maßgeblich erweitert[1007]. Die Änderungen zugunsten des Rechtsschutzes Betroffener sind vor allem im Hinblick datenschutzrechtlicher Aspekte bei der Verarbeitung personenbezogener Daten und im Rahmen operativer Befugnisse Europols zu bewerten. Allerdings ist umstritten, ob mit Ablauf der Übergangsfrist gerichtliche Kontrollmöglichkeiten nun vollumfänglich gewährleistet werden. Eine Ansicht kritisiert, dass die unmittelbare gerichtliche Überprüfung der Tätigkeiten Europols nach wie vor nicht gegeben sei, wodurch Handlungen Europols der Justiziabilität entzogen werden würden.[1008] Hingegen geht die h. A. richtigerweise von einer Auflösung des Rechtsstaatsdefizits aus.[1009] Art. 42 Abs. 4 Europol-VO sieht das Recht Betroffener vor, die Überprüfung der Rechtmäßigkeit der Datenverarbeitung einzufordern. Die Entscheidungen nationaler Kontrollbehörden sind auf Grundlage nationalen Rechts zu bewerten und entsprechend etwaige Rechtsbehelfe auch dem nationalen Recht zu entnehmen. Letzteres entspricht dem geteilten Modell der Verantwortlichkeit zur Datenverarbeitung zwischen den Mitgliedstaaten und Europol.[1010]

a) Rechtsschutz in Folge der Datenverarbeitung

Art. 263 Abs. 1 AEUV unterstellt die Handlungen aller Unionseinrichtungen der gerichtlichen Kontrolle durch den EuGH, wenn die Handlungen Rechtswirkung gegenüber Dritten entfalten. Dies betrifft stets die Verarbeitung von personenbezogenen Daten durch Unionseinrichtungen, da

---

1005 *Ahlbrecht*/Böhm/Esser/Eckelsmann, Internationales Strafrecht, § 4 Rn. 1481.
1006 Calliess/Ruffert/*Suhr*, Art. 88 AEUV Rn. 8, 28.
1007 *Suhr*, ZEuS 2009, 687, 697.
1008 *Hecker*, Europäisches Strafrecht, § 5 Rn. 61.
1009 So Mayer/Stöger/*Murschetz*, AEUV, Art. 88 Rn. 18 f.; *Suhr*, ZEuS 2009, 687, 697; Vedder/Heintschel v. Heinegg/*Rosenau/Petrus*, EU-Recht HdK, Art. 88 AEUV Rn. 13.
1010 Streinz/*Dannecker*, Art. 88 AEUV Rn. 20.

eine tatsächlich eintretende Rechtsfolge nicht gegeben sein muss[1011]. Im Rahmen einer Nichtigkeitsklage muss ausreichend bestimmt sein, wer die in Frage stehende Entscheidung getroffen hat. Dabei ist entweder der EDSB oder die entsprechende Organisationsebene innerhalb Europols zu bestimmen. Sodann kann eine Nichtigkeitsklage nach Art. 263 Abs. 1 S. 2 AEUV erhoben werden. Zu beachten ist indes stets, dass erst die sekundärrechtlich konstituierte Beschwerdemöglichkeit genutzt werden muss. Ist dieses Recht erschöpft, ist der Rechtsweg vor dem EuGH eröffnet. Selbiges Stufensystem gilt für Untätigkeitsklagen gemäß Art. 265 Abs. 1 S. 2 AEUV. Auch in diesem Fall muss das Beschwerderecht erschöpft sein, um dann formell eine Untätigkeitsklage beim EuGH einreichen zu können.[1012]

b) Gerichtsbarkeit in Folge operativer Ermittlungstätigkeit

Obwohl die Europol-VO vollumfänglich der Kontrollbefugnis des EuGH unterliegt, wird dessen Zuständigkeit im Rahmen ‚gemischter Ermittlungsgruppen' in Frage gestellt. Art. 88 Abs. 2 lit. b) AEUV eröffnet Europol in zweierlei Form operative Ermittlungsmöglichkeiten unter der Voraussetzung des Einverständnisses der jeweiligen Mitgliedstaaten. Hiernach können Europol und nationale Ermittlungsbehörden kooperativ ermitteln (1. Alt.)[1013] oder gemeinsame operative Ermittlungsgruppen einrichten (2. Alt.)[1014].

aa) Gemeinsame Ermittlungsgruppe

Für Handlungen Europol-Bediensteter im Rahmen ‚gemeinsamer operativer Ermittlungsgruppen' wird grundsätzlich angenommen, dass die Gerichtsbarkeit den nationalen Gerichten obliegt. Die damit zusammenhängenden Handlungen und Maßnahmen sind von der Kontrollbefugnis des EuGH aufgrund von Art. 276 AEUV ausgenommen[1015], was sich im Übrigen auch mit ex. Art. 6 Abs. 6 Europol-Ratsbeschluss decken würde. Art. 5

1011 *Gärditz*, in: Böse (Hrsg.), Europäisches Strafrecht, § 24 Rn. 58.
1012 *Gärditz*, in: Böse (Hrsg.), Europäisches Strafrecht, § 24 Rn. 57.
1013 Vgl. auch Art. 4 Abs. 1 lit. c) i) Europol-VO.
1014 Vgl. auch Art. 4 Abs. 1 lit. c) ii), d) und Art. 5 Europol-VO.
1015 Mayer/Stöger/*Murschetz*, Art. 88 AEUV Rn. 18, 20; Vedder/Heintschel v. Heinegg/*Pache*, EU-Recht HdK, Art. 276 AEUV Rn. 7; Lenz/Borchardt/*Zerdick*, Art. 88 AEUV Rn. 16.

Abs. 1 Europol-VO setzt allerdings Vereinbarungen und Haftungsbestimmungen als Voraussetzung zur Einrichtung gemeinsamer Ermittlungsgruppen voraus[1016], weshalb eine diesbezügliche Gerichtsbarkeit zugunsten des EuGH vereinbart werden könnte. Letzteres erscheint indes aufgrund nationaler Souveränitätsvorbehalte nur theoretisch möglich. Die Gerichtsbarkeit zugunsten nationaler Gerichte spiegelt sich auch in Art. 5 Abs. 2 Europol-VO wider. Hiernach haben sich Europol-Bediensteter innerhalb der Grenzen mitgliedstaatlicher Bestimmungen zu bewegen. Zudem haben die jeweiligen Europol-Bediensteten stets allen Mitgliedern der Ermittlungsgruppe Informationen weiterzuleiten und die betreffenden Mitgliedstaaten über die Quelle der Information zu informieren (Art. 5 Abs. 3). Art. 88 Abs. 3 AEUV unterstreicht diesen Ansatz, wonach Europols Operativbefugnis das Einverständnis der betroffenen Mitgliedstaaten voraussetzt. Europol-Bediensteten kommt zudem keine führende, beziehungsweise leitende Funktion innerhalb der Ermittlungsgruppen zu, sondern es verbleibt bei einer unterstützenden Tätigkeit.[1017] Etwaige Handlungen mit Rechtswirkung gegenüber Dritten unterliegen daher der nationalen Zuständigkeit und diesbezügliche Rechtsschutzansprüche sind vor nationalen Gerichten geltend zu machen.[1018]

bb) Kooperative Ermittlung

Umstritten ist, wem die Gerichtsbarkeit im Rahmen ‚gemeinsamer kooperativer Ermittlungen' mit nationalen Behörden zukommt. Es wird argumentiert, dass im Zuge der Tätigkeit einer kooperativen operativen Ermittlung, die Überprüfungsbefugnis des EuGH gemäß Art. 263 Abs. 1 S. 2 AEUV, zumindest auf Handlungen Europol-Bediensteter Anwendung fin-

---

1016 Ex. Art. 6 Abs. 2 Europol-Beschluss sah lediglich eine Vereinbarung zur Festlegung etwaiger verwaltungstechnischer Modalitäten vor.
1017 Die weiterhin bestehende unterstützende Funktion im Zuge gemeinsamer Ermittlungsgruppen würde allerdings im Hinblick auf den Wortlaut von Art. 88 Abs. 2 lit. b) AEUV aufgehoben, der eine gleichrangige Interpretation („Partnerschaft") zuließe. So Mayer/Stöger/*Murschetz*, Art. 88 AEUV Rn. 13.
1018 Streinz/*Dannecker*, Art. 88 AEUV Rn. 26; Grundsätzlich zustimmend, allerdings kritisch im Hinblick auf solche Fallkonstellationen, bei denen verdeckte Ermittler agieren oder eine grenzüberschreitende Observation stattfindet: Mayer/Stöger/*Murschetz*, Art. 87 AEUV Rn. 19.

C. Maßnahmen innerhalb des Verwaltungsapparats der Europäischen Union

den würde.[1019] Es solle demnach zu einem Auseinanderfallen der gerichtlichen Zuständigkeit kommen, je nachdem auf welche Person, die in Frage stehende Handlung zurückgehe, die als rechtwidrige Handlung im Raum steht[1020]. Ist die Handlung auf die Tätigkeit eines Europol-Bediensteten zurückzuführen, sei der EuGH zuständig. Im Fall einer Handlung seitens eines nationalen Ermittlungsbeamten, soll diese allein in die Zuständigkeit nationaler Gerichte fallen. Diese Ansicht würde Art. 276 AEUV entsprechen, da eine Befugnis des EuGH für die Überprüfung der Gültigkeit von Maßnahmen der nationalen Ermittlungs- und Strafverfolgungsbehörden ausdrücklich verboten ist, jedoch nicht für die Maßnahmen von Europol. Dieser Ansicht wird jedoch entgegengestellt, dass eine Überprüfungsmöglichkeit durch den EuGH von Handlungen durch Europol-Bedienstete, auch gleichlaufend eine Überprüfung nationaler Ermittlungshandlungen und somit ein Verstoß gegen Art. 276 AEUV darstellen würde. Zudem würde es zu einer Untergrabung nationaler Souveränität führen, weshalb auch im Rahmen kooperativer Ermittlungen für eine gänzliche Jurisdiktion zugunsten nationaler Gerichte plädiert wird.[1021] Allerdings geht die h. A. richtigerweise davon aus, dass dem EuGH eine Überprüfungsbefugnis über Europol auch im Rahmen gemeinsamer kooperativer Ermittlungen i. S. v. Art. 88 Abs. 2 lit. b) 1. Alt. AEUV aufgrund von Art. 263 Abs. 1 S. 2 AEUV zukommt. Hiernach hat der EuGH ausdrücklich die Rechtmäßigkeit der Handlungen von Einrichtungen oder sonstigen Stelle der Europäischen Union, mit Rechtswirkung gegenüber Dritten, zu überwachen. Andernfalls würde dies unmittelbar dem Sinn und Zweck von Art. 263 AEUV widersprechen. Dieser Ansatz ist auch nicht konträr zu Art. 276 AEUV, da der EuGH zwar einen ‚Einblick' in nationale Ermittlungsarbeit erhält[1022], aber hieraus keine Kontrolle durch den EuGH abgeleitet werden kann. Von Relevanz ist, ob und wie die Handlung individuell einen Europol-Bedienstetem oder einem nationalen Ermittlungsbeamten zurechenbar sein

---

1019 Vgl. im Hinblick auf den EU-Verfassungsvertrag bereits *Esser*, in: Zuleeg (Hrsg.), Europa als Raum der Freiheit, der Sicherheit und des Recht, S. 25 (29 f.).
1020 Streinz/*Dannecker*, Art. 88 AEUV Rn. 28.
1021 *Srock*, Rechtliche Rahmenbedingungen für die Weiterentwicklung von Europol, S. 234 f.
1022 Mayer/Stöger/*Murschetz*, Art. 88 AEUV Rn. 21; Calliess/Ruffert/*Suhr*, Art. 88 AEUV Rn. 26.

Kapitel 3: Maßnahmen der Europäischen Union

soll.[1023] Erst wenn die Handlung einer konkreten Person zugeordnet werden kann, kann der, von der h. A. angenommen getrennten Zuständigkeit Folge geleistet und eine Verletzung von Art. 276 AEUV vermieden werden. Wie bereits erwähnt, wird es für Betroffene regelmäßig unmöglich sein, die in Frage stehende Person festzustellen und zu benennen. In der Handlungssphäre Europol-Bediensteter wird daher gefordert, dass die Zuständigkeit des EuGH bereits dann gegeben sein soll, wenn lediglich feststeht, dass die in Frage stehende Handlung von Europol begangen worden ist. Diese Möglichkeit lasse sich aus Art. 263 Abs. 1 S. 2 AEUV herleiten.[1024]

12. Sonderpositionen

a) Vereinigtes Königreich

Obwohl das Vereinigte Königreich erst eine weitere Partizipation an Europol verneint hatte[1025], -was eine äußerst kritische Diskussion über den Status des Vereinigten Königreichs innerhalb der Behörde auslöste-[1026], und bereits der EU-Austritt angekündigt worden war, machte das Vereinigte Königreich wenig später von seinem „opt-in"-Recht zur Europol-VO Gebrauch[1027]. Im Übrigen hatte Irland seine Annahme zur Europol-VO bereits im Zuge des Gesetzgebungsvefahrens erklärt.[1028] Wie die polizeiliche

---

1023 *Dannecker* plädiert grundsätzlich auch für eine getrennte Zuständigkeit, allerdings stellt dieser auf die konkrete Zuordnung der betreffenden Maßnahme ab. Vgl. Streinz/*Dannecker*, Art. 88 AEUV Rn. 28. Bereits zuvor auch von notwendiger „Individualisierbarkeit der Verantwortung" sprechend *Gusy*, in: *Wolter/Schenke/Hilger/Ruthig/Zöller*, Alternativentwurf Europol und europäischer Datenschutz, S. 265 (270).
1024 Vgl. Mayer/Stöger/*Murschetz*, Art. 88 AEUV Rn. 21.
1025 ABl. EU L 135/53 v. 24. Mai 2016, Erwägungsgrund Nr. 72.
1026 BT-Drs. 18/10104, S. 5; *BT-Unterabteilung Europa*, Ausarbeitung PE 6-3000-131-/16, S. 14. Zu den Gründen, weshalb das Vereinigte Königreich sich vorerst gegen ein ‚opt-in' ausgesprochen hat: House of Commons, Home Affairs Committee, Pre-Lisbon Treaty EU police and criminal justice measures: the UK's opt-in decision, 9th Report of Session 2013-14, 2013, Rn. 45 ff.
1027 Beschluss (EU) 2017/388 der Kommission vom 6. März 2017 zur Bestätigung der Beteiligung des Vereinigten Königreichs Großbritannien und Nordirland an der Verordnung (EU) 2016/794 des Europäischen Parlaments und des Rates über die Agentur der Europäischen Union für die Zusammenarbeit auf dem Gebiet der Strafverfolgung (Europol), ABl. EU L 59/53 v. 7. März 2017.
1028 ABl. EU L 135/53, Erwägungsgrund Nr. 72.

C. Maßnahmen innerhalb des Verwaltungsapparats der Europäischen Union

Zusammenarbeit zwischen der Europäischen Union und dem Vereinigten Königreich nach dem EU-Austritt ausgestaltet wird, ist nach wie vor offen. Trotz des bisherigen äußerst selektiven Interesses des Vereinigten Königreichs im Bereich des RFSR[1029], strebt das Vereinigte Königreich eine enge polizeiliche Zusammenarbeit mit der Europäischen Union an, die unter anderem ein Zugriffsrecht auf das Informationssystem Europols umfassen soll.[1030] Fest steht, dass das Vereinigte Königreich nach einem Ausscheiden aus der Europäischen Union als Drittstaat anzusehen ist. Eine Zusammenarbeit ist sodann nur auf Grundlage eines völkerrechtlichen Abkommens denkbar, was zwischen dem Rat und dem Vereinigten Königreich gemäß Art. 218 AEUV abgeschlossen werden müsste.[1031] Der Status wäre indes nicht annähernd vergleichbar mit der derzeitigen Stellung des Vereinigten Königreichs innerhalb der Organisationsstruktur Europols[1032], würde dem aber vergleichsweise am nächsten kommen[1033]. Angesprochen wird auch der Abschluss von bilateralen Vereinbarungen zwischen dem Vereinigten Königreich und den einzelnen Mitgliedstaaten im Hinblick auf die Regelung einer Angelegenheit gemeinsamen Interesses.[1034] Die Abkommen vermögen allerdings nicht, dass das Vereinigte Königreich die Zugriffsrechte auf SIENA und auf das Informationssystem Europols behält. Konsequen-

---

1029 Anhand der Maßnahmen im Bereich der PJZS verdeutlicht: *Mitsilegas*, Criminal Law Review 2016, 517. 517 ff.
1030 Umfassend *Ambos*, JZ 2017, 707, 710 ff. und *Mitsilegas*, Criminal Law Forum 2017, 219, 241.
1031 Hierzu *Mitsilegas*, Criminology in Europe 2017, 9, 10.
1032 So auch das britische Unterhaus: House of Commons, Home Affairs Committee, Pre-Lisbon Treaty EU police and criminal justice measures: the UK's opt-in decision, 9th Report of Session 2013-14, 2013, Rn. 48. Von April 2009 bis Mai 2018 war der Waliser Robert *Wainright* Exekutivdirektor Europols und somit, neben dem strukturellen, Aufbau an zahlreichen Erfolgen der Behörde beteiligt. Zudem zeigt sich wohl auch bei Betrachtung der Personalstruktur, dass zahlreiche Leitungs- und Führungspositionen bei Europol mit britischen Staatsangehörigen besetzt sind. Siehe hierzu *Ligeti/ Robinson*, Criminology in Europe 2017, 11, 11. Mit über 60 entsandten Mitarbeitern ist das Vereinigte Königreich der am viertstärksten vertretene Mitgliedstaat bei Europol. Zudem stehen 40% aller von Europol bearbeiteten Fälle im Zusammenhang mit dem Vereinigten Königreich. Hierzu BT-Drs. 18/10104, S. 1. Zudem es ist vor allem das Vereinigte Königreich, das Informationen an Europol übermittelt. Hierzu Europol, Jahresbericht 2011, S. 18. Die möglichen Szenarien zusammenfassend: *Ambos*, JZ 2017, 707, 712; *Mitsilegas*, Criminal Law Forum 2017, 219, 241 f.
1033 *Mitsilegas*, Criminal Law Forum 2017, 219, 241.
1034 *Mitsilegas*, Criminal Law Forum 2017, 219, 241; *ders.*, Criminology in Europe 2017, 9, 10; *ders.*, Criminal Law Review 2016, 517, 528 ff.

terweise verliert vollumfänglich das britische Unterhaus seine parlamentarischen Kontrollrechte aus der Europol-VO.[1035] Dass das Vereinigte Königreich sich zudem nicht an den sekundärrechtlichen Vorgaben bezüglich des Datenschutzrechts beteiligt hat (Art. 6a Protokoll Nr. 21), sollte aufgrund des in der Europol-VO geforderten angemessenen Datenschutzniveaus berücksichtigt werden.

b) Dänemark

Dänemark beteiligt sich nicht an der Europol-VO[1036] und ist als Drittstaat anzusehen. Da der Abschluss eines operativen oder strategischen Abkommens nur dann in Betracht kam, wenn der Kooperationsstaat vom Rat gelistet worden war, erfolgte noch im Februar 2017, drei Monate vor Inkrafttreten der Europol-VO am 1. Mai 2017, der Durchführungsbeschluss (EU) 2017/290[1037]. Der Durchführungsbeschluss führte zur Listung Dänemarks, weshalb der Abschluss eines Abkommens wiederum möglich geworden war. Bereits im April 2017 folgte sodann die Unterzeichnung eines operativen Abkommens zwischen Europol und Dänemark.

13. Europäisches Zentrum zur Bekämpfung der Computerkriminalität (EC3)

Das EC3 nahm seine Tätigkeit am 1. Januar 2013 auf. Es handelt sich nicht um eine gesonderte Einrichtung, sondern um eine IT-Expertengruppe, die der Personal- und Organisationsstruktur Europols angehört. Die Expertengruppe befasst sich nicht nur mit Straftaten im Zusammenhang mit der Computerkriminalität im engeren Sinn, sondern ist mit allen Formen und Ausprägungen der Computerkriminalität betraut. Der Zugriff des EC3 auf Europols Informationssystem ermöglicht eine umfassende Analyse von Kriminalitätsformen, die in Europols Zuständigkeit fallen. Zu den Aufgaben der Expertengruppe zählen die Ausarbeitung von strategischen Analy-

---

1035 *Ambos*, JZ 2017, 707, 712 f.
1036 ABl. EU L 135/53 v. 24. Mai 2016, Erwägungsgrund Nr. 74.
1037 Durchführungsbeschluss (EU) 2017/290 des Rates vom 17. Februar 2017 zur Änderung des Beschlusses 2009/935/JI hinsichtlich der Liste der Drittstaaten und dritten Organisationen, mit denen Europol Abkommen schließt, ABl. EU L 42/17 v. 18. Februar 2017.

C. Maßnahmen innerhalb des Verwaltungsapparats der Europäischen Union

sen, der Ausbau von operationellen und analytischen Kapazitäten, die Unterstützung bei Ermittlungsverfahren nationaler Strafverfolgungsbehörden, die Verbesserung von Ermittlungsmethoden und die Stärkung der öffentlichen Wahrnehmung in Bezug auf die Bedrohung durch die Computerkriminalität. Im Hinblick auf die AWF sind es vor allem die Focal Points ‚Cyborg', ‚Terminal' und ‚Twins', die für die Tätigkeit des EC3 relevant sind. Das EC3 steht den nationalen Strafverfolgungs- und Ermittlungsbehörden sowie dem CERT („Computer Emergency Response Team") als Ansprechpartner zur Verfügung.[1038] Zugleich ist das EC3 federführend in der Erstellung des jährlichen Berichts IOCTA („Internet Organised Crime Threat Assessment"). Gemeinsam mit Eurojust arbeitet das EC3 derzeit an Regelungsvorschlägen zur Vorratsdatenspeicherung.[1039] Neben der Analyse der Focal Points agiert das J-CAT („Joint Cybercrime Action Taskforce") innerhalb der EC3. Die Einheit besteht aus Verbindungsbeamten einzelner Mitgliedstaaten[1040] und Abgesandten aus Drittstaaten. Für letztere gilt indes, dass sie ein Verbindungsbüro in Den Haag unterhalten müssen. Dies trifft beispielsweise auf Australien, Kanada und die U.S.A. zu. Die Aufgabe der Taskforce besteht in der Koordination von transnationalen Strafverfolgungsmaßnahmen gegen Computerkriminalität.[1041]

14. Zwischenergebnis

Wie bereits in Art. 88 AEUV gefordert, hat die Europol-VO zu einer maßgeblichen Stärkung parlamentarischer Kontrollbefugnisse geführt, was sich in der Rechenschaftspflicht gegenüber dem Europäischen Parlament und in der Einrichtung des Gemeinsamen parlamentarischen Kontrollausschusses widerfindet. Die parlamentarische Kontrolle wird von der Gerichtsbarkeit durch den EuGH flankiert, die allerdings erst nach Ablauf der fünfjährigen Übergangsfrist zum 1. Dezember 2014 wirken sollte. Die

---

1038 Siehe *Europol*, „Cyber Intelligence", abrufbar unter: https://www.europol.euro pa.eu/ec3/cyber-intelligence (zuletzt abgerufen am 15. Juni 2020).
1039 *Europol/Eurojust*, Common challenges in combating cybercrime, S. 5 ff.
1040 Derzeit sind Frankreich, Deutschland, Italien, Niederlande, Spanien und das Vereinigte Königreich in der Taskforce vertreten.
1041 Siehe *Europol*, „Joint cybercrime action taskforce (J-CAT)", abrufbar unter: https://www.europol.europa.eu/activities-services/services-support/joint-cybercr ime-action-taskforce (zuletzt abgerufen am 15. Juni 2020).

Kapitel 3: Maßnahmen der Europäischen Union

Kontrollbefugnisse bilden daher ein „Netz von Kontrollstrukturen"[1042] in horizontaler und vertikaler Hinsicht. Betroffenen ist es nunmehr möglich, eine Nichtigkeits- oder Untätigkeitsklage gegen Europol zu erheben. Des Weiteren werden Betroffenen außervertragliche Schadenersatzansprüche zugesprochen, für die ebenfalls der EuGH zuständig ist.

Europol ist zu einem zentralen Datensammel- und -analysezentrum ausgebaut worden, um grenzüberschreitende Kriminalität zu bekämpfen und zu verhindern. Vor allem die gemeinsame Bekämpfung des Terrorismus hat Europol über europäische Grenzen hinweg zu einem wichtigen Knotenpunkt für die grenzüberschreitende Verbrechensbekämpfung gemacht, weshalb Europol auch in außensicherheitspolitischen Fragen eine nicht zu unterschätzende Rolle einnimmt.[1043] Der außensicherheitspolitische Aspekt wird vor allem im Hinblick auf die immer intensiver werdende Zusammenarbeit mit Drittstaaten und Drittstellen deutlich.[1044]

Die Europol-VO hebt unweigerlich die Herausforderungen hervor, die die Gewährleistung eines Raums der Sicherheit einerseits und die strikte Beachtung des Grundrechts auf informationelle Selbstbestimmung andererseits, mit sich bringen. Letzteres zeigt sich vordergründig darin, dass die Europol-VO zahlreiche, diffizil ausgestaltete Schranken-Schranken-Mechanismen vorsieht, die es Europol in einem überaus weiten Maß gestattet, personenbezogene Daten mit seinen Partnern auszutauschen. Die Möglichkeit des Austauschs personenbezogener Daten wird von einem Vertrauensverhältnis von Europol zu seinen Partnern abhängig gemacht, das grundsätzlich auf einer Ermessensentscheidung Europols fußt. Während sich der Datentransfer von personenbezogenen Daten gegenüber Unionseinrichtungen und Behörden der Mitgliedstaaten relativ freizügig gestaltet, ist dies nur bedingt gegenüber Drittstaaten und internationalen Organisationen möglich. In dringenden und erforderlichen Fällen ist es Europol aber gestattet, auch ohne Überprüfung dortiger geeigneter Datenschutzstandards, personenbezogene Daten zu übermitteln. Die absolut notwendige Gefahrenabwehr steht indes hierbei im Vordergrund.

1042 *Aden*, in: Lisken/Denninger (Hrsg.), Hdb. PolizeiR, Kap. N Rn. 136.
1043 Hierzu *Mounier*, Perspectives on European Politics and Society 2009, 582, 593; *Trauner*, European Union Institute for Security Studies 2016, 1, 1 ff.
1044 So auch *Blasi Casagran*, Global Data Protection in the Field of Law Enforcement, S. 145.

V. ENISA

1. Aufgaben und Funktion

Die Europäische Agentur für Netz- und Informationssicherheit (ENISA) wurde im Jahr 2004 auf Grundlage der Verordnung (EG) 460/2004[1045] errichtet. Ihre Hauptaufgabe ist die Gewährleistung einer hohen und effektiven Netz- und Informationssicherheit. Mit der Verordnung (EU) 526/2013[1046] hatte ENISA ein bis 2020 befristetes Mandat erhalten. In Anbetracht der Bedrohung durch Cyberattacken, die sich vor allem gegen kritische Infrastruktursysteme richten[1047], wurde das Aufgabenspektrum von ENISA erweitert und ihre personellen Strukturen angepasst.[1048] Trotz der Kompetenzerweiterungen ist die Beratungs- und Koordinierungsfunktion in Form eines „Fachzentrums"[1049] auch weiterhin zentrale Aufgabe der Agentur.[1050] Zudem hebt auch die NIS-Richtlinie die zentrale Rolle von ENISA in Fragen der Cybersicherheit hervor. Neben der unterstützenden Funktion zur Errichtung der nationalen CSIRTs, gemäß Art. 9 Abs. 5 Richtlinie (EU) 2016/1148, ist ENISA Teil der Kooperationsgruppe i. S. v. Art. 11 Richtlinie (EU) 2016/1148. Die Kooperationsgruppe, die sich neben Mitgliedern von ENISA aus Angehörigen der Europäischen Kommission und Vertretern der Mitgliedstaaten zusammensetzt, unterstützt und erleichtert die strategische Zusammenarbeit sowie den Informationsaustausch zwischen den Mitgliedstaaten zugunsten eines gemeinsamen Cybersicherheitsstandards.

[1045] Verordnung (EG) Nr. 460/2004 des Europäischen Parlaments und des Rates vom 10. März 2004 zur Errichtung der Europäischen Agentur für Netz- und Informationssicherheit, ABl. EU L 77/1 v. 13. März 2004.
[1046] Verordnung (EU) Nr. 526/2013 des Europäischen Parlaments und des Rates vom 21. Mai 2013 über die Agentur der Europäischen Union für Netz- und Informationssicherheit (ENISA) und zur Aufhebung der Verordnung (EG) Nr. 460/2004, ABl. EU L 165/41 v. 18. Juni 2013.
[1047] ABl. EU L 165/41 v. 18. Juni 2013, Erwägungsgründe Nr. 1 f.
[1048] ABl. EU L 165/41 v. 18. Juni 2013, Erwägungsgründe Nr. 11, 13, 18 f.
[1049] *Bergmann*, in: Bergmann (Hrsg.), Handlexikon der EU, Agentur für Netz- und Informationssicherheit.
[1050] *Klett/Ammann*, CR 2014, 93, 94.

Kapitel 3: Maßnahmen der Europäischen Union

2. Reformierung

Das ‚Cybersicherheitspaket 2017' sah eine erneute Reformierung der Agentur vor[1051], die unter anderem auf eine Evaluierung im Zeitraum 2013 und 2016 zurückgeht[1052]. Wie bereits das ‚Cybersicherheitspaket 2013', setzte die Europäische Union auf Widerstandsfähigkeit, Belastbarkeit und Abwehrbereitschaft der Informations- und Kommunikationstechnik (sog. Cyber-Resilienz[1053]). Dennoch sollte ENISA eine „stärkere operative und zentrale Funktion bei der Verwirklichung der Abwehrfähigkeit gegenüber Cyberangriffen"[1054] zukommen. Im Juni 2019 folgte die Verordnung (EU) 2019/881[1055] auf Grundlage der Binnenmarktkompetenzklausel gemäß Art. 114 AEUV[1056], die die ehemalige Agentur für Netz- und Informationssicherheit in die Agentur der Europäischen Union für Cybersicherheit umwandelte und das Mandat, gemäß Art. 68 Abs. 4 Verordnung (EU) 2019/881, entfristete.

Im Hinblick auf das Subsidiaritätsprinzip wird auf die grenzüberschreitende Dimension von Cyberattacken hingewiesen, aufgrund derer rein nationale, isolierte Sicherheitsbestimmung nicht ausreichen würden.[1057] Die Verordnung überträgt ENISA zudem die Verantwortung hinsichtlich des

---

1051 Es handelte sich um einen umfassenden Verordnungsvorschlag, der neben 65 Erwägungsgründen in einem vorangestellten, 25 Seiten umfassenden Kapitel, auf den notwendigen Kapazitätsausbau von ENISA hinwies.
1052 Im Rahmen der Evaluierung wurde ENISA auf ihre Bedeutung, Wirksamkeit, Effizienz, Kohärenz und ihren Mehrwert für die Europäische Union untersucht. Einerseits wurde ENISA als notwendige Agentur betrachtet, die andererseits aber unter mangelndem qualifiziertem Personal zu leiden hat. Siehe hierzu COM(2017) 477 final v. 4. Oktober 2017, S. 18 ff.
1053 *Bendiek/Bossong/Schulze*, SWP-Aktuell 2017, S. 2.
1054 COM(2017) 477 final v. 4. Oktober 2017, S. 2.
1055 Verordnung (EU) 2019/881 des Europäischen Parlaments und des Rates vom 17. April 2019 über die ENISA (Agentur der Europäischen Union für Cybersicherheit) und über die Zertifizierung der Cybersicherheit von Informations- und Kommunikationstechnik und zur Aufhebung der Verordnung (EU) Nr. 526/2013 (Rechtsakt zur Cybersicherheit), ABl. EU L 151/15 v. 7. Juni 2019.
1056 Der EuGH hat bereits im Jahr 2006 entschieden, dass die Errichtung von ENISA und die Übertragung von Aufgaben mit der Verordnung (EG) Nr. 460/2004 vom Anwendungsbereich des Art. 114 AEUV gedeckt ist. So EuGH, Vereinigtes Königreich/Parlament und Rat - *ENISA*, Rs. C-217/04, Slg. 2006, I-3789 Rn. 44 ff.; EuGH, Vereinigtes Königreich/Europäisches Parlament und Rat - *ESMA*, Rs. C-270/12, ECLI:EU:C:2014:18 Rn. 88 ff.
1057 Lediglich andeutend ABl. EU L 151/15 v. 7. Juni 2019, Erwägungsgrund Nr. 109.

C. Maßnahmen innerhalb des Verwaltungsapparats der Europäischen Union

unionsweiten Zertifizierungssystems, das einen gleichen Sicherheitsstandard der Informations- und Kommunikationstechnik anstrebt. Letzteres dient der Begründung weiterer Kompetenzerweiterungen.[1058] Dass Agenturen der Europäischen Union maßgeblich an der Gestaltung von Unionspolitiken mitwirken, zeigt sich mitunter deutlich in Art. 5 Verordnung (EU) 2019/881 bezüglich ENISA. ENISA soll an der Entwicklung und Umsetzung der Unionspolitik und des Unionsrechts mitwirken, indem sie Stellungnahmen und Analysen hinsichtlich der Cybersicherheit vorbereitet und darüber hinaus Legislativmaßnahmen vorschlägt (Art. 5 Nr. 1). Gemäß Art. 4 Abs. 7 Verordnung (EU) 2019/881 ist ENISA auch weiterhin zugunsten des Kapazitätsausbaus und der Kooperation zwischen den Mitgliedstaaten unterstützend und fördernd tätig. Zudem soll ENISA Sensibilisierungsmaßnahmen gegenüber Bürgern, Organisationen und Unternehmen zum Thema Cybersicherheit vornehmen.[1059] Art. 7 Verordnung (EU) 2019/881 sieht nunmehr auch operative Befugnisse vor, die sich jedoch grundsätzlich auf die Förderung operativer Zusammenarbeit zwischen den Akteuren und der Einbringung von Fachwissen erstrecken. Die Unterstützung der operativen Zusammenarbeit kann sich jedoch auch auf die Bekämpfung der Computerkriminalität, gemäß Art. 7 Abs. 2 Verordnung (EU) 2019/881, beziehen.[1060] Von einer tatsächlichen operativen Befugnis kann indes nur im Rahmen von Art. 7 Abs. 4 lit. c), lit. d) Verordnung (EU) 2019/881 gesprochen werden. ENISA ist auf Grundlage von freiwillig bereitgestellten Informationen durch die Mitgliedstaaten befugt[1061], Sicherheitslücken und Sicherheitsvorfälle zu analysieren. Zudem kann, auf Ersuchen eines Mitgliedstaats, ENISA die nachträgliche technische Untersuchung von Sicherheitsvorfällen mit beträchtlichen oder erheblichen Auswirkungen unterstützen. Art. 7 Abs. 4 VO-E war nicht derart restriktiv, sondern war hinsichtlich der operativen Befugnisse überaus offen formuliert, da es an Vorbehalten mangelte.[1062]

1058 Siehe ABl. EU L 151/15 v. 7. Juni 2019, Erwägungsgrund Nr. 70. Überaus kritisch sieht der Bundesrat die umfassende Kompetenzübertragung an ENISA hinsichtlich des Sicherheitszertifikatsystems, siehe BR-Drs. 680/1/17, S. 3 f.
1059 Die Sensibilisierungsmaßnahmen umfassen die Themen Cybersicherheit, die Cyberhygiene und die Cyberkompetenz.
1060 Siehe auch ABl. EU L 151/15 v. 7. Juni 2019, Erwägungsgrund Nr. 15.
1061 Dieser Passus wurde erst durch das Europäische Parlament eingefügt und war nicht Bestandteil des Verordnungsentwurfs der Europäischen Kommission. Siehe Europäisches Parlament, Dok. P8_TA-PROV(2019)0151 – Rechtsakt zur Cybersicherheit, 1. Lesung.
1062 Siehe COM(2017) 477 final v. 4. Oktober 2017, S. 47.

Kapitel 3: Maßnahmen der Europäischen Union

3. Kooperation mit Europol

Im Jahr 2014 unterzeichneten ENISA und Europol eine Vereinbarung über die vereinfachte und engere Zusammenarbeit zugunsten der Bekämpfung der Computerkriminalität. Die Kooperation umfasst den Austausch von Fachwissen, die gemeinsame Ausarbeitung von allgemeinen Situationsberichten, Erstellung von Berichten auf Grundlage strategischer Analysen, Verbesserung von personellen Kapazitäten durch Schulungsmaßnahmen und die Stärkung des internen Sicherheitsbewusstseins, um die Sicherheit der Informations- und Netzwerktechnik auf institutioneller Ebene sicherzustellen.[1063]

VI. Eurojust

1. Hintergrund

Auf der Ratstagung von Tampere am 15./16. Oktober 1999 wurde, aufgrund einer Initiative Deutschlands, Portugals, Frankreichs, Schwedens und Belgiens, die Errichtung eines Gegenparts zu Europol in Form justizieller Zusammenarbeit beschlossen. Die Herausforderungen, die die Schaffung des RFSR, vor allem im Bereich der organisierten Kriminalität mit sich brachten, bedurften neben intensivierter, polizeilicher, grenzüberschreitender Zusammenarbeit ebenso einer verbesserten Kommunikation in strafverfahrensrechtlichen Belangen. Mit der Entsendung von Polizisten, Staatsanwälten und Richtern zu Eurojust als gemeinsame Plattform, sollte Eurojust die „sachgerechte Koordinierung der nationalen Staatsanwaltschaften [...] erleichtern und die strafrechtlichen Ermittlungen in Fällen [mit Bezug zur organisierten Kriminalität], insbesondere auf der Grundlage von Europol-Analysen, [...] unterstützen"[1064]. Die Initiative zielte somit auf den Aufbau intensiver Zusammenarbeit sowie dem Austausch von Fachwissen ab und nicht auf die Schaffung eines gemeinsamen Straf-

---

1063 Europol, Fighting Cybercrime: Strategic Cooperation Agreement signed between ENISA and Europol, News Article v. 26. Juni 2014. Die Verordnung (EU) 2019/881 nimmt diesen Ansatz zumindest in den Erwägungsgründen auf, siehe ABl. EU L 151/15 v. 7. Juni 2019, Erwägungsgrund Nr. 35.
1064 Schlussfolgerungen des Vorsitzes des Rates der Europäischen Union von Tampere v. 15./16. Oktober 1999, Ziff. 46. Die Bezeichnung Eurojust wurde zu diesem Zeitpunkt bereits verwendet.

C. Maßnahmen innerhalb des Verwaltungsapparats der Europäischen Union

verfahrensrechts.[1065] Da es bis dato an einer primärrechtlichen Grundlage zur Schaffung einer losgelösten, gemeinsamen justiziellen Einrichtung mangelte, dennoch nach den Anschlägen vom 11. September 2001 eine absolute Notwendigkeit gesehen wurde[1066], galt es, eine solche Einheit in das institutionelle Gefüge des Rats einzubetten[1067]. Zum Zeitpunkt der Errichtung am 1. März 2002, bestand Eurojust aus 16 Richtern und Staatsanwälten.[1068] Deutschland galt bereits während des Vorschlags einer justiziellen Einheit auf der Ratsversammlung von Tampere als federführend. Im Rahmen der Errichtung spaltete sich jedoch die Idee von Eurojust in zwei Varianten. Die vorgebrachte Initiative Deutschlands sah Eurojust als reine Kompetenzplattform von Verbindungsbeamten mit vertieftem fachlichem Know-how des mitgliedstaatlichen Strafverfahrensrechts in Form einer „reaktiven Einheit"[1069], die keine Rechtspersönlichkeit besitzen sollte. Portugal, Frankreich, Schweden und Belgien sprachen sich in ihrer gemeinsamen Initiative indes für eine Stelle mit eigener Rechtspersönlichkeit und mit gleicher Wertigkeit gegenüber Europol aus. Die Initiative der vier Verfasserstaaten war zudem um einiges konkreter ausgestaltet als die Initiative Deutschlands. So beinhaltete der Vorschlag bereits detailliert Strukturen, Zuständigkeitsbereiche und Vorgaben zur Datenverarbeitung. Der vorgeschlagene Zuständigkeitsbereich war umfangreich und umfasste die Kriminalitätsbereiche organisierte Kriminalität, Menschenhandel, Terrorismus, den Schutz finanzieller Interessen, Geldwäsche und die Computerkriminalität. Während Deutschland den Arbeitsschwerpunkt von Eurojust auf den Schutz finanzieller Interessen wünschte[1070], strebte die andere Initiative ein ganzheitliches justizielles Pendant zu Europol an[1071]. Bereits ein Jahr nachdem die vorläufige Expertengruppe ihre Arbeit aufgenommen hatte, folgte im März 2002 der Ratsbeschluss über die Errichtung von Eurojust

---

1065 *Esser*, Auf dem Weg zu einem europäischen Strafverfahrensrecht, S. 17.
1066 *Meyer-Cabri*, DRiZ 2019, 122, 122.
1067 Beschluss des Rates vom 14. Dezember 2000 über die Einrichtung einer vorläufigen Stelle zur justiziellen Zusammenarbeit, ABl. EG L 324/2 v. 21. Dezember 2000.
1068 Die vorläufige Stelle wurde umgangssprachlich als Pro-Eurojust bezeichnet. Ausführlich *Grotz*, in: Sieber/Satzger/Heintschel-Heinegg (Hrsg.), Europäisches Strafrecht, § 45 Rn. 3; *Zöller*, in: Böse (Hrsg.), Europäisches Strafrecht, § 21 Rn. 3.
1069 *Zöller*, in: Böse (Hrsg.), Europäisches Strafrecht, § 21 Rn. 3.
1070 ABl. EG C 206/1 v. 19. Juli 2000, siehe Art. 2 Abs. 1
1071 ABl. EG C 243/15 v. 24. August 2000, Erwägungsgründe Nr. 1 f. und Art. 4.

Kapitel 3: Maßnahmen der Europäischen Union

zur Verstärkung der Bekämpfung der schweren Kriminalität[1072]. Da die Änderungsbestimmungen des Vertrags von Nizza zwar bereits beschlossen und unterzeichnet waren, indes aber erst zum 1. Februar 2003 in Kraft treten sollten, wurde der Eurojust-Beschluss noch auf Grundlage von ex. Art. 31, Art. 34 Abs. 2 lit. c) EUV erlassen. Erst mit dem Vertrag von Nizza erfolgte eine Erweiterung von ex. Art. 31 EUV um einen zweiten Absatz, der die Förderung von Eurojust durch den Rat primärrechtlich konstituierte.

2. Eurojust-Beschlüsse

Der Eurojust-Gründungsbeschluss nahm die maßgeblichen Initiativpunkte der Mitgliedstaaten Portugal, Frankreich, Schweden und Belgien auf, indem sich beispielsweise die Kriminalitätsbereiche an dem Europol-Übereinkommen orientierten. Zudem fielen auch ausdrücklich die Bereiche Computerkriminalität, Geldwäsche und Umweltkriminalität in den Zuständigkeitsbereich von Eurojust, wie auch jene Straftaten, die mit den genannten Straftaten in ex. Art. 4 Abs. 1 lit. a), lit. b) Eurojust-Beschluss in Zusammenhang standen. Nach ex. Art. 1 Eurojust-Beschluss verfügte Eurojust über eine eigene Rechtspersönlichkeit. Zudem wurde die Einheit von Brüssel nach Den Haag verlegt[1073], wo sich seit Gründung auch der Hauptsitz von Europol befindet. Der Eurojust-Beschluss sah eine Intensivierung der Kooperationsbeziehungen zwischen Eurojust, Europol und dem Europäischen Justiziellen Netz (EJN)[1074] im Bereich der schweren Kriminalität und der organisierten Kriminalität vor. Letzteres sollte unter anderem die Förderung und Verbesserung der Koordination laufender Ermittlungen nationaler Strafverfolgungsbehörden und die Verbesserung der Zu-

---

1072 Beschluss des Rates v. 28. Februar 2002 über die Errichtung von Eurojust zur Verstärkung der Bekämpfung der schweren Kriminalität, ABl. EG L 63/1 v. 6. März 2002.
1073 ABl. EG L 63/1 v. 6. März 2002, Erwägungsgrund Nr. 17 und ABl. EU L 29/15 v. 3. Februar 2004, Art. 1 lit. c) Beschluss 2004/97/EG.
1074 Das Europäische Justizielle Netz wurde auf Grundlage der Gemeinsamen Maßnahme 98/428/JI im Jahr 1998 errichtet und mit dem Beschluss 2008/976/JI des Rates im Jahr 2008 reformiert. Das EJN stellt ein Kontaktnetz zugunsten einer effizienten justiziellen Zusammenarbeit zwischen den Justizbehörden der Mitgliedstaaten dar. Umfassend zum EJN: *Stiegel*, in: Sieber/Satzger/Heintschel-Heinegg (Hrsg.), Europäisches Strafrecht, § 46 Rn. 1 ff.; *Zöller*, in: Böse (Hrsg.), Europäisches Strafrecht, § 21 Rn. 48 ff.

C. Maßnahmen innerhalb des Verwaltungsapparats der Europäischen Union

sammenarbeit im Hinblick auf internationale Rechtshilfe- und Auslieferungsersuchen umfassen. Im November 2002 wurde die Geschäftsordnung von Eurojust veröffentlicht[1075], die allerdings nur den Hinweis enthält, dass Vorgaben zur Datenverarbeitung in einer separaten Geschäftsordnung festgelegt werden würden. Letztere wurde allerdings erst drei Jahre nach Inkrafttreten der Hauptgeschäftsordnung verabschiedet[1076], enthielt aber maßgebliche Neuerungen im Hinblick auf Auskunfts- und Berichtigungsansprüche Betroffener[1077]. Noch vor Inkrafttreten des Vertrags von Lissabon wurde eine Ausweitung der Befugnisse durch den Beschluss zur Stärkung von Eurojust[1078] im Dezember 2008 vorgenommen. Zugunsten einer effizienten Arbeitsweise wurden mit dem Eurojust-Änderungsbeschluss personelle Umstrukturierungen vorgenommen, die vor allem einen personellen Ausbau beabsichtigten. Für jedes nationale Mitglied musste nunmehr eine Stellvertreter- oder eine Assistenzstelle eingerichtet werden. Eine maßgebliche Änderung stellte zudem die Einführung eines Koordinierungsdauerdienstes (sog. KoDD) dar, der eine 24/7-Erreichbarkeit gewährleisten sollte. Der KoDD setzt sich aus je einem Vertreter pro Mitgliedstaat zusammen, der auch von seinem Vertreter oder seinem Assistenten übernommen werden konnte. Allerdings wurde der KoDD zu kostenintensiv, weshalb ein computergestütztes Telefonsystem eingerichtet wurde, das die Anfragen entsprechend weiterleitet.[1079] Zudem wurde die Kompetenzklausel gemäß Art. 4 Eurojust-Beschluss dahingehend angepasst, dass mit jeder Erweiterung der Kriminalitätsbereiche, für die Europol zuständig ist, dies entsprechend für Eurojust gelten sollte.[1080]

1075 Geschäftsordnung von Eurojust, ABl. EG C 286/1 v. 22. November 2002.
1076 Bestimmungen der Geschäftsordnung betreffend die Verarbeitung und den Schutz personenbezogener Daten bei Eurojust, ABl. EU C 68/1 v. 19. März 2005.
1077 Siehe ABl. EU C 68/1 v. 19. März 2005, Art. 8 f.
1078 Beschluss 2009/426/JI des Rates vom 16. Dezember 2008 zur Stärkung von Eurojust und zur Änderung des Beschlusses 2002/187/JI über die Errichtung von Eurojust zur Verstärkung der Bekämpfung der schweren Kriminalität, ABl. EU L 138/14 v. 4. Juni 2009. Auch als Verstärkungsbeschluss bezeichnet: *Esser*, in: Sinn/Zöller (Hrsg.), Neujustierung des Strafrechts durch Terrorismus und Organisierte Kriminalität, S. 61 (76).
1079 *Grotz*, in: Sieber/Satzger/Heintschel-Heinegg (Hrsg.), Europäisches Strafrecht, § 45 Rn. 11.
1080 *Gleß/Grote/Heine*, Justitielle Einbindung und Kontrolle von Europol durch Eurojust, S. 18; *Postberg*, Die polizeiliche und justitielle Zusammenarbeit in Strafsachen im Wandel, S. 71. Weniger von einer Verweisung ausgehend, sondern lediglich von „Parallelen" sprechend: Streinz/*Dannecker*, Art. 85 AEUV Rn. 24.

3. Verordnung (EU) 2018/1727

Gemäß Art. 85 Abs. 1 AEUV hat Eurojust den Auftrag, die Koordinierung und Zusammenarbeit zwischen den nationalen Behörden zu unterstützen und zu verstärken, die für die Ermittlung und Verfolgung von schwerer Kriminalität zuständig sind, wenn mindestens zwei Mitgliedstaaten betroffen sind oder zumindest eine gemeinsame Strafverfolgung notwendig ist. Art. 85 AEUV impliziert erhebliche Erweiterungsmöglichkeiten zugunsten eines proaktiven Tätigkeitsansatzes. In Art. 85 Abs. 1 UAbs. 2 AEUV werden mögliche Erweiterungen des Aufgabenbereichs aufgelistet, die per ordentlichem Gesetzgebungsverfahren durch Verordnung realisiert werden können. Diese potentiellen Erweiterungsmöglichkeiten umfassen insbesondere die Einleitung von strafrechtlichen Ermittlungsverfahren, die Koordinierung von Ermittlungs- und Verfolgungsmaßnahmen sowie eine Effizienzierung der justiziellen Zusammenarbeit.

a) Zuständigkeit

Im November 2018 folgte die Verordnung (EU) 2018/1727[1081] (im folgendem: Eurojust-VO), die den Eurojust-Beschluss ersetzte und diesen, gestützt auf Art. 85 AEUV, als auch im Hinblick auf die Gründung einer Europäischen Staatsanwaltschaft, maßgeblich erweitert[1082]. Eurojust stellt nunmehr eine Agentur der Europäischen Union, gemäß Art. 1 Abs. 1 Eurojust-VO, dar, die, gemäß Art. 2 Abs. 1 Eurojust-VO, die Koordinierung und Zusammenarbeit zwischen den nationalen Behörden in Fällen der schweren Kriminalität unterstützt und verstärkt. Der Aufbau der Verordnung ähnelt strukturell im Wesentlichen der Europol-VO. Die Kriminalitätsbereiche, für die Eurojust zuständig ist, sind im Anhang I aufgelistet. Zwar wird einerseits nicht mehr an die Zuständigkeitsbereiche von Europol dynamisch angeknüpft, andererseits wurden die Zuständigkeitsbereiche dem Anhang I der Europol-VO, mit einer Ausnahme, vollständig übernommen. Die Eurojust-VO nennt lediglich die Bestechung anstatt der Kor-

---

1081 Verordnung (EU) 2018/1727 des Europäischen Parlaments und des Rates vom 14. November 2018 betreffend die Agentur der Europäischen Union für justizielle Zusammenarbeit in Strafsachen (Eurojust) und zur Ersetzung und Aufhebung des Beschlusses 2002/187/JI des Rates, ABl. EU L 295/138 v. 21. November 2018.
1082 ABl. EU L 295/138 v. 21. November 2018, Erwägungsgründe Nr. 4 ff.

ruption, was auch im Vergleich von ex. Art. 1 Nr. 11 Abs. 6 lit. a) v) Beschluss 2009/426/JI und Art. 21 Abs. 5 lit. a) v) Eurojust-VO erkennbar ist. Im Rahmen von Straftaten zum Nachteil der finanziellen Interessen der Europäischen Union, kommt es zu einer Zuständigkeitsteilung. Die Zuständigkeit ist grundsätzlich der EUStA, gemäß Art. 3 Abs. 2 Eurojust-VO, zugesprochen, wenn es sich um Fälle handelt, an denen Mitgliedstaaten beteiligt sind, die sich im Rahmen der Verstärkten Zusammenarbeit an der EUStA beteiligen. Sind auch Mitgliedstaaten beteiligt, die sich indes nicht an der Europäischen Staatsanwaltschaft beteiligen, ist Eurojust zu involvieren. Die Art. 3 Abs. 2 UAbs. 2, Art. 4 Abs. 2 lit. e) Eurojust-VO sehen ein kooperatives und enges Verhältnis zwischen Eurojust und der EUStA vor.

Art. 4 Eurojust-VO nimmt eine Konkretisierung der bisherigen Aufgabenbereiche vor. Kerntätigkeit von Eurojust ist jedoch auch weiterhin die unterstützende und beratende Funktion. Die in Art. 85 Abs. 1 UAbs. 2 lit. a) AEUV verwendete Phrase, dass die Kompetenz von Eurojust sich auch auf die „Einleitung von strafrechtlichen Ermittlungsmaßnahmen" richtet, umfasse lediglich die Befugnis, dass Eurojust die entsprechende nationale Behörde zur Einleitung eines Verfahrens veranlassen kann.[1083] Zur Erfüllung ihrer Tätigkeit müssen die nationalen Mitglieder, gemäß Art. 9 Eurojust-VO, Zugang zu den einschlägigen Registersystemen (Strafregister, Register festgenommener Personen, Ermittlungsregister, DNS-Register und weitere Register, die der Aufgabenerfüllung dienen) ihrer Mitgliedstaaten haben. Zudem sind die zuständigen nationalen Behörden verpflichtet, Eurojust über bestimmte Fälle zu informieren. Art. 21 Abs. 5 Eurojust-VO sieht eine Informationspflicht für verschiedene Szenarien vor, die gemeinsam haben, dass der betreffende Fall mindestens zwei Mitgliedstaaten tangieren muss. Eine nationale Behörde muss demnach Eurojust informieren, wenn die betreffende Straftat mit einer Freiheitsstrafe von mindestens fünf oder sechs Jahren geahndet wird und es sich um eine Kriminalitätsform nach Art. 21 Abs. 5 lit. a) Eurojust-VO handelt. Hierzu zählt ausdrücklich die Computerkriminalität. Zudem besteht eine permanente Informationspflicht, wenn die Straftat in Verbindung mit einer kriminellen Vereinigung steht (Art. 21 Abs. 5 lit. b)) oder die Gefahr besteht, dass der Fall „gravierende länderübergreifende Ausmaße" annimmt (Art. 21 Abs. 5 lit. c)). Darüber hinaus müssen die nationalen Vertreter in Fällen, unabhängig von der Straftat, informiert werden, wenn es beispiels-

---

1083 Umfassend hierzu Mayer/Stöger/*Murschetz*, AEUV, Art. 85 Rn. 13 f.; Grabitz/Hilf/Nettesheim/*Vogel/Eisele*, Art. 85 AEUV Rn. 11, 20, 33.

Kapitel 3: Maßnahmen der Europäischen Union

weise zu Kompetenzkonflikten kommen könnte (Art. 21 Abs. 6). Die nationalen Vertreter können sodann, aufgrund ihres durch die Mitgliedstaaten zugesprochenes Zugriffsrecht auf die nationalen Datenbanken, prüfen, ob bereits Informationen zu dem betreffenden Fall vorhanden sind. Hierfür richten die nationalen Mitglieder befristete Arbeitsdateien ein, die auch personenbezogene Daten enthalten können, weshalb der interne Datenschutzbeauftragte ein Zugangsrecht erhalten muss (Art. 23 Abs. 1, Abs. 5, Art. 24). Die nationalen Mitglieder leiten die entsprechenden Informationen sodann an die zuständige nationale Behörde weiter (Art. 22).

b) Datenverarbeitung

Eurojust fördert und verbessert die Koordinierung von Ermittlungs- und Strafverfolgungsverfahren. Hierfür findet ein reger Informationsaustausch zwischen den zuständigen nationalen Behörden und Eurojust statt (Art. 21 Abs. 1). Abschnitt IV der Eurojust-VO beinhaltet einschlägige Vorgaben zur Übermittlung personenbezogener Daten. Im Rahmen der Handhabung wird zwischen operativen und verwaltungstechnischen personenbezogenen Daten unterschieden. Die differenzierte Handhabung war nicht Bestandteil der Eurojust-Beschlüsse, sondern wurde erst im Zuge der Geschäftsordnung vorgenommen. Letztere unterschied allerdings zwischen fallbezogenen und nicht-fallbezogenen personenbezogenen Daten[1084]. Es handelt sich um verwaltungstechnisch-relevante personenbezogene Daten, wenn diese keinen Bezug zu strafrechtlichen Ermittlungen aufweisen. Die Verarbeitung dieser Daten richtet sich sodann, gemäß Art. 26 Abs. 1 S. 2 Eurojust-VO, nach den Vorschriften der Verordnung (EU) 2018/1725[1085]. Gemäß Art. 38 Abs. 2 Eurojust-VO kommt dem internen Datenschutzbe-

---

1084 ABl. EU C 68/1 v. 19. März 2005, Art. 3
1085 Verordnung (EU) 2018/1725 des Europäischen Parlaments und des Rates vom 23. Oktober 2018 zum Schutz natürlicher Personen bei der Verarbeitung personenbezogener Daten durch die Organe, Einrichtungen und sonstigen Stellen der Union, zum freien Dienstleistungsverkehr und zur Aufhebung der Verordnung (EG) Nr. 45/2001 und des Beschlusses Nr. 1247/2002/EG, ABl. EU L 295/39 v. 21. November 2018. Gem. Art. 101 Abs. 2 Verordnung (EU) 2018/1725 gilt die Verordnung ab dem 12. Dezember 2019 für Eurojust. Die Verordnung (EU) 2018/1725 ist im Hinblick auf die Verarbeitung personenbezogener Daten relevant, die einen reinen verwaltungstechnischen Hintergrund aufweisen. Siehe ABl. EU L 295/138 v. 21. November 2018, Erwägungsgrund Nr. 35.

C. Maßnahmen innerhalb des Verwaltungsapparats der Europäischen Union

auftragten diesbezügliche eine Überwachungspflicht zu. Die Verarbeitung von operativen personenbezogenen Daten nach Art. 26 f. i. V. m. Anhang II der Eurojust-VO, füllt im Grunde die Kerntätigkeit Eurojusts aus, da diese Daten, die für das Strafverfahren relevanten Informationen beinhalten. Die diesbezügliche Datenverarbeitung steht daher unter Vorbehalten, die von dem Kontrollnetz um Eurojust flankiert werden. Auf die entsprechenden Datenverarbeitungsvorgänge sind grundsätzlich die Vorgaben aus Kapitel IX der Verordnung (EU) 2018/1725 als *lex generalis* und die einschlägigen Datenschutzvorschriften der Eurojust-VO als *lex specialis* anzuwenden.[1086] Für den Zweck des Informationsaustauschs greift Eurojust, gemäß Art. 23 ff. Eurojust-VO, auf ein Fallbearbeitungssystem, einen Index und befristet geführte Arbeitsdateien zurück. Letztere Vorgaben wurden bereits umfassend mit ex. Art. 1 Nr. 15 f. Beschluss 2009/426/JI überarbeitet, konkretisiert und ergänzt.[1087] Die Daten dürfen nur so lange gespeichert und verarbeitet werden, wie es der Wahrnehmung der Aufgaben von Eurojust dienlich ist. Art. 29 Abs. 1 Eurojust-VO nennt sodann konkrete Gründe für eine unverzügliche Löschung, wie beispielsweise den Ablauf der Verjährungsfrist für die Strafverfolgung. Andernfalls ist grundsätzlich von einer Speicherfrist von drei Jahren auszugehen (Art. 29 Abs. 1 lit. c), lit. e)), was sich grundsätzlich an den Änderungen durch ex. Art. 1 Nr. 20 Beschluss 2009/426/JI orientiert. Etwaige Ausnahmegründe sind in Art. 29 Abs. 5 Eurojust-VO verankert. Die datenschutzrechtliche Verantwortung übernimmt Eurojust allerdings nur in solchen Fällen, in denen die personenbezogenen Daten bereits einem Verarbeitungsvorgang durch Eurojust unterlagen oder wenn die betreffenden personenbezogenen Daten von einem Drittstaat oder einer internationalen Organisation übermittelt worden sind (Art. 45 Abs. 2 lit. a), c)).

c) Datenübermittlung

aa) Verantwortlichkeit

Bereits ex. Art. 1 Nr. 11 f. Beschluss 2009/426/JI sah detailliert Maßgaben für den Datentransfer zwischen Eurojust und den Mitgliedstaaten vor. Die datenschutzrechtliche Verantwortung richtet sich nunmehr grundsätzlich nach Art. 45 Abs. 2 Eurojust-VO. Wie im Fall Europols liegt die daten-

---

1086 ABl. EU L 295/138 v. 21. November 2018, Erwägungsgrund Nr. 29.
1087 Schwarze/Hatje/Schoo/Becker/*Böse*, Art. 85 AEUV Rn. 6.

Kapitel 3: Maßnahmen der Europäischen Union

schutzrechtliche Verantwortung bei der Partei, die die Daten übermittelt hat. Dabei ist zu berücksichtigen, ob die Daten bereits einen Verarbeitungsvorgang unterlagen haben. Eurojust ist entsprechend für solche operativen personenbezogenen Daten verantwortlich, die von Dritten stammen, aber bereits einem Verarbeitungsvorgang unterlagen haben (Art. 45 Abs. 2 lit. a)) und die aus öffentlich zugänglichen Quellen stammen (Art. 45 Abs. 2 lit. c)).

bb) Datenaustausch mit Mitgliedstaaten

Art. 21 Eurojust-VO gewährleistet den Informationsaustausch mit den Mitgliedstaaten und übernimmt grundlegend die Vorgaben aus ex. Art. 13 Beschluss 2002/187/JI i. V. m. ex. Art. 1 Nr. 11 Beschluss 2009/426/JI. Eine wesentliche Reformierung bezüglich der Verpflichtung bestimmte Informationen an Eurojust zu übermitteln, war bereits durch ex. Art. 1 Nr. 11 Beschluss 2009/426/JI erfolgt. Allerdings ist neu, dass Art. 21 Eurojust-VO die ‚Computerkriminalität' wieder listet[1088] und eine Konkretisierung auf ‚Angriffe auf Informationssysteme' vermieden wird, was erst mit ex. Art. 1 Nr. 11 Beschluss 2009/426/JI dahingehend geändert worden war. Es hat dadurch eine Erweiterung des Verpflichtungsrahmens stattgefunden, da nunmehr jede Information, die die Computerkriminalität und mindestens drei Mitgliedstaaten betreffen, an Eurojust übermittelt werden muss. Eine Übermittlung kann indes unterbleiben, wenn wesentliche nationale Sicherheitsinteressen beeinträchtigt oder die Sicherheit von Personen gefährdet werden würde (Art. 21 Abs. 7). Innerhalb von Eurojust können die nationalen Mitglieder, gemäß Art. 21 Abs. 3 Eurojust-VO, Informationen ohne vorherige Zustimmung austauschen, wenn es für die Wahrung ihrer Aufgaben erforderlich ist. Auch die Vorgaben aus ex. Art. 1 Nr. 12 Beschluss 2009/426/JI wurden in Art. 22 Eurojust-VO übertragen, wonach Eurojust unverzüglich den zuständigen Behörden betroffener Mitgliedstaaten die entsprechenden Informationen weiterzuleiten hat. Neu ist ledig-

---

[1088] Seit 2016 erarbeitet Eurojust den Cybercrime Judicial Monitor (CJM). Es handelt sich um einen zugriffsbeschränkten Bericht, der Trends im Bereich der Computerkriminalität beinhaltet und Analysen zur Rechtsprechung der nationalen Gerichte im Zusammenhang mit der Computerkriminalität, im Zusammenhang mit Computertechnik stehenden Fälle und der elektronischen Beweisführung vornimmt.

lich, die nunmehr ausdrückliche Befugnis, in einem solchen Fall auch personenbezogene Daten weiterzuleiten (Art. 22 Abs. 1 S. 2).

d) Kooperation mit EU-Einrichtungen

Eurojust führt eine intensive Kooperation zu Europol (Art. 49), zum EJN (Art. 48) und zur EUStA (Art. 50). Diese Vorgaben sind im Vergleich zu den bisherigen Vorgaben gemäß ex. 26 Beschluss 2002/187/JI konkretisiert worden. Während bereits ex. Art. 1 Nr. 26 Beschluss 2009/426/JI im Vergleich zu ex. 26 Beschluss 2002/187/JI an Übersichtlichkeit bezüglich etwaiger Kooperationspartner gewonnen hatte, wurden die Vorgaben zu den jeweiligen Kooperationsbeziehungen nunmehr in separaten Artikeln verankert.

aa) Beziehung zu Europol

Die Beziehung zwischen Eurojust und Europol ist seit Bestehen Eurojusts fester Bestandteil des einschlägigen Sekundärrechts und nunmehr auch primärrechtlich in Art. 85 Abs. 1 UAbs. 1 AEUV konstituiert. Grundsätzlich gilt, dass Eurojust das justizielle Pendant zu Europol darstellt.[1089] Indes wird von einer „Komplementarität der Aufgaben, Ziele und Verantwortlichkeiten" der Behörden gesprochen.[1090] Um eine Doppelung von Arbeit zu vermeiden, sah ex. Art. 26 Beschluss 2002/187/JI i. V. m. Art. 1 Nr. 26 Beschluss 2009/426/JI eine Arbeitsvereinbarung zwischen Eurojust und Europol vor, die den Grundsatz „zwei einander ergänzender Elemente der Strafverfolgung" verkörpern sollte[1091]. Eine entsprechende Vereinbarung zwischen Eurojust und Europol folgte kurze Zeit später, die allerdings im Jahr 2009 überarbeitet worden ist.[1092] In Art. 49 Abs. 1, Abs. 3 Eu-

---

1089 *Gleß/Grote/Heine*, Justitielle Einbindung und Kontrolle von Europol durch Eurojust, S. 18.
1090 *Gleß/Grote/Heine*, Justitielle Einbindung und Kontrolle von Europol durch Eurojust, S. 20.
1091 Streinz/*Dannecker*, Art. 85 AEUV Rn. 24.
1092 Die aktuelle Vereinbarung ist abrufbar unter: http://www.eurojust.europa.eu/d oclibrary/Eurojust-framework/agreements/Agreement%20between%20Eurojus t%20and%20Europol%20(2010)/Eurojust-Europol-2010-01-01-EN.pdf. Die erste Vereinbarung findet sich unter: https://db.eurocrim.org/db/en/doc/1011. pdf (beide zuletzt abgerufen am 15. Juni 2020).

Kapitel 3: Maßnahmen der Europäischen Union

rojust-VO ist ein Zugriffsrecht auf das Informationssystem von Eurojust zugunsten einzelner Europol-Bediensteter vorgesehen, was allerdings auf das Treffer-/kein-Treffer-Verfahren beschränkt ist.

bb) Beziehung zu EUStA

In Folge der Errichtung der EUStA unter dem ‚Schirm' der Verstärkten Zusammenarbeit, sieht Art. 50 Eurojust-VO eine enge Partnerschaft zwischen Eurojust und der EUStA vor. Dies gestaltet sich unter anderem durch regelmäßige Treffen des Eurojust-Präsidenten und des Europäischen Generalstaatsanwalts. Die EUStA erhält von Eurojust eine umfassende Unterstützung. Dabei hat Eurojust auf alle Ressourcen zurückzugreifen, die ihr aufgrund ihrer Tätigkeit zur Verfügung stehen (Art. 50 Abs. 3). Andererseits hat die EUStA zu gewährleisten, dass Eurojust Zugriff auf das Fallbearbeitungssystem der EUStA erhält, was ebenfalls auf das Treffer-/kein-Treffer-Verfahren zu beschränken ist.

cc) Beziehung zum EJN

Der Grundsatz der Zusammenarbeit zwischen Eurojust und dem EJN wurde erst in Folge von ex. Art. 1 Nr. 23 Beschluss 2009/426/JI festgelegt. Auch diese Vorgaben wurden mit wenigen, kleineren Abänderungen in Art. 49 Eurojust-VO übernommen. Eurojust und das EJN unterhalten eine „besonders enge Beziehung" miteinander, die sich vor allem im Rahmen der Zusammenarbeit zwischen dem nationalen Mitglied, den Kontaktstellen des EJN und den nationalen Anlaufstellen widerspiegeln soll. Die nationalen Mitglieder unterrichten, gemäß Art. 48 Abs. 1 lit. a) Verordnung (EU) 2018/1727, die Kontaktstellen des EJN auf Einzelfallbasis über alle Fälle, die das EJN nach ihrem Dafürhalten besser zu erledigen imstande sein dürfte. Das Sekretariat des EJN zählt zum Personalstamm von Eurojust, was allerdings nur in Fragen der Haushaltsplanung relevant sein soll (Art. 48 Abs. 1 lit. b)).[1093]

1093 Siehe auch *Grotz*, in: Sieber/Satzger/Heintschel-Heinegg (Hrsg.), Europäisches Strafrecht, § 45 Rn. 41.

e) Kooperation mit Drittstaaten und internationalen Organisationen

Zugunsten der effizienten Zusammenarbeit mit Drittstaaten und internationalen Organisationen ist es Eurojust, gemäß Art. 52 Abs. 2 Eurojust-VO, gestattet, Arbeitsvereinbarungen nach Art. 47 Abs. 1 Eurojust-VO zu schließen. Zudem können Verbindungsrichter und -staatsanwälte in die jeweiligen Drittstaaten entsandt werden (Art. 53). Art. 56 Abs. 2 der Eurojust-VO gleicht grundsätzlich Art. 25 Abs. 1 der Europol-VO. Demnach darf Eurojust personenbezogene Daten übermitteln, wenn ein Angemessenheitsbeschluss der Europäischen Kommission, ein Kooperationsabkommen oder Übereinkommen besteht. Andernfalls ist es Eurojust, gemäß Art. 56 Abs. 1 Eurojust-VO, nur in Ausnahmefällen gestattet, operative personenbezogene Daten an einen Drittstaat oder eine internationale Organisation weiterzuleiten. Noch vor Inkrafttreten der Eurojust-VO, hat Eurojust auf Grundlage von ex. Art. 27 Abs. 3 Beschluss 2002/187/JI und ex. Art. 1 Nr. 25 Beschluss 2009/426/JI, eine Vielzahl von Vereinbarungen und Kooperationsabkommen mit Drittstaaten geschlossen[1094].[1095] Zudem sind Verbindungsbeamte aus Norwegen, der Schweiz, den U.S.A. und Montenegro bei Eurojust in Den Haag tätig. Eurojust verfügt über ein weltweites Netzwerk an Kontaktstellen, das bereits 42 Staaten umfasst. Des Weiteren hat Eurojust

---

[1094] U.S.A. (Agreement between Eurojust and the United States of America v. 6. November 2006), Island (Agreement between Eurojust and Republic of Iceland v. 2. Dezember 2005), Liechtenstein (Agreement on cooperation between Eurojust and the Principality of Liechtenstein v. 7. Juni 2013), Norwegen (Agreement between Eurojust and Norway v. 28. April 2005), Schweiz (Agreement between Eurojust and Switzerland v. 27. November 2008), Mazedonien (Agreement on Cooperation between Eurojust and the former Yugoslav Republic of Macedonia v. 28. November 2009), Moldavien (Agreement on Cooperation between Eurojust and the Republic of Moldova v. 10. Juli 2014), Montenegro (Agreement between Eurojust and Montenegro v. 3. Mai 2016), Ukraine (Agreement on cooperation between Eurojust and Ukraine v. 27. Juni 2016). All die genannten Vereinbarungen mit Drittstaaten beinhalten die Möglichkeit, personenbezogene Daten austauschen.

[1095] In Verhandlung sind Kooperationsabkommen mit Albanien (siehe Eurojust, Jahresbericht 2016, S. 42), Bosnien-Herzegowina (siehe Eurojust, Jahresbericht 2015, S. 50) sowie Israel, Serbien und der Türkei. Noch werden Umsetzungen von Datenschutzstandards überprüft (Eurojust, Jahresbericht 2015, S. 50). Im Jahr 2016 wurden Verhandlungen mit Georgien, Mexiko und Tunesien aufgenommen (siehe Eurojust, Jahresbericht 2016, S. 42).

Kapitel 3: Maßnahmen der Europäischen Union

mit eu-LISA[1096], der von der Europäischen Union seit dem Jahr 2015 geführten gemeinsamen Seestreitkräfte-Operation (EUNAVFOR MED Sophia)[1097], der Agentur der Europäischen Union für Menschenrechte (FRA), der Europäischen Beobachtungsstelle für Drogen und Drogensucht (EMCDDA), Frontex[1098], Interpol[1099], OLAF[1100], dem Büro der Vereinten Nationen für Drogen- und Verbrechensbekämpfung (UNODC)[1101] und

---

1096 Memorandum of Understanding between The European Union's Judicial Cooperation Unit and The European Agency for the operational management of large-scale IT systems in the area of freedom, security and justice v. 19. September 2017. Die Vereinbarung sieht keinen Austausch von personenbezogenen Daten vor, sondern basiert auf dem Wunsch nach einer effektiven Zusammenarbeit hinsichtlich technischer und operativer Fragen (Art. 6). Die Vereinbarung ist indes von besonderer Bedeutung, da sie Eurojust Zugang zum Schengen-Informationssystem gewährt (Art. 5).
1097 Letter of Understanding on Cooperation between Eurojust and EUNAFOR MED v. 1. Oktober 2015. Hierbei handelt es sich um einen zweiseitigen Brief, in dem der Austausch von strategisch-relevanten Informationen und Erfahrungsaustausch von nicht-operativen Informationen gewährt werden soll (siehe S. 2 Pkt. 1, 2 lit. e)).
1098 Memorandum of understanding on cooperation between Frontex and Eurojust v. 18. Dezember 2013. Fokus der Vereinbarung liegt auf einer besseren Kommunikation und dem Austausch von Informationen (Art. 3). Letztere beziehen sich lediglich auf strategisch und technisch-relevante Informationen (Art. 4). Der Austausch von personenbezogenen Daten wird ausdrücklich ausgeschlossen (Art. 4 Nr. 4).
1099 Memorandum of understanding on cooperation between Eurojust and the International Criminal Police Organisation v. 15. Juli 2013. Der Fokus der Vereinbarung liegt auf dem Wissensaustausch (Art. 2 f.) und dem Austausch von strategisch und technisch-relevanten Informationen (Art. 4). Zudem werden Seminare und Konferenzen gemeinsam koordiniert (Art. 3 Nr. 3). Ein Austausch personenbezogener Daten ist nicht vorgesehen.
1100 Practical Agreement on arrangements of cooperation between Eurojust and OLAF v. 24. September 2008. Aufgrund der Aufgabenkomplementarität der beiden Einrichtungen, hinsichtlich des Kriminalitätsbereichs Straftaten gegen die finanziellen Interessen der Europäische Union, handelt es sich um eine spezielle Vereinbarung, die die Arbeitsschritte effizient koordinieren soll. Zudem nimmt die Arbeitsvereinbarung, im Vergleich zu anderen Eurojust-Vereinbarungen, konkret Stellung zum Umgang mit Daten und der Datensicherheit. Letzteres ist vordergründig darauf zurückzuführen, dass Pkt. 6 der Vereinbarung den Austausch von fallbezogenen Informationen zulässt.
1101 Memorandum of understanding between Eurojust and the United Nations Office on Drugs and Crime (UNODC) v. 26. Februar 2010. Die Vereinbarung zielt auf eine effektivere Zusammenarbeit der beiden Einrichtungen ab. Dies soll u. a. durch festgelegte Kontaktstellen in beiden Behörden und einem re-

C. Maßnahmen innerhalb des Verwaltungsapparats der Europäischen Union

Iberoamerican Network of International Legal Cooperation (Iber-RED)[1102] Arbeitsvereinbarungen geschlossen.

f) Kontrollnetz

Wie auch im Fall von Europol ist nunmehr ein Kontrollnetz um Eurojust errichtet worden. Die Obhutspflicht des Europäischen Parlaments bezieht sich vordergründig auf die Finanz- und Haushaltsplanung, was bei Betrachtung einzelner Vorgaben des Kapitels VI der Eurojust-VO deutlich wird (Art. 61 Abs. 4, Art. 63 Abs. 2, Abs. 7, Abs. 10 ff.). Von einer Einbindung wird allerdings nur im Zusammenhang mit der Übermittlung des Eurojust-Jahresberichts gesprochen, der an das Europäische Parlament und an die nationalen Parlamente zu übermitteln ist (Art. 67 Abs. 1). Zugunsten der Transparenz müssen auch Studien und Strategieprojekte, Programmplanungen nach Art. 15 Verordnung (EU) 2018/1727 und mit Dritten geschlossene Arbeitsvereinbarungen nach Art. 47 Verordnung (EU) 2018/1727 an die Parlamente übermittelt werden (Art. 67 Abs. 4). Die parlamentarische Obhutspflicht wird durch die Kontrolle des EDSB und der Einsetzung eines internen Datenschutzbeauftragten gemäß Art. 36 Verordnung (EU) 2018/1727 flankiert. Die Stellung und Aufgaben des internen Datenschutzbeauftragten sind nunmehr in Art. 37 f. Eurojust-VO dargelegt. Während bereits aufgrund von ex. Art. 17 des Beschlusses 2002/187/JI ein interner Datenschutzbeauftragter existiert, übernimmt zukünftig der EDSB die Überwachung von Verarbeitungsvorgängen personenbezogener Daten im Hinblick auf die Verordnung (EU) 2018/1725, überprüft entsprechende Beschwerden gemäß Art. 43 Eurojust-VO und berät betroffene Personen sowie Eurojust gemäß Art. 40 Eurojust-VO. Gemäß Art. 44 Eurojust-VO i. V. m. Art. 263 Abs. 1, Abs. 5 AEUV steht Betroffenen hinsichtlich der Entscheidungen des EDSB der Rechtsweg zum EuGH offen. Im Übrigen ist, wie auch im Falle von Europol, die Gemeinsame Kontrollinstanz aus ex. Art. 23 Eurojust-Beschluss nicht mehr vorgesehen, sondern durch

---

gelmäßigen Informationsaustausch sichergestellt werden (Art. 4 f.). Indes wird der Austausch von Daten mit operativen, administrativen und personenbezogenen Informationen ausdrücklich ausgeschlossen (Art. 7 Nr. 3).

1102 Memorandum of understanding between Eurojust and the Iberoamerican Network of International Legal Cooperation v. 4. Mai 2009. Die Vereinbarung zielt auf eine verstärkte Zusammenarbeit der beiden Einrichtungen im Kampf gegen schwere und transnationale Kriminalität ab, was sich allerdings grundsätzlich auf den Austausch von Fachwissen beziehen soll (Nr. 2, 3).

287

eine Zusammenarbeit zwischen dem EDSB und der nationalen Kontrollbehörden, gemäß Art. 42 Verordnung, (EU) 2018/1727, ersetzt worden[1103]. Die Zuständigkeit des EuGH erstreckt sich zudem auf außervertragliche Schadenersatzansprüche, die, gemäß Art. 78 Abs. 3, Abs. 5 Eurojust-VO, Betroffene aufgrund einer unbefugten oder fehlerhaften Datenverarbeitung erheben können.

VII. Europäische Staatsanwaltschaft

Gemäß Art. 86 Abs. 1 S. 1 AEUV ist zur Bekämpfung von Straftaten zum Nachteil der finanziellen Interessen der Europäischen Union, der Rat berechtigt, ausgehend von Eurojust, eine Europäischen Staatsanwaltschaft einzusetzen.

1. Hintergründe

Der Schutz der finanziellen Interessen der Europäischen Union wird als „Motor der Entwicklung des europäischen Strafrechts"[1104] betrachtet[1105]. Der Komplexität und der transnationalen Dimension der Verfolgung von Delikten, die den EU-Haushalt betreffen, ist für nationale Ermittlungs- und Strafverfolgungsbehörden nur schwer zu begegnen.[1106] *Delmas-Marty* wurde vom Europäischen Parlament und der Europäischen Kommission beauftragt, ein Konzept zu erarbeiten, das zur Verbesserung des Schutzes finanzieller Interessen der Europäischen Union beiträgt. Im Jahr 1997 wurde unter seiner Federführung das ‚Corpus Juris der strafrechtlichen Regelungen zum Schutz der finanziellen Interessen der Europäischen Union'

1103 Siehe auch ABl. EU L 295/138 v. 21. November 2018, Erwägungsgründe Nr. 40 f.
1104 *Brodowski*, StV 2017, 684, 684; *Killmann/Hofmann*, in: Sieber/Satzger/Heintschel-Heinegg (Hrsg.), Europäisches Strafrecht, § 48 Rn. 2. Umfassend hierzu *Rheinbay*, Die Errichtung einer Europäischen Staatsanwaltschaft, S. 6 ff., 60 ff.
1105 In diesem Zusammenhang mit einer Schadensschätzung: *Nürnberger*, ZJS 2009, 494, 494 f. und später aufgrund der Kennzahlen der Europäischen Kommission: *Esser*, StV 2014, 494, 494. Zudem auch *Rosenau*, ZIS 2008, 9, 9 ff.
1106 Eine diesbezügliche Entwicklung zum Thema bietet *Kinzel*, Formen der justiziellen Zusammenarbeit, S. 3 ff.

C. Maßnahmen innerhalb des Verwaltungsapparats der Europäischen Union

vorgestellt[1107].[1108] Neben einer notwendigen effizienten Kooperation im Bereich der gegenseitigen Rechtshilfe, wurde mitunter die institutionelle Figur eines Europäischen Staatsanwalts vorgeschlagen. Die Bekämpfung von Straftaten gegen die finanziellen Interessen der Europäischen Gemeinschaft sollte demnach aus horizontalen (Kooperation) und vertikalen (Supranationalität) Komponenten bestehen.[1109] Auf der Regierungskonferenz im Jahr 2001 folgte der Entschluss, die Errichtung einer Europäischen Staatsanwaltschaft primärrechtlich zu verankern, was mit dem Änderungsvertrag von Nizza umgesetzt werden sollte. Indes scheiterte die Umsetzung aufgrund von Souveränitätsvorbehalten einzelner Mitgliedstaaten, wodurch die erforderliche Einstimmigkeit nicht zustande kam.[1110] Trotz des Scheiterns folgte im Jahr 2001 das ‚Grünbuch zum strafrechtlichen Schutz finanzieller Interessen der Europäischen Gemeinschaften und zur Schaffung einer Europäischen Staatsanwaltschaft'[1111]. Das Grünbuch enthielt kein ausgearbeitetes gesamtheitliches Konzept, sondern diente der Proklamation von Grundsätzen und Prinzipien.[1112] Die Grundsätze betrafen mitunter die Unabhängigkeit sowie eine schlanke und grundsätzlich dezentrale Organisationsstruktur.[1113] Grundsätzlich dezentral, da „eine zentralisierte Leitung"[1114] eingerichtet, diese aber auf eine dezentrale Personalstruktur zurückgreifen sollte können. Dieses Organisationskonstrukt sollte vor allem die Souveränitätsvorbehalte der Mitgliedstaaten abbauen. Denn, obwohl eine auf Unionsrechtsebene geschaffene Institution die Straftat verfolgt, würde das Verfahren unter nationaler Jurisdiktion stehen und müsste von jedem Mitgliedstaat anzuerkennen sein. Zudem sollte das jeweilige Verfahren unter der Obhut eines nationalen Richters stehen. Das Grünbuch der Europäischen Kommission sah daher eine Fusion von zentral- und dezentral-organisierten Komponenten vor, die Synergieeffekte erzeugen sollte. Die zentrale Komponente umfasste die Leitung von Ermittlun-

---

1107 *Delmas-Matry*, Corpus Juris.
1108 Hierzu auch *Schramm*, JZ 2014, 749, 751.
1109 *Killmann/Hofmann*, in: Sieber/Satzger/Heintschel-Heinegg (Hrsg.), Europäisches Strafrecht, § 48 Rn. 3.
1110 *Killmann/Hofmann*, in: Sieber/Satzger/Heintschel-Heinegg (Hrsg.), Europäisches Strafrecht, § 48 Rn. 8 f.
1111 KOM(2001) 715 endg. v. 11. Dezember 2001, Grünbuch zum strafrechtlichen Schutz der finanziellen Interessen der Europäischen Gemeinschaften und zur Schaffung einer Europäischen Staatsanwaltschaft.
1112 *Killmann/Hofmann*, in: Sieber/Satzger/Heintschel-Heinegg (Hrsg.), Europäisches Strafrecht, § 48 Rn. 10.
1113 KOM(2001) 715 endg. v. 11. Dezember 2001, S. 30, 32 f.
1114 KOM(2001) 715 endg. v. 11. Dezember 2001, S. 16.

Kapitel 3: Maßnahmen der Europäischen Union

gen und Strafverfolgungsmaßnahmen sowie die Anerkennung der justiziellen Entscheidungen, weshalb die Führungskomponente auf zentraler, demnach auf Unionsebene angegliedert werden sollte. Dieses Konstrukt sollte eine verbesserte, gegenseitige Anerkennung zwischen den Mitgliedstaaten als Grundsatz polizeilicher und justizieller Zusammenarbeit bezwecken. Indes übernimmt die dezentrale Komponente gemeinsam mit der zuständigen nationalen Polizeibehörde die Ermittlungsarbeit. Das Strafverfahren wird jedoch unter nationaler Gerichtshoheit durchgeführt[1115], weshalb es auch kein supranationales Straf(prozess-)recht hätte bedurft.[1116] Der Kompetenzbereich der EUStA sollte sich unter anderem auf die Delikte Betrug, Bestechlichkeit und Bestechung erstrecken.[1117] Die Europäische Kommission hatte auch bereits Vorstellungen über die Kooperationsbeziehungen zu Eurojust, Europol, dem EJN und OLAF[1118], die allerdings relativ kurzgehalten sind.

Auch im Zuge der Beratungen für einen EU-Verfassungsvertrag wurde die Errichtung und Ausrichtung der EUStA diskutiert. Die Errichtung einer Europäischen Staatsanwaltschaft sollte nicht bereits auf Grundlage von Art. III-274 EU-Verfassungsvertrag möglich sein, sondern erst durch ein ‚Europäisches Gesetz'. Zudem ging es um die Frage, ob die EUStA von Eurojust ausgehen und ob der Zuständigkeitsbereich unmittelbar mit Errichtung auf die Bekämpfung schwerer Kriminalität erweitert werden sollte.[1119] Mit der Anknüpfung an Eurojust sollte vor allem aufgrund einer Aufgabenkomplementarität die separate Einrichtung einer weiteren Behörde vermieden werden.[1120] Der Zuständigkeitsbereich sollte sich daher erst einmal auf Straftaten gegen die finanziellen Interessen der Europäischen Union erstrecken, wobei bereits Art. III-274 Abs. 4 EU-Verfassungsvertrag eine Erweiterungsklausel auf Straftaten der schweren Kriminalität vorgesehen hatte.

Mit dem Vertrag von Lissabon hat die Idee der EUStA nach beinahe einem Jahrzehnt eine primärrechtliche Grundlage erhalten, was einen Meilenstein darstellt. Art. 86 Abs. 1 UAbs. 1 AEUV sieht vor, dass zur Bekämpfung von Straftaten zum Nachteil der finanziellen Interessen der

---

1115 KOM(2001) 715 endg. v. 11. Dezember 2001, S. 27 f.
1116 *Killmann/Hofmann*, in: Sieber/Satzger/Heintschel-Heinegg (Hrsg.), Europäisches Strafrecht, § 48 Rn. 11.
1117 KOM(2001) 715 endg. v. 11. Dezember 2001, S. 38 f.
1118 KOM(2001) 715 endg. v. 11. Dezember 2001, S. 70 ff.
1119 *Killmann/Hofmann*, in: Sieber/Satzger/Heintschel-Heinegg (Hrsg.), Europäisches Strafrecht, § 48 Rn. 13.
1120 Siehe *Zöller*, in: Böse (Hrsg.), Europäisches Strafrecht, § 21 Rn. 73.

C. Maßnahmen innerhalb des Verwaltungsapparats der Europäischen Union

Europäischen Union, im Zuge des besonderen Gesetzgebungsverfahrens durch Verordnung, ausgehend von Eurojust, eine Europäische Staatsanwaltschaft eingesetzt werden kann.[1121] Die Konkretisierung des Zuständigkeitsbereichs auf die finanziellen Interessen ist auf den signifikanten Anstieg von Vermögensdelikten[1122] zurückzuführen, denen die Mitgliedstaaten „nicht mit dem gebotenen Nachdruck"[1123] begegnen würden. In den Kompetenzbereich der EUStA sollen daher Abgaben-, Zoll-, Subventions- und Ausschreibungsbetrug sowie missbräuchliche Subventionsverwendung, Urkundenfälschung, Bestechung und Bestechlichkeit, Geldwäsche und Untreue fallen[1124], was weit über die Vorschläge des Grünbuchs der Europäischen Kommission hinausgeht. Andererseits entspricht die Erweiterung den flexiblen und vielfältigen Methoden im Bereich der Finanzdelikte und deren Ausmaß auch in Anbetracht der Digitalisierung. Art. 86 Abs. 1 UAbs. 1 AEUV sieht die Einrichtung einer Europäischen Staatsanwaltschaft grundsätzlich nur im Zuge eines besonderen Gesetzgebungsverfahrens durch Zustimmung des Europäischen Parlaments und der Einstimmigkeit des Rats vor, wodurch den Befürwortern hohe Hürden gesetzt worden sind. In Anbetracht des britischen Widerstands erschien daher schon früh eine Errichtung unwahrscheinlich.[1125] Das Einstimmigkeitsprinzip spiegelt eine Notbremsfunktion wider, wie sie bereits im Rahmen der polizeilichen und justiziellen Zusammenarbeit, unter anderem in Art. 83 Abs. 3 AEUV, verankert ist.[1126] Gemäß Art. 76 AEUV liegt das Initiativrecht bei der Europäischen Kommission oder einem Viertel der Mitgliedstaaten. Fehlt es an der Einstimmigkeit des Rats, kann der Europäi-

---

1121 Auf Vorschlag von Deutschland sollte Eurojust als „Keimzelle einer Europäischen Staatsanwaltschaft" fungieren, siehe KOM(2001) 715 endg. v. 11. Dezember 2001, S. 11 und die Arbeitsgruppe *Fischer/Villepin*, Gruppe X „Freiheit, Sicherheit und Recht", Working document 32 v. 27. November 2002, S. 4. Der Vorschlag stand jedoch der Idee einer Einrichtung mit eigener Rechtspersönlichkeit gegenüber, da die Aufgaben von Eurojust und einer Europäischen Staatsanwaltschaft zu differenziert sein würden: *Schreyer*, Working Group X „Freedom, Security and Justice", Working document 27 v. 25. November 2002, S. 5. *Kaunert* stellt sogar fest, dass innerhalb der Konvent-Mitglieder auch diskutiert wurde, ob eine solche Einrichtung überhaupt in den EU-Verfassungsvertrag aufgenommen werden sollte. Siehe *Kaunert*, European Security 2010, 169, 181.
1122 *Zöller*, in: Böse (Hrsg.), Europäisches Strafrecht, § 21 Rn. 68.
1123 Grabitz/Hilf/Nettesheim/*Vogel/Eisele*, Art. 86 AEUV Rn. 6.
1124 Grabitz/Hilf/Nettesheim/*Vogel/Eisele*, Art. 86 AEUV Rn. 23. Siehe auch *Magnus*, ZRP 2015, 181, 181.
1125 *Satzger*, NStZ 2013, 206, 208.
1126 Vgl. Schwarze/Hatje/Schoo/Becker/*Böse*, Art. 86 AEUV Rn. 14.

sche Rat mit dem Verordnungsentwurf befasst werden. Wird im Europäischen Rat eine Einstimmigkeit erzielt, wird das Gesetzgebungsverfahren fortgesetzt. Wird indes kein Konsens im Rahmen des Zwischenverfahrens gefunden, aber wünschen mindestens neun Mitgliedstaaten die Zusammenarbeit, kann die Europäische Staatsanwaltschaft im Rahmen der Verstärkten Zusammenarbeit nach Art. 20 Abs. 2 EUV, Art. 329 Abs. 1 AEUV errichtet werden.[1127] Die Möglichkeit der Verstärkten Zusammenarbeit ist eine Ausweichmöglichkeit zur Notbremsfunktion, die im Rahmen des Einstimmigkeitserfordernisses zur Geltung kommt. Die Einbettung einer Notbremsfunktion und gleichzeitig der Statuierung einer Alternativlösung, ist grundsätzlich auf die Diskussion zurückzuführen, wie die EUStA konstruiert werden sollte, ohne die nationalen Staatsanwaltschaften in ihren Rechten und Pflichten und deren Integrität zu beschneiden, da die „Strafrechtspflege weiterhin zum Kern nationaler Identität" zählt[1128]. Flankiert wurde diese Diskussion davon, dass ein Pendant in Form einer Europäischen Strafverteidigungsinstitution gefordert wurde.[1129]

2. Verordnung (EU) 2017/1939

a) Legislativverfahren

Der Verordnungsentwurf ist auf die Initiative der Europäischen Kommission unter der damaligen Justizkommissarin, Viviane *Reding*, zurückzuführen, die bereits im Jahr 2013 einen entsprechenden Entwurf -gemeinsam mit dem Reformvorschlag zu Eurojust- einbrachte.[1130] Ziel war es, dass die Europäische Staatsanwaltschaft zum 1. Januar 2015 ihre Arbeit aufnehmen könne[1131]. Im Juli 2013 wurde der Verordnungsentwurf an den Rat weiter-

---

1127 Im Vergleich zum EU-Verfassungsvertrag: Calliess/Ruffert/*Suhr*, Art. 86 AEUV Rn. 2. Zum „missglückten Wortlaut": *Satzger*, NStZ 2013, 206, 208.
1128 Grabitz/Hilf/Nettesheim/*Vogel/Eisele*, Art. 86 AEUV Rn. 8. Zusammenfassend Schwarze/Hatje/Schoo/Becker/*Böse*, Art. 86 AEUV Rn. 1.
1129 *Ahlbrecht*, StV 2012, 491, 491 ff.; *Esser*, StV 2014, 494, 494 ff.; Grabitz/Hilf/ Nettesheim/*Vogel/Eisele*, Art. 86 AEUV Rn. 8.
1130 COM2013/0534 final – 2013/0255 (APP). Vorschlag für eine Verordnung des Rates über die Errichtung der Europäischen Staatsanwaltschaft. Zu etwaigen Ausarbeitungen und Vorschlägen aus der Rechtswissenschaft: *Killmann/ Hofmann*, in: Sieber/Satzger/Heintschel-Heinegg (Hrsg.), Europäisches Strafrecht, § 48 Rn. 20. Des Weiteren *Deboyser*, in: Erkelens/Meij/Pawlik (Hrsg.), The European Public Prosecutors Office, S. 79 (80).
1131 *Trentmann*, ZStW 2017, 108, 113.

C. Maßnahmen innerhalb des Verwaltungsapparats der Europäischen Union

geleitet. Im Dezember 2013 folgte eine Stellungnahme des Europäischen Wirtschafts- und Sozialausschusses, der die Initiative mehrheitlich begrüßte, indes eine Überwachungsbefugnis des Begleitausschusses für Demokratie und Menschenrechte forderte.[1132] Während sich der EDSB vergleichsweise kurz zum Verordnungsvorschlag äußerte[1133], hat das Europäische Parlament umfassende Änderungsvorschläge eingebracht[1134], die nach Ansicht der Berichterstatterin Barbara *Matera* zum Ende des Legislativverfahrens ausreichend umgesetzt worden waren[1135]. Der Verordnungsentwurf war auf dreizehn Tagungen des Rats der europäischen Justiz- und Innenminister diskutiert worden. Zudem befasste sich die Arbeitsgruppe für Zusammenarbeit in Strafsachen in über 60 Sitzungen mit dem Entwurf. Trotz einer breiten Übereinstimmung der beteiligten Mitgliedstaaten und Bemühungen des damaligen slowakischen und des späteren maltesischen Ratsvorsitzes[1136], konnte die Verordnung nicht im Zuge des besonderen Gesetzgebungsverfahrens verabschiedet werden. Die schwedische Regierung erklärte im Dezember 2016 auf dem Ratstreffen der Justiz- und Innenminister, dass Schweden sich nicht an der Einrichtung der EUStA beteiligen werde[1137] und bestätigte dies nochmals im Januar 2017 dem maltesischen Ratsvorsitz und dem Ausschuss der Ständigen Vertreter der Mitgliedstaaten.[1138] Neben Schweden äußerten auch die Mitgliedstaaten Polen, Ungarn und Malta Souveränitätsvorbehalte gegenüber dem Vorhaben, weshalb die notwendige Einstimmigkeit nicht zustande gekommen und daher das Gesetzgebungsverfahren ausgesetzt worden war. Auch innerhalb des Europäischen Rats konnte keine Einigkeit zum Verordnungsentwurf erzielt werden. Jedoch entschieden sich 16 Mitgliedstaaten für die EUStA unter dem ‚Schirm' der Verstärkten Zusammenarbeit[1139] und teilten dies der Europäischen Kommission, dem Europäischen Parlament und

---

1132 ABl. EU C 170/85 v. 5. Juni 2014, Nr. 1.5.
1133 ABl. EU C 244/15 v. 26. Juli 2014. Zusammenfassung der Stellungnahme des Europäischen Datenschutzbeauftragten zum Paket mit Vorschlägen für Rechtsakte zur Reform von Eurojust und zur Errichtung der Europäischen Staatsanwaltschaft („EPPO").
1134 Europäisches Parlament, Dok. A8-0055/2015 v. 18. März 2015.
1135 Europäisches Parlament, Dok. A8-0290/2017 v. 29. September 2017.
1136 *Rat der Europäischen Union*, Nr. 5445/17 v. 31. Januar 2017, Nr. 6, 8 f.
1137 Doch etwas verwunderlich, war es doch u. a. Schwedens Initiative, die grenzüberschreitende justizielle Zusammenarbeit in Form einer europäischen Behörde zu etablieren.
1138 *Rat der Europäischen Union*, Nr. 5445/17 v. 31. Januar 2017, Nr. 7, 9.
1139 Bei den Mitgliedstaaten handelt es sich um Belgien, Bulgarien, Deutschland, Finnland, Frankreich, Griechenland, Kroatien, Litauen, Luxemburg, Portugal,

Kapitel 3: Maßnahmen der Europäischen Union

dem Präsidenten des Rats der Europäischen Union im April 2017 mit[1140]. Im Oktober 2017 wurde die Verordnung (EU) 2017/1939 zur Durchführung einer Verstärkten Zusammenarbeit zur Errichtung der Europäischen Staatsanwaltschaft[1141] (im folgendem: EUStA-VO) erlassen und gilt bereits als „Markstein" der Europäisierung des Strafrechts[1142].

b) Aufbau der EUStA-VO

Die Präambel, die sich auf 121 Erwägungsgründe erstreckt, ist vergleichsweise umfangreich. Die EUStA-VO beginnt in Kapitel I mit dem Ziel der Verordnung (Art. 1) und nimmt Begriffsklärungen vor (Art. 2). Hierauf folgen Vorgaben zur Errichtung, zum Zuständigkeitsbereich und zu grundlegenden Prinzipien (Kapitel II, Art. 3 – 7). Der Status sowie Aufbau- und Organisationsbestimmungen der EUStA werden in drei Abschnitten in Kapitel III geregelt, was allerdings, gemäß Art. 21 EUStA-VO, in einer Geschäftsordnung konkretisiert werden soll, die der Europäische Generalstaatsanwalt auszuarbeiten hat. Kapitel IV ist ebenfalls in mehrere Abschnitte unterteilt und beinhaltet Zuständigkeiten der EUStA und Kompe-

---

Rumänien, Slowakei, Spanien, Slowenien, Tschechien und Zypern. Siehe ABl. EU L 283/1 v. 31. Oktober 2017, Erwägungsgründe Nr. 6, 8. Beispielhaft zu den Bedenken der Slowakei noch vor dem Vertrag von Lissabon: *Bilčić*, in: Henderson (Hrsg.), The Area of Freedom, Security and Justice in the Enlarged Europe, S. 135 (143 f.). Die Mitgliedstaaten Lettland, Estland, Österreich und Italien teilten in den darauffolgenden Wochen ihr Interesse an der Verstärkten Zusammenarbeit mit. Siehe ABl. EU L 283/1 v. 31. Oktober 2017, Erwägungsgrund Nr. 8. Im Mai 2018 gab die Niederlande in einer Mitteilung an die Europäische Kommission bekannt, dass sie sich der Verstärkten Zusammenarbeit anschließen wird. Die Möglichkeit einer späteren Partizipation im Rahmen der Verstärkten Zusammenarbeit ist aufgrund von Art. 328 Abs. 1 AEUV möglich. Im Übrigen galt die Zustimmung der deutschen Regierung nur dann, wenn die Verfolgung von Straftaten zu Mehrwertsteuerdelikten, insbesondere des sog. Mehrwertsteuerkarussells, nur dann in den Zuständigkeitsbereich der Europäischen Staatsanwaltschaft fällt, wenn mindestens zwei Mitgliedstaaten betroffen sind und der Gesamtschaden bei mindestens zehn Millionen Euro liegt. Siehe hierzu *Rat der Europäischen Union*, Nr. 10233/17 v. 12. Juni 2017, siehe unter Annex.

1140 *Rat der Europäischen Union*, Nr. 8027/17 v. 5. April 2017.
1141 Verordnung (EU) 2017/1939 des Rates vom 12. Oktober 2017 zur Durchführung einer Verstärkten Zusammenarbeit zur Errichtung der Europäischen Staatsanwaltschaft (EUStA), ABl. EU L 283/1 v. 31. Oktober 2017.
1142 *Brodowski*, StV 2017, 684, 684.

C. Maßnahmen innerhalb des Verwaltungsapparats der Europäischen Union

tenzschranken. Kapitel V beinhaltet formelle Vorgaben hinsichtlich Ermittlungsverfahren, Ermittlungsmaßnahmen, Strafverfolgung und etwaigen Alternativen zur Strafverfolgung. Die Alternativen umfassen Vorgaben zur Einstellung eines Verfahrens gemäß Art. 39 EUStA-VO und Vorgaben über die vereinfachte Strafverfolgung gemäß Art. 40 EUStA-VO. Besondere Aufmerksamkeit kommt dem in Art. 27 EUStA-VO niedergelegten Evokationsrecht zu, der in neun Absätze nebst Unterabsätzen angesprochen wird. Das Evokationsrecht steht für die Möglichkeit der Verdrängung staatlicher Ermittlungen und Strafverfolgung durch die EUStA und ist maßgeblich Ausdruck der Abgabe von Souveränität an die Europäische Union. Die Verfahrensgarantien werden in Kapitel VI geregelt, die den Umfang der Rechte Verdächtiger oder Beschuldigter gemäß Art. 41 EUStA-VO und Vorgaben zur justiziellen Kontrolle gemäß Art. 42 EUStA-VO umfassen. Wie auch im Fall der Agenturen Eurojust und Europol, ist die Arbeit einer Europäischen Staatsanwaltschaft von der Verarbeitung und Analyse von Informationen abhängig, die ebenso die Verarbeitung personenbezogener Daten umfasst. Kapitel VII regelt daher die Informationsverarbeitung innerhalb der EUStA, wo neben dem Erhalt von sachdienlichen Informationen auf dezentraler und zentraler Ebene gemäß Art. 43 EUStA-VO, unter anderem auch die Einrichtung des, -und der Zugriff auf-, das Fallbearbeitungssystem (Art. 44, Art. 46) und die Verfahrensvorschriften zur Verfahrensakten (Art. 45) geregelt sind. In Kapitel VIII werden die Grundsätze zum Datenschutz, wie unter anderem Speicherfristen (Art. 50) und das Prinzip der Datenminimierung (Art. 47 Abs. 1 lit. c)) niedergelegt. Hierbei wird eine Unterteilung in personenbezogenen Daten vorgenommen, die entweder verwaltungstechnischen (Art. 48) oder operativen (Art. 49) Nutzen haben. Die Differenzierung knüpft somit an die im Rahmen der Europol- und Eurojust-VO vorgenommenen Kategorisierung von personenbezogenen Daten an, die für Datenschutzinteressen von maßgeblicher Bedeutung sind. Während im Bereich der verwaltungstechnischen personenbezogenen Daten nach Art. 48 Abs. 1 EUStA-VO noch auf die Anwendung der Verordnung (EG) 45/2001 verwiesen wird, die zwischenzeitlich durch die Verordnung (EU) 2018/1725 ersetzt worden ist, sind diesbezüglich spezielle Speicherfristen in der Geschäftsordnung festzulegen und daher vom Europäischen Generalstaatsanwalt zu bestimmen. Die Grundsätze zur Verarbeitung operativer personenbezogener Daten sind vergleichsweise umfassend und detailliert in den Art. 49 – 89 EUStA-VO geregelt. Kapitel IX ist in die Abschnitte ‚Finanzen' und ‚Personalwesen' unterteilt. Für den Zuständigkeits- und Aufgabenbereich der EUStA bedeutend ist Kapitel X, der Bestimmungen über die Kooperationsbeziehungen zu

Kapitel 3: Maßnahmen der Europäischen Union

Unionseinrichtungen (Art. 100 – 103), den Mitgliedstaaten (Art. 105) und zu Dritten (Art. 104) enthält. Kapitel XI umfasst weitere Tätigkeitsprinzipien, die beispielsweise das Transparenzgebot (Art. 109) und das Berufsgeheimnis (Art. 108) benennen. Zudem werden in Kapitel XI Kontrollinstanzen gegenüber der EUStA geschaffen. Dies betrifft zum einem OLAF und den Rechnungshof, denen, gemäß Art. 110 Abs. 2, Abs. 3 EUStA-VO, die Finanzprüfung der EUStA übertragen werden. Die Europäische Bürgerbeauftragte erhält nach Art. 112 EUStA-VO die Befugnis, die Verwaltungstätigkeit der EUStA zu überwachen. Zudem werden weitere, allgemeine Haftungsregelungen zu EUStA in Art. 113 EUStA-VO festgelegt. Gemäß Art. 120 Abs. 2 EUStA-VO übt die EUStA ihre Zuständigkeit in Bezug auf alle, in ihre Zuständigkeit fallenden Straftaten aus, die nach dem 20. November 2017 begangen werden. Die der EUStA übertragenen Ermittlungs- und Strafverfolgungsaufgaben treten allerdings erst dann in Kraft, wenn die Europäische Kommission dies nach Vorschlag des Europäischen Generalstaatsanwalts mitteilt.

c) Organisationsstruktur

Art. 86 AEUV schreibt EUStA nicht unmittelbar als Einrichtung der Europäischen Union mit eigener Rechtspersönlichkeit vor, was allerdings auf den Umstand zurückzuführen ist, dass von einer Fusion mit dem Eurojust-*acquis* ausgegangen wurde[1143] und die Rechtspersönlichkeit sich somit auf EUStA erstreckt hätte.[1144] Andernfalls ergebe sich die Notwendigkeit einer eigenen Rechtspersönlichkeit bereits „aus Gründen der Rechtssicherheit und [...] im Hinblick auf eine Unabhängigkeit"[1145] einer Europäischen

---

[1143] Zur umfassenden Diskussion, die die Phrase „ausgehend von Eurojust" ausgelöst hat: Schwarze/Hatje/Schoo/Becker/*Böse*, Art. 86 AEUV Rn. 4; Calliess/Ruffert/*Suhr*, Art. 86 AEUV Rn. 13 f.; von der Groeben/Schwarze/Hatje/*Wasmeier/Killmann*, EU-Recht, Art. 86 Rn. 58 f. Vor dem Vertrag von Lissabon bereits *Kahlke*, Eurojust, S. 95 ff., S. 166 ff.; *Lopes da Mota*, eucrim 2008, 62, 62 f.; *Weigend*, ZStW 2004, 275, 300. Die Diskussion ist nunmehr hinfällig, da EUStA im Rahmen der Verstärkten Zusammenarbeit errichtet wird und die Präambel darauf hinweist, dass die Phrase dahingehend zu verstehen ist, dass Eurojust und die EUStA eine enge Kooperationsbeziehung führen sollen. Siehe ABl. EU L 283/1 v. 31. Oktober 2017, Erwägungsgrund Nr. 10.
[1144] Schwarze/Hatje/Schoo/Becker/*Böse*, Art. 86 AEUV Rn. 4.
[1145] Von der Groeben/Schwarze/Hatje/*Wasmeier/Killmann*, EU-Recht, Art. 86 Rn. 67.

C. Maßnahmen innerhalb des Verwaltungsapparats der Europäischen Union

Staatsanwaltschaft. Die EUStA unterliegt keiner Weisung Dritter und agiert unabhängig (Art. 6 Abs. 1).[1146]

EUStA ist, gemäß Art. 8 Abs. 2 EUStA-VO, in eine zentrale und dezentrale Ebene gegliedert, denen allerdings eine kollegiale[1147] und demnach horizontale Wertigkeit, beziehungsweise Beziehung zukommt. Im Außenverhältnis allerdings, um die volle Wirksamkeit und auch die Anerkennung der nationalen Entscheidungen zu erreichen, kommt der EUStA eine vertikale Komponente zugute. Diese vertikale Komponente ist dahingehend zu verstehen, dass eine Unionseinrichtung in das nationale Rechtsgefüge eintritt und die Rolle der Staatsanwaltschaft übernimmt. Mit dieser Organisationsmixtur wird eine Behörde erschaffen, die es ermöglicht, nationale und europäische Interessen zu berücksichtigen. In organisatorischer und personeller Hinsicht werden ebenso sprachliche und rechtsdogmatische Besonderheiten berücksichtigt.

aa) Zentrale Ebene

Die zentrale Ebene setzt sich aus dem Personal zusammen, das in der Hauptzentrale in Luxemburg tätig ist. Das dortige Personal setzt sich, gemäß Art. 8 Abs. 3 EUStA-VO, aus dem Europäischen Generalstaatsanwalt, dessen Stellvertretern, dem Kollegium gemäß Art. 9 EUStA-VO, den Ständigen Kammern gemäß Art. 10 EUStA-VO, den Europäischen Staatsanwälten und dem Verwaltungsdirektor zusammen. Das Kollegium setzt sich, gemäß Art. 9 Abs. 1 EUStA-VO, aus dem Europäischen Generalstaatsanwalt, der gleichzeitig die Leitung des Kollegiums übernimmt, und einem Europäischen Staatsanwalt je Mitgliedstaat zusammen. Das Kollegium entscheidet in einfacher Mehrheit in strategischen Fragen (Art. 9 Abs. 5) und tauscht sich über allgemeine interne Belange der Behörde aus. Es übernimmt eine Aufsicht über die allgemeinen Tätigkeiten der EUStA. Ziel des Kollegiums ist es daher, Kohärenz, Effizienz und Einheitlichkeit bei der Strafverfolgungspolitik der EUStA in allen Mitgliedstaaten sicherzustellen. Eine operative Entscheidungsbefugnis wird dem Kollegium nicht zuge-

---

1146 Zu den diesbezüglichen Souveränitätsvorbehalten der Mitgliedstaaten Groeben/Schwarze/Hatje/*Wasmeier/Killmann*, EU-Recht, Art. 86 AEUV Rn. 78. Zur Thematik einer weisungsunabhängigen supranationalen Staatsanwaltschaft in Zusammenarbeit mit einer weisungsabhängigen Staatsanwaltschaft in Deutschland als Exekutive partiell eingehend *Rautenberg*, ZRP 2016, 38, 38 ff.
1147 Schwarze/Hatje/Schoo/Becker/*Böse*, Art. 86 AEUV Rn. 3.

sprochen. Eine detaillierte Beschreibung der internen Aufsichtspflicht soll die Geschäftsordnung zur EUStA vorsehen, die, wie bereits erwähnt, vom Europäischen Generalstaatsanwalt vorgeschlagen wird. Der Europäische Generalstaatsanwalt leitet die EUStA (Art. 11 Abs. 1), hat den Vorsitz der Ständigen Kammer inne (Art. 10 Abs. 1) und leitet die Sitzungen des Kollegiums (Art. 9 Abs. 1). In seiner Funktion übernimmt dieser die Rechenschafts-, Informations- und Auskunftspflichten gemäß Art. 11 Abs. 3 EUStA-VO. Gemäß Art. 14 Abs. 1 EUStA-VO wird der Europäische Generalstaatsanwalt vom Europäischen Parlament und dem Rat für eine Amtszeit von sieben Jahren gewählt. Ihm werden zwei Stellvertreter zugeordnet, die ermächtigt sind, ihn vertreten und unterstützen zu können. Die Stellvertreter werden vom Kollegium aus dem Kreis der Europäischen Staatsanwaltschaft ernannt (Art. 15 Abs. 1). Die Funktion der Europäischen Staatsanwälte ist in Art. 12 EUStA-VO verankert, soll aber ebenfalls in der Geschäftsordnung zur EUStA konkretisiert werden. Die Europäischen Staatsanwälte überwachen die Ermittlungen und Strafverfolgungsmaßnahmen der Delegierten Europäischen Staatsanwälte in ihrem jeweiligen Mitgliedstaat und sind ihnen, gemäß Art. 12 Abs. 3 EUStA-VO, in Ausnahmefällen gegenüber weisungsbefugt, wenn es der effizienten Durchführung der Ermittlung oder Strafverfolgung dient. Auf Grundlage der Beobachtung und Beaufsichtigung verfasst der Europäische Staatsanwalt einen kurzen Bericht und, wenn notwendig, einen Vorschlag für die von der Ständigen Kammer zu fassender Entscheidung. Sie sind daher als Verbindungs- und Kontaktstelle zwischen der zentralen, also den Ständigen Kammern, und der dezentralen Ebene, den Delegierten Europäischen Staatsanwälten, zu betrachten (Art. 12 Abs. 5). Dabei kommt ihnen eine Überwachungsfunktion über die Durchführung der Aufgaben der EUStA, in Abstimmung mit den Delegierten zu. Gemäß Art. 16 Abs. 1 EUStA-VO haben die beteiligten Mitgliedstaaten drei Kandidaten für das Amt ihres Europäischen Staatsanwalts vorzuschlagen, wovon ein Europäischer Staatsanwalt je Mitgliedstaat für eine Amtszeit von sechs Jahren ernannt wird. Die Rechtsprechungsbefugnis des EuGH wird nunmehr auf personelle Entscheidungen erweitert. Art. 16 Abs. 5 EUStA-VO sieht vor, dass der EuGH auf Antrag des Europäischen Parlament, des Rats oder der Europäischen Kommission, einen Europäischen Staatsanwalt entlassen kann, wenn er feststellt, dass der in Frage stehende Europäische Staatsanwalt seine Aufgaben nicht mehr wahrnehmen kann, oder dass er sich eines schweren Fehlverhaltens schuldig gemacht hat. Die Ständigen Kammern werden, gemäß Art. 9 Abs. 3 EUStA-VO, auf Vorschlag des Europäischen Generalstaatsanwalts und nach den Vorgaben der zukünftigen Geschäftsordnung vom Kollegium errichtet.

C. Maßnahmen innerhalb des Verwaltungsapparats der Europäischen Union

Den Vorsitz der Ständigen Kammern übernimmt der Europäische Generalstaatsanwalt oder einer seiner Vertreter. Jede Ständige Kammer hat neben dem Vorsitz zwei ständige Mitglieder. Das Verhältnis und die Aufgabenverteilung sollen ebenfalls in der Geschäftsordnung konkretisiert werden. Die Geschäftsordnung hat allerdings eine ausgewogene Arbeitsverteilung im Rahmen der Fallzuweisung nach dem Zufallsprinzip vorzusehen. Nur im Fall einer unausgewogenen Belastung einer Kammer kann der Europäische Generalstaatsanwalt eine entsprechende Verteilung der Fälle vornehmen. Die Ständigen Kammern sind als zentrales Entscheidungsorgan der EUStA zu betrachten, die ihre Tätigkeit auf Unionsebene ausüben und somit grundlegend die supranationale Eigenschaft von EUStA widerspiegeln. Sie übernehmen zudem die Überwachungs- und Leitungsfunktion gegenüber den Delegierten Europäischen Staatsanwälten (Art. 10 Abs. 2). Die Entscheidungsbefugnis erstreckt sich, gemäß Art. 10 Abs. 3 EUStA-VO, auf die Anklageerhebung, die Verfahrenseinstellung, Anwendung vereinfachter Strafverfolgungsverfahren, Verweisung von Verfahren an die nationalen Behörden und Wiederaufnahme von Ermittlungen. In erforderlichen Fällen sind die Ständigen Kammern unter anderem befugt, den Delegierten Europäischen Staatsanwälten Weisung zu erteilen, Ermittlungsverfahren nach Art. 26 EUStA-VO einzuleiten oder auch das Evokationsrecht nach Art. 27 Abs. 6 EUStA-VO auszuüben. Während der Europäische Generalstaatsanwalt grundsätzlich für die operativen Tätigkeiten der EUStA verantwortlich ist, sieht Art. 18 f. EUStA-VO die Einsetzung eines Verwaltungsdirektors vor, der für sämtliche administrativen, organisatorischen und finanziellen Belange der EUStA zuständig ist (Art. 19 Abs. 1, Abs. 4). Er gilt daher als gesetzlicher Vertreter der EUStA in verwaltungs- und haushaltsrechtlichen Belangen (Art. 19 Abs. 3). Entsprechend kommt ihm auch eine Rechenschaftspflicht gegenüber dem Europäischen Generalstaatsanwalt und dem Kollegium zu (Art. 18 Abs. 6).

bb) Dezentrale Ebene

Die dezentrale Ebene besteht, gemäß Art. 8 Abs. 4 EUStA-VO, aus den Delegierten Europäischen Staatsanwälten, die in den Mitgliedstaaten angesiedelt sind. In jedem Mitgliedstaat sollten, gemäß Art. 13 Abs. 2 EUStA-VO, mindestens zwei Delegierte Europäische Staatsanwälte eingesetzt werden, damit die reibungslose Bearbeitung der Fälle der EUStA gewährleistet

Kapitel 3: Maßnahmen der Europäischen Union

wird.[1148] Die Delegierten Europäischen Staatsanwälte sind als Repräsentanten der EUStA zu betrachten, da sie im Namen der unionsrechtlichen Strafverfolgungsbehörde in ihrem jeweiligen Mitgliedstaat auftreten und an Weisungen der Ständigen Kammer und der Europäischen Staatsanwälte gebunden sind (Art. 13 Abs. 1 UAbs. 2) und diese über wesentliche Entwicklungen eines Falls zu informieren haben[1149]. Neben ihrer Tätigkeit für die EUStA können Delegierte Europäische Staatsanwälte auch Aufgaben eines nationalen Staatsanwalts wahrnehmen (sog. „Doppelhut-Modell"[1150]). Dies gilt, gemäß Art. 13 Abs. 3 EUStA-VO, nur solange, wie es nicht die Tätigkeit als Delegierter Europäischer Staatsanwalt beeinträchtigt.[1151] Nach Art. 17 Abs. 2 S. 1 EUStA-VO müssen die Delegierten Europäischen Staatsanwälte ab dem Zeitpunkt ihrer Ernennung, aktive Mitglieder der nationalen Staatsanwaltschaft oder der Richterschaft sein. Konsequenterweise müssen ihnen daher die gleichwertigen Befugnisse, im Hinblick auf die Ermittlung, Strafverfolgung und Anklageerhebung zukommen, wie den nationalen Staatsanwälten (Art. 13 Abs. 1). Gemäß Art. 17 EUStA-VO wird der Delegierte Europäische Staatsanwalt vom Kollegium auf Vorschlag des Europäischen Generalstaatsanwalts ernannt, nachdem dieser von dem jeweiligen Mitgliedstaat vorgeschlagen wurde. Anders als im Falle des Europäischen Generalstaatsanwalts, fällt die Entlassung des Delegierten Europäischen Staatsanwalts in die Angelegenheit des Kollegiums (Art. 17 Abs. 3). Hat der Delegierte Europäische Staatsanwalt ein Verfahren oder eine Ermittlung eingeleitet oder hat er vom Evokationsrecht Gebrauch gemacht, so ist dieser vollumfänglich für den diesen Fall verantwortlich. Dies betrifft, gemäß Art. 13 Abs. 1 UAbs. 3 EUStA-VO, unter anderem auch das Recht zur Anklageerhebung, zum Schlussvortrag, Teilnahme an der Beweisaufnahme und das Einlegen von Rechtsbehelfen auf Grundlage des nationalen Rechts. Haben mehrere Delegierte Europäische Staatsanwälte Ermittlungsverfahren in Bezug auf dieselbe Straftat eingeleitet, entscheidet die Ständige Kammer, ob diese Ermittlungsverfahren miteinander verbunden werden.[1152]

1148 ABl. EU L 283/1 v. 31. Oktober 2017, Erwägungsgrund Nr. 44.
1149 ABl. EU L 283/1 v. 31. Oktober 2017, Erwägungsgrund Nr. 34 f.
1150 *Böse*, JZ 2017, 82, 82; *Brodowski*, StV 2017, 684, 684; *Schramm*, JZ 2014, 749, 754.
1151 ABl. EU L 283/1 v. 31. Oktober 2017, Erwägungsgrund Nr. 33.
1152 ABl. EU L 283/1 v. 31. Oktober 2017, Erwägungsgrund Nr. 68.

d) Zuständigkeit

Für die räumliche Zuständigkeit gilt grundsätzlich der Territorialitätsgrundsatz, wonach, gemäß Art. 23 lit. a) EUStA-VO, die EUStA für Straftaten zuständig ist, die ganz oder teilweise im Hoheitsgebiet eines oder mehrerer Mitgliedstaaten begangen worden sind. Für bestimmte Fälle ermöglichen Art. 23 lit. b), lit. c) EUStA-VO die Zuständigkeit nach dem Personalitätsprinzip.[1153]

Wie es bereits in Art. 86 Abs. 1 AEUV statuiert ist, erstreckt sich die sachliche Zuständigkeit der EUStA auf Straftaten zum Nachteil der finanziellen Interessen der Europäischen Union. Dies beinhaltet die „strafrechtliche[...] Untersuchung und Verfolgung sowie die Anklageerhebung"[1154]. Im Rahmen der Phrase ‚finanzielle Interessen' wird explizit Bezug auf die einschlägigen nationalen Vorgaben im Zuge der Implementierung der Richtlinie (EU) 2017/1371[1155] genommen[1156]. Gemäß Art. 2 Nr. 3 EUStA-VO umfasst die Bezeichnung ‚finanzielle Interessen der Europäischen Union' sämtliche Einnahmen, Ausgaben und Vermögenswerte, die vom Haushaltsplan der Europäischen Union oder von den Haushaltsplänen der europäischen Organe, Einrichtungen und sonstigen Stellen erfasst, von ihnen erworben oder ihnen geschuldet werden. Eine Kompetenzerweiterung auf den Bereich der schweren grenzüberschreitenden Kriminalität wird, entsprechend zu Art. 330 Abs. 2 AEUV, von der Einstimmigkeit der teilnehmenden Mitgliedstaaten im Europäischen Rat abhängig gemacht.[1157] Trotz der unmissverständlichen Reduktion auf die finanziellen Interessen der Europäischen Union in Art. 86 Abs. 1 AEUV, wird der Zuständigkeitsbereich per Sekundärrecht nach Art. 22 Abs. 3 EUStA-VO erweitert. Demnach soll auch in solchen Fällen die sachliche Zuständigkeit gegeben sein, wenn die begangene Handlung eine Straftat darstellt, die untrennbar im Zusammenhang mit einer Straftat zum Nachteil der EU-Haushaltsinteressen steht.

Eine ausdrückliche Zuständigkeitsbeschränkung ist in Form einer Schwerpunktsklausel nach Art. 25 Abs. 3 EUStA-VO und de-minimis-Klau-

---

1153 Hierzu *Brodowski*, StV 2017, 684, 686.
1154 ABl. EU L 283/1 v. 31. Oktober 2017, Erwägungsgrund Nr. 11.
1155 Richtlinie (EU) 2017/1371 des Europäischen Parlaments und des Rates vom 5. Juli 2017 über die strafrechtliche Bekämpfung von gegen die finanziellen Interessen der Union gerichteten Betrug, ABl. EU L 198/29 v. 28. Juli 2017.
1156 Hierzu *Brodowski*, StV 2017, 684, 686.
1157 Siehe hierzu auch ABl. EU L 283/1 v. 31. Oktober 2017, Erwägungsgrund Nr. 11.

sel nach Art. 25 Abs. 2 EUStA-VO vorgesehen.[1158] Während nach der de-minimis-Klausel eine Straftat mit einem Schaden von weniger als 10.000 Euro grundsätzlich nicht in den Zuständigkeitsbereich der EUStA fällt, schließt die Schwerpunktsklausel die sachliche Zuständigkeit in zwei weiteren Fällen aus. Die sachliche Zuständigkeit ist demnach auch dann ausgeschlossen, wenn die Höchststrafe für die im Zusammenhang stehende Straftat genauso hoch oder höher ist, als die Straftat zum Nachteil finanzieller EU-Interessen (Art. 25 Abs. 3 lit. a)). Des Weiteren ist von einer Zuständigkeit abzusehen, wenn der eingetretene Schaden für die Europäischen Union nicht höher ist, als es einer anderen Person entstanden ist (Art. 25 Abs. 3 lit. b)). Die Entscheidungsprärogative liegt bei den zuständigen nationalen Behörden (Art 25 Abs. 6).

e) Datenverarbeitung

aa) Fallbearbeitungssystem

Es ist eine der zentralen Aufgaben der Strafverfolgung Informationen zu sammeln, Beweise zusammenzutragen, Zusammenhänge zu erkennen und entsprechende Rückschlüsse zu ziehen. Wie im Falle von Eurojust und Europol ist auch für die Tätigkeit der EUStA die Einrichtung eines Fallbearbeitungssystems vorgesehen, dessen Handhabung in einer Geschäftsordnung konkretisiert werden soll. Es soll vor allem der Administration der Ermittlungs- und Strafverfolgungstätigkeit, -insbesondere den internen organisatorischen Abläufen-, dem Datenabgleich, der Datenauswertung für operative Analysen und statistische Zwecke sowie der Überwachung der rechtmäßigen Verarbeitung personenbezogener Daten dienen.

Gemäß Art. 44 Abs. 4 EUStA-VO wird sich das Fallbearbeitungssystem aus einem Register, einem Index und den Verfahrensakten zusammensetzen. Das Register enthält, gemäß Art. 44 Abs. 4 i. V. m. Art. 24 EUStA-VO, unter anderem Informationen zum Sachverhalt, Schadensschätzungen, rechtliche Beurteilungen sowie Informationen über Opfer, Verdächtige und andere Beteiligte. Zudem kann das Register Informationen zur Zuständigkeit und eine Begründung zur Ausübung des Evokationsrechts enthalten. Das Indexsystem umfasst, gemäß Art. 44 Abs. 5 lit. b) EUStA-VO, eine Übersicht über die Verfahrensakten gemäß Art. 45 Abs. 1 EUStA-VO. Die Akte wird vom Delegierten Europäischen Staatsanwalt angelegt, so-

---

1158 Nach *Brodowski*, StV 2017, 684, 687.

bald die EUStA eine Einleitung eines Verfahrens vornimmt oder von ihrem Evokationsrecht Gebrauch macht. Die Akte enthält typischerweise sämtliche Informationen, die dem Delegierten Europäischen Staatsanwalt zur Verfügung stehen. Grundsätzlich wird die Verfahrensakte nach dem Recht des Mitgliedstaats geführt, in dem der Fall eröffnet wurde. Sieht die Geschäftsordnung diesbezüglich indes Vorschriften vor, sind diese, gemäß Art. 45 Abs. 2 EUStA-VO, als *lex specialis* anzuwenden. Der Delegierte Europäische Staatsanwalt hat zudem sicherzustellen, dass, gemäß Art. 45 Abs. 3 EUStA-VO, sämtliche Informationen der Verfahrensakte auch im Fallverarbeitungssystem der EUStA hinterlegt sind. Letzteres ist vor allem dann relevant, wenn es um die Löschung und Veränderung von operativen personenbezogenen Daten geht.

Wie auch im Fall von Europol, findet im Rahmen der Zugriffsberechtigung eine Abstufung statt. Auch hier gilt, je sensibler die Information, desto mehr konkretisiert sich der Kreis der Zugriffsberechtigten. Grundsätzlich gilt, gemäß Art. 46 UAbs. 1 i. V. m. Art. 44 Abs. 2 lit. b) EUStA-VO, dass für die zentrale und dezentrale Organisationsebene ein sicherer Zugriff auf das Fallbearbeitungssystem gewährleistet werden muss. Der unmittelbare Zugriff ist allerdings auf das Register und den Index konkretisiert (Art. 46).

Zudem ist, gemäß Art. 44 Abs. 3 EUStA-VO, vorgesehen, dass die EUStA an das gesicherte Telekommunikationsnetz des EJN angeschlossen wird. Einen Zugang zu den Informationen der Verfahrensakte erhält indes nur der die Aufsicht führende Europäische Staatsanwalt und die zuständige Ständige Kammer. Zur Verfahrensakte selbst hat wiederum nur der führende Europäische Staatsanwalt unmittelbaren Zugriff, während die Ständige Kammer den Zugang, gemäß Art. 46 UAbs. 2 EUStA-VO, beantragen muss. Art. 46 UAbs. 3 EUStA-VO sieht Verfahrensregeln vor, wenn ein anderer Delegierter Europäischer Staatsanwalt Zugriff auf die Verfahrensakte beantragt.

bb) Verarbeitung operativer personenbezogener Daten

Kapitel VIII umfasst die datenschutzrechtlichen Bestimmungen, die im Rahmen der Tätigkeit der EUStA anzuwenden und zu beachten sind. Während Art. 47 Abs. 1 EUStA-VO einschlägige Grundsätze der personenbezogenen Datenverarbeitung statuiert, die unter anderem die Grundsätze der Datenminimierung und der Vertraulichkeit vorsehen, widmet sich Art. 49 EUStA-VO explizit der Verarbeitung operativer personenbezogener

Daten. Die Daten werden in automatisierter oder strukturierter, manuell geführter Form verarbeitet. Die Zweckbindung der Datenverarbeitung richtet sich nach Art. 49 Abs. 1 EUStA-VO, kann jedoch, entsprechend zu Art. 47 Abs. 3 EUStA-VO, ausgedehnt werden. Grundsätzlich ist die Datenverarbeitung jedoch, wie auch bereits im Rahmen der Tätigkeiten von Europol und Eurojust, zweckmäßig, wenn es der Ermittlung und Strafverfolgung, dem Informationsaustausch mit nationalen Behörden und EU-Einrichtungen sowie der Zusammenarbeit mit Drittstaaten und internationalen Organisationen dient. Art. 49 Abs. 4 EUStA-VO gestattet es allerdings operative personenbezogene Daten vorübergehend zu verarbeiten, um festzustellen, ob die Daten für die Tätigkeit der EUStA relevant sein könnten. Die Geschäftsordnung soll hierzu detailliert Vorgaben machen, deren Ausgestaltung zusammen mit dem EDSB zu erfolgen hat. Die Speicherfrist von operativ personenbezogenen Daten liegt grundsätzlich bei fünf Jahren, wobei die Notwendigkeit ständig und spätestens bei einer Speicherdauer von drei Jahren überprüft werden muss. Wird die Speicherfrist von fünf Jahren überschritten, ist der EDSB in Kenntnis zu setzen. Überaus weitreichend ist Art. 50 Abs. 2 EUStA-VO, wonach personenbezogene Daten, auch nach einem Freispruch des Betroffenen für einen Zeitraum von fünf Jahren gespeichert werden dürfen. Im Fall eines Schuldspruchs dürfen die entsprechenden Daten bis zum Ende der verhängten Strafe oder bis zu dem Zeitpunkt, an dem die verhängte Strafe nicht mehr vollstreckt werden kann, gespeichert werden. Etwaige Verlängerungen von Speicherfristen sind entsprechend zu Art. 50 Abs. 3 EUStA-VO zu protokollieren. Eine Informationspflicht gegenüber dem EDSB ist in der EUStA-VO in diesem Zusammenhang nicht gegeben.

f) Kooperation mit EU-Einrichtungen

aa) Beziehung zu Eurojust

Die Beziehung zwischen der EUStA und Eurojust soll, gemäß Art. 100 EUStA-VO, auf einer engen Partnerschaft beruhen. Die enge Zusammenarbeit müsse vor allem darin bestehen, Kooperationsbeziehungen in organisatorischer, administrativer und operativer Hinsicht zu errichten und auszugestalten. Entsprechend zu Art. 50 der Eurojust-VO sollen zwischen dem Europäischen Generalstaatsanwalt und dem Eurojust-Präsidenten regelmäßige Treffen stattfinden. Im Rahmen der Ermittlungs- und Strafverfolgungstätigkeit wird EUStA berechtigt, das nationale Mitglied von Eurojust einzubinden, das im selben Mitgliedstaat wie der zuständige Delegierte Europäische Staatsanwalt tätig ist. In operativen Fragen kann die EUStA Eurojust an ihrer Tätigkeit, im Zusammenhang mit grenzüberschreitenden Fällen, beteiligen, indem sie beispielsweise Informationen, einschließlich personenbezogener Daten, weitergibt. Die EUStA erhält zudem Zugriff auf das Fallbearbeitungssystem von Eurojust, was allerdings auf das Treffer-/Kein-Treffer-Verfahren zu beschränken ist. Führt eine Suchanfrage zu einer Übereinstimmung, ist dies Eurojust und dem betreffenden Mitgliedstaat mitzuteilen. Die Beziehung zwischen Eurojust und der EUStA wird als komplementäres Kooperationsgebilde bezeichnet, das auf „weitgehender Synergie, Kooperation und Komplementarität"[1159] basiert.

bb) Beziehung zu Europol

Art. 102 Abs. 1 EUStA-VO sieht eine Kooperationsbeziehung zwischen der EUStA und Europol im Rahmen ihrer Zuständigkeitsbereiche vor, die allerdings in einer Arbeitsvereinbarung konkretisiert werden muss, weshalb Art. 102 EUStA-VO diesbezüglich vergleichsweise kurzgehalten ist. Im Übrigen unterscheidet die Voraussetzung einer Arbeitsvereinbarung die Beziehung zu anderen EU-Einrichtungen, wie beispielsweise zu OLAF (Art. 101). Grundsätzlich gilt, gemäß Art. 102 Abs. 2 EUStA-VO, dass die EUStA von Europol auf Antrag alle sachdienlichen Informationen über eine in ihre Zuständigkeit fallende Straftat einholen darf.

g) Kooperation mit anderen Mitgliedstaaten

Gemäß Art. 105 i. V. m. Art. 99 Abs. 1, Abs. 3 EUStA-VO kann EUStA mit den Mitgliedstaaten, die sich gegen eine Beteiligung an der ‚Verstärkten Zusammenarbeit' ausgesprochen haben, Arbeitsvereinbarungen zugunsten der Kooperation abschließen. Dies betrifft zum Stand Oktober 2019 die Mitgliedstaaten Schweden, Malta, Polen, Ungarn, Irland, das Vereinigte Königreich und Dänemark. Die Kooperationsbeziehungen umfassen insbesondere, gemäß Art. 105 Abs. 1 EUStA-VO, den Austausch von (strategischen) Informationen und die Entsendung von Verbindungsbeamten. Allerdings dürfen die Arbeitsvereinbarungen, gemäß Art. 99 Abs. 3 S. 2 EUS-

---

1159 Grabitz/Hilf/Nettesheim/*Vogel/Eisele*, Art. 86 AEUV Rn. 18.

tA-VO, keine Verpflichtung der EUStA zur Weitergabe von personenbezogenen Daten an die Behörden des Kooperationspartners enthalten.

h) Kontrollnetz

aa) Justizielle Kontrolle

Nach Art. 42 EUStA-VO unterfallen Verfahrenshandlungen der EUStA mit Rechtswirkung gegenüber Dritten grundsätzlich der nationalen Gerichtsbarkeit, in der der jeweilige Fall bearbeitet wird.[1160] Der EuGH ist indes, gemäß Art. 267 AEUV i. V. m. Art. 42 Abs. 2 EUStA-VO, stets zuständig, wenn die Frage die Gültigkeit einer Verfahrenshandlung der EUStA, die Auslegung oder die Gültigkeit einer Unionsvorschrift oder die Auslegung hinsichtlich etwaiger Zuständigkeitskonflikte zwischen der EUStA und den nationalen Behörden betrifft. Die EUStA-VO sieht somit eine Aufteilung der justiziellen Kontrolle vor, die bereits im Zuge des Ratsentwurfs kritisiert[1161], von einer a. A. aber als logische Konsequenz im Hinblick auf die Vorlagepflicht gemäß Art. 267 AEUV gewertet wird[1162]. Eine ausdrückliche Zuständigkeit kommt dem EuGH in Fällen zu, die unter anderem die Verfahrenseinstellung (Art. 42 Abs. 3), Schadenersatzforderungen gegenüber der EUStA (Art. 42 Abs. 4), Personalangelegenheiten, -wozu auch etwaige Personalentscheidungen bezüglich des Europäischen Generalstaatsanwalts und der Europäischen Staatsanwälte zählen (Art. 42 Abs. 6, 7)-, und Fragen in Zusammenhang mit Schiedsklauseln durch EUStA geschlossene Verträge (Art. 42 Abs. 5 EUStA-VO) betreffen.

bb) Parlamentarische Kontrolle

Anders, als im Fall von Europol gemäß Art. 88 Abs. 2 UAbs. 2 AEUV und von Eurojust gemäß Art. 85 Abs. 1 UAbs. 3 AEUV, fehlt es , im Fall der EUStA, an einer primärrechtlichen Vorgabe parlamentarischer Kontroll-

---

1160 Hierzu ausführlich *Alexandrova*, in: Erkelens/Meij/Pawlik (Hrsg.), The European Public Prosecutor's Office, S. 11 (19 f.); *Böse*, JZ 2017, 82, 82 ff., *Meij*, in: Erkelens/Meij/Pawlik (Hrsg.), The European Public Prosecutor's Office, S. 102 (103 ff.).
1161 *Böse*, JZ 2017, 82, 83.
1162 *Brodowski*, StV 2017, 684, 692.

möglichkeiten.[1163] Art. 6 Abs. 2 EUStA-VO sieht lediglich vor, dass die EUStA dem Europäischen Parlament, dem Rat und der Europäischen Kommission für ihre allgemeinen Tätigkeiten rechenschaftspflichtig ist und einen Jahresbericht zu verfassen hat. Der Jahresbericht muss unter anderem, gemäß Art. 7 Abs. 1 EUStA-VO, an das Europäische Parlament und die nationalen Parlamente der Mitgliedstaaten übermittelt werden. Zudem hat, gemäß Art. 7 Abs. 2 EUStA-VO, der Europäische Generalstaatsanwalt einmal jährlich vor dem Europäischen Parlament und vor den nationalen Parlamenten zu erscheinen, wobei die nationalen Parlamente dies ausdrücklich verlangen müssen.

3. Zwischenfazit

Neben Europol als europäischer Polizeibehörde und Eurojust, in enger Verflechtung mit dem EJN, als Pfeiler justizieller Kooperation und Zusammenarbeit innerhalb Europas, ist die Errichtung der EUStA, auch im Rahmen einer Verstärkten Zusammenarbeit, ein europäischer Meilenstein.[1164] Europol und Eurojust sind grundsätzlich als Pfeiler der polizeilichen und justiziellen Kooperation zu betrachten, denen nach wie vor Schranken, aufgrund von Souveränitätsvorbehalten der Mitgliedstaaten, gesetzt werden. Im Hinblick auf die Europäische Staatsanwaltschaft lösen sich die Vorbehalte aufgrund der gewählten Organisationsstruktur auf. Die Durchdringung gelingt aufgrund der supranationalen und nationalen Mixtur, die die Europäische Staatsanwaltschaft maßgeblich von bisherigen Unionseinrichtungen unterscheidet. Den Skeptikern, vor allem jenen Mitgliedstaaten, die sich letztendlich doch der Verstärkten Zusammenarbeit angeschlossen haben, kommt der justizielle Kontrollmechanismus entgegen, der grundsätzlich die nationale Gerichtsbarkeit zuständig sieht und deren Zuständigkeit lediglich durch die Vorlagepflicht gemäß Art. 267 AEUV begrenzt wird. Die Europäische Staatsanwaltschaft ist daher als neuartige, hybride EU-Einrichtung zu betrachten, die sich unter anderem durch ein mehrstufiges Administrationsverfahren auszeichnet. Inwieweit etwaige Bestrebungen für eine Kompetenzerweiterung unter dem Mantel der Verstärkten Zusammenarbeit umsetzbar sein werden, bleibt offen. Grundsätz-

---

1163 Feststellend auch Schwarze/Hatje/Schoo/Becker/*Böse*, Art. 86 AEUV Rn. 3; von der Groeben/Schwarze/Hatje/*Wasmeier/Killmann*, EU-Recht, Art. 86 AEUV Rn. 83.
1164 *Satzger* spricht vom „i-Tüpfelchen", vgl. *Satzger*, NStZ 2013, 206, 207.

Kapitel 3: Maßnahmen der Europäischen Union

lich gilt, dass der EUStA der Zuständigkeitsbereich der Computerkriminalität übertragen werden kann und eine Zuständigkeitserweiterung insgesamt wünschenswert ist. Die Effektivität könnte jedoch aufgrund der Verstärkten Zusammenarbeit im Hinblick auf die territoriale Zuständigkeit der EUStA angezweifelt werden, auf der anderen Seite aufgrund der Vielzahl beteiligter Mitgliedstaaten dahingestellt bleiben.

VIII. Weitere Einrichtungen

1. CERT-EU

Das ‚Computer Emergency Response Team' (CERT)[1165] der Europäischen Union ist eine IT-spezialisierte Einheit, die für alle Unionseinrichtungen zuständig ist. Es ist dabei strikt von den nationalen Einheiten der ‚Computer Security Incident Response Teams' durch die NIS-Richtlinie zu trennen, wobei diese gesamtheitlich ein Netzwerk bilden. Bei diesem Netzwerk handelt es sich um die „größte, zu rechtzeitiger Identifikation und Lösung von Cyberangriffen bestimmte (wissenschaftlich-technische), netzartige Infrastruktur"[1166]. Grundsätzlich ist dem CERT der Ausbau der Resilienz für den Fall eines Cyberangriffs übertragen. Die NIS-Richtlinie fordert allerdings, dass das CERT in einem Notfall zu kontaktieren ist[1167].

2. EU Hybrid Fusion Cell

Obwohl es noch an einer gemeinsamen Definition hybrider Bedrohungen mangelt, wird bereits über die Errichtung einer speziellen Analyseeinheit für hybride Bedrohungen gesprochen. Inzwischen befasst sich auch die NATO mit dieser Bedrohungsform im Rahmen einer gemeinsamen Verteidigungsstrategie und hat mittlerweile eine speziell ausgerichtete Abteilung eingerichtet. Im Zusammenhang mit den ‚hybriden Bedrohungen' führen die NATO und die Europäischen Union eine intensive Kooperation. Diese Kooperation wurde einerseits auf dem NATO-Gipfel in Warschau im Jahr

---

1165 In den U.S.A. existiert bereits seit 1989 ein CERT. Siehe *Bastl/Mareš/Tvrdá*, in: Lange/Bötticher (Hrsg.), Cyber-Sicherheit, S. 45 (55).
1166 *Bastl/Mareš/Tvrdá*, in: Lange/Bötticher (Hrsg.), Cyber-Sicherheit, S. 45 (55).
1167 ABl. EU L 194/1 v. 19. Juli 2016, Erwägungsgrund Nr. 34.

C. Maßnahmen innerhalb des Verwaltungsapparats der Europäischen Union

2016 deklariert[1168], bisher existiert indes keine militärische Abwehreinheit innerhalb der NATO[1169]. Letztere war im Hinblick auf die Schlussfolgerungen des NATO-Gipfels in Wales im Jahr 2014 zu vermuten, da von einer „kollektiven [Cyber-]Verteidigung"[1170] gesprochen wurde. Die NATO soll vor allem durch die Kooperationsbeziehungen zwischen den nationalen Cyberabwehrzentren partizipieren[1171], indem Informationen ausgetauscht und gemeinsame „Cybersicherheitsübungen"[1172] durchgeführt werden. Die EU Hybrid Fusion Cell dient indes ausdrücklich der Bekämpfung hybrider Bedrohungen. Die Spezialeinheit untersteht dem Europäischen Auswärtigen Dienst (EAD) und ist dem ‚Intelligence and Situation Centre' (INTCEN) in Brüssel angegliedert[1173]. Ihre Aufgabe ist es, „Informationen aus den Sicherheitsbehörden der NATO- und EU-Staaten, aus EU-Institutionen sowie den Partnerstaaten zu bündeln"[1174]. Mit Hilfe dieser Informationen sollen Frühwarnberichte erstellt werden,[1175] was dem Grundsatz der Resilienz im Zuge der EU-Cybersicherheitspolitik unterstreicht. Die Zusammenarbeit zwischen der NATO und der EU Hybrid Fusion Cell soll durch ein Kooperationsabkommen konkretisiert werden, das unter anderem Vorgaben zur Durchführung gemeinsamer Sicherheitsübungen umfassen soll.[1176] Zudem unterhält die EU Hybrid Fusion Cell enge Beziehungen zum EC3, FRONTEX und dem CERT der Europäischen Union.[1177]

1168 *Bendiek*, in: Weidenfeld/Wessels (Hrsg.), Jahrbuch der Europäischen Integration 2017, S. 247 (251 f.).
1169 Die NATO verfügt bereits über IT-Expertenteams, wie der NATO Computer Incident Response Capability (NCIRC). Siehe *Bastl/Mareš/Tvrdá*, in: Lange/Bötticher (Hrsg.), Cyber-Sicherheit, S. 45 (58).
1170 Siehe *Varwick*, Die NATO in (Un-)Ordnung, S. 57.
1171 *Bendiek*, in: Weidenfeld/Wessels (Hrsg.), Jahrbuch der Europäischen Integration 2017, S. 247 (252).
1172 *Bendiek*, SWP-Studie 2017, S. 20. Auf die Durchführung solcher Simulationen weist hin: *Hamilton*, in: Niglia (Hrsg.), Critial infrastrucutre protection against hybrid warefare security related challenges, S. 23 (29).
1173 BT-Drs. 18/8631, S. 9.
1174 *Bendiek*, in: Weidenfeld/Wessels (Hrsg.), Jahrbuch der Europäischen Integration 2017, S. 247 (252).
1175 BT-Drs. 18/8631, S. 1.
1176 BT-Drs. 18/8631, S. 1.
1177 Die Bundesregierung betrachtet die EU Hybrid Fusion Cell als „zentrale Anlaufstelle" für alle EU-Einrichtungen. Vgl. BT-Drs. 18/8631, S. 9.

Kapitel 4: Resümee

Die Forderungen nach einer Anpassung des Strafrechts im Hinblick auf die Herausforderungen der Technifizierung, wurden bereits zu Beginn der 1970er Jahre laut, die zuerst von der Organisation für wirtschaftliche Zusammenarbeit und Entwicklung (OECD) aufgegriffen worden waren. Später folgten vereinzelt Initiativen des Europarats, der Vereinten Nationen und der G8-Staaten.[1178] Einen völkerrechtlichen Meilenstein setzte das Übereinkommen gegen Computerkriminalität des Europarats im Jahr 2001, das als Fundament der Kriminalisierung der Delikte gegen die Vertraulichkeit, Integrität und Verfügbarkeit von Computersystemen und deren Daten zu betrachten ist. Das Übereinkommen zum Schutz des Kindes aus dem Jahr 2007 engte sodann partiell den überaus weiten Umsetzungsspielraum des Übereinkommens gegen Computerkriminalität ein. Zudem wurde erstmals eine Pönalisierung des Cybergroomings in einer völkerrechtlichen Vereinbarung gefordert.

Der fortschreitende europäische Integrationsprozess hat viele Herausforderungen für die Europäische Gemeinschaft mit sich gebracht. Mit der Aufnahme weiterer europäischer Staaten in den europäischen Binnenmarkt und der Überführung der Schengen-*acquis* in den Rechtsrahmen der Europäischen Union, wurde die Begehung organisierter und grenzüberschreitender Kriminalität maßgeblich vereinfacht. In Anbetracht der Gefahren für den europäischen Binnenmarkt und seine Bürger, folgte im Vertrag von Amsterdam erstmals die primärrechtliche Manifestierung der Schaffung eines Raums der Freiheit, der Sicherheit und des Rechts. Dies umfasste bereits auch die Annäherung der Strafvorschriften in den Bereichen der organisierten Kriminalität, des Terrorismus und des illegalen Drogenhandels. Im Hinblick auf die neue Zielstellung, erklärte der Europäische Rat in seinem Rahmenprogramm von Tampere[1179] zur Justiz- und Innenpolitik, die gemeinsame Kriminalitätsbekämpfung zur gemeinsamen Priorität der Mitgliedstaaten für den Zeitraum 1999 bis zum Jahr 2004 und

---

1178 *Sieber*, in: Sieber/Satzger/Heintschel-Heinegg (Hrsg.), Europäisches Strafrecht, § 24 Rn. 18; *Spannbrucker*, Convention on Cybercrime, S. 3 m. V. a. *Germann*, Gefahrenabwehr und Strafverfolgung im Internet, S. 42 f.

1179 *Europäischer Rat*, Schlussfolgerungen des Vorsitzes des Europäischen Rats in Tampere, SN 200/99 v. 15./16. Oktober 1999.

Kapitel 4: Resümee

proklamierte den Grundsatz der gegenseitigen Anerkennung in Strafsachen als Eckpfeiler europäischer Kriminalpolitik.

Während in Folge des Vertrags von Amsterdam die Bereiche Visa, Asyl, Einwanderung und andere Politiken betreffend den freien Personenverkehr vergemeinschaftet wurden, verblieb die polizeiliche und justizielle Zusammenarbeit in Strafsachen in der dritten Säule als intergouvernemental-organisierter Politbereich. Im Rahmen der dritten Säule erließ der Rat der Europäischen Union eine Vielzahl von Rahmenbeschlüssen, die die Mitgliedstaaten zur Rechtsangleichung im Bereich des Strafrechts verpflichteten und im Zuge der EuGH-Entscheidung *Maria Pupino*[1180] rahmenbeschlusskonform anzuwenden waren. Der Rahmenbeschluss stellte das zentrale Rechtsangleichungsinstrument für die schrittweise Annahme von Maßnahmen zur Festlegung von Mindestvorschriften im Bereich des materiellen Strafrechts dar, von dem der Rat der Europäischen Union zugunsten der Proklamation eines Raums der Freiheit, der Sicherheit und des Rechts „rege Gebrauch"[1181] gemacht hatte. Auf Grundlage von ex. Art. 29 Abs. 2, 3. Spiegelstrich i. V. m. ex. Art. 31 lit. e) EUV wurden der Rahmenbeschluss 2011/413/JI zur Bekämpfung von Betrug und Fälschung im Zusammenhang mit unbaren Zahlungsmitteln, der Rahmenbeschluss 2004/68/JI zur Bekämpfung der sexuellen Ausbeutung von Kindern und der Kinderpornographie, der Rahmenbeschluss 2005/222/JI über Angriffe auf Informationssysteme und der Rahmenbeschluss 2008/919/JI zur Terrorismusbekämpfung erlassen, die die Bemühungen des Rats im Kampf gegen die vielseitigen Ausprägungen der Computerkriminalität, wenn auch nur partiell, veranschaulichen. Die verabschiedeten Maßnahmen zeigen jedoch deutlich, dass die Mitgliedstaaten bereits vor Inkrafttreten des Vertrags von Lissabon in dem Bewusstsein handelten, dass dem Missbrauch des technologischen Fortschritts nur im Kollektiv begegnet werden kann. Die vorliegende Untersuchung hat andererseits auch verdeutlicht, dass zurecht die demokratische Legitimität in Frage gestellt und zurecht der Mangel justizieller Kontrollmöglichkeiten angeprangert worden waren.

Im November 2004 folgte das Haager Programm, das ein Mehrjahresprogramm für den Zeitraum bis 2009 darstellte und erstmals den Grundsatz der Verfügbarkeit von Informationen statuierte. Es folgte die Lossagung vom ursprünglichen rein ökonomischen Integrationsgedanken hin zur Festlegung gemeinsamer Politleitlinien im Bereich Justiz und Inneres,

---

1180 EuGH, *Maria Pupino*, Rs. C-105/03, Slg. 2005, I-5309.
1181 *Schönberger*, ZaöRV 2007, 1107, 1108.

was aufgrund der Bedrohung durch die transnationale organisierte Kriminalität und den Terrorismus fortan als absolut notwendig erachtet wurde.

Mit dem Vertrag von Lissabon erfolgte die Vergemeinschaftung der dritten Säule, die zuvor die polizeiliche und justizielle Zusammenarbeit in Strafsachen umfasst hatte. Die Gewährleistung eines Raums der Freiheit, der Sicherheit und des Rechts ist seither in Art. 3 Abs. 2 EUV als Unionsziel verankert. Die Art. 67 ff. AEUV beinhalten nunmehr die Politikfelder Visa und Grenzkontrollen, Asyl und Einwanderung, die justizielle Zusammenarbeit in Zivilsachen und in Strafsachen.[1182] Art. 83 AEUV gestattet die Mindeststrafrechtsangleichung in den Kriminalitätsbereichen der schweren und grenzüberschreitenden Kriminalität, was als Meilenstein des europäischen Integrationsprozesses zu begreifen ist. Kurz nach Inkrafttreten des Vertrags von Lissabon folgte das Stockholmer Programm des Europäischen Rats, dass das neue Mehrjahresprogramm zum „Raum der Freiheit, der Sicherheit und des Rechts (...) zum Schutz der Bürger" für die Jahre 2010 bis 2014[1183] proklamierte.[1184] Angleichungsmaßnahmen im Bereich des Strafrechts erfolgen per Richtlinie im Zuge des ordentlichen Gesetzgebungsverfahren. Während das Europäische Parlament nunmehr maßgeblich an dem Gesetzgebungsprozess partizipiert, steht die nationale Umsetzung unter der Obhut der Europäischen Kommission und unter der Kontrolle des EuGH.

Art. 83 Abs. 1 UAbs. 2 AEUV nennt die Computerkriminalität ausdrücklich. Unter die Angleichungskompetenz fallen Delikte, die der Kategorisierung „Computerkriminalität im engeren Sinn" unterfallen und solche Delikte, die Verknüpfungen zu den anderen in Art. 83 Abs. 1 UAbs. 2 AEUV genannten Kriminalitätsbereichen aufweisen. Aus den gewonnenen Erkenntnissen ergibt sich aber, dass im Zuge einer dynamisch-teleologischen Auslegung unter Berücksichtigung des *effet utile*, auch solche Delikte in den Anwendungsbereich von Art. 83 Abs. 1 AEUV fallen, die, nach der hier vertretenen Ansicht, der Kategorie der Computerkriminalität im weiteren Sinn zuzuordnen sind. Dennoch verbleibt die Kritik, dass es an einer Legaldefinition der Computerkriminalität im unionsrechtlichen Kontext mangelt, was in dem äußerst sensiblen Bereich der europäischen Straf-

---

1182 Streinz/*Weiß*/*Satzger*, Art. 67 AEUV Rn. 8.
1183 ABl. EU C 155/1 v. 4. Mai 2010.
1184 Hierzu *Brown*, European Security 2011, 481, 481 ff.; *Toscani*/*Suhr*, in: Meng/Ress/Stein (Hrsg.), Europäische Integration und Globalisierung, S. 581 (581 ff.) und *Vogel*, in: Ambos (Hrsg.), Europäisches Strafrecht post-Lissabon, S. 41 (50 ff.)

Kapitel 4: Resümee

rechtsharmonisierung zu einem Mehr an Rechtssicherheit und Rechtsklarheit beitragen würde.

Die Europäische Union hat das Bedrohungspotential erkannt, das vom Kriminalitätsbereich der Computerkriminalität ausgeht. Im Kampf gegen die verschiedenen Ausprägungen und Facetten der Computerkriminalität, wurden eine Vielzahl von Maßnahmen erlassen, die einerseits eine Angleichung des Strafrechts fordern, andererseits die Befugnisse bestehender Unionseinrichtungen für die Bekämpfung der Computerkriminalität ausweiten und neue Agenturen für Fragen der Cybersicherheit errichten. Auf Grundlage von Art. 83 Abs. 1 AEUV wurden zahlreiche Richtlinien erlassen, die sich der Bekämpfung der Computerkriminalität widmen oder partiell dazu beitragen. Im Kontext der vorliegenden Untersuchung waren jedoch vor allem solche sekundärrechtlichen Maßnahmen zu untersuchen, die der Bekämpfung der Computerkriminalität im weiteren Sinn dienlich sind. Es wurde aufgezeigt, dass die Europäische Union die Dynamik und die Hybridartigkeit der Computerkriminalität erkannt hat und *ad hoc*, -je nach neuer Erscheinungs- und Missbrauchsform-, der Handlung zu begegnen versucht.

Im Kampf gegen Computerkriminalität hat die Europäische Union ein institutionelles Netz geschaffen, dass sich aus horizontalen und vertikalen Komponenten zusammensetzt. Auf Unionsebene sind es die europäische Polizeibehörde Europol und dessen Expertenzentrum EC3, die sich der Bekämpfung der Computerkriminalität widmen. Europol fungiert als Knotenpunkt für die Datensammlung und Datenanalyse in den Bereichen der transnationalen und schweren Kriminalität, was ausdrücklich in Art. 88 AEUV statuiert ist. Die Europol-VO hat indes, zugunsten der internationalen Verbrechensbekämpfung, zu einer erheblichen Kompetenzerweiterung von Europol geführt. Der Schwerpunkt des Expertenzentrum EC3 erstreckt sich auf die Bereiche Computerkriminalität, Zahlungsbetrug und sexuelle Ausbeutung von Kindern im Internet. Das EC3 unterstützt zudem das CERT, das grundsätzlich für die Cybersicherheit der EU-Einrichtungen zuständig ist.

Die NIS-Richtlinie forderte von den Mitgliedstaaten die Einrichtung von CSIRTs, die wiederum von ENISA unterstützt werden. Im Zuge des Cybersicherheitspakets 2017 folgte eine grundlegende Reformierung von ENISA zu einer Agentur für Cybersicherheit. Die Reformierung erfolgte im Zuge der Verordnung (EU) 2019/881, die auf Grundlage von Art. 114 AEUV zum Schutz des Binnenmarktes erlassen wurde. Da der Schutz vor Cyberangriffen und die Bekämpfung der Computerkriminalität unabdingbar miteinander verflochten sind, unterhalten Europol und ENISA eine enge Kooperationsbeziehung.

Eurojust ist die zentrale Anlaufstelle für eine verbesserte und effizientere justizielle Zusammenarbeit der Behörden der Mitgliedstaaten. Im Zuge des Vertrags von Lissabon erhielt auch Eurojust eine primärrechtliche Manifestierung in Art. 85 AEUV, der die Grundlage für proaktive Befugnisse legt. Die Verordnung (EU) 2018/1727 knüpft an die weitgehenden Befugnisse Europols an und erweitert maßgeblich die Zuständigkeitsbereiche von Eurojust. Die angesprochene vertikale Komponente zeigt sich hierbei unter anderem darin, dass die nationalen Mitglieder bei Eurojust Zugriff auf die eigenen nationalen Strafregister haben müssen. Zudem sind die zuständigen nationalen Stellen verpflichtet, Eurojust über einschlägige Fälle zu informieren. Hierunter fallen auch ausdrücklich Fälle der Computerkriminalität.

Mit dem Vertrag von Lissabon hat auch die Errichtung einer Europäischen Staatsanwaltschaft eine primärrechtliche Grundlage erhalten und nach mehrjähriger Verhandlung wurde die Verordnung (EU) 2017/1939 erlassen. Doch die massiven Vorbehalte einzelner Mitgliedstaaten haben dazu geführt, dass die EUStA unter Mantel der Verstärkten Zusammenarbeit als differenziertes Integrationselement errichtet wird. Die EUStA dient grundsätzlich der Bekämpfung von Straftaten zum Nachteil der finanziellen Interessen der Europäischen Union. Die Möglichkeit zur Ausdehnung der Befugnisse auf die Bekämpfung der schweren Kriminalität mit grenzüberschreitender Dimension, sieht Art. 86 Abs. 4 AEUV indes ausdrücklich vor. Die Analyse der jeweiligen Zuständigkeits- und Kompetenzerweiterungen von Europol, Eurojust und ENISA hat deutlich gezeigt, dass der Politbereich des RFSR ein maßgebliches Element für die Dynamik des europäischen Integrationsprozess ist. Eine Ausdehnung der Befugnisse der EUStA, auch im Hinblick auf die Bekämpfung der Computerkriminalität, ist daher abzusehen.

Der gemeinsame Kampf gegen Computerkriminalität hat nicht nur zur Umrahmung einer gemeinsamen europäischen Kriminalpolitik beigetragen, sondern ist zudem auch als Beschleuniger des europäischen Integrationsprozesses zu verstehen. Doch nicht nur erst der gescheiterte Verfassungsvertrag für Europa, die Souveränitätsvorbehalte des Vereinigten Königreichs und Dänemarks zum Politbereich des RFSR im Zuge des Vertrages von Lissabon, sind es vor allem der Austritt des Vereinigten Königreichs aus der Europäischen Union und nunmehr auch die Errichtung der EUStA unter dem Mantel der Verstärkten Zusammenarbeit, die hemmend auf den Integrationsprozess wirken. Diese Stagnation wirkt sich auf die

Kapitel 4: Resümee

Gestaltung einer effizienten europäischen Kriminalpolitik aus und das wiederrum hat Auswirkungen auf die Effektivität der gemeinsamen Verbrechensbekämpfung, wozu auch der Kampf gegen Computerkriminalität zu zählen ist.

Eine weitere Herausforderung stellt die skizzierte Kompetenzüberlappung im Bereich des Cyberterrorismus dar. Nach der hier vertretenen Ansicht muss der Bereich des Cyberterrorismus kompetenzrechtlich dahingehend differenziert werden, ob es sich um Maßnahmen betreffend die Bekämpfung von oder den Schutz vor cyberterroristischen Angriffen handelt. Während grundsätzlich Maßnahmen zugunsten des Schutzes vor cyberterroristischen Angriffen dem Politbereich der GASP unterfallen, können Maßnahmen betreffend die Bekämpfung von cyberterroristischen Angriffen auf Art. 83 Abs. 1 AEUV gestützt werden, da dies dem Politbereich des RFSR zuzuordnen ist. Im Rahmen des Schutzes vor cyberterroristischen Angriffen gestaltet sich eine konkrete Kompetenzzuweisung jedoch äußerst diffizil. Aufgrund der zunehmenden IT-Vernetzung von kritischen Infrastruktursystemen, deren Sicherheit für die Funktionalität des gemeinsamen europäischen Binnenmarktes absolut notwendig und erforderlich ist, erscheint es wiederrum möglich, Maßnahmen, wie beispielsweise die Verankerung von Verpflichtungen zur Aufnahme von Sicherheitsvorkehrung, auf Grundlage der Binnenmarktkompetenzklausel gemäß Art. 114 AEUV zu erlassen.

Doch es ist vordergründig die fehlende Einigkeit darüber, wie weit der Begriff Computerkriminalität zu verstehen ist, die das dahingehende europäische kriminalpolitische Bild verschwommen erscheinen lässt. Während Proklamationen und der institutionelle Kompetenzausbau einschlägiger EU-Agenturen für den dynamischen und weiten Anwendungsrahmen der Computerkriminalität sprechen, fehlt es an einer Legaldefinition im Primär- und Sekundärrecht. Dies ist grundsätzlich darauf zurückzuführen, dass bereits innerstaatlich die Begriffsweite der Computerkriminalität umstritten ist, was aus der Dynamik und Hybridartigkeit des Kriminalitätsbereiches resultiert. Doch die Suche nach einer Legaldefinition wird wiederum dadurch erschwert, dass bereits einzelne Deliktsbereiche, die der Computerkriminalität im weiteren Sinn zuzuordnen sind, einer rechtswissenschaftlichen Diskussion unterliegen. Dies betrifft beispielsweise die virtuelle Kinderpornographie, weil es sich hier um eine opferlose Straftat handle, da das Opfer nur aus Pixeln bestehe, oder auch das Cybergrooming und der damit in Zusammenhang stehenden Diskussion über die Strafbarkeitsvorverlagerung. Es bedarf daher zuerst einer eindeutigen und klaren rechtspolitischen Leitlinie im Kontext einer nationalen Kriminalpolitik, die sodann auf Unionsebene repräsentiert wird, um daraus wiederum eine gemeinsame europäischen Kriminalpolitik zu kreieren, zu etablieren und zu fördern.

Literaturverzeichnis

Aden, Hartmut (Hrsg.): Police Cooperation in the European Union under the Treaty of Lisbon. Opportunities and limitations, Baden-Baden 2015

ders.: Kapitel N. Europäische Rechtsgrundlagen und Institutionen des Polizeihandelns, in: Hans Lisken, Erhard Denninger (Hrsg.), Handbuch des Polizeirechts. Gefahrenabwehr, Strafverfolgung, Rechtsschutz, 6. Auflage, München 2018, S. 1617-1705

ders.: Polizeipolitik in Europa. Eine interdisziplinäre Studie über die Polizeiarbeit in Europa am Beispiel Deutschlands, Frankreichs und der Niederlande, Wiesbaden 1998

Ahlbrecht, Heiko; Böhm, Klaus Michael; Esser, Robert; Eckelsmann, Franziska: Internationales Strafrecht. Auslieferung – Rechtshilfe – EGMR – internationale Gerichtshöfe, 2. Auflage, Heidelberg 2018

Ahlbrecht, Heiko: § 4 Europäische und internationale Ermittlungsbehörden, in: *ders.*, Klaus Michael Böhm, Robert Esser, Franziska Eckelsmann (Hrsg.), Internationales Strafrecht. Auslieferung – Rechtshilfe – EGMR – internationale Gerichtshöfe, 2. Auflage, Heidelberg 2018, S. 538-559

ders.: Strukturelle Defizite Europäischer Verteidigung – Gründe und Möglichkeiten ihrer Überwindung, StV 2012, S. 491-494

Akdeniz, Yaman: Internet child pornography and the law. National and international responses, New York/London 2016

Albers, Marion; Katsivelas, Ioannis (Hrsg.): Recht & Netz, Baden-Baden 2018

Albin, Silke: Das Subsidiaritätsprinzip in der EU – Anspruch und Rechtswirklichkeit, NVwZ 2006, 629-635

Albrecht, Hans-Jörg; Klip, Andre (Hrsg.): Crime, Criminal Law and Criminal Justice in Europe, Leiden 2013

Albrecht, Jan Philipp; Janson, Nils: Die Kontrolle des Europäischen Polizeiamtes durch das Europäische Parlament nach dem Vertrag von Lissabon und dem Europol-Beschluss, EuR 2012, S. 230-240

Aldridge, Judith; Décary-Hétu, David: Hidden wholesale: The drug diffusing capacity of online drug cryptomarkets, International Journal of Drug Policy 2016, S. 7-15

Alexandrova, Vera: Presentation of the Commission's proposal on the establishment of the European Public Prosecutor's Office, in: Leendert H. Erkelens, Arjen W. H. Meij, Marta Pawlik (Hrsg.), The European Public Prosecutors Office: An extended arm or a two-headed dragon?, Den Haag 2015, S. 11-20

Alhogbani, Abdulmajeed: Going dark: Scratching the surface of government surveillance, CommLaw Conspectus 2015, Vol. 23 Nr. 2, S. 469-501

Ambos, Kai (Hrsg.): Europäisches Strafrecht post-Lissabon, Göttinger Studien zu den Kriminalwissenschaften, Göttingen 2011 *ders.; Bock, Stefanie*: Brexit and the European criminal justice system – An introduction, Criminal Law Forum 2017, Vol. 28, S. 191-217

ders.; Rackow, Peter: Erste Überlegungen zu den Konsequenzen des Lissabon-Urteils des Bundesverfassungsgerichts für das Europäische Strafrecht, ZIS 2009, S. 397-405

ders.: Brexit und Europäisches Strafrecht, JZ 2017, S. 707-713

Anonymus: Deep Web – Die dunkle Seite des Internets, Berlin 2014

Apap, Joanna (Hrsg.): Justice and Home Affairs Law in the EU, Cheltenham 2004

Arquilla, John; Ronfeldt, David (Hrsg.): Networks and netwars. The future of terror, crime, and militancy, Santa Monica 2001

Asmussen, Jan; Hansen, Stefan; Meiser, Jan: Hybride Kriegsführung – eine neue Herausforderung?, in: Institut für Sicherheitspolitik an der Universität Kiel (Hrsg.), Kieler Analysen zur Sicherheitspolitik, Kiel 2015

Austermann, Nele; Schlichte, Gianna Magdalena: Gefährliche Übergriffe?!, KJ 2018, S. 479-494

Awan, Imran; Blakermore, Brian (Hrsg.): Policing cyber hate, cyber threats and cyber terrorism, New York 2012

Awan, Imran; Zempi, Irene: 'I will blow your face OFF' – Virtual and physical world anti-muslim hate crime, The British Journal of Criminology 2017, Vol. 57 Nr. 2, S. 362-380

Aycock, John: Computer viruses and malware, New York 2006

Bachmann, Sascha; Gunneriusson, Håkan: New threats to global peace and society, Scientia Militaria – South African Journal of Military Studies 2015, S. 77-98

Baier, Helmut: Die Bekämpfung der Kinderpornographie auf der Ebene von Europäischer Union und Europarat, ZUM 2004, S. 39-52

Baken, Denise N.; Mantzikos, Ioannis: Al Qaeda: The transformation of terrorism in the Middle East and North Africa, Santa Barbara 2015

Baldi, Stefano; Gelbstein, Eduardo; Kurbalija, Jovan: Hacktivism, cyber-terrorism and cyberwar. The activities of the uncivil society in cyberspace, Msida/Genf 2003

Balzacq, Thierry; Bigo, Didier; Carrera, Sergio; Guild, Elspeth: Security and the two-level fame: The Treaty of Prüm, the EU and the management of threats, CEPS Working Document 2006, Nr. 234, S. 1-123

Bange, Dirk; Körner, Wilhelm (Hrsg.): Handwörterbuch Sexueller Missbrauch, Göttingen 2002

Barratt, Monica J.; Aldridge, Judith: Everything you always wanted to know about drug cryptomarkets (but were afraid to ask), International Journal of Drug Policy 2016, S. 1-6

Barton, Dirk: Multimedia-Strafrecht. Ein Handbuch für die Praxis, Neuwied 1999

Bastl, Martin; Mareš, Mirsolav; Tvrdá, Katerina: Politik der Cybersicherheit auf nationaler, europäischer und internationaler Ebene: Eine Rahmenanalyse, in: Hans-Jürgen Lange, Astrid Bötticher (Hrsg.), Cyber-Sicherheit, Studien zur Inneren Sicherheit, Wiesbaden 2015, S. 45-67

Baumeister, Peter: Das Subsidiaritätsprinzip und seine Bedeutung im Bereich der polizeilichen und justiziellen Zusammenarbeit in Strafsachen, in: Jürgen Wolter, Wolf-Rüdiger Schenke, Hans Hilger, Josef Ruthig, Mark Zöller (Hrsg.), Alternativentwurf Europol und europäischer Datenschutz, Heidelberg 2008, S. 158-170

Beaucamp, Guy: Primärrechtsschutz gegen Maßnahmen des Europäischen Polizeiamtes, DVBl. 2007, S. 802-806

Becker, Maximilian: Von der Freiheit, rechtswidrig handeln zu können. „Upload-Filter" und technische Rechtsdurchsetzung, ZUM 2019, S. 636-648

Becker, Sophinette: Pädophilie zwischen Dämonisierung und Verharmlosung, Werkblatt – Zeitschrift für Psychoanalyse und Gesellschaft 1997, S. 5-21

Becker, Ulrich; Hatje, Armin; Potacs, Michael; Wunderlich, Nina (Hrsg.): Verfassung und Verwaltung in Europa. Festschrift für Jürgen Schwarze zum 70. Geburtstag, Baden-Baden 2014

Bendiek, Annegret; Bossong, Raphael; Schulze, Matthias: Die erneute Strategie der EU zur Cybersicherheit: halbherzige Fortschritt angesichts weitreichender Herausforderungen, in: Stiftung Wissenschaft und Politik – SWP – Deutsches Institut für Internationale Politik und Sicherheit (Hrsg.), Berlin 2017

Bendiek, Annegret: Digitale Agenda und Cybersicherheit, in: Werner Weidenfeld, Wolfgang Wessels (Hrsg.), Jahrbuch der Europäischen Integration 2017, Baden-Baden 2018, S. 247-254

dies.: Europäische Cybersicherheitspolitik, in: Stiftung Wissenschaft und Politik – SWP – Deutsches Institut für Internationale Politik und Sicherheit (Hrsg.), SWP-Studie, Berlin 2012

dies.: Gemeinsame Außen- und Sicherheitspolitik der EU: Von der Transformation zur Resilienz, in: Stiftung Wissenschaft und Politik – SWP – Deutsches Institut für Internationale Politik und Sicherheit (Hrsg.), SWP-Studie, Berlin 2017

Benyon, John: The politics of police co-operation in the European Union, International Journal of the Sociology of Law 1996, Vol. 24, S. 353-379

Berger, Cathleen: Zwischen Strafverfolgung und nachrichtendienstlicher Analyse. Konsequenzen aus der Europäisierung der Cybersicherheitspolitik für Deutschland, integration 2013, Vol. 36 Nr. 4, S. 307-325

Bergmann, Jan: Handlexikon der Europäischen Union, 5. Auflage, Baden-Baden 2015

Betzl, Karl Michael: Bemerkung zu einer Richtigstellung, DSWR 1973, S. 254-256

ders.: Computerkriminalität-Dichtung und Wahrheit, DSWR 1972, S. 317-320

ders.: Viel Lärm um Nichts, DSWR 1972, S. 475-476

Beukelmann, Stephan: Europäisierung des Strafrechts - Die neue strafrechtliche Ordnung nach dem Vertrag von Lissabon, NJW 2010, S. 2081-2086

ders.: Europäisierung des Strafrechts, NJW 2010, S. 2081-2086

ders.: Virtuelle Währungen, NJW-Spezial 2019, S. 184

Bickenback, Christian: Das Subsidiaritätsprinzip in Art. 5 EUV und seine Kontrolle, EuR 2013, S. 523-549

Bidgoli, Hossein (Hrsg.): The Internet Encyclopedia, Band 1, New Jersey 2004

Bilčić, Vladimir: EU institutional reform and new member states in the Area of Freedom, Security and Justice, in: Karen Henderson (Hrsg.), The Area of Freedom, Security and Justice in the enlarged Europe, London 2005, S. 135-148

Blanke, Hermann-Josef; Mangiameli, Stelio (Hrsg.): The Treaty on European Union (TEU). A Commentary, Heidelberg 2013

Blasi Casagran, Cristina: Global data protection in the field of law enforcement: An EU perspective, London 2017

Blechschmitt, Lisa: Strafverfolgung im digitalen Zeitalter, MMR 2018, S. 361-366

Block, Ludo: Bilateral police liaison officers: Practices and European policy, Journal of Contemporary European Research 2010, Vol. 6 Nr. 2, S. 194-210

Bockstette, Carsten: Jihadist terrorist use of strategic communication management techniques, Occasional Paper Series, George C. Marshall European Center for Security Studies, Garmisch-Partenkirchen 2008

Bodansky, Yossef: Bin Laden: The man who declared war on America, New York 2001

Boehm, Franziska; Pesch, Paulina: Bitcoins: Rechtliche Herausforderungen einer virtuellen Währung – eine erste juristische Einordnung, MMR 2014, S. 74-79

Bolechów, Bartosz: Internet as a flexible tool of terrorism, in: Tomasz Płudowski (Hrsg.), Terrorism, media, society, Toruń 2006, S. 33-44

Bonk, Barbara: Technische Möglichkeiten der Datenerhebung und zivilrechtliche Folgen bei Verstoß gegen die datenschutzrechtlichen Informationspflichten, Taunusstein 2012

Borges, Georg; Schwenk, Jörg; Stuckenberg, Carl-Friedrich; Wegener, Christoph: Identitätsdiebstahl und Identitätsmissbrauch im Internet. Rechtliche und technische Aspekte, Heidelberg/Berlin 2011

Böse, Martin (Hrsg.): Europäisches Strafrecht mit polizeilicher Zusammenarbeit, Enzyklopädie Europarecht, Band 9, Baden-Baden 2009

ders.: Der Grundsatz der gegenseitigen Anerkennung unter dem Vertrag von Lissabon, in: Kai Ambos (Hrsg.), Europäisches Strafrecht post-Lissabon, Göttinger Studien zu den Kriminalwissenschaften, Göttingen 2011, S. 57-75

ders.: Der Grundsatz der Verfügbarkeit von Informationen in der strafrechtlichen Zusammenarbeit der Europäischen Union, Bonn 2007

ders.: Die Entscheidung des Bundesverfassungsgerichts zum Vertrag von Lissabon und ihre Bedeutung für die Europäisierung des Strafrechts, ZIS 2010, S. 76-91

ders.: Die Europäische Staatsanwaltschaft als nationale Strafverfolgungsbehörde? Kritik eines neuen Rechtsschutzmodells, JZ 2017, S. 82-87

Braum, Stefan: Europäisches Strafrecht im Fokus konfligierender Verfassungsmodelle. Stoppt das Bundesverfassungsgericht die europäische Strafrechtsentwicklung?, ZIS 2009, S. 418-426

Brenner, Susan W.; Goodman, Marc D.: In defense of cyberterrorism: An argument for anticipating cyber-attacks, Journal of Law, Technology and Policy 2002, S. 1-57

Brenner, Susan W.: Cybercrime, cyberterrorism and cyberwarfare, Revue international de droit penal 2006, Vol. 77, S. 453-471

dies.: Cyberthreats. The emerging fault lines of the nation state, Oxford 2009

Brickey, Jonalan: Defining Cyberterrorism: Capturing a broad range of activities in cyberspace, CTC Sentinel 2012, Vol. 5 Nr. 8, S. 4-5

Brigola, Alexander: Der Grundsatz der Verhältnismäßigkeit im Gefüge der EU-Grundfreiheiten – Steuerungsinstrument oder Risikofaktoren, EuZW 2017, S. 406-412

Brinkel, Guido: Filesharing. Verantwortlichkeit in Peer-to-Peer-Tauschplattformen, Baden-Baden 2006

Brodowski, Dominik; Freiling, Felix C.: Cyberkriminalität, Computerstrafrecht und die digitale Schattenwirtschaft, Berlin 2011

Brodowski, Dominik: Cybersicherheit durch Cyber-Strafrecht, in: Hans-Jürgen Lange, Astrid Bötticher (Hrsg.), Cyber-Sicherheit, Wiesbaden 2015, S. 249-275

ders.: Die Europäische Staatsanwaltschaft – eine Einführung, StV 2017, S. 684-692

ders.: Strafrechtsrelevante Entwicklungen in der Europäischen Union – ein Überblick, ZIS 2015, S. 79-101

Brouwer, Evelien: Digital borders and real rights – effective remedies for third-country nationals in the Schengen Information System, Amsterdam 2008

Brown, David: The Stockholm solution? Papering over the cracks within the area of freedom, security and justice, European Security 2011, S. 481-503

Brugger, Winfried: Hassrede, Beleidigung, Volksverhetzung, JA 2006, S. 687-692

Büchel, Michael; Hirsch, Peter: Internetkriminalität: Phänomene – Ermittlungshilfen- Prävention, Heidelberg 2014

Buhr, Lorina; Hammer, Stefanie; Schölzel, Hagen (Hrsg.): Staat, Internet und digitale Gouvernementalität, Wiesbaden 2018

Bundschuh, Claudia: Pädosexualität. Entstehungsbedingungen und Erscheinungsformen, Opladen 2001

Bunyan, Tony: Trevi, Europol and the European state, in: *ders.* (Hrsg.), Statewatching the new Europe: Handbook on the European state, London 1993, S. 15-36

Buono, Laviero: Gearing up the fight against cybercrime in the European Union: A new set of rules and the establishment of the European Cybercrime Centre (EC3), New Journal of European Criminal Law 2012, Vol. 3 Nr. 3-4, S. 332-343

Burke, Debra: The criminalization of virtual child pornography: A constitutional question, Harvard Journal on Legislation 1997, Vol. 34 Nr. 5, S. 439-472

Busuioc, Madalina: European agencies and their boards: romises and pitfalls of accountability beyond design, Journal of European Public Policy 2012, Vol. 19 Nr. 5, S. 719-736

Calliess, Christian; Ruffert, Matthias (Hrsg.): EUV/AEUV mit europäischer Grundrechtecharta (Kommentar), 5. Auflage, München 2016

Calliess, Christian: Auf dem Weg zu einem einheitlichen europäischen Strafrecht?, ZEuS 2008, S. 3-43

Campbell, Marilyn; Butler, Des; Kift, Sally: A school's duty to provide a safe learning environment: Does this include cyberbullying?, Australia and New Zealand Journal of Law and Education 2008, Vol. 13 Nr. 2, S. 21-32

Caneppele, Stefano; Aebi, Marcelo F.: Crime Drop or Police Recording Flop? On the relationship between the decrease of offline crime and the increase of online and hybrid crimes, Policing: A Journal of Policy and Practice 2019, Vol. 13 Nr. 1, S. 66-79

Canu, Isabelle: Der Schutz der Demokratie in Deutschland und Frankreich. Ein Vergleich des Umgangs mit politischem Extremismus vor dem Hintergrund der europäischen Integration, Wiesbaden 1996

Càrdenas, Alvarao A.; Radosavac, Svetlana; Grossklags, Jens; Chuang, John; Hoofnagle, Chris: An economic map of cybercrime, Working Paper, George Mason University, The 37th Research Conference on Communication, Information and Internet Policy 2009

Ceffinato, Tobias: Die strafrechtliche Verantwortlichkeit von Internetplattformbetreibern, JuS 2017, S. 403-408

Cisneros, Dannielle: Virtual child pornography on the internet: A "virtual" victim?, Duke Law and Technology Review 2002, S. 1-8

Clough, Jonathan: Principles of cybercrime, 2. Auflage, Cambridge 2015

ders.: The Council of Europe Convention on Cybercrime: Defining `Crime` in a Digital World, Criminal Law Forum 2012, Vol. 23 Nr. 4, S. 363-391

Cohen, Fred: Computer viruses: Theory and experiments, Computers and Security 1984, Vol. 6 Nr. 1, S. 22-35

Collin, Barry: Future of Cyberterrorism The physical and virtual worlds converge, Crime and Justice International 1997, Vol. 13 Nr. 2, S. 15-18

Conly, Catherine H.: Organizing for computer crime investigation and prosecution, U.S. Department of Justice, Office of Justice Programs, National Institute of Justice, Collingdale 1989

Cordova, José Grabiel Luis; Correa Álvarez, Pascual Felipe; de Jesús Echerri Ferrandiz, Fernando; Pérez-Bravo, Julio César: Law versus cybercrime, Global Jurist 2018, S. 1- 9

Cornelius, Kai: Plädoyer für einen Cybermobbing-Straftatbestand, ZRP 2014, S. 164-167

ders.: Zur Strafbarkeit des Anbietens von Hackertools. Was nach dem 41. Strafrechtsänderungsgesetz noch für die IT-Sicherheit getan werden darf, CR 2007, S. 682-688

Craig, Paul: EU Administrative Law, 3. Auflage, Oxford 2018

Curtin, Deirdre: Brexit and the EU Area of Freedom, Security and Justice: Bespoke bits and pieces, in: Federico Fabbrini (Hrsg.), The law and politics of Brexit, Oxford 2017, S. 183-200

Curtis, George: The law of cybercrimes and their investigations, Boca Raton 2012

Dalgaard-Nielsen, Anja: Promoting exit from violent extremism: Themes and approaches, Studies in Conflict and Terrorism 2013, Vol. 36 Nr. 3, S. 99-115 *dies.*: Violent radicalization in Europe: What we know and what we do not know, Studies in Conflict and Terrorism 2010, Vol. 33 Nr. 9, S. 797-814

Dannecker, Martin: Pädosexualität, in: Dirk Bange, Wilhelm Körner (Hrsg.), Handwörterbuch Sexueller Missbrauch, Göttingen 2002, S. 390-394

Danyk, Yuriy; Maliarchuk, Tamara; Briggs, Chad: Hybrid War: High-tech, information and cyber conflicts, Connections: The Quarterly Journal 2017, Vol. 16 Nr. 2, S. 5-24

Dauses, Manfred A.; Ludwigs, Markus (Hrsg.): Handbuch des EU-Wirtschaftsrechts, 46. Ergänzungslieferung, München 2019

Davidson, Julia: Legislation and policy: Protecting young people, sentencing and managing Internet sex offenders, in: Julia Davidson, Petter Gottschalk (Hrsg.), Internet child abuse. Current research and policy, Abington 2011, S. 8-26

De Buck, Bart: Joint Investigation Teams: The participation of Europol officials, ERA Forum: Journal of the Academy of European Law 2007, Vol. 8, S. 253-264

De Busser, Els: Data protection in EU and US criminal cooperation: A substantive law approach to the EU internal and transatlantic cooperation in criminal matters between judicial and law enforcement authorities, Antwerpen 2009

De Hert, Paul: Division of competencies between national and European levels with regard to Justice and Home Affairs, in: Joanna Apap (Hrsg.), Justice and Home Affairs in the EU: Liberty and security issues after enlargement, Cheltenham 2004, S. 55-90

Deboyser, Catherine: European Public Prosecutor's Office and Eurojust: 'Love match or arranged marriage'?, in: Leendert H. Erkelens, Arjen W. H. Meij, Marta Pawlik (Hrsg.), The European Public Prosecutors Office: An extended arm or a two-headed dragon, Amsterdam/Den Haag 2015, S. 79-97

Delmas-Matry, Mireille: Corpus Juris der strafrechtlichen Regelungen zum Schutz der finanziellen Interessen der Europäischen Union, Baden-Baden/Köln 1998 (dt. Übersetzung)

Denning, Dorothy E.: Activism, hacktivism, and cyberterrorism: The internet as a tool for influencing foreign policy, in: John Arquilla, David Ronfeldt (Hrsg.), Networks and netwars. The future of terror, crime, and militancy, Santa Monica 2001, S. 239-288

dies.: Cyberterrorism – Testimony before the special oversight panel on terrorism committee on armed services U.S. House of representatives, in: Evard V. Linden (Hrsg.), Focus on Terrorism, Vol. 9, New York 2007, S. 71-76

dies.: Cyberterrorism: The logic bomb versus the truck bomb, Global Dialogue 2000, S. 29-37

dies.: Information technology and security, in: Michael Brown (Hrsg.), Grave new world: Global dangers in the 21th century, Washington D.C. 2003, S. 91-112

dies.: The rise of hacktivism, Georgetown Journal of International Affairs 2015

Denning, Peter J.: The science of computing: Computer viruses, American Scientist 1988, Vol. 76 Nr. 3, S. 236-238

Dierstein, Rüdiger: Programm-Manipulation, RDV 1989, S. 101-110

Dietrichs, Otto: TREVI – ein standardbildendes Pilotprojekt?, Cilip – Bürgerrechte und Polizei 1991, S. 35-40

Dißmann, Leonie: Das virtuelle Sit-in als grundrechtlich geschützte Protestform? Betrachtung der verfassungsrechtlichen Rechtslage und deren Einfluss auf das Privatrecht, Berlin/Münster 2017

Dixon, Herbert B. Jr.: Human trafficking and the internet, Judges Journal 2013, Vol. 52 Nr. 1, S. 36-39

Dornbusch, Julia: Das Kampfführungsrecht im internationalen Cyberkrieg, Baden-Baden 2018

Dornseif, Maximilian: Phänomenologie der IT-Delinquenz: Computerkriminalität, Datennetzkriminalität, Multimediakriminalität, Cybercrime, Cyberterror und Cyberwar in der Praxis, Bonn 2005

Drewer, Daniel; Ellermann, Jan: Europol's data protection framework as an asset in the fight against cybercrime, ERA Forum: Journal of the Academy of European Law 2012, Vol. 13, S. 381-395

Eckhardt, Saskia: Die Akteure des außergerichtlichen Grundrechtsschutzes in der Europäischen Union, Frankfurt 2010

Edwards, Susan: Cyber-Grooming. Young women for terrorist activity: dominant and subjugated explanatory narratives, in: Emilio C. Viano (Hrsg.), Cybercrime, organized crime, and societal responses. International approaches, Basel 2017, S. 23-46

Egeberg, Morton; Trondal, Jarle: Researching European Union agencies: What have we learnt (and where do we go from here)?, Journal of Common Market Studies 2017, Vol. 55 Nr. 4, S. 675-690

Ehrhart, Hans-Georg (Hrsg.): Krieg im 21. Jahrhundert: Konzepte, Akteure, Herausforderungen, Baden-Baden 2017

Eichenberg, Christian; Auersprung, Felicitas: Sexuelle Belästigung im Internet, in: Torsten Porsch, Stephanie Pieschl (Hrsg.), Neue Medien und deren Schatten. Mediennutzung, Medienwirkung und Medienkompetenz, Göttingen 2014, S. 159-190

Eisele, Jörg: Tatort Internet: Cyber-Grooming und der Europäische Rechtsrahmen, in: Eric Hilgendorf, Rudolf Rengier (Hrsg.), Festschrift für Wolfgang Heinz zum 70. Geburtstag, Baden-Baden 2012, S. 697-713

El Difraoui, Asiem: Web 2.0 – mit einem Klick im Medienjihad, in: Guido Steinberg (Hrsg.), Jihadismus und Internet: Eine deutsche Perspektive, Stiftung Wissenschaft und Politik – SWP – Deutsches Institut für Internationale Politik und Sicherheit, SWP-Studie, Berlin 2012, S. 67-75

Ellermann, Jan Ulrich: Europol und FBI. Probleme und Perspektiven. Baden-Baden 2005

Emilio C. Viano (Hrsg.): Cybercrime, organized crime, and societal responses. International approaches, Basel 2017

Empt, Martin: Virtuelle Kinderpornografie als verfassungsrechtlich geschützte Meinungsfreiheit? – Die Entscheidung des U.S. Supreme Court in Ashcroft v. The Free Speech Coalition, ZUM 2002, S. 613-621

Endrass, Jerome; Rossegger, Astrid: P02-56-Child pornography as a risk factor for hands on sex-offending?, European Psychiatry 2010, Vo. 25 Nr. 1, S. 676-676

Endrass, Jerome; Urbaniok, Frank; Hammermeister, Lea C.; Benz, Christian; Elbert, Thomas; Laubacher, Anja; Rossegger, Astrid: The consumption of Internet child pornography and violent and sex offending, BMC Psychiatry 2009, Vol. 9, S. 43-67

Engel, Christoph: Inhaltskontrolle im Internet, AfP 1996, S. 220-227

Epiney, Astrid: Die Übernahme des „Schengen-Besitzstandes" in die Europäische Union, in: Waldemar Hummer (Hrsg.), Die Europäische Union nach dem Vertrag von Amsterdam, Wien 1998, S. 103-124

Erkelens, Leendert H.; Meij, Arjen W. H.; Pawlik, Marta (Hrsg.): The European Public Prosecutors Office: An extended arm or a two-headed dragon?, Den Haag 2015

Esser, Robert: § 19 Daten- und Informationsaustausch in Strafsachen in der Europäischen Union, in: Martin Böse (Hrsg.), Europäisches Strafrecht mit polizeilicher Zusammenarbeit, Enzyklopädie Europarecht, Band 9, Baden-Baden 2009, S. 697-748

ders.: Auf dem Weg zu einem europäischen Strafverfahrensrecht. Die Grundlagen im Spiegel der Rechtsprechung des Europäischen Gerichtshofes für Menschenrechte (EGMR) in Straßburg, Berlin 2002

ders.: Befugnisse der Europäischen Union auf dem Gebiet des Strafrechts?, in: Manfred Zuleeg (Hrsg.), Europa als Raum der Freiheit, der Sicherheit und des Rechts, Baden-Baden 2007, S. 25-46

ders.: Die Europäische Staatsanwaltschaft: Eine Herausforderung für die Strafverteidigung, StV 2014, S. 494-503

ders.: Die Rolle von Europol und Eurojust bei der Bekämpfung von Terrorismus und organisierter Kriminalität, in: Arndt Sinn, Mark A. Zöller (Hrsg.), Neujustierung des Strafrechts durch Terrorismus und Organisierte Kriminalität: 2. Deutsch-Taiwanisches Strafrechtsforum Trier/Osnabrück 2012, Heidelberg 2013, S. 61-88

ders.: Strafrechtliche Aspekte der Social Media, in: Gerrit Hornung, Ralf Müller-Terpitz (Hrsg.), Rechtshandbuch Social Media, Berlin 2015, S. 203-321

Fabbrini, Federico (Hrsg.): The law and politics of Brexit, Oxford 2017

Fahey, Elaine: Swimming in a sea of law: Reflections on water borders, Irish-(British)-Euro relations and opting-out and opting-in after the Treaty of Lisbon, Common Market Law Review 2010, Vol. 47, S. 673-707

dies.: The EU's cybercrime and cyber-security rule-making: Mapping the internal and external dimensions of EU security, European Journal of Risk Regulation 2014, Vol. 5 Nr. 1, S. 46-61

Fahl, Christine; Müller, Eckhart; Satzger, Helmut; Swoboda, Sabine (Hrsg.): Festschrift für Werner Beulke zum 70. Geburtstag, Heidelberg 2015

Fehéravy, Janos; Stangl, Wolfgang (Hrsg.): Polizei zwischen Europa und den Regionen. Analysen disparater Entwicklungen, Wien 2001

ders.: Europäisierung der Polizeiarbeit. Ein Resultat polizeilicher Kooperation, in: *ders.*, Wolfgang Stangl (Hrsg.), Polizei zwischen Europa und den Regionen. Analysen disparater Entwicklungen, Wien 2001, S. 36-84

Feigenbaum Joan (Hrsg.): Digital rights management, Berlin/Heidelberg 2003

Festl, Ruth: Täter im Internet. Eine Analyse individueller und struktureller Erklärungsfaktoren von Cybermobbing im Schulkontext, Wiesbaden 2015

Feustel, Robert; Schmidt-Semisch, Henning; Bröckling, Ulrich (Hrsg.): Handbuch Drogen in sozial- und kulturwissenschaftlicher Perspektive, Wiesbaden 2019

Fidler, David P.: Cyberspace, Terrorism and International Law, Journal of Conflict and Security Law 2016, Vol. 21 Nr. 3, S. 475-493

Fiedler, Ingo; Krumma, Isabel; Zanconato, Ulrich Andreas; McCarthy; Killian J.; Reh, Eva: Das Geldwäscherisiko verschiedener Glücksspielarten, Wiesbaden 2017

Fijnaut, Cyrille: Revolution or evolution through the Treaty of Lisbon: police cooperation in Europe in a broader historical context, in: Hartmut Aden (Hrsg.), Police Cooperation in the European Union under the Treaty of Lisbon. Opportunities and limitations, Baden-Baden 2015, S. 25-48

Finkelhor, Davi; Araji, Sharon: Explanations of pedophilia: A four factor model, Journal of Sex Research 1986, Vol. 22 Nr. 2, S. 145-161

Finkelhor, David: Child sexual abuse: New theory and research, New York City 1984

Fischer-Appelt, Dorothee: Agenturen der Europäischen Gemeinschaft. Eine Studie zu Rechtsproblemen, Legitimation und Kontrolle europäischer Agenturen mit interdisziplinären und rechtsvergleichenden Bezügen, Berlin 1999

Fischer, Wolfgang: www.InfrastrukturInternet-Cyberterror.Netzwerk. Analyse und Simulation strategischer Angriffe auf die kritische Infrastruktur Internet, Forschungszentrum Jülich, Jülich 2007

Fletcher, George P.: Schengen, the European Court of Justice and flexibility under the Lisbon Treaty: Balancing the United Kingdom's 'Ins' and 'Outs', European Constitutional Law Review 2009, Vol. 5 Nr. 1, S. 71-98

Fontanive, Karin; Simmler, Monika: Gefahr im Netz: Die unzeitgemäße Erfassung des Cybergroomings und des Cyberharassments im schweizerischen Sexualstrafrecht - Zur Notwendigkeit der Modernisierung von Art. 198 StGB, Zeitschrift für Schweizerisches Recht 2016, S. 485-514

Forde, Patrick; Patterson, Andrew: Paedophile internet activity, trends and issues in crime and criminal justice 1998, Australian Institute of Criminology, S. 1-6

Fox, Dirk: Betriebswirtschaftliche Bewertung von Security Investments in der Praxis, DuD 2011, S. 50-55

Freudenberg, Dirk: Hybride Kriegsführung unter besonderer Berücksichtigung des Bevölkerungsschutzes, in: Hans-Georg Ehrhart (Hrsg.), Krieg im 21. Jahrhundert: Konzepte, Akteure, Herausforderungen, Baden-Baden 2017, S. 346-374

Frohneberg, Rosaviola; Steinberg, Guido: Videopropaganda und Radikalisierung, in: Guido Steinberg (Hrsg.), Jihadismus und Internet: Eine deutsche Perspektive, Stiftung Wissenschaft und Politik – SWP – Deutsches Institut für Internationale Politik und Sicherheit, SWP-Studie, Berlin 2012, S. 76-88

Frowein, Jochen; Kirsch, Nico: Der Rechtsschutz gegen Europol, JZ 1998, S. 589-597

Fuhs, Howard: Computerviren und ihre Vermeidung: Ein übersichtlicher, praxisorientierter Leitfaden für jeden PC-Anwender, Wiesbaden 1993

Furnell, Steven; Papadaki, Maria: The challenge of measuring cyber-dependent crimes, Computer Fraud and Security 2015, S. 5-12

Gänsewein, Olivier: Der Grundsatz unionsrechtskonformer Auslegung nationalen Rechts. Erscheinungsformen und dogmatische Grundlage eines Rechtsprinzips des Unionsrechts, Frankfurt 2009

Gärditz, Klaus F.: § 24 Rechtsschutz, in: Martin Böse (Hrsg.), Europäisches Strafrecht mit polizeilicher Zusammenarbeit, Enzyklopädie Europarecht, Band 9, Baden-Baden 2009, S. 887-922

Gaycken, Sandro; Karger, Michael: Entnetzung statt Vernetzung - Paradigmenwechsel bei der IT-Sicherheit, MMR 2011, S. 3-8

Gaycken, Sandro: Cyberwar. Das Internet als Kriegsschauplatz, München 2011

ders.: Cyberwar. Das Wettrüsten hat längst begonnen. Vom digitalen Angriff zum realen Ausnahmezustand, 2. Auflage, München 2012

Gehrmann, Mareike; Voigt, Paul: IT-Sicherheit – Kein Thema nur für Betreiber kritischer Infrastrukturen, CR 2017, S. 93-99

Geiger, Robert: Auswirkungen europäischer Strafrechtsharmonisierung auf nationaler Ebene: eine rechtsvergleichende Untersuchung am Beispiel des Rahmenbeschlusses 2004/68/JU zur Bekämpfung der sexuellen Ausbeutung von Kindern und der Kinderpornographie, Berlin 2012

Geiß, Robin; Drescher, Cedric: Cyberwar: Kriegführung im Graubereich des Rechts, ZöR 2018, S. 39-58

George, Michael: Ein Agent berichtet. Geh@ckt. Wie Angriffe aus dem Netz uns alle bedrohen, Reinbek/Berlin 2013

Gercke, Marco; Brunst, Philip: Praxishandbuch Internetstrafrecht, 1. Auflage, Stuttgart 2009

Gercke, Marco: „Cyberterrorismus" – Aktivitäten terroristischer Organisationen im Internet. Die Möglichkeiten und Grenzen legislativer Ansätze zur Bekämpfung von Aktivitäten terroristischer Gruppen im Internet, CR 2007, S. 62-68

ders.: Brauchen Ermittlungsbehörden zur Bekämpfung von Kinderpornographie im sog. „Darknet" weitergehende Befugnisse? Die Pläne der Justizministerkonferenz zur „Ausweitung" der Ermittlungsbefugnisse zur Bekämpfung von Kinderpornographie, CR 2018, S. 480-484

ders.: Die EU-Richtlinie zur Bekämpfung von Kinderpornographie, - Umsetzungsbedarf im deutschen Strafrecht in drei zentralen Internet-bezogenen Komplexen: Zugriff, Grooming und Internetsperren, CR 2012, S. 520-525 *ders.*: Europe's legal approaches to cybercrime, ERA Forum: Journal of the Academy of European Law 2009, Vol. 10, S. 409-420

ders.: Tauschbörsen und das Urheberstrafrecht, ZUM 2007, S. 791-800

Ghosh, Sumit; Turrini, Elliot (Hrsg.): Cybercrimes: A multidisciplinary analysis, Wiesbaden 2011

Ghosh, Sumit; Turrini, Elliot: A pragmatic, experiential definition of computer crimes, in: *dies.* (Hrsg.), Cybercrimes: A multidisciplinary analysis, Wiesbaden 2011, S. 3-23

Gibbs, Alun Howard: Reasoned 'balance' in Europe's Area of Freedom, Security and Justice, European Law Journal 2011, Vol. 17 Nr. 1, S. 121-137

Gilbert, Francoise: Demystifying the United States Patriot Act, Journal of Internet Law 2013, Vol. 16 Nr. 8, S. 3-7

Gillespie, Alisdair A.: Cybercrime: Key issues and debates, 2. Auflage, London 2019

Gladyshev, Pavel; Rogers, Marcus K. (Hrsg.): Digital forensics and cyber crime. Third International ICST Conference, ICDF2C 2011 Dublin, Ireland, October 2011, Revised Selected Papers, Heidelberg 2011

Glaser, Andreas: Grundrechtlicher Schutz der Ehre im Internetzeitalter, NVwZ 2012, S. 1432-1438

Glawe, Tobias: Jihad 2.0: Strukturelle Veränderungen des Terrorismus durch das Internet, Center for Global Studies, Discussion Paper, Bonn 2014

Gleß, Sabine; Grote, Rainer; Heine, Günter: Justitielle Einbindung und Kontrolle von Europol durch Eurojust, Max-Planck-Institut für Ausländisches und Internationales Strafrecht und Max-Planck-Institut für Ausländisches Öffentliches Recht und Völkerrecht, Gutachten im Auftrag des Bundesministeriums der Justiz, 30. April 2004, Heidelberg 2004

Gleß, Sabine; Zerbes, Ingeborg: Zusammenarbeit von Europol und Drittstaaten und Drittstellen, in: Jürgen Wolter, Wolf-Rüdiger Schenke, Hans Hilger, Josef Ruthig, Mark Zöller (Hrsg.), Alternativentwurf Europol und europäischer Datenschutz, Heidelberg 2008, S. 346-363

Gohel, Sajjian M.: The internet and its role in terrorist recruitment and operation planning, CTC Sentinel 2009, Vol. 2 Nr. 12, S. 12-15

Gökce, Orhan: Definition and scope of hybrid threats, Inquiry – Sarajevo Journal of Social Sciences 2017, Vol. 3 Nr. 1, S. 19-30

Goodman, Marc D.; Brenner, Susan W.: The emerging consensus on criminal conduct in cyberspace, International Journal of Law and Information Technology 2002, Vol. 10 Nr. 2, S. 139-223

Goodno, Naomi Harlin: Cyberstalking, a new crime: Evaluating the effectiveness of current state and federal laws, Missouri Law Review 2007, Vol. 72 Nr. 1, S. 125-197

Görisch, Christoph: Demokratische Verwaltung durch Unionsagenturen. Ein Beitrag zur Konkretisierung der europäischen Verfassungsstrukturprinzipien, Tübingen 2009

ders.: Die Agenturen der Europäischen Union, JURA 2012, S. 42-52

Gosh, Sumit; Turrini, Elliot (Hrsg.): Cybercrimes: A multidisciplinary analysis, Berlin 2010

dies: A pragmatic, experiential definition of computer crimes, in: *dies.* (Hrsg.), Cybercrimes: A multidisciplinary analysis, Berlin 2010, S. 3-23

Grabitz, Eberhard; Hilf, Meinhard; Nettesheim, Martin (Hrsg.): Das Recht der Europäischen Union: EUV/AEUV, 67. Auflage, München 2019

Grafe, Adina: Die Auskunftserteilung über Verkehrsdaten nach §§ 100g, 100h StPO – Staatliche Kontrolle unter Mitwirkung Privater, Dissertation, Freiburg im Breisgau 2007

Gravenreuth, Günter von: Computerviren und ähnliche Softwareanomalien: Überblicke und rechtliche Einordnung, München 1993

Griebel, Christoph M.: Zivilrechtlicher Rechtsschutz gegen Cybermobbing in sozialen Netzwerken, NJW 2017, S. 977-983

Groeben, Hans von der (Begr.); *Schwarze Jürgen; Hatje, Armin* (Hrsg.): Europäisches Unionsrecht. Kommentar, 7. Auflage, Baden-Baden 2015

Groenleer, Martijn, L.: The autonomy of European Union Agencies: A comparative study of institutional development, Utrecht 2009

Gröseling, Nadine; Höfinger, Frank Michael: Computersabotage und Vorfeldkriminalisierung – Auswirkungen des 41. StRÄndG zur Bekämpfung der Computerkriminalität, MMR 2007, S. 626-630

Grotz, Michael: § 45 Eurojust, in: Ulrich Sieber, Helmut Satzger, Bernd von Heintschel-Heinegg (Hrsg.), Europäisches Strafrecht, 2. Auflage, Baden-Baden/ München 2014, S. 819-830

Grünewald, Gertrud: Individualrechtsschutz gegen Akte der Europäischen Union nach dem Vertrag von Lissabon, München 2015

Gugliemi, Kelly: Virtual child pornography as a new category of unprotected speech, CommLaw Conspectus 2001, Vol. 9, S. 207-223

Gundel, Jörg: Zur Sprachenregelung bei den EG Agenturen – Abschied auf Raten von der Regel der „Allsprachigkeit" der Gemeinschaft im Verkehr mit dem Bürger? – Anmerkungen zum Urteil des EuG vom 12.7.2001, Christina Kik/Harmonisierungsamt für den Binnenmarkt, Rs. T-120/99, EuR 2001, S. 776-783

Gusy, Christoph: Polizeiliche Datenerhebung und -verwendung nach der EMRK, in: Jürgen Wolter, Wolf-Rüdiger Schenke, Hans Hilger, Josef Ruthig, Mark Zöller (Hrsg.), Alternativentwurf Europol und europäischer Datenschutz, Heidelberg 2008, S. 265-280

Haase, Adrian: Computerkriminalität im Europäischen Strafrecht. Kompetenzverteilung, Harmonisierungen und Kooperationsperspektiven, Tübingen 2017

Hamilton, Daniel S.: Going beyond static understandings: Resilience must be shared, and it must be projected forward, in: Alessandro Niglia (Hrsg.), Critical infrastructure protection against hybrid warfare security related challenges, NATO Science for Peace and Security Series, Amsterdam/Berlin 2016, S. 23-32

Literaturverzeichnis

Hans-Jürgen Lange (Hrsg.): Kriminalpolitik, Wiesbaden 2008

Hansel, Mischa: Internationale Beziehungen im Cyberspace. Macht, Institutionen und Wahrnehmung, Wiesbaden 2013

Harding, Christopher: The identity of European Law: Mapping out the European legal space, European Law Journal 2002, Vol. 6 Nr. 2, S. 128-147

Harings, Lothar: Grenzüberschreitende Zusammenarbeit der Polizei- und Zollverwaltung und Rechtsschutz in Deutschland, Berlin 1998

Hecker, Bernd: Die Bekämpfung der transnationalen organisierten Kriminalität der EU, ZIS 2016, S. 467-477

ders.: Europäisches Strafrecht post-Lissabon, in: Kai Ambos (Hrsg.), Europäisches Strafrecht post-Lissabon, Göttinger Studien zu den Kriminalwissenschaften, Göttingen 2011, S. 13-28

ders.: Europäisches Strafrecht, 5. Auflage, Heidelberg 2015

ders.: Sind die nationalen Grenzen des Strafrechts überwindbar?, JA 2007, S. 561-567

Hector, Pascal: Hybride Kriegsführung: Eine neue Herausforderung?, ZaöRV 2016, S. 513-526

Hefendehl, Roland; Hohmann, Olaf (Hrsg.): Münchener Kommentar zum Strafgesetzbuch, Band 5, §§ 263-358 StGB, 3. Auflage, München 2019

Heger, Martin: Perspektiven des Europäischen Strafrechts nach dem Vertrag von Lissabon. Eine Durchsicht des (wohl) kommenden EU-Primärrechts vor dem Hintergrund des Lissabon-Urteils des BVerfG vom 30.6.2009, ZIS 2009, S. 406-417

Heid, Daniela A.: Abschnitt S. Raum der Freiheit, der Sicherheit und des Rechts (RFSR), in: Manfred A. Dauses, Markus Ludwigs (Hrsg.), Handbuch des EU-Wirtschaftsrechts, 40. Ergänzungslieferung, München 2016

Heilig, Dominic: Freiheit und Sicherheit in Europa. Trilog zur europäisierten Innenpolitik, rls papers, Forschungspapier der Rosa-Luxemburg-Stiftung, Berlin 2007

Henderson, Karen (Hrsg.): The Area of Freedom, Security and Justice in the enlarged Europe, London 2005

Herlin-Karnell, Ester: Denmark and the European Area of Freedom, Security and Justice: A scandinavian arrangement, Amsterdam Law Forum 2013, Vol. 5 Nr. 1, S. 95-105

Herschend Christoffersen, Julie: Dänemark, in: Werner Weidenfeld, Wolfgang Wessels (Hrsg.), Jahrbuch der Europäischen Integration 2011, Baden-Baden 2012, S. 389-392

Hert, Paul de; Wieczorek, Irene: Testing the principle of subsidiarity in EU criminal policy: The omitted exercise in the recent EU documents on principles for substantive European Criminal Law, New Journal of European Criminal Law 2012, Vol. 3 Nr. 3-4, S. 394-411

ders.: Division of competencies between national and European levels with regard to Justice and Home Affairs, in: Joanna Apap (Hrsg.), Justice and Home Affairs Law in the EU, Cheltenham 2004, S. 55-99

Hesselbarth, Marie C.; Haag, Torsten: Kinderpornografie, Frankfurt am Main 2004

Heußner, Kristina: Informationssysteme im Europäischen Verwaltungsverbund, Tübingen 2007

Hilgendorf, Eric; Rengier, Rudolf (Hrsg.): Festschrift für Wolfgang Heinz zum 70. Geburtstag, Baden-Baden 2012

Hilgendorf, Eric; Valerius, Brian: Computer- und Internetstrafrecht. Ein Grundriss, 2. Auflage, Heidelberg 2012

Hilgendorf, Eric: Ehrenkränkungen („flaming") im Web 2.0. Ein Problemauftriss de lege lata und de lege ferenda, ZIS 2010, S. 208-215

Hirsch, Burkhard: Immunität für Europol – eine Polizei über dem Gesetz?, ZRP 1998, S. 10-13

Hodson, Dermot; Maher, Imelda: The transformation of EU treaty making, Cambridge 2018

Hof, Tobias: Staat und Terrorismus in Italien 1969 – 1982, München 2011

Holtmann, Philipp: Virtual leadership: How Jihadists guide each other in cyberspace, in: Rüdiger von Lohlker (Hrsg.), New approaches to the analysis of jihadism. Online and offline, Wien 2012, S. 63-124

Hong, Mathias: Hate Speech im Internet – Grundrechtliche Rahmenbedingungen ihrer Regulierung, in: Marion Albers, Ioannis Katsivelas (Hrsg.), Recht & Netz, Baden-Baden 2018, S. 59-87

Hopf, Kristina; Braml, Birigit: Virtuelle Kinderpornographie vor dem Hintergrund des Online-Spiels Second Life, ZUM 2007, S. 354-364

Hörnle, Tatjana: Neue Medienangebote und alte Pornographieverbote. Die inadäquate Reform des § 184 StGB, KritV 2003, S. 299-312

Huber, Barbara: § 23 Schutz von Kindern und Frauen, in: Ulrich Sieber, Helmut Satzger, Bernd von Heintschel-Heinegg (Hrsg.), Europäisches Strafrecht, 2. Auflage, Baden-Baden/München 2014, S. 412-434

Huber, Edith: Cyberstalking und Cybercrime. Kriminalsoziologische Untersuchung zum Cyberstalking-Verhalten der Österreicher, Wiesbaden 2013

Hughes, Donna M.: The use of new communications and information technologies for sexual exploitation of women and children, Hastings's Women Law Journal 2002, Vol. 13 Nr. 1, S. 129-148

dies.: Trafficking in human beings in the European Union: Gender, sexual exploitation, and digital communication technologies, Sage Open 2014, Oktober-Dezember, S. 1-8

Hummer, Waldemar (Hrsg.): Die Europäische Union nach dem Vertrag von Amsterdam, Wien 1998

Hummer, Waldemar: Der Vertrag von Prüm – „Schengen III"?, EuR 2007, S. 517-530

Hunt, John: The new frontier of money laundering: How terrorist organizations use cyberlaundering to fund their activities, and how governments are trying to stop them, Information and Communications Technology Law 2011, Vol. 20 Nr. 2, S. 133-152

Literaturverzeichnis

Irwin, Angela S. M.; Slay, Jill: Detecting money laundering and terrorism financing activity in second life and world of Warcraft, Edith Cowan University Research Online, Proceedings of the 1st International Cyber Resilience Conference, Perth 2010, S. 41-50

Jachentenfuchs, Markus; Kohler-Koch, Beate (Hrsg.): Europäische Integration, 2. Auflage, Berlin 2003

Jewkes, Yvonne; Yar, Majid (Hrsg.): Handbook of Internet Crime, London/New York 2010

Jones, Christopher; Nobis, Ralf; Röchner, Susanne; Thal, Paul: Internet der Zukunft. Ein Memorandum, Würzburg 2010

Jones, Jackie: Trafficking internet brides, Information and Communication Technology Law 2011, Vol. 20 Nr. 1, S. 19-33

Jordan, Tim; Taylor, Paul A.: Hacktivism and Cyberwars. Rebels with a cause?, London 2004

Jülicher, Tim: Cybermobbing in der Schule, NJW 2019, S. 2801-2805

Kaeding, Michael: Europäische Agenturen, in: Werner Weidenfeld, Wolfgang Wessels (Hrsg.), Jahrbuch der Europäischen Integration 2018, Baden-Baden 2019, S. 131-134

Kahlke, Svenja: Eurojust – Auf dem Weg zu einer Europäischen Staatsanwaltschaft?, Berlin 2004

Kaiafa-Gbandi, Maria: Aktuelle Strafrechtsentwicklung in der EU und rechtsstaatliche Defizite, ZIS 2006, S. 521-536

Kamis, Ben: Europäisches Cyberrecht zwischen Schwert und Norm: Reifizierte Gewalt und Herrschaft im Kontext der postnationalen Gouvernementalität, in: Lorina Buhr, Stefanie Hammer, Hagen Schölzel (Hrsg.), Staat, Internet und digitale Gouvernementalität, Wiesbaden 2018, S. 181-209

Kan, Pau Rexton: Drug, Trafficking and international security, Lanham 2016

Karapatakis, Andreas: Virtual worlds and money laundering under EU Law: The inadequacy of the existing legal framework and the challenges of regulation, New Journal of European Criminal Law 2019, Vol. 10 Nr. 2, S. 128-150

Kaspersky Laps: Chefsache IT-Sicherheit, Die notwendige Entscheidungswissen für Selbstständige, Unternehmer und Manager, München 2012

Kastler, Holger A.: Föderaler Rechtsschutz. Personenbezogene Daten in einem Raum der Freiheit, der Sicherheit und des Rechts, Wiesbaden 2017

Katzer, Catarina: Cybermobbing – Wenn das Internet zur W@ffe wird, Wiesbaden 2014

dies.: Gefahr aus dem Netz: Der Internet-Chatroom als neuer Tatort für Bullying und sexuelle Viktimisierung von Kindern und Jugendlichen, Köln 2007

Kaunert, Christian: The area of freedom, security and justice in the Lisbon Treaty: Commission policy entrepreneurship?, European Security 2010, Vol. 19 Nr. 2, S. 169-189

Kietz, Daniela; Maurer, Andreas: Von Schengen nach Prüm. Sogwirkungen verstärkter Kooperation und Anzeichen der Fragmentierung in der EU, in: Stiftung Wissenschaft und Politik – SWP – Deutsches Institut für Internationale Politik und Sicherheit (Hrsg.), Berlin 2006

Kietz, Daniela; Ondarza, Nicolai von: Sicherheit delegieren: EU-Agenturen in der inneren und äußeren Sicherheit, in: Stiftung Wissenschaft und Politik – SWP – Deutsches Institut für Internationale Politik und Sicherheit (Hrsg.), SWP-Studie, Berlin 2016

Killmann, Bernd-Roland; Hofmann, Margarete: § 48 Perspektiven für eine Europäische Staatsanwaltschaft, in: Ulrich Sieber, Helmut Satzger, Bernd von Heintschel-Heinegg (Hrsg.), Europäisches Strafrecht, 2. Auflage, Baden-Baden/München 2014, S. 864-876

Kinzel, Patricia: Formen der justiziellen Zusammenarbeit im Bereich von Pfeiler III der Europäischen Union und ihre institutionelle Fortentwicklung durch die Europäische Verfassung – Überlegungen zur Einrichtung einer Europäischen Staatsanwaltschaft, Dissertation, Regensburg 2005

Kirchner, Nina: Strafrecht und Terrorismus: Herausforderungen des deutschen Rechtsstaates in einer globalisierten Welt, Beiträge des Fachbereichs Rechtswissenschaften der Hochschule für Wirtschaft und Recht, Berlin 2016

Kischel, Uwe: Die Kontrolle der Verhältnismäßigkeit durch den Europäischen Gerichtshof, EuR 2000, S. 380-402

Kistner-Bahr, Hanna: Die Entwicklungstendenzen Europols im europäischen Integrationsprozess. Mögliche Ausweitung der Befugnisse Europols vom Informationsaustausch zur Ermittlungskompetenz unter Berücksichtigung des Vertrages von Lissabon, Köln 2010

Klett, Detlef; Ammann, Thorsten: Gesetzliche Initiativen zur Cybersicherheit. Ein Überblick zu den bisherigen regulatorischen Ansätzen auf nationaler und europäischer Ebene, CR 2014, S. 93-99

Knelangen, Wilhelm: Das Politikfeld innere Sicherheit im Integrationsprozess. Die Entstehung einer europäischen Politik der inneren Sicherheit, Opladen 2001

ders.: Imbalances in an expanding research area: the widely neglected practical dimension of EU internal security policy, in: Hartmut Aden (Hrsg.), Police Cooperation in the European Union under the Treaty of Lisbon. Opportunities and limitations, Baden-Baden 2015, S. 135-146

Koch, Robert: Haftung für die Weitergabe von Viren durch E-Mails, NJW 2004, S. 801-807

Kochheim, Dieter: Cybercrime und Strafrecht in der Informations- und Kommunikationstechnik, 2. Auflage, München 2018

Koenig, Daniel J.; Dilip, K. Das (Hrsg.): International police cooperation: A world perspective, Lanham 2001

Kohler-Koch, Beate; Conzelmann, Thomas; Knodt, Michéle: Europäische Integration – Europäisches Regieren, Wiesbaden 2004

Koren, István; Klamma, Ralf: Peer-to-Peer Video Streaming in HTML5 with Web-Torrent, in: Tommi Mikkonen, Ralf Klamma, Juan Hernández (Hrsg.), Web Engineering, Berlin 2018, S. 404-419

Krause, Benjamin: Ermittlungen im Darknet – Mythos und Realität, NJW 2018, S. 678-681

Krischker, Sven: „Gefällt mir", „Geteilt", „Beleidigt"? – Die Internetbeleidigung in sozialen Netzwerken, JA 2013, S. 488-493

Krombholz, Katharina; Hobel, Heideline; Huber, Markus; Weippl, Edgar: Advanced social engineering attacks, Journal of Information Security and Applications 2015, Vol. 22 Nr. C, S. 113-122

Kugelmann, Dieter: Polizei- und Ordnungsrecht, 2. Auflage, Heidelberg 2011

Kuhnen, Korinna: Kinderpornographie und Internet: Medium als Wegbereiter für das (pädo-)sexuelle Interesse am Kind?, Bern 2007

Kulick, Andreas: Gefahr, „Gefährder" und Gefahrenabwehrmaßnahmen angesichts terroristischer Gefährdungslagen, AöR 2018, S- 175-219

Kurz, Constanze; Rieger, Frank: Cyberwar – Die Gefahr aus dem Netz, München 2018

Lacson, Wesley; Jones, Beata: The 21st century darknet market: Lesson from the fall of Silk Road, International Journal of Cyber Criminology 2016, Vol. 10 Nr. 1, S. 40-61

Ladenburger, Clemens: Police and criminal law in the treaty of Lisbon: A new dimension for the community method, European Constitutional Law Review 2008, S. 20-40

Lampe, Ernst-Joachim: Die strafrechtliche Behandlung der Computer-Kriminalität, GA 1975, S. 1-23

Lang, Alexander: Filesharing und Strafrecht. Das Strafrecht vor neuen Herausforderungen, Berlin 2009

Lange, Hans-Jürgen: Einleitung, in: *ders.* (Hrsg.), Kriminalpolitik, Wiesbaden 2008, S. 9-14

Lange, Hans-Jürgen; Bötticher, Astrid (Hrsg.): Cyber-Sicherheit, Wiesbaden 2015

Langenscheid: Großwörterbuch Englisch Teil 1 Englisch-Deutsch, Berlin/München 2001

Lardschneider, Michael: Social Engineering. Eine ungewöhnliche aber höchst effiziente Security Awareness Maßnahme, DuD 2008, S. 574-578

Latonero, Mark: Human trafficking online: the role of social networking sites and online classifieds, Center on Communication Leadership and Policy, University of Southern California, Research Series 2011

Lauer, Nathalie: Informationshilfe im Rahmen der polizeilichen und justiziellen Zusammenarbeit in Strafsachen, Baden-Baden 2018

Laursen, Finn (Hrsg.): The Rise and Fall of the EU's Constitutional Treaty, Den Haag 2008

Lazowski, Adam: Poland: implementation without transposition, in: Anne Weyembergh, Veronica Santamaria (Hrsg.), The evaluation of European criminal law. The example of the Framework Decision on combating trafficking in human beings, Brüssel 2009, S. 285-300

Le Bon, Gustave: Psychologie der Massen, 15. Auflage, Stuttgart 1982

Leman-Langlois, Stéphane: Technocrime: Technology, crime and social control, New York 2008

Lenz, Carl-Otto; Borchardt, Klaus-Dieter (Hrsg.): EU-Verträge (Kommentar), 6. Auflage, Köln 2012

Leslie, Daniel Adeoyé: Legal Principles for Combatting Cyberlaundering, Heidelberg 2014

Levi, Michael: "Between the risk and the reality falls the shadow". Evidence and urban legends in computer fraud (with apologies to T.S. Eliot), in: David S. Wall (Hrsg.), Crime and the Internet, London 2001, S. 44-58

Li, Qing: New bottle but old wine: A research of cyberbullying in schools, Computers in Human Behavior 2007, Vol. 23 Nr. 4, S. 1777-1791

Ligeti, Katalin; Robinson, Gavin: "Bespoke" UK-EU Police and Judicial Cooperation Post-Brexit, Criminology in Europe 2017, Vol. 16 Nr. 2, S. 11-14

Lipski, Marcus: Social Engineering - Der Mensch als Sicherheitsrisiko in der IT, Hamburg 2009

Lisken, Hans; Denninger, Erhard (Hrsg.): Handbuch des Polizeirechts. Gefahrenabwehr, Strafverfolgung, Rechtsschutz, 6. Auflage, München 2018

Lohlker, Rüdiger von (Hrsg.): New approaches to the analysis of jihadism. Online and offline, Wien 2012

Lopes da Mota, José Luís: Eurojust – The heart of future European Public Prosecutor's Office, eucrim 2008, Nr. 1-2, S. 62-66

Lorenzmeier, Stefan: Der Rahmenbeschluss als Handlungsform der Europäischen Union und seine Rechtswirkungen, ZIS 2006, S. 576-582

Lund Olsen, Laura: Flexible integration and the Constitution Treaty: An instrument with little purpose?, in: Finn Laursen (Hrsg.), The rise and fall of the EU's Constitutional Treaty, Den Haag 2008, S. 477-495

Lütgens, Lars: Das Demokratieprinzip als Auslegungsgrundsatz und Norm im Integrationskontext: Zugleich ein Beitrag zum Europäischen Polizeiamt (Europol) und der Problematik ministerialfreier Räume, Berlin 2004

Magnin, Cédric J.: The 2001 Council of Europe Convention on Cyber-Crime. An efficient tool to fight crime in cyber space?, Masterthesis, Santa Clara 2001

Magnus, Dorothea: Europäische Staatsanwaltschaft – Vorzüge und Schwächen des aktuellen EU-Verordnungsvorschlags, ZRP 2015, S. 181-184

Mahan, Sue; Griset, Pamala L.: Terrorism in perspective, Thousand Oaks 2003

Maimon, David; Louderback, Eric R.: Cyber-Dependent Crimes: An Interdisciplinary Review, Annual Review of Criminology 2019, Vol. 2, S. 191-216

Literaturverzeichnis

Malek, Klaus: Strafsachen im Internet, Heidelberg 2004

Mann, David; Sutton, Mike: Netcrime: More change in the organization of thieving, The British Journal of Criminology 1998, Vol. 38 Nr. 2, S. 201-229

Marion, Nancy E.: The Council of Europe's Cyber Crime Treaty: An exercise in Symbolic Legislation, International Journal of Cyber Criminology 2010, Vol. 4 Nr. 1-2, S. 699-712

Martin, James: Lost on the Silk Road: Online drug distribution and the 'cryptomarket', Criminology and Criminal Justice 2013, Vol. 14 Nr. 3, S. 351-367

ders.: Revisiting drugs in the darknet: Key issues and debates in the cryptomarket drugs trade, in: Meropi Tzanetakis, Heino Stöver (Hrsg.), Drogen, Darknet und Organisierte Kriminalität. Herausforderungen für Politik, Justiz und Drogenhilfe, Baden-Baden 2019, S. 211-228

Marx, Konstanze: „wer bin ich? dein schlimmster alptraum, baby!" Cybermobbing – ein Thema für den Deutschunterricht, Der Deutschunterricht 2012, S. 77-81

Mathiesen, Asbjørn: Cybermobbing und Cybergrooming. Neue Kriminalitätsphänomene im Zeitalter moderner Medien, Jahrbuch des Kriminalwissenschaftlichen Instituts der Leibnitz Universität Hannover 2014

Max-Planck-Institut: Schutzlücken durch Wegfall der Vorratsdatenspeicherung? Eine Untersuchung zu Problemen der Gefahrenabwehr und Strafverfolgung bei Fehlen gespeicherter Telekommunikationsverkehrsdaten, Gutachten der kriminologischen Abteilung des Max-Planck-Instituts für ausländisches und internationales Strafrecht im Auftrag des Bundesamtes für Justiz, 2. Fassung, Freiburg i. Br. 2011

Mayer, Heinz; Stöger, Karl (Hrsg.): Kommentar zu EUV und AEUV unter Berücksichtigung der österreichischen Judikatur und Literatur, Wien 2013

McGuire, Mike; Dowling, Samantha: Cyber crime: a review of the evidence, Home Office Research Report 75, Chapter 1: Cyber-dependet crimes, Oktober 2013, London

McGuire, Mike; Dowling, Samantha: Cyber crime: a review of the evidence, Home Office Research Report 75, Chapter 2: Cyber-enabled crimes – fraud and theft, Oktober 2013, London

McNeal, Gregory S.: Cyber embargo: Countering the internet jihad, Case Western Reserve Journal of International Law 2008, Vol. 39 Nr. 3, S. 789-826

McQuade, Samuel C.: Cybercrime, in: Michael Tonry (Hrsg.), The Oxford Handbook of Crime and Public Policy, Oxford 2009, S. 475-498

Meibauer, Jörg (Hrsg.): Hassrede/ Hate Speech. Interdisziplinäre Beiträge zu einer aktuellen Diskussion, Gießen 2013

ders.: Hassrede – von der Sprache zur Politik, in: *ders.* (Hrsg.), Hassrede/ Hate Speech. Interdisziplinäre Beiträge zu einer aktuellen Diskussion, Gießen 2013, S. 1-16

Meij, Arjen: Some explorations into the EPPO's administrative structure and judicial review, in: Leendert H. Erkelens, Arjen W. H. Meij, Marta Pawlik (Hrsg.), The European Public Prosecutors Office: An extended arm or a two-headed dragon?, Den Haag 2015, S. 101-119

Meißnitzer, Martin: Jihad.com und Terrorismusstrafrecht, Diplomarbeit, Wien 2013 (abrufbar unter: http://othes.univie.ac.at/25784/1/2013-01-31_0221879.pdf)

Meng, Werner; Ress, Georg; Stein, Torsten (Hrsg.): Europäische Integration und Globalisierung. Festschrift zum 60-jährigen Bestehen des Europa-Instituts, Baden-Baden 2011

Meyer-Cabri, Klaus: Justizbehörde Eurojust als Zentrum der Zusammenarbeit, DRiZ 2019, S. 122-125

Meyer, Frank: Das Strafrecht im Raum der Freiheit, der Sicherheit und des Rechts, EuR 2011, S. 169-195

ders.: Der Grundsatz der Verfügbarkeit, NStZ 2008, S. 188-193

ders.: Der Grundsatz gegenseitigen Vertrauens – Konzeptualisierung und Zukunftsperspektiven eines neuen Verfassungsprinzips, EuR 2017, S. 163-186

ders.: Strafrechtsgenese in Internationalen Organisationen. Eine Untersuchung der Strukturen und Legitimationsvoraussetzungen strafrechtlicher Normbildungsprozesse in Mehrebenensystemen, Baden-Baden 2012

Miebach, Klaus (Hrsg.): Münchener Kommentar zum Strafgesetzbuch, Band 3, §§ 80-184j StGB, 3. Auflage, München 2017

Mikkonen, Tommi; Klamma, Ralf; Hernández, Juan (Hrsg.): Web Engineering, Berlin 2018

Mitsilegas, Valsamis; Bergström, Maria; Konstadinides, Theodore (Hrsg.): Research Handbook on EU Criminal Law, Cheltenham 2016

Mitsilegas, Valsamis: European Criminal Law after Brexit, Criminal Law Forum 2017, Vol. 28, S. 219-250

ders.: The uneasy relationship between the UK and European Criminal Law. From Opt-outs to Brexit?, Criminal Law Review 2016, Vol. 63, S. 517-536

ders.: The United Kingdom in Europe's area of criminal justice. The triple paradox of Brexit, Criminology in Europe 2017, Vol. 16 Nr. 2, S. 9-10

Mollet, Liliane; Klopp, Jens; Walther, Thomas: Cyberkriminalität: Bekämpfung von Kinderpornografie, DuD 2013, S. 35-39

Möllmann; Bießmann: Kapitel 34 Urheberrechtsverletzungen – zivilrechtliche und strafrechtliche Konsequenzen, in: Ralf Schwartmann (Hrsg.), Praxishandbuch Medien-, IT- und Urheberrecht, 3. Auflage, Heidelberg 2014

Monar, Jörg: § 2 Die Gewährleistung innerer Sicherheit durch die Europäische Union: Grundlagen, Möglichkeiten und Grenzen, in: Thomas Würtenberger, Christoph Gusy, Hans-Jürgen Lange (Hrsg.), Innere Sicherheit im europäischen Vergleich. Sicherheitsdenken, Sicherheitskonzepte und Sicherheitsarchitektur im Wandel, Berlin 2012, S. 33-55

ders.: Die EU als Raum der Freiheit, der Sicherheit und des Rechts und die Herausforderung des internationalen Terrorismus, integration 2002, S. 171-186

Moriarty, Laura J.: Criminal justice technology in the 21st century, 3. Auflage, Springfield 2017

Morié, Rolf; Murck, Manfred; Schulte, Rainer (Hrsg.): Auf dem Weg zur europäischen Polizei. Rahmenbedingungen, Aufgaben und berufliches Selbstverständnis, Stuttgart/München 1992

Möstl, Markus: Preconditions and limits of mutual recognition, Common Market Law Review 2010, Vol. 47 Nr. 2, S. 405-436

Mounier, Gregory: Europol: A new player on the EU external policy field?, Perspectives on European Politics and Society 2009, Vol. 10 Nr. 4, S. 582-602

Müller-Graff, Peter-Christian: Justiz und Inneres nach Amsterdam – Die Neuerungen in erster und dritter Säule, S. 271-284

Münch, Holger: Tatort Internet – Neue Herausforderungen, neue Aufgaben, in: Patrick Ernst Sensburg (Hrsg.), Sicherheit in einer digitalen Welt, Baden-Baden 2017, S. 9-22

Muñoz, Helena Soleto; Fiodorova, Anna: DNA and law enforcement in the European Union: Tools and human rights protection, Utrecht Law Review 2014, S. 149-162

Nemeth, William J.: Future war and Chechnya: a case for hybrid warfare, Thesis Naval Postgraduate School, Monterey 2002

Neumann, Peter: Joining Al-Qaeda: Jihadist recruitment in Europe, International Institute for Strategic Studies, London 2009

Niemeier, Michael; Walter, Markus: Neue Rechtsgrundlage für Europol, Kriminalistik 2010, S. 17-22

Nordemann, Axel: Upload filters and the EU copyright reform, IIC – International Review of Intellectual Property and Competition Law 2019, Vol. 50 Nr. 3, S. 275-277

Nürnberger, Silke: Die zukünftige Europäische Staatsanwaltschaft – Eine Einführung, ZJS 2009, S. 494-505

O'Connell, Rachel: A typology of child cybersexploitation and online grooming practices, Cyberspace Research Unit, University of Central Lancashire, Preston 2003

Oberloskamp, Eva: Codename TREVI. Terrorismusbekämpfung und die Anfänge einer europäischen Innenpolitik in den 1970er Jahren, Berlin 2016

Obokata, Tom: Key EU principles to combat transnational organized crime, Common Market Law Review 2011, S. 801-828

Occhipinti, John D.: The politics of EU police cooperation: Toward a European FBI?, Boulder 2003

Orator, Andreas: Möglichkeiten und Grenzen der Einrichtungen von Unionsagenturen: Tübingen 2017

Ost, Suzanne: Child pornography and sexual grooming: Legal and societal responses, Cambridge 2009

Ostendorf, Heribert; Nicolai, Lorenz; Doege, Felix: Internetaufrufe zur Lynchjustiz und organisiertes Mobbing, NStZ 2012, S. 529-538

Ostendorf, Heribert: Europol – ohne Rechtskontrolle?, NJW 1997, S. 3418-3420

Osula, Anna-Maria: Mutual legal assistance and other mechanisms for accessing extraterritorially located data, Masaryk University Journal of Law and Technology 2015, Vol. 9 Nr. 1, S. 43-64

Oualla, Bouchra: YouTube Jihad: A rhetorical analyses of an Islamist propaganda video, in: Rüdiger von Lohlker (Hrsg.), New approaches to the analysis of jihadism. Online and offline, Wien 2012, S. 142-151

Papayannis, Donatos: Die polizeiliche Zusammenarbeit und der Vertrag von Prüm, ZEuS 2008, S. 219-251

Paramonova, Svetlana: Internationales Strafrecht im Cyberspace. Strafrechtliche Analyse der Rechtslage in Deutschland, Russland und den USA, Heidelberg 2013

Parker, Donn B.: Fighting computer crime. A new framework for protecting information, 2. Auflage, New York 1998

Pastor Muñoz, Nuria: Europäisierung des Strafrechts und mitgliedstaatliche nationale Besonderheiten in der Europäischen Union. Zugleich: Einige Überlegungen zu den Grenzen und Grundlagen einer legitimen europäischen Kriminalpolitik, GA 2010, S. 84-98

Paulson, Greg: CyberCrime Treaty, Global Information Assurance Certification Paper, Swansea 2001

Peers, Steve: EU Justice and Home Affairs Law, 3. Auflage, Oxford 2011

Perritt, Henry H. Jr.; Charney, Scott; Miller, Gregory, P.: Computer crimes now on the books: What do we do from here?, Temple Law Review 1997, Vol. 70 Nr. 4, S. 1199-1226

Perry, Barbara; Olsson, Patrik: Cyberhate: The globalization of hate, Information and Communications Technology Law 2009, Vol. 18 Nr. 2, S. 185-199

Pfetsch, Jan; Mohr, Sonja; Ittel, Angela: Prävention und Intervention von Online-Aggressionen: Wie wirksam sind Maßnahmen, die sich spezifisch gegen Cybermobbing richten?, in: Torsten Porsch, Stephanie Pieschl (Hrsg.), Neue Medien und deren Schatten. Mediennutzung, Medienwirkung und Medienkompetenz, Göttingen 2014, S. 277-300

Płudowski, Tomasz (Hrsg.): Terrorism, Media, Society, Warschau 2006

Pojer, Martin: Illegales Filesharing in Österreich, München 2018

Pollitt, Mark M.: Cyberterrorism – fact or fancy?, Computer Fraud and Security 1998, Nr. 2, S. 8-10

Pons: Großwörterbuch Englisch-Deutsch, Deutsch-Englisch, Neubearbeitung, Stuttgart 2007

Porsch, Torsten; Pieschl, Stephanie (Hrsg.): Neue Medien und deren Schatten. Mediennutzung, Medienwirkung und Medienkompetenz, Göttingen 2014

Postberg, Henrike: Die polizeiliche und justitielle Zusammenarbeit in Strafsachen im Wandel – unter besonderer Berücksichtigung der Organisation Eurojust, Dissertation, Köln 2011

Potacs, Michael: Effet utile als Auslegungsgrundsatz, EuR 2009, S. 465-487

Preuß, Tamina: Erforderlichkeit der Kriminalisierung des Cybermobbings – Sinnvolle Schließung einer Gesetzeslücke oder bloßes Symbolstrafrecht?, KriPoZ 2019, S. 97-104

Priebe, Reinhard: Agenturen der Europäischen Union – Europäische Verwaltung durch eigenständige Behörden, EuZW 2015, S. 268-272

ders.: Innere Sicherheit – eine europäische Aufgabe?, in: Ulrich Becker, Armin Hatje, Michael Potacs, Nina Wunderlich (Hrsg.), Verfassung und Verwaltung in Europa. Festschrift für Jürgen Schwarze zum 70. Geburtstag, Baden-Baden 2014, S. 394-418

ders.: Europol – neue Regeln für die Zusammenarbeit auf dem Gebiet der Strafverfolgung, EuZW 2016, S. 894-896

Prince, Jane: Psychological aspects of cyber hate and cyber terrorism, in: Imran Awan, Brian Blakermore (Hrsg.), Policing Cyber Hate, Cyber Threats and Cyber Terrorism, New York 2012, S. 39-56

Prittwitz, Cornelius: Lissabon als Chance zur kriminalpolitischen Neubesinnung. Das Manifest zur Europäischen Kriminalpolitik, in: Kai Ambos (Hrsg.), Europäisches Strafrecht post-Lissabon, Göttinger Studien zu den Kriminalwissenschaften, Göttingen 2011
S. 29-39

Quayle, Ethel: Child pornography, in: Yvonne Jewkes, Majid Yar (Hrsg.), Handbook of Internet Crime, London/New York 2010, S. 343-368

Rauchs, Georges; Koenig, Daniel J.: Europol, in: Daniel J. Koenig, Dilip K. Das (Hrsg.), International police cooperation: A world perspective, Lanham 2001, S. 43-62

Rautenberg, Erardo C.: Deutscher Widerstand gegen weisungsunabhängige Staatsanwaltschaft, ZRP 2016, S. 38-41

Rediker, Ezekiel: The incitement of terrorism in the internet: Legal standards, enforcement, and the role of the European Union, Michigan Journal of International Law 2015, Vol. 36 Nr. 2, S. 321-351

Reinbacher, Tobias: Strafrecht im Mehrebenensystem: Modelle der Verteilung strafrechtsbezogener Kompetenzen, Baden-Baden 2014

Reindl-Krauskopf, Susanne: Cyber-Kriminalität, ZaöRV 2014, S. 563-574

Reisinger, Thomas: „Cybermobbing" – Eine Analyse von § 107c StGB, jusIT 2015, S. 169-176

Renzikowski, Joachim: Die böse Gesinnung macht die Tat - Zur aktuellen Debatte um Kinderpornographie, in: Christine Fahl, Eckhart Müller, Helmut Satzger, Sabine Swoboda (Hrsg.), Festschrift für Werner Beulke zum 70. Geburtstag, Heidelberg 2015, S. 521-533

Reum, Anika: Cybermobbing. Zur strafrechtlichen Relevanz der Schikane in den neuen Medien, Hamburg 2014

Rheinbay, Susanne: Die Errichtung einer Europäischen Staatsanwaltschaft, Berlin 2014

Rieckmann, Johannes; Kraus, Martina: Tatort Internet: Kriminalität verursacht Bürgern Schäden in Milliardenhöhe, DIW 2015, Wochenbericht Nr. 12, S. 295-301

Rijken, Conny: Re-balancing security and justice: Protection of fundamental rights in police and judicial cooperation in criminal matters, Common Market Law Review 2010, Vol. 47 Nr. 5, S. 1455-1492

Rinscheid, Martin: Diensteanbieter und das Urheberrecht. Störerhaftung im Internet und ihre zivilrechtlichen Grundlagen, Marburg 2011

Röcker, Isabel: Die Pflicht zur rahmenbeschlusskonformen Auslegung nationalen Rechts. Zur Begründung und Reichweite der Konformauslegungspflicht im Rahmen der polizeilichen und justiziellen Zusammenarbeit in Strafsachen, Berlin 2013

Rogan, Hanna: Al-Qaeda's online media strategies: From Abu Reuter to Irhabi, in: Forsvarets forskningsinstitut – Norwegian Defence Research Establishment (Hrsg.), Kjeller 2007

dies.: Jihadism Online – A study of how al-Qaida and radical Islamist groups use the internet for terrorist purposes, in: Forsvarets forskningsinstitut – Norwegian Defence Research Establishment (Hrsg.), Kjeller 2006

Roos, Philipp; Schumacher, Philipp: Botnetze als Herausforderung für Recht und Gesellschaft. Zombies außer Kontrolle?, MMR 2014, S. 377-383

Rorive, Isabelle: What can be done against cyber hate? Freedom of speech versus hate speech in the Council of Europe, Cardozo Journal of International and Comparative Law 2009, Vol. 17 Nr. 3, S. 405-416

Rosenau, Henning: Zur Europäisierung im Strafrecht. Vom Schutz finanzieller Interessen der EG zu einem gemeineuropäischen Strafgesetzbuch?, ZIS 2008, S. 9-19

Rothenberger, Liane: Terrorist groups: Using internet and social media for disseminating ideas. New tools for promoting political change, Revista Romana de Comunicare si relatii publice 2012, S. 7-23

Rüdiger, Thomas-Gabriel; Bayerl, Petra Saskia (Hrsg.): Digitale Polizeiarbeit. Herausforderungen und Chancen, Wiesbaden 2018

Rüdiger, Thomas-Gabriel: Cybergrooming in virtuellen Welten – Chancen für Sexualtäter?, Deutsche Polizei 2012, S. 29-35

Rudolf, Walter: Datenschutz in Europa, ZEuS 2003, S. 217-231

Ruthig, Josef: § 20 Europol, in: Martin Böse (Hrsg.), Europäisches Strafrecht mit polizeilicher Zusammenarbeit, Enzyklopädie Europarecht, Band 9, Baden-Baden 2009, S. 749-785

Sagemann, Marc: Leaderless Jihad: Terror networks in the twenty-first century. Understanding terror networks, Philadelphia 2008

Samuel, Alexandra: Hacktivism and the future of political participation, Dissertation, Cambridge 2004

Sander, Günther M. (Hrsg.): Münchener Kommentar zum Strafgesetzbuch, Band 4, §§ 185-262 StGB, 3. Auflage, München 2017

Satzger, Helmut; Zimmermann, Frank: Europäische Kriminalpolitik "reloaded": Das Manifest zum Europäischen Strafverfahrensrecht, ZIS 2013, S. 406-410

Satzger, Helmut: § 2 Grundsätze eines europäischen Strafrechts, in: Martin Böse (Hrsg.), Europäisches Strafrecht mit polizeilicher Zusammenarbeit, Enzyklopädie Europarecht, Band 9, Baden-Baden 2013, S. 61-95

ders.: Das "Manifest zur Europäischen Kriminalpolitik". Eine Antwort auf die (selten gestellte) Frage nach einer vernünftigen Kriminalpolitik der Europäischen Union, ZRP 2010, S. 137-140

ders.: Das europarechtliche Verhältnismäßigkeitsprinzips als Maßstab für eine europäische Kriminalpolitik, Neue Kriminalpolitik 2007, S. 93-98

ders.: Die Europäisierung des Strafrechts, Köln 2001

ders.: Die potentielle Errichtung einer Europäischen Staatsanwaltschaft - Plädoyer für ein Komplementaritätsmodell, NStZ 2013, S. 206-213

ders.: Internationales und Europäisches Strafrecht: Strafanwendungsrecht – Europäisches Straf- und Strafverfahrensrecht – Völkerrecht, 7. Auflage, Baden-Baden 2015

Saul, Ben: Speaking of terror. Criminalising incitement to violence, The University of Sydney, Legal Studies Research Paper, Sydney 2008

Saurer, Johannes: Individualrechtsschutz gegen das Handeln der Europäischen Agenturen, EuR 2010, S. 51-66

Schallbruch, Martin: Die EU-Richtlinie über Netz- und Informationssicherheit: Anforderungen an digitale Dienste, CR 2016, S. 663-670

Scheeren, William O.: The Hidden Web: A sourcebook, Santa Barbara 2012

Scheffler, Uwe: Strafgesetzgebungstechnik in Deutschland und Europa, Berlin 2006

Schimmer, Klaus: Wenn der Hacker zweimal fragt!. Wie bereite ich meine Mitarbeiter auf Social Engineering Angriffe vor?, DuD 2008, S. 569-573

Schmahl, Stefanie; Breuer, Marten (Hrsg.): The Council of Europe. Its Law and Policies, Oxford 2017

Schmid, Niklaus: Computer- sowie Check- und Kreditkarten-Kriminalität: ein Kommentar zu den neuen Straftatbeständen des schweizerischen Strafgesetzbuches, Zürich 1994

Schmidt, Magdalena: Der Grundsatz der Verfügbarkeit – Ziel, Rechtsstand und Perspektiven des strafrechtlichen Informationsaustauschs in der Europäischen Union, Berlin 2018

Schmitz, Herbert; Schmitz, Detlef: Computerkriminalität. Ein Leitfaden für die Praxis, Heidelberg 1990

Schneckener, Ulrich: Transnationaler Terrorismus. Charakter und Hintergründe des „neuen" Terrorismus, Berlin 2006

Schöbener, Burkhard (Hrsg.): Europarecht. Lexikon zentraler Begriffe und Themen, Heidelberg 2019

Schjølberg, Stein: The history of cybercrime. 1976-2016, Cybercrime Research Institute, Norderstedt 2017

Schomburg, Wolfgang; Lagodny, Otto; Gleß, Sabine; Hackner, Thomas (Hrsg.): Internationale Rechtshilfe in Strafsachen, 5. Auflage, München 2012

Schönberger, Christoph: Der Rahmenbeschluss. Unionssekundärrecht zwischen Völkerrecht und Gemeinschaftsrecht, ZaöRV 2007, S. 1107-1139

Schori Liang, Christina: Unveiling the "United Cyber Caliphate" and the birth of the E-terrorist, Georgetown Journal of International Affairs 2017, Vol. 18 Nr. 3, S. 11-20

Schramm, Edward: Auf dem Weg zur Europäischen Staatsanwaltschaft, JZ 2014, S. 749-758

Schreier, Fred; Weekes, Barbara; Winkler, Theodor H.: Cyber Security: The road ahead, DCAF Horizon 2015 Working Paper No. 4, Genf 2011

Schulze-Heiming, Ingeborg: Der strafrechtliche Schutz der Computerdaten gegen die Angriffsform der Spionage, Sabotage und des Zeitdiebstahls, Dissertation, Münster 1995

Schulze, Tillmann: Bedingt abwehrbereit: Schutz kritischer Informations-Infrastrukturen in Deutschland und den USA, Wiesbaden 2006

Schulze, Matthias: Kriminalitätsbekämpfung im Dark Net. Neue Ermittlungsansätze statt Verbote, in: Stiftung Wissenschaft und Politik – SWP – Deutsches Institut für Internationale Politik und Sicherheit (Hrsg.), Berlin 2019

Schünemann, Bernd (Hrsg.): Alternativentwurf Europäische Strafverfolgung, Köln 2004

ders.: Grundgedanken des „Alternativentwurfs Europäische Strafverfolgung", in: *ders.* (Hrsg.), Alternativentwurf Europäische Strafverfolgung, Köln 2004, S. 3-9

Schwaighofer, Klaus; Ebensperger, Stefan: Internationale Rechtshilfe in strafrechtlichen Angelegenheiten: Einführung – Texte – Materialien, Wien 2001

Schwartmann, Ralf (Hrsg.): Praxishandbuch Medien-, IT- und Urheberrecht, 3. Auflage, Heidelberg 2014

Schwarze, Jürgen; Hatje, Armin; Schoo, Johann; Becker, Ulrich (Hrsg.): EU-Kommentar, 4. Auflage, Baden-Baden 2019

Seger, Alexander: „Grenzüberschreitender" Zugriff auf Daten im Rahmen der Budapest Konvention über Computerkriminalität, ZöR 2018, S. 71-85

ders.: e-Evidence and Access to data in the cloud results of the cloud evidence group of the Cybercrime Convention Committee, in: Maria Angela Biasiotti, Jeanne Pia Mifsud Bonnici, Joe Cannataci, Fabrizio Turchi (Hrsg.), Handling and exchanging electronic evidence across Europe, Cham 2018, S. 35-41

Seigfried-Spellar, Kathryn C.; Bertoline, Gary R.; Rogers, Marcus K.: Internet Child Pornography, U.S. Sentencing Guidelines, and the role of internet service providers, in: Pavel Gladyshev, Marcus K. Rogers (Hrsg.), Digital forensics and cyber crime. Third International ICST Conference, ICDF2C 2011 Dublin, Revised Selected Papers, Heidelberg 2011, S. 17-32

Semmler, Jörg: Das Instrument der Mehrjahresprogramme in der europäischen Justiz- und Innenpolitik, integration 2009, S. 63-74

Sensburg, Patrick Ernst (Hrsg.): Sicherheit in einer digitalen Welt, Baden-Baden 2017

Shackelford, Scott J.: In search of cyber peace: A response to the cybersecurity act of 2012, Stanford Law Review Online 2012, Vol. 64, S. 106-111

Shekhar Ranga, Shashi: Computer viruses become dangerous to technical and operational structure of computer, International Journal of Advanced Research in Computer Science 2011, Vol. 2 Nr. 5, S. 592-594

Sicurella, Rosaria: EU competence in criminal matters, in: Valsamis Mitsilegas, Maria Bergström, Theodore Konstadinides (Hrsg.), Research Handbook on EU criminal law, Cheltenham 2016, S. 49-77

Sieben, Günter; zur Mühlen, Rainer von: Computerkriminalität – nicht Dichtung, sondern Wahrheit, DSWR 1972, S. 397-401

dies.: Computerkriminalität – viel Lärm um nichts?, DSWR 1973, S. 252-256

Sieber, Ulrich; Satzger, Helmut; von Heintschel-Heinegg, Bernd (Hrsg.): Europäisches Strafrecht, 2. Auflage, Baden-Baden/München 2014

Sieber, Ulrich (Hrsg.): Europäische Einigung und Europäisches Strafrecht, Köln 1993

ders.: Computerkriminalität und Strafrecht, Köln 1980

Siegele, Gerhard: Von TREVI bis Europol – Die Entwicklung der zwischenstaatlichen Kooperation im Bereich der öffentlichen Sicherheit, in: Rolf Morié; Manfred Murck; Rainer Schulte (Hrsg.), Auf dem Weg zur europäischen Polizei. Rahmenbedingungen, Aufgaben und berufliches Selbstverständnis, Stuttgart/München 1992, S. 132-147

Sinn, Arndt; Zöller, Mark A. (Hrsg.): Neujustierung des Strafrechts durch Terrorismus und Organisierte Kriminalität: 2. Deutsch-Taiwanisches Strafrechtsforum Trier/Osnabrück 2012, Heidelberg 2013

Sinrod, Eric J.; Reilly, William P.: Cyber-Crimes: A practical approach to the application of federal computer crime laws, Santa Clara High Technology Law Journal 2000, Vol. 16 Nr. 2, S. 177-232

Sitzer, Peter; Marth, Julia; Kocik, Caroline; Müller, Kay Nina: Ergebnisbericht der Online-Studie "Cyberbullying bei Schülerinnen und Schülern, Institut für interdisziplinäre Konflikt- und Gewaltforschung, Bielefeld 2012 (abrufbar unter: https://pub.uni-bielefeld.de/record/2515055)

Skistims, Hendrik; Roßnagel, Alexander: Rechtlicher Schutz vor Staatstrojanern? – Verfassungsrechtliche Analyse einer Regierungs-Malware, ZD 2012, S. 3-7

Slade, Robert: Computer viruses and worms, in: Hossein Bidgoli (Hrsg.), The Internet Encyclopedia, Band 1, New Jersey 2004, S. 248-260

Slonje, Robert; Smith, Peter K.; Frisén, Ann: The nature of cyberbullying, and strategies for prevention, Computers in Human Behavior 2013, Vol. 29 Nr. 1, S. 26-32

Smith, Peter K.; Mahdavi, Jess; Carvalho, Manuel; Fisher, Sonja; Russel, Shanette; Tippett, Neil: Cyberbullying: Its nature and impact in secondary school pupils, Journal of Child Psychology and Psychiatry 2008, Vol. 49, S. 376-385

Sölter, Nicolas: Rechtsgrundlagen europäischer Agenturen im Verhältnis vertikaler Gewaltenteilung, Berlin 2017

Sowa, Aleksandra; Silberbach, Fred-Mario: Kapitel 6: Cyber Security Intelligence – Kollaborative Ansätze gegen Cyber- und Computerkriminalität, in: Thomas-Gabriel Rüdiger, Petra Saskia Bayerl (Hrsg.), Digitale Polizeiarbeit. Herausforderungen und Chancen, Wiesbaden 2018, S. 109-128

Spannbrucker, Christian: Convention on Cybercrime (ETS 185). Ein Vergleich mit dem deutschen Computerstrafrecht in materiell- und verfahrensrechtlicher Hinsicht, Dissertation, Regensburg 2005

Spindler, Gerald; Schuster, Fabian (Hrsg.): Recht der elektronischen Medien, 4. Auflage, München 2019

Sponholz, Liriam: Hate Speech in den Massenmedien. Theoretische Grundlagen und empirische Umsetzung, Wiesbaden 2018

Srock, Gregor: Rechtliche Rahmenbedingungen für die Weiterentwicklung von Europol: Perspektiven im EU-Vertrag und in der Verfassung von Europa, Tübingen 2006

Steinberg, Guido (Hrsg.): Jihadismus und Internet: Eine deutsche Perspektive, Stiftung Wissenschaft und Politik – SWP – Deutsches Institut für Internationale Politik und Sicherheit, SWP-Studie, Berlin 2012

ders.: Jihadismus und Internet. Eine Einführung, in: *ders.* (Hrsg.), Jihadismus und Internet: Eine deutsche Perspektive, Stiftung Wissenschaft und Politik – SWP – Deutsches Institut für Internationale Politik und Sicherheit, SWP-Studie, Berlin 2012, S. 7-22

Steinke, Wolfgang: Kriminalität durch Beeinflussung von Rechnerabläufen – Probleme, Definition, Entwicklung, Bekämpfung, NStZ 1984, S. 295-297

Stetter, Stephen: EU foreign and interior politics: Cross-pillar politics and the social construction of sovereignty, London 2009

Stevens, Bruce A.: Internet offenders as girardin scapegoats, in: Scott Cowdell, Chris Fleming, Joel Hodge (Hrsg.), Violence, desire, and the sacred, London/Oxford 2015, S. 183-194

Stiegel, Ute: § 46 EJN und Verbindungsrichter/-staatsanwälte, in: Ulrich Sieber, Helmut Satzger, Bernd von Heintschel-Heinegg (Hrsg.), Europäisches Strafrecht, 2. Auflage, Baden-Baden/München 2014, S. 831-841

Stompe, Thomas: Sexueller Missbrauch, Pädosexualität und Kultur, in: Thomas Stompe, Werner Laubichler, Hans Schanda (Hrsg.), Sexueller Kindesmissbrauch und Pädophilie, Berlin 2013, S. 15-34

Streinz, Rudolf (Hrsg.): EUV/AEUV, 3. Auflage, München 2018

Struth, Anna Katharina: Hassrede und Freiheit der Meinungsäußerung. Der Schutzbereich der Meinungsäußerungsfreiheit in Fällen demokratiefeindlicher Äußerungen nach der Europäischen Menschenrechtskonvention, dem Grundgesetz und der Charta der Grundrechte der Europäischen Union, Heidelberg 2019

Suhr, Oliver: Die polizeiliche und justizielle Zusammenarbeit in Strafsachen nach dem „Lissabon"-Urteil des Bundesverfassungsgerichts, ZEuS 2009, S. 687-715 *ders.*: Strafrechtsharmonisierung in der Europäischen Union – Neue Grenzziehung und zusätzliche Kontrollaufträge, ZEuS 2008, S. 45-80

Summers, Sarah; Schwarzenegger, Christian; Ege, Gian; Young, Finlay: The Emergence of EU Criminal Law. Cyber crime and the regulation of the information society, Oxford/Portland 2014

Taylor, Paul: Hacktivism: In search of lost ethics?, in: David S. Wall (Hrsg.), Crime and the Internet, London 2001, S. 59-73

Taylor, Robert W.; Fritsch, Eric J.; Liederbach, John; Holt, Thomas J.: Digital Crime and Digital Terrorism, 2. Auflage, London/New Jersey 2011

Tekin, Funda: Differenzierte Integration im Raum der Freiheit, der Sicherheit und des Rechts im Spannungsfeld von Problemlösungsinstinkt und Souveränitätsreflex, integration 2017, S. 263-275

dies.: Opt-Outs, Opt-Ins, Opt-Arounds? Eine Analyse der Differenzierungsrealität im Raum der Freiheit, der Sicherheit und des Rechts, integration 2012, S. 237-257

Thiel, Markus: Die „Entgrenzung" der Gefahrenabwehr. Grundfragen von Freiheit und Sicherheit im Zeitalter der Globalisierung, Tübingen 2011

Thiesen, Michael: Wie hoch ist der Preis der Anonymität? Haftungsrisiken beim Betrieb eines TOR-Servers, MMR 2014, 803-809

Thomas, Douglas; Loader, Brian D. (Hrsg.): Cybercrime. Law enforcement, security and surveillance in the information age, London/New York 2000

Thomas, Timothy L.: Al Qaeda and the Internet: The Danger of "Cyberplanning", Parameters 2003, Vol. 23 Nr. 1, S. 112-123

Toggenburg, Garbiel: Die Grundrechteagentur der Europäischen Union: Perspektiven, Aufgaben, Strukturen und Umfeld einer neuen Einrichtung im Europäischen Menschenrechtsraum, MRM 2007, S. 86-104

Tokunaga, Robert S.: Following you home from school: A critical review and synthesis of research on cyberbullying victimization, Computers in Human Behavior 2010, Vol. 26 Nr. 3, S. 277-287

Tonry, Michael (Hrsg.): The Oxford Handbook of Crime and Public Policy, Oxford 2009

Toscani, Stephan; Suhr, Oliver: Der Raum der Freiheit, der Sicherheit und des Rechts nach Inkrafttreten des Vertrags von Lissabon: Neue Rahmenbedingungen für das Stockholmer Programm, in: Werner Meng, Georg Ress, Torsten Stein (Hrsg.), Europäische Integration und Globalisierung. Festschrift zum 60-jährigen Bestehen des Europa-Instituts, Baden-Baden 2011, S. 581-606

Trauner, Florian; Ripoll Servent, Ariadna: The Communitarization of the Area of Freedom, Security and Justice: Why institutional change does not translate into policy change, Journal of Common Market Studies 2016, Vol. 54 Nr. 6, S. 1417-1432

Trauner, Florian: New kids on the CFSP Block: The JHA agencies, European Union Institute for Security Studies (EUISS) 2016, brief issue Nr. 7, S. 1-4

Trentmann, Christian: Eurojust und Europäische Staatsanwaltschaft – Auf dem richtigen Weg?, ZStW 2017, S. 108-145

Tropina, Tatiana: Fighting money laundering in the age of online banking, virtual currencies and internet gambling, ERA Forum: Journal of the Academy of European Law 2014, Vol. 15 Nr. 1, S. 69-84

Trstenjak, Verica; Beysen, Erwin: Das Prinzip der Verhältnismäßigkeit in der Unionsrechtsordnung, EuR 2012, S. 265-285

Tsagourias, Nicholas; Buchan, Russell (Hrsg.): Research Handbook on International Law and Cyberspace, Cheltenham 2015

Tsesis, Alexander: Social media accountability for terrorist propaganda, Fordham Law Review 2017, S. 606-631

Tzanetakis, Meropi; Stöver, Heino (Hrsg.): Drogen, Darknet und Organisierte Kriminalität. Herausforderungen für Politik, Justiz und Drogenhilfe, Baden-Baden 2019

Tzanetakis, Meropi: Comparing cryptomarkets for drugs. A characterization of sellers and buyers over time, International Journal of Drug Policy 2018, Vol. 56, S. 176-186

ders.: Digitalisierung von illegalen Märkten, in: Robert Feustel, Henning Schmidt-Semisch, Ulrich Bröckling (Hrsg.), Handbuch Drogen in sozial- und kulturwissenschaftlicher Perspektive, Wiesbaden 2019, S. 477-492

Varwick, Johannes: Die NATO in (Un-)Ordnung: Wie transatlantische Sicherheit neu verhandelt wird, Schwalbach 2017

Vatis, Michael A.: The Council of Europe Convention on Cybercrime, in: The National Research Council (Hrsg.), Deterring cyberattacks: Informing strategies and developing option for U.S. policy, Washington 2010, S. 207-223

Vedder, Christoph; Heintschel von Heinegg, Wolff (Hrsg.): Europäisches Unionsrecht. Handkommentar mit den vollständigen Texten der Protokolle und Erklärungen, 2. Auflage, Baden-Baden 2018

Verbruggen, Frank: Euro-Cops? Just sag maybe: European lessons from the 1993 reshuffle of US Drug Enforcement, in: Hans-Jörg Albrecht, Andre Klip (Hrsg.), Crime, Criminal Law and Criminal Justice in Europe, Leiden 2013, S. 461-526

Vetter, Jan: Gesetzeslücken bei der Internetkriminalität, Hamburg 2003

Viano, Emilio C.: Cybercrime: Definition, typology, and criminalization, in: *ders.* (Hrsg.), Cybercrime, organized crime, and societal responses. International approaches, Basel 2017, S. 3-22

Viethen, Alexander: Datenschutz als Aufgabe der EG – Bestandsaufnahme des datenschutzspezifischen Sekundärrechts und Analyse anhand der Kompetenzordnung des EG-Vertrages, Hamburg 2003

Vogel, Joachim: Die Strafgesetzgebungskompetenzen der Europäischen Union nach Art. 83, 86 und 325 AEUV, in: Kai Ambos (Hrsg.), Europäisches Strafrecht post-Lissabon, Göttinger Studien zu den Kriminalwissenschaften, Göttingen 2011, S. 41-56

Vogt, Sabine: Das Darknet, Die Kriminalpolizei 2017, S. 4-7

Vogt, Sophia Dastagir: The digital underworld: Combating crime on the dark web in the modern era, Santa Clara Journal of International Law 2017, Vol. 15 Nr. 1, S. 104-124

Literaturverzeichnis

Volkmann, Christian: § 1004 BGB Beseitigungs- und Unterlassungsanspruch, in: Gerald Spindler, Fabian Schuster (Hrsg.), Recht der elektronischen Medien, 4. Auflage, München 2019

Vos, Elen: EU agencies: Features, framework and future, Maastricht Working Papers, Maastricht 2013

Wagner, Wolfang: Halt, Europol!: Probleme der europäischen Polizeikooperation für parlamentarische Kontrolle und Grundrechtsschutz, Frankfurt am Main 2005

Walden, Ian: Computer crimes and digital investigations, Oxford 2007

Wall, David S. (Hrsg.): Crime and the Internet, London 2001

ders.: Cybercrime: The transformation of crime in the information age, Cambridge 2007

Wallace, Helen: Die Dynamik des EU-Institutionsgefüges, in: Markus Jachtenfuchs, Beate Kohler-Koch (Hrsg.), Europäische Integration, 2. Auflage, Berlin 2003, S. 255-285

Walter, Gregor: Internetkriminalität: eine Schattenseite der Globalisierung, in: Stiftung Wissenschaft und Politik – SWP – Deutsches Institut für Internationale Politik und Sicherheit (Hrsg.), Berlin 2008

Weaver, Stephen Jeffrey: Modern day money laundering: Does the solution exist in an expensive system of monitoring and record keeping regulations?, Annual Review of Banking and Financial Law 2005, Vol. 24, S. 443-465

Weber, Amalie M.: The Council of Europe's Convention on Cybercrime, Berkeley Technology Law Journal 2003, S. 425-446

Weidenfeld, Wener; Wessels, Wolfgang (Hrsg.): Jahrbuch der Europäischen Integration 2018, Baden-Baden 2019

dies. (Hrsg.): Jahrbuch der Europäischen Integration 2017, Baden-Baden 2018

dies. (Hrsg.): Jahrbuch der Europäischen Integration 2011, Baden-Baden 2012

Weigend, Thomas: Der Entwurf einer Europäischen Verfassung und das Strafrecht, ZStW 2004, S. 275-303

Weiler, Julia von: Im Netz. Tatort Internet – Kinder vor sexueller Gewalt schützen, Stuttgart 2011

Weimann, Gabriel: Cyberterrorism: How real is the threat?, United States Institute of Peace, Special Report No. 119, Washington 2004

ders.: Terror on the Internet. The new arena, the new challenges, Washington 2006

ders.: Terrorism in Cyberspace. The next generation, New York City 2015

ders.: www.terror.net. How modern terrorism uses the internet, U. S. Institute of Peace, Special Report 116, Washington 2004

Weinzierl, Josef: Der EuGH erklärt erstmalig nationales Recht für ungültig – Anmerkungen zum Urteil des EuGH v. 26.2.2019, Rs. C-202/18 (Rimšēvičs), EuR 2019, S. 434-459

Weiß, Wolfgang: Dezentrale Agenturen in der EU-Rechtsetzung, EuR 2016, S. 631-666

Weißer, Bettina: § 9 Angleichung von Strafvorschriften zur grenzüberschreitenden (organisierten) Kriminalität, in: Martin Böse (Hrsg.), Europäisches Strafrecht mit polizeilicher Zusammenarbeit, Enzyklopädie Europarecht, Band 9, Baden-Baden 2013, S. 337-412

Weißgräber, Kirsten: Die Legitimation unabhängiger europäischer und nationaler Agenturen, Baden-Baden 2016

Wentzel, Joachim: Agenturen im deutschen Verwaltungskontext: Nachzügler oder Vorreiter?, DÖV 2010, S. 763-772

Wernert, Manfred: Internetkriminalität. Grundlagenwissen, erste Maßnahmen und polizeiliche Ermittlungen, 3. Auflage Stuttgart 2017

Weßelmann, Bettina: Maßnahmen gegen Social Engineering. Training muss Awareness-Maßnahmen ergänzen, DuD 2008, S. 601-604

Weßlau, Edda: Datenübermittlungen und Datenverarbeitung in den Informationssystemen von Europol, in: Jürgen Wolter, Wolf-Rüdiger Schenke, Hans Hilger, Josef Ruthig, Mark Zöller (Hrsg.), Alternativentwurf Europol und europäischer Datenschutz, Heidelberg 2008, S. 318-345

Weyembergh, Anne; Santamaria, Veronica (Hrsg.): The evaluation of European criminal law. The example of the Framework Decision on combating trafficking in human beings, Brüssel 2009

Whittaker, Joe: Online radicalization, the west, and the "web 2.0": A case study analysis, in: Zlatogor Minchev, Mitko Bogdanoski (Hrsg.), Countering terrorist activities in cyberspace, Amsterdam/Berlin/Washington 2018, S. 106-120

Whittle, Helen; Hamilton-Giachritsis, Catherine; Beech; Anthony; Collings, Guy: A review of online-grooming: characteristics and concerns, Aggression and Violent Behavior 2013, Vol. 18 Nr. 1, S. 62-70

Wiacek, Martin: Strafbarkeit rechts motivierter Cyberkriminalität in sozialen Netzwerken, Baden-Baden 2019

Wilson, Andrew R.; Perry, Mark L.: War, virtual war and society: The challenge to communities, Amsterdam/New York 2008

Wilson, Clay: Computer attack and cyberterrorism: Vulnerabilities and policy issues for Congress, CRC Report for Congress, Congressional Research Service 2005 (abrufbar unter: https://apps.dtic.mil/dtic/tr/fulltext/u2/a444799.pdf)

Wilson, Debbie; Patterson, Alison; Powell, Gemma; Hembury, Rachelle: Fraud and technology crimes. Findings from the 2003/04 British Crime Survey, the 2004 Offending, Crime and Justice Survey and administrative sources, Home Office Online Report 09/06, London 2006

Witt, Thosten; Freudenberg, Philipp: NIS-Richtlinie, CR 2016, S. 657-663

Wittinger, Michaela: „Europäische Satelliten": Anmerkungen zum Europäischen Agentur(un)wesen und zur Vereinbarkeit Europäischer Agenturen mit dem Gemeinschaftsrecht, EuR 2008, S. 609-627

Wittmer, Sandra; Steinebach, Martin: Computergenerierte Kinderpornografie zu Ermittlungszwecken im Darknet. Rechtliche Rahmenbedingungen und technische Umsetzbarkeit, MMR 2019, S. 650-653

Literaturverzeichnis

Wolter, Jürgen; Schenke, Wolf-Rüdiger; Hilger, Hans; Ruthig, Josef; Zöller, Mark (Hrsg.): Alternativentwurf Europol und europäischer Datenschutz, Heidelberg 2008

Woodward, Rachel: Establishing Europol, European Journal of Crime Policy and Research 1993, Vol. 1, S. 7-33

Würtenberger, Thomas; Gusy, Christoph; Lange, Hans-Jürgen (Hrsg.): Innere Sicherheit im europäischen Vergleich. Sicherheitsdenken, Sicherheitskonzepte und Sicherheitsarchitektur im Wandel, Berlin 2012

Zachert, Hans-Ludwig: Die Entwicklung der grenzüberschreitenden Kriminalität in Europa, in: Ulrich Sieber (Hrsg.), Europäische Einigung und Europäisches Strafrecht, Beiträge zum Gründungssymposium der Vereinigung für Europäisches Strafrecht e. V., Köln 1993, S. 81-83

ders.: Organisierte Kriminalität in einem Europa offener Grenzen, in: Ulrich Sieber (Hrsg.), Europäische Einigung und Europäisches Strafrecht, Beiträge zum Gründungssymposium der Vereinigung für Europäisches Strafrecht e. V., Köln 1993, S. 61-78

Zaunseder, Andreas; Bancroft, Angus: The fuzzy ideological and social space of the cryptomarkets: libertarian ideology, agorism and exchange performances, in: Meropi Tzanetakis, Heino Stöver (Hrsg.), Drogen, Darknet und Organisierte Kriminalität. Herausforderungen für Politik, Justiz und Drogenhilfe, Baden-Baden 2019, S. 137-160

Zelin, Aaron Y.: The state of global jihad online. A qualitative, quantitative, and cross-lingual analysis, Washington Institute, New America Foundation 2013, S. 1-24

Ziemann, Sascha; Ziethen, Jörg: Die neue EU-Richtlinie zur Bekämpfung von Kindesmissbrauch und Kinderpornografie, ZRP 2012, S. 168-171

Zimmer, Anja: Hate Speech im Völkerrecht: Rassendiskriminierende Äußerungen im Spannungsfeld zwischen Rassendiskriminierungsverbot und Meinungsfreiheit, Frankfurt 2001

Zimmermann, Frank: Die Auslegung künftiger EU-Strafrechtskompetenzen nach dem Lissabon-Urteil des Bundesverfassungsgerichts, JURA 2009, S. 844-851

ders.: Mehr Fragen als Antworten: Die 2. EuGH-Entscheidung zur Strafrechtsharmonisierung mittels EG-Richtlinien (Rs. C-440/05), NStZ 2008, S. 662-667

Zöller, Mark A.: § 21 Eurojust, EJN und Europäische Staatsanwaltschaft, in: Martin Böse (Hrsg.), Europäisches Strafrecht mit polizeilicher Zusammenarbeit, Enzyklopädie Europarecht, Band 9, Baden-Baden 2013, S. 787-842

ders.: Der Austausch von Strafverfolgungsdaten zwischen den Mitgliedstaaten der Europäischen Union, ZIS 2011, S. 64-69

Zuleeg, Manfred (Hrsg.): Europa als Raum der Freiheit, der Sicherheit und des Rechts, Baden-Baden 2007

zur Mühlen, Rainer von: Computer-Kriminalität. Gefahren und Abwehrmaßnahmen, Darmstadt 1972

Entscheidungsübersicht

BVerfGE 113, 273, BVerfG, Urteil vom 18. Juli 2005 – 2 BvR 2236/04

BVerfGE 123, 267, BVerfG, Urteil vom 30. Juni 2009 – 2 BvE 2/08, 2 BvE 5/08, 2 BvR 1010/08, BvR 1022/08, 2 BvR 1259/08, 2 BvR 182/09

BVerfGE 141, 220, BVerfG, Urteil vom 20. April 2016 – 1 BvR 966/09, 1 BvR 1140/09

EuGH, *Glawischnig-Piescek/Facebook*, Rs. C-18/18, Urteil vom 3. Oktober 2019, ECLI:EU:C:2019:821

EuGH, *Google/Louis Vuitton*, Rs. C-236/08, *Google/Viaticum*, Rs. C-237/08, *Google/CNRRH*, Rs. C-238/08, Urteil vom 23. März 2010, ECLI:EU:C:2010:159

EuGH, Kommission/Rat – *Umweltschutz*, Rs. C-176/03, Urteil vom 13. September 2005, Slg. 2005, I-7907

EuGH, Kommission/Rat – *Meeresverschmutzung*, Rs. C -440/05, Urteil vom 23. Oktober 2007, Slg. 2007, I-9128

EuGH, *L'Oréal/eBay*, Rs. C-324/09, Urteil vom 12. Juli 2011, ECLI:EU:C:2011:474

EuGH, *Maria Pupino*, Rs. C-105/03, Urteil vom 16. Juni 2005, Slg. 2005, I-5309

EuGH, Meroni/EGKS – *Meroni I*, Rs. 9/56, Urteil vom 13. Juni 1958, Slg. 1958

EuGH, Philip Morris Brands SARL and others/The Secretary of State for Health – *EU-Tabak*, Rs. C-547/14, Urteil vom 4. Mai 2016, ECLI:EU:C:2016:325

EuGH, Rewe-Zentral AG/Bundesmonopolverwaltung für Branntwein – *Cassis de Dijon*, Rs. 120/78, Urteil vom 20. Februar 1979, Slg. 1979, 650

EuGH, Rimšēvičs/Lettland – *Rimšēvičs*, Rs. C-202/18, Urteil vom 24. Juni 2019, ECLI:EU:C:2019:139

EuGH, *Sabam/Netlog*, Rs. C-360/10, Urteil vom 16. Februar 2012, ECLI:EU:C:2012:85

EuGH, *Scarlet/SABAM*, Rs. C-70/10, Urteil vom 24. November 2011, ECLI:EU:C:2011:771

EuGH, Vereinigtes Königreich/Europäisches Parlament und Rat – *ESMA*, Rs. C-270/12, Urteil vom 22. Januar 2014, ECLI:EU:C:2014:18

EuGH, Vereinigtes Königreich/Europäisches Parlament und Rat – *ENISA*, Rs. 217/04, Urteil vom 2. Mai 2006, Slg. 2006, I-03789

Dokumentenverzeichnis

Agreement on Operational and Strategic Cooperation between the Kingdom of Denmark and the European Police Office, 29. April 2017

BR-Drs. 680/1/17: Empfehlungen der Ausschüsse zu Punkt ... der 963. Sitzung des Bundesrates am 15. Dezember 2017, Vorschlag für eine Verordnung des Europäischen Parlaments und des Rates über die „EU-Cybersicherheitsagentur" (ENISA) und zur Aufhebung der Verordnung (EU) Nr. 526/2013 sowie über die Zertifizierung der Cybersicherheit von Informations- und Kommunikationstechnik („Rechtsakt zur Cybersicherheit"), 4. Dezember 2017

BT-Drs. 10/5058: Beschlussempfehlung und Bericht des Rechtsausschusses (6. Ausschuss) a) zu dem von den Abgeordneten Schmidt (München), Bachmaier, Dr. Emmerlich, Fischer (Osthofen), Klein (Dleburg), Dr. Kübler, Lambinus, Schröder (Hannover), Stiegler, Dr. de With, Dr. Schwenk (Stade) und der Fraktion der SPD eingebrachten Entwurf eines Zweiten Gesetzes zur Bekämpfung der Wirtschaftskriminalität (2. WiKG) – Drucksache 10/119 – b) zu dem von der Bundesregierung eingebrachten Entwurf eines Zweiten Gesetzes zur Bekämpfung der Wirtschaftskriminalität (2. WiKG) – Drucksache 10/318 –, 19. Februar 1986

BT-Drs. 15/350: Gesetzesentwurf der Fraktionen SPD und BÜNDNIS 90/DIE GRÜNEN. Entwurf eines Gesetzes zur Änderung der Vorschriften über die Straftaten gegen die sexuelle Selbstbestimmung und zur Änderung anderer Vorschriften, 28. Januar 2003

BT-Drs. 16/7218: Gesetzesentwurf der Bundesregierung. Entwurf eines Gesetzes zu dem Übereinkommen des Europarats vom 23. November 2001 über Computerkriminalität, 16. November 2007

BT-Drs. 17/11238: Antwort der Bundesregierung auf die Kleine Anfrage der Abgeordneten Andrej Hunko, Halina Wawzyniak, Jan Korte, weiterer Abgeordneter und der Fraktion DIE LINKE – Drucksache 17/10945 – Mitarbeiter der Bundesregierung in der EU-Initiative „Clean IT" gegen eine vermeintlich „illegale Nutzung" des Internets, 26. Oktober 2012

BT-Drs. 18/10104: Antwort der Bundesregierung auf die Kleine Anfrage der Abgeordneten Andrej Hunko, Jan van Aken, Annette Groth, weiterer Abgeordneter und der Fraktion DIE LINKE. -Drucksache 18/9896 – Konsequenzen eines möglichen Brexit für die europäische Zusammenarbeit mit Großbritannien in den Bereichen Inneres und Justiz, 21. Oktober 2016

BT-Drs. 18/414: Kleine Anfrage der Abgeordneten Andrej Hunko, Wolfgang Gehrcke, Annette Groth, Inge Höger, Ulla Jelpke, Niema Movassat, Martina Renner und der Fraktion DIE LINKE. Neustrukturierte Arbeitsdatei zu Analysezwecken (AWF) bei der EU-Polizeiagentur Europol, 31. Januar 2014

Dokumentenverzeichnis

BT-Drs. 18/8631: Antwort der Bundesregierung auf die Kleine Anfrage der Abgeordneten Andrej Hunko, Wolfgang Gehrcke, Jan van Aken, weiterer Abgeordneter und der Fraktion DIE LINKE – Drucksache 18/8227 – Einsatzmöglichkeiten von Militär und Geheimdiensten gegen sogenannte hybride Bedrohungen, 1. Juni 2016

BT-Drs. 18/8631: Antwort der Bundesregierung auf die Kleine Anfrage der Abgeordneten Andrej Hunko, Wolfgang Gehrcke, Jan van Aken, weiterer Abgeordneter und der Fraktion DIE LINKE, Einsatzmöglichkeiten von Militär und Geheimdiensten gegen sogenannte hybride Bedrohungen, 1. Juli 2016

BT-Drs. 18/8631: Antwort der Bundesregierung auf die Kleine Anfrage der Abgeordneten Andrej Hunko, Wolfgang Gehrcke, Jan van Aken, weiterer Abgeordneter und der Fraktion DIE LINKE – Drucksache 18/8227 – Einsatzmöglichkeiten von Militär und Geheimdiensten gegen sogenannte hybride Bedrohungen, 1. Juni 2016

BT-Drs. 19/12489: Antwort der Bundesregierung auf die Kleine Anfrage der Abgeordneten Dr. Konstantin von Notz, Britta Haßelmann, Agnieszka Brugger, weiterer Abgeordneter und der Fraktion BÜNDNIS 90/DIE GRÜNEN – Drucksache 19/11754 – Aktivitäten der Bundesregierung gegen illegitime Beeinflussung demokratischer Willensbildungsprozesse, 19. August 2019

BT-Drs. 19/1493: Antwort der Bundesregierung auf die Kleine Anfrage der Abgeordneten Andrej Hunko, Ulla Jelpke, Niema Movassat, weiterer Abgeordneter und der Fraktion DIE LINKE – Drucksache 19/1186 – Grenzüberschreitender Zugang zu „elektronischen Beweismitteln" ohne richterliche Anordnung, 29. März 2018

BT-Drs. 19/6174: Antwort der Bundesregierung auf die Kleine Anfrage der Abgeordneten Anke Domscheit-Berg, Cornelia Möhring, Dr. Petra Sitte, weiterer Abgeordneter und der Fraktion DIE LINKE – Drucksache 19/5743 – Digitale Gewalt gegen Frauen, 29. November 2018

BT-Drs. 19/8573: Antwort der Bundesregierung auf die Kleine Anfrage der Abgeordneten Andrej Hunko, Heike Hänsel, Ulla Jelpke, weiterer Abgeordneter und der Fraktion DIE LINKE – Drucksache 19/8116 – Geplante EU-Verordnung gegen unerwünschte Onlineinhalte und hierzu geführte Datenbanken, 20. März 2019

BT-Drs. 19/9623: Antwort der Bundesregierung auf die Kleine Anfrage der Abgeordneten Andrej Hunko, Heike Hänsel, Ulla Jelpke, weiterer Abgeordneter und der Fraktion DIE LINKE – Drucksache 19/9113 – Teilnahme des Bundeskriminalamts am EU-Pilotprojekt zur Entfernung von Internetinhalten (Nachfrage zur Antwort der Bundesregierung auf die Kleine Anfrage auf Bundesdrucksache 19/8573), 24. April 2019

Bundeskriminalamt, Cybercrime-Bundeslagebild 2013, Wiesbaden

Bundeskriminalamt, Cybercrime-Bundeslagebild 2014, Wiesbaden

Bundeskriminalamt, Cybercrime-Bundeslagebild 2015, Wiesbaden

Bundeskriminalamt, Cybercrime-Bundeslagebild 2016, Wiesbaden

Bundeskriminalamt, Cybercrime-Bundeslagebild 2017, Wiesbaden, Juli 2018

Bundeskriminalamt, Cybercrime-Bundeslagebild 2018, Wiesbaden, Oktober 2019

Bundeskriminalamt, Abschlussbericht Hacktivisten, Kriminalistisches Institut, Forschungs- und Beratungsstelle Cybercrime KI 16, Wiesbaden 2016

Clean IT: Detailed recommendations document. For best practices and permanent dialogue, 2012 (abrufbar unter: https://www.edri.org/files/cleanIT_sept2012.pdf)

Clean IT: Reducing terrorist use of the Internet. The result of a structured public-private dialogue between government representatives, academics, internet industry, Internet users and non-governmental organizations in the European Union, 2013 (abrufbar unter: https://www.andrej-hunko.de/start/download/dokumente/1295-abschlussbericht-clean-it/file)

COM(2013) 173 final: Vorschlag für eine Verordnung des Europäischen Parlaments und des Rates über die Agentur der Europäischen Union für die Zusammenarbeit und die Aus- und Fortbildung auf dem Gebiet der Strafverfolgung (Europol) und zur Aufhebung der Beschlüsse 2009/371/JI und 2005/681/JI des Rates, 27. März 2013

COM(2014) 27 final: Report from the Commission to the European Parliament and the Council on the implementation of Council Framework Decision 2008/913/JHA on combating certain forms and expressions of racism and xenophobia by means of criminal law, 27. Januar 2014

COM(2015) 185 final: Mitteilung der Kommission an das Europäische Parlament, den Rat, den Europäischen Wirtschafts- und Sozialausschuss und den Ausschuss der Regionen, Die Europäische Sicherheitsagenda, 28. April 2015

COM(2017) 315 final: Reflexionspapier über die Zukunft der Europäischen Verteidigung, 7. Juni 2017

COM(2015) 625 final: Vorschlag für eine Richtlinie des Europäischen Parlaments und des Rates zur Terrorismusbekämpfung und zur Ersetzung des Rahmenbeschlusses 2002/475/JI zur Terrorismusbekämpfung, 2. Dezember 2015

COM(2017) 477 final: Vorschlag für eine Verordnung des Europäischen Parlaments und des Rates über die "EU-Cybersicherheitsagentur" (ENISA) und zur Aufhebung der Verordnung (EU) NR. 526/2013 sowie über die Zertifizierung der Cybersicherheit von Informations- und Kommunikationstechnik („Rechtsakt zur Cybersicherheit"), 4. Oktober 2017

COM(2017) 478 final: Bericht der Kommission an das Europäische Parlament und den Rat über die Bewertung der Agentur der Europäischen Union für Netz- und Informationssicherheit (ENISA), 13. September 2017

COM(2018) 630 final: Vorschlag für eine Verordnung des Europäischen Parlaments und des Rates zur Einrichtung des Europäischen Kompetenzzentrums für Cybersicherheit in Industrie, Technologie und Forschung und des Netzes nationaler Koordinierungszentren. Ein Beitrag der Europäischen Kommission zur Tagung der Staats- und Regierungschefs vom 19.-20. September 2018 in Salzburg, 12. September 2018

COM(2018) 640 final: Vorschlag für eine Verordnung des Europäischen Parlaments und des Rates zur Verhinderung der Verbreitung terroristischer Online-Inhalte. Ein Beitrag der Europäischen Kommission zur Tagung der Staats- und Regierungschefs vom 19.-20. September 2018 in Salzburg, 12. September 2018

Dokumentenverzeichnis

DATEV/Deutschland sicher im Netz e.V.: Verhaltensregeln zum Thema „Social Engineering", Spezialausgabe: Leitfaden für Mitarbeiter, Berlin (abrufbar unter: https://www.sicher-im-netz.de/sites/default/files/download/leitfaden_social_engineering.pdf)

Deutscher Bundestag, Regelungen zum Thema Cybermobbing in anderen Staaten, Ausarbeitung, Wissenschaftliche Dienste, Dok. WD 10 – 3000 – 045/14, 2014

Deutscher Bundestag, Regulierung von Hate Speech and Fake News in sozialen Netzwerken durch EU-Mitgliedstaaten, Sachstand, Wissenschaftliche Dienste, Dok. WD 10 – 3000 – 032/18, 2018

Europäische Kommission, MEMO/09/58, Safer Internet Day 2009: Commission starts campaign against cyber-bullying, 10. Februar 2009

Europäische Kommission, Pressemitteilung IP/17/3493, Sicherheitsunion: Kommission verstärkt Bemühungen im Kampf gegen illegale Online-Inhalte, 28. September 2017

Europäische Kommission, Pressemitteilung IP/18/4123, Ein Europa, das schützt: EU baut Resilienz und Abwehrbereitschaft gegenüber hybriden Bedrohungen aus, 13. Juni 2018

Europäischer Rat, Dok. EUCO 8/17, Übermittlungsvermerk des Generalsekretariat des Rates betreffend die Tagung des Europäischen Rates vom 22./23. Juni 2017, 23. Juni 2017

Europäischer Rat, Schlussfolgerungen des Vorsitzes des Europäischen Rats in Tampere, SN 200/99, 15./16. Oktober 1999

Europäischer Rat, Schlussfolgerungen des Vorsitzes des Europäischen Rats in Edinburgh, 11./12. Dezember 1992

Europäisches Parlament, Cyberbullying among young people - study for the LIBE Committee, Directorate-General for internal policies. Policy department citizens rights and constitutional affairs, 2016

Europäisches Parlament, Dok. A7-0096/2014, Bericht über den Vorschlag für eine Verordnung des Europäischen Parlaments und des Rates über die Agentur der Europäischen Union für die Zusammenarbeit und die Aus- und Fortbildung auf dem Gebiet der Strafverfolgung (Europol) und zur Aufhebung der Beschlüsse 2009/371/JI und 2005/681/JI des Rates, 7. Februar 2014

Europäisches Parlament, Dok. E-000025/2018(ASW), Parlamentarische Anfrage von Cornelia Ernst (GUE/NGL), Anfrage zur schriftlichen Beantwortung E-000025-18 an die Kommission gem. Art. 130 der Geschäftsordnung, Antwort von Herrn Avramopoulos im Namen der Europäischen Kommission, 30. März 2018

Europäisches Parlament, Dok. P7_TA(2014)0121, Angenommen Texte: Agentur der Europäischen Union für die Zusammenarbeit und die Aus- und Fortbildung auf dem Gebiet der Strafverfolgung (Europol), 25. Februar 2014

Europäisches Parlament, Dok. P8_TA-PROV(2019)0421, Angenommene Texte: Verhinderung der Verbreitung terroristischer Online-Inhalte, 17. April 2019

Europäisches Parlament, Entschließungsantrag zur Zunahme der Fälle von Cyber-Mobbing in Italien, Nr. B8-0207/2015, eingereicht von Mara Bizzotto, 17. Februar 2015

Europäisches Parlament, EP-PE_TC1-COD(2010)0064, Standpunkt des Europäischen Parlaments festgelegt in erster Lesung am 27. Oktober 2011 im Hinblick auf den Erlass der Richtlinie 2011/.../EU des Europäischen Parlaments und des Rates zur Bekämpfung des sexuellen Missbrauchs und der sexuellen Ausbeutung von Kindern sowie der Kinderpornografie sowie zur Ersetzung des Rahmenbeschlusses 2004/68/JI des Rates, 27. Oktober 2011

Europarat, Entscheidung des Ministerkomitees, Nr. CM/Del/Dec(97)583, 4. Februar 1997

Europarat, Explanatory report to the additional protocol to the Convention on Cybercrime, concerning the criminalisation of acts of a racist and xenophobic nature committed through computer systems, 28. Januar 2003

Europarat, Explanatory Report to the Convention on Cybercrime, 23. November 2001

Europarat, Explanatory Report to the Council of Europe Convention on the Protection of Children against Sexual Exploitation and Sexual Abuse, 25. Oktober 2007

Europarat, Explanatory report to the Council of Europe Convention on the protection of children against sexual exploitation and sexual abuse, 25. Oktober 2007

Europarat: Legal instruments for combating racism on the Internet, Straßburg 2009

Europarat, Recommendation No. R (89) 9 of the Committee of Ministers to member states on computer-related crime, 13. September 1989

Europarat, T-CY (2013)14, Cybercrime Convention Committee (T-CY), (Draft) elements of an Additional Protocol to the Budapest Convention on Cybercrime regarding transborder access to data. Proposal prepared by the ad-hoc Subgroup on Transborder Access, 9. April 2013

Europarat, T-CY (2013)30, Cybercrime Convention Committee (T-CY), Ad-hoc Subgroup on Transborder Access and Jurisdiction, Report of the Transborder Group for 2013, 5. November 2013

Europarat, T-CY (2014)16, Cybercrime Convention Committee (T-CY), Transborder access to data and jurisdiction: Options for further action by the T-CY, Report prepared by the Ad-hoc Subgroup on Transborder Access and Jurisdiction, 3. Dezember 2014

Europarat, T-CY (2016)5, Cybercrime Convention Committee (T-CY), Criminal justice access to electronic evidence in the cloud: Recommendations for consideration by the T-CY, Final report of the T-CY Cloud Evidence Group, 16. September 2016

Europarat, T-CY Guidance Note #1, T-CY (2012)21, Cybercrime Convention Committee (T-CY), On the notion of "computer system"., Article 1.a Budapest Convention on Cybercrime, 5. Dezember 2012

Europarat, T-CY Guidance Note #10, T-CY (2015)16, Cybercrime Convention Committee (T-CY), Production orders for subscriber information (Article 18 Budapest Convention), 1. März 2017

Europarat, T-CY Guidance Note #11, T-CY(2016)11, Cybercrime Convention Committee (T-CY), Aspects of Terrorism covered by the Budapest Convention, 15. November 2016

Europarat, T-CY Guidance Note #2, T-CY (2013) 6E Rev, Cybercrime Convention Committee (T-CY), Provisions of the Budapest Convention covering botnets, 5. Juni 2013

Europarat, T-CY Guidance Note #3, T-CY (2013)7 E, Cybercrime Convention Committee (T-CY), Transborder access to data (Article 32), 3. Dezember 2014

Europarat, T-CY Guidance Note #4, T-CY (2013)8E Rev, Cybercrime Convention Committee (T-CY), Identity theft and phishing in relation to fraud, 5. Juni 2013

Europarat, T-CY Guidance Note #5, T-CY (2013)10E Rev, Cybercrime Convention Committee (T-CY), DDOS attacks, 5. Juni 2013

Europarat, T-CY Guidance Note #6, T-CY (2013)11E Rev, Cybercrime Convention Committee (T-CY), Critical information infrastructure attacks, 5. Juni 2013

Europarat, T-CY Guidance Note #6, T-CY (2013)11E Rev, Cybercrime Convention Committee (T-CY), Critical information infrastructure attacks, 5. Juni 2013

Europarat, T-CY Guidance Note #7, T-CY (2013)12E Rev, Cybercrime Convention Committee (T-CY), New forms of Malware, 5. Juni 2013

Europarat, T-CY Guidance Note #8, T-CY (2014)20, Cybercrime Convention Committee (T-CY), SPAM, 3. Dezember 2014

Europol, EU Internet Referral Unit. Year One Report. Highlights, 22. Februar 2016

Europol, Frequently Asked Questions (FAQ) on the association of Third Parties to Europol's AWFs (File no. 3300-381), EDOC # 413746v4, 15. September 2009

Europol, Jahresbericht 2011. Allgemeiner Bericht über die Tätigkeiten von Europol, 7. Mai 2012

Europol, New AWF Concept. Guide for MS and Third Parties, EDOC # 525188v14, 31. Mai 2012

Geschonneck, Alexander: e-Crime. Computerkriminalität in der deutschen Wirtschaft, in: KPMG (Hrsg.), e-Crime. Computerkriminalität in der deutschen Wirtschaft, Berlin 2015 (abrufbar unter: https://home.kpmg/content/dam/kpmg/pdf/2015/03/e-crime-studie-2015.pdf)

Goncharov, Max: Unterschlupf für Cyberkriminelle zu vermieten: Bulletproof Hosting Services, Foschungsbericht, TrendLabs (Hrsg.), 2015 (abrufbar unter: https://www.trendmicro.com/content/dam/trendmicro/global/de/about/newsroom/press-releases/2015/wp-criminal-hideouts-for-lease-de.pdf)

House of Lords, EU police and criminal justice measures: The UK's 2014 opt-out decision, 13th report of session 2012-13, 23. April 2013

JOIN(2013) 1 final: Gemeinsame Mitteilung an das Europäische Parlament, den Rat, den Europäischen Wirtschafts- und Sozialausschuss und den Ausschuss der Regionen. Cybersicherheitsstrategie der Europäischen Union – ein offener, sicherer und geschützter Cyberraum, 7. Februar 2013

JOIN(2017) 450 final: Gemeinsame Mitteilung an das Europäische Parlament und den Rat. Abwehrfähigkeit, Abschreckung und Abwehr: die Cybersicherheit in der EU wirksam erhöhen, 13. September 2017

Katzer, Catarina: Digital Risks Survey, Studie der ARAG, 2016 (abrufbar unter: https://www.gew-nrw.de/fileadmin/user_upload/Themen_Wissen_PDFs/Bildung_Soziales_PDFs/Digitalisierung_PDFs/dr-catarina-katzer-arag-digital-risks-survey.pdf)

KOM(1996) 482 endgültig: Grünbuch über den Jugendschutz und den Schutz der Menschenwürde in den audiovisuellen und den Informationsdiensten, 16. Oktober 1996

KOM(2000) 854 endgültig /2: Mitteilung der Kommission an den Rat und das Europäische Parlament. Bekämpfung des Menschenhandels und Bekämpfung der sexuellen Ausbeutung von Kindern und der Kinderpornographie. Vorschlag für einen Rahmenbeschluss des Rates zur Bekämpfung des Menschenhandels. Vorschlag für einen Rahmenbeschluss des Rates zur Bekämpfung der sexuellen Ausbeutung von Kindern und der Kinderpornographie, 22. Januar 2001

KOM(2000) 890 endgültig: Mitteilung der Kommission an den Rat, das Europäische Parlament, den Wirtschafts- und Sozialausschuss und den Ausschuss der Regionen. Schaffung einer sichereren Informationsgesellschaft durch Verbesserung der Sicherheit von Informationsinfrastrukturen und Bekämpfung der Computerkriminalität, 26. Januar 2001

KOM(2001) 715 endgültig: Grünbuch zum strafrechtlichen Schutz der finanziellen Interessen der Europäischen Gemeinschaft und zur Schaffung einer Europäischen Staatsanwaltschaft, 11. Dezember 2001

KOM(2005) 475 endgültig: Vorschlag für einen Rahmenbeschluss des Rates über den Schutz personenbezogener Daten, die im Rahmen der polizeilichen und justiziellen Zusammenarbeit in Strafsachen verarbeitet werden, 4. Oktober 2005

KOM(2005) 490 endgültig: Vorschlag für einen Rahmenbeschluss des Rates über den Austausch von Informationen nach dem Grundsatz der Verfügbarkeit, 12. Oktober 2005

KOM(2007) 267 endgültig: Mitteilung der Kommission an das Europäische Parlament, den Rat und den Ausschuss der Regionen. Eine allgemeine Politik zur Bekämpfung der Internetkriminalität, 22. Mai 2007

KOM(2008) 448 endgültig: Bericht der Kommission an den Rat auf der Grundlage von Artikel 12 des Rahmenbeschlusses des Rates vom 24. Februar 2005 über Angriffe auf Informationssysteme, 14. Juli 2008

KOM(2009) 665 endgültig: Mitteilung der Kommission an das Europäische Parlament und den Rat. Auswirkungen des Inkrafttretens des Vertrags von Lissabon auf die laugenden interinstitutionellen Beschlussverfahren, 2. Dezember 2009

Dokumentenverzeichnis

KOM(2010) 171 endgültig: Mitteilung der Kommission an das Europäische Parlament, den Rat, den Europäischen Wirtschafts- und Sozialausschuss und den Ausschuss der Regionen. Ein Raum der Freiheit, der Sicherheit und des Rechts für die Bürger Europas. Aktionsplan zur Umsetzung des Stockholmer Programms, 20. April 2010

KOM(2010) 94 endgültig: Vorschlag für eine Richtlinie des Europäischen Parlaments und des Rates zur Bekämpfung des sexuellen Missbrauchs und der sexuellen Ausbeutung von Kindern sowie der Kinderpornografie und zur Aufhebung des Rahmenbeschlusses 2004/68/JI des Rates, 29. März 2010

Paget, François: Identitätsdiebstahl, in: McAfee (Hrsg.), Whitepaper 2007 (abrufbar unter: https://www.risknet.de/fileadmin/template_risknet/images_content/McAfee-Whitepaper-Januar2007.pdf)

Rat der Europäischen Union, LIMITE Nr. 12418/02: Addendum zum Vermerk des Vorsitzes, Entwurf für einen Rahmenbeschluss des Rates zur Bekämpfung der sexuellen Ausbeutung von Kindern und der Kinderpornographie, 10. Oktober 2002

Rat der Europäischen Union, LIMITE Nr. 13532/01: Bericht der Gruppe „Materielles Strafrecht" vom 29./30. Oktober 2001, Vorschlag für einen Rahmenbeschluss des Rates zur Bekämpfung der sexuellen Ausbeutung von Kindern und der Kinderpornographie, 7. November 2001

Rat der Europäischen Union, LIMITE Nr. 14238/01: Korrigendum zum Bericht des Ausschusses „Artikel 36) vom 12./13. November 2001, Vorschlag für einen Rahmenbeschluss des Rates zur Bekämpfung der sexuellen Ausbeutung von Kindern und der Kinderpornographie, 28. November 2001

Rat der Europäischen Union, LIMITE Nr. 14864/01: Addendum zu dem Bericht des AStV vom 29. November 2001, Vorschlag für einen Rahmenbeschluss des Rates zur Bekämpfung der sexuellen Ausbeutung von Kindern und der Kinderpornographie, 5. Dezember 2001

Rat der Europäischen Union, LIMITE Nr. 8112/01: Bericht der Gruppe „Materielles Strafrecht" vom 18.-20. April 2001, Vorschlag für einen Rahmenbeschluss des Rates zur Bekämpfung der sexuellen Ausbeutung von Kindern und der Kinderpornographie, 27. April 2001

Rat der Europäischen Union, Nr. 10233/17. Note. Draft Regulation implementing enhanced cooperation on the establishment of the European Public Prosecutor's Office – Declaration Germany, 12. Juni 2017

Rat der Europäischen Union, Nr. 12204/01: 2370. Tagung des Rates – Justiz, Inneres und Katastrophenschutz, 27./28. September 2001

Rat der Europäischen Union, Nr. 5445/17. A-Punkt-Vermerk betreffend den Vorschlag für eine Verordnung über die Errichtung der Europäischen Staatsanwaltschaft – Allgemeine Ausrichtung, 31. Januar 2017

Rat der Europäischen Union, Nr. 8027/17. Note. Notification to the European Parliament, the Council and the Commission with a view to establishing enhanced cooperation on the draft Regulation on the establishment of the European Public Prosecutor's Office in accordance with the third subparagraph of Article 86(1) of the Treaty on the Functioning of the European Union ("TFEU"), 5. April 2017

Internetressourcen

Dalziel, Henry, „Categories of Social Engineering" vom 13. Dezember 2018, abrufbar unter: https://www.concise-courses.com/categories-of-social-engineering

Danmarks Statistik, „Folkeafstemning Torsdag 3. December 2015" vom 3. Dezember 2015, abrufbar unter: http://www.dst.dk/valg/Valg1664255/valgopg/valgopgHL.htm

Dirscherl, Hans-Christian, "Riffle statt Tor: Neues Anonymisierungsverfahren soll NSA aussperren" vom 12. Juli 2016, abrufbar unter: https://www.pcwelt.de/news/Riffle-Neues-Anonymisierungsverfahren-soll-NSA-Co.-aussperren-10009874.html

Europarat, „Global Action on Cybercrime", abrufbar unter: https://www.coe.int/en/web/cybercrime/glacy

Europarat, „Global Project Cybercrime@Octopus, abrufbar unter: https://www.coe.int/en/web/cybercrime/cybercrime-octopus

Europol, „Cyber Intelligence", abrufbar unter: https://www.europol.europa.eu/ec3/cyber-intelligence

Europol, „Europol and Israel sign arrangement tackle cross-border crime" vom 17. Juli 2018, abrufbar unter: https://www.europol.europa.eu/newsroom/news/europol-and-israel-sign-arrangement-to-tackle-cross-border-crime

Europol, „Europol Information System (EIS)", abrufbar unter: https://www.europol.europa.eu/activities-services/services-support/information-exchange/europol-information-system

Europol, „Joint cybercrime action taskforce (J-CAT)", abrufbar unter: https://www.europol.europa.eu/activities-services/services-support/joint-cybercrime-action-taskforce

Europol, „Operational Agreements", abrufbar unter: https://www.europol.europa.eu/partners-agreements/operational-agreements?page=1

Europol, „Strategic Agreements", abrufbar unter: https://www.europol.europa.eu/partners-agreements/strategic-agreements?page=1

Homeland Security, „Critical Infrastructure Sectors", abrufbar unter: https://www.dhs.gov/critical-infrastructure-sectors

Martin-Jung, Helmut, „Liebesvirus mit fatalen Folgen" vom 21. Mai 2010, abrufbar unter: http://www.sueddeutsche.de/digital/zehn-jahre-i-love-you-wurm-liebesvirus-mit-fatalen-folgen-1.941683

Spiegel Online, „Welche Schäden „I love you" anrichtet" vom 4. Mai 2000, abrufbar unter: https://www.spiegel.de/netzwelt/tech/trojanischer-wurm-welche-schaeden-i-love-you-anrichtet-a-74982.html

Statsministeriet, „Aftale om tilvalg af retsakter på området for retlige of indre anliggender" vom 17. März 2015, abrufbar unter: http://stm.dk/_p_14120.html

Internetressourcen

Tensor-Projekt, „Aims & Objectives", abrufbar unter: https://tensor-project.eu/overview/aims-and-objectives/

Tensor-Projekt, „Consortium", abrufbar unter: https://tensor-project.eu/partners/consortium

Tensor-Projekt, „Advisory Board", abrufbar unter: https://tensor-project.eu/partners/advisory-board/

Twitter Public Policy, „Partnering to help curb the spread of terrorist content online" vom 5. Dezember 2016, abrufbar unter: https://blog.twitter.com/en_us/a/2016/partnering-to-help-curb-the-spread-of-terrorist-content-online.html

Anlagenverzeichnis

Anlage I: *Entwicklung in Bezug auf die Kriminalisierung der Real-, Fiktiv- und virtuellen Kinderpornographie*

Anlagenverzeichnis

Straftatbestand	Übereinkommen gegen Computerkriminalität						Übereinkommen zum Schutz des Kindes …						Rahmenbeschluss 2004/68/JI						Richtlinie 2011/93/EU					
		Obligatorisch			Fakultativ			Obligatorisch			Fakultativ			Obligatorisch			Fakultativ			Obligatorisch			Fakultativ	
	Norm	R	F	V	R	F	V	Norm	R	F	V	R	F	V	Norm	R	F	V	R	F	V	Norm	R	F	V	R	F	V
Herstellen	Art. 9 Abs. 1 lit. a)	x				x	x	Art. 20 Abs. 1 lit. a)	x					x	Art. 3 Abs. 1 lit. a)	(x)				(x)	(x)	Art. 5 Abs. 6	x				(x)	(x)
Anbieten	Art. 9 Abs. 1 lit. b), 1. Alt.	x				x	x	Art. 20 Abs. 1 lit b)	x	x	x				Art. 3 Abs. 1 lit. c), 1. Alt.	(x)	x			(x)		Art. 5 Abs. 5, 1. Alt.	x	x			(x)	
Verfügbarmachen	Art. 9 Abs. 1 lit. b), 2. Alt	x				x	x	Art. 20 Abs. 1 lit. b), 1. Alt	x	x	x																	
Verbreiten	Art. 9 Abs. 1 lit. c), 1. Alt.	x				x	x	Art. 20 Abs. 1 lit. c), 1. Alt.	x	x	x				Art. 3 Abs. 1 lit. b), 2. Alt.	(x)	x			(x)		Art. 5 Abs. 4, 2. Alt.	x	x			(x)	
Übermitteln	Art. 9 Abs. 1 lit. c), 2. Alt.	x				x	x	Art. 20 Abs. 1 lit. c), 2. Alt.	x	x	x																	
Beschaffen	Art. 9 Abs. 1 lit. d)				x	x	x	Art. 20 Abs. 1 lit. d)	x	x	x																	
Besitz	Art. 9 Abs. 1 lit. e)				x	x	x	Art. 20 Abs. 1 lit. e)	x				x	x	Art. 3 Abs. 1 lit. d), 2. Alt.	(x)				(x)	(x)	Art. 5 Abs. 2, 2. Alt.	x	x			(x)	
wissentlicher Zugriff								Art. 20 Abs. 1 lit. f)				x	x	x								Art. 5 Abs. 3	x	x			(x)	
Vertrieb															Art. 3 Abs. 1 lit. b), 1. Alt.	(x)	x			(x)		Art. 5 Abs. 4, 1. Alt.	x	x			(x)	
Weitergabe															Art. 3 Abs. 1 lit. b), 3. Alt.	(x)	x			(x)		Art. 5 Abs. 4, 3. Alt.	x	x			(x)	
sonstiges Zugänglichmachen															Art. 3 Abs. 1 lit. c), 2. Alt.	(x)	x			(x)		Art. 5 Abs. 5, 3. Alt.	x	x			(x)	
Erwerb															Art. 3 Abs. 1 lit. d), 1. Alt.	(x)	x			(x)		Art. 5 Abs. 2, 1. Alt.	x	x			(x)	
Liefern																						Art. 5 Abs. 5, 2. Alt.	x	x			(x)	